铁路管理与工程

〔希腊〕普尔菲勒迪斯　著

中国铁道出版社

2012年·北京

北京市版权局著作权合同登记　图字:01—2012—1130 号

图书在版编目(CIP)数据

铁路管理与工程/(希)普尔菲勒迪斯著;佚名译
北京:中国铁道出版社,2012. 5
ISBN 978-7-113-14655-9

Ⅰ.① 铁…　Ⅱ.① 普…　② 佚…　Ⅲ.①铁路运输管理
Ⅳ.① F530. 1

中国版本图书馆 CIP 数据核字(2012)第 089737 号

书　　名:铁路管理与工程
作　　者:〔希腊〕普尔菲勒迪斯　著(V. A. PROFILLIDIS)
译　　者:佚　名

策　　划:吴　军
责任编辑:吴　军　刘　钢
封面设计:冯龙彬
责任校对:龚长江
责任印制:陆　宁

出版发行:中国铁道出版社(100054,北京市西城区右安门西街 8 号)
网　　址:http://www.tdpress.com
印　　刷:北京华正印刷有限公司
版　　次:2012 年 5 月第 1 版　2012 年 5 月第 1 次印刷
开　　本:700 mm×1 000 mm　1/16　印张:24.5　字数:463 千
书　　号:ISBN 978-7-113-14655-9
定　　价:70.00 元

目　录

1 铁路与交通运输

1.1 铁路发展史

1.1.1 铁路的出现

自从人类文明的第一道曙光出现至今,安全而快速地运送旅客和货物就是每个组织化社会的不断追求。一般来说,运输发展史上最基本的发明包括车轮(约公元前 3 000 年)、航行技术(内河航行技术约公元前 3 000 年出现在埃及的尼罗河流域,而海洋航行技术则由腓尼基人在约公元前2 000年发明)、铁路和飞机。现代意义的铁路,最早出现在 19 世纪早期英国的矿山中,其主要特征是通过金属与金属的接触,让车轮沿着轨道的既定方向移动。

然而,铁路雏形的出现却要远远早于 19 世纪。在瑞士的巴塞尔发现了1550 年的石刻壁画,上面就描绘了车厢在金属导轨上移动的情形,这说明在当时阿尔萨斯地区的矿山中,已经使用了这种运输方式。早在罗马时代(公元前 8 世纪到公元 5 世纪——译注),这种沿着既定方向移动的车厢就已经出现,他们通过在石头路面上开凿凹槽,以方便和加速车厢移动。

此外,据某些作家说[33]①,建造古希腊遗址所用的移动车厢,是通过在土路上放置滚木来实现的。那时候,两根滚木就可以移动一个车厢了。当两个车厢相遇的时候,年轻者应该为年长者让路。在一次类似的遭遇中,俄狄浦斯拒绝为迎面驶来的年长者让路,并且将其杀死,但他并不知道那个人正是自己的父亲拉伊俄斯[33]。

1.1.2 铁路的黄金时代

随着第一次工业革命的爆发,蒸汽机出现了,煤和铁矿的开发进一步扩大,铁路也开始发展起来。大约在 1830 年,大部分欧洲国家都有了首条铁路;到 20 世纪初,大部分铁路网都达到了最大密度。促进铁路迅速发展的一个重要因素就是高速(依照当时的标准),它把各地区迅速联系起来。蒸汽机车已经有了惊人的表现(试验速度):1835 年在英国,达到 100 km/h;1890 年在法国,达到 144 km/h;1903 年在德国达到 213 km/h。尽管最高运营速度要低很多(试验速

---

① 括号里的数字指的是参考书目的编号,参考书目列表见本书末尾。

度的 1/2 到 2/3），但是已经显著提高了铁路运营速度。

20 世纪早期，电力牵引的采用，促进了铁路的进一步的发展。随着信号和自动列车控制技术的发展，20 世纪 50 年代出现了现代意义上铁路。

1.1.3　铁路和其他交通模式的竞争

然而，时代在变，铁路这件 20 世纪早期惊天动地的大事很快变得越来越差强人意。飞机、小汽车、公共汽车和汽车在各个层面为人们提供了可选择的运输方式。伴随着竞争压力的出现，铁路必须实现现代化，不断提高速度、降低成本、改善组织和提高服务质量。因此，高速铁路（见第 2 章）时代来临了，运营速度高达 250～300 km/h（1990 年，法国铁路达到了 515 km/h 的试验速度），综合运输（公铁联运），大容量运输（客运通勤列车，大宗货物运输）时代同时到来；因此，到了 21 世纪前 10 年的后半段，铁路面临着全新的挑战[17]。

不过，20 世纪 70 年代中期以来，随着科技的发展，一种不同于传统铁路（基于金属与金属接触）的新型试验铁路开始出现，尽管它还是使用导向车辆（和传统铁路一样），但车辆和承载基础设施已经不发生接触了，这就是磁悬浮列车。1969 年，它的试验速度达到 422 km/h；1999 年，它的速度更是达到 552 km/h（见 2.4 节、2.5 节）。

由于一般经济活动的刺激，铁路才发展起来。这在世界范围内形成了三种清晰的经济周期[20]（图 1.1）。

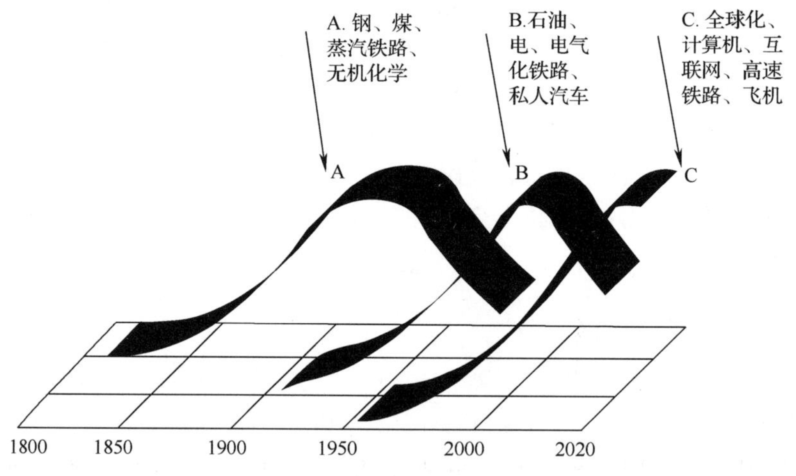

图 1.1　经济周期和运输技术[20]

1.1.4　垄断与竞争时期的铁路

1850 年后，铁路在第一次工业革命中扮演了一个催化剂的角色。大多数情况下，铁路都由私有公司投资，进行铁路基础设施建设并拥有其产权，运营也是自己负责,同时配置合适的车辆和人员。然而,铁路投资的回报却比预期的低,其缺点很快显现出来。由于铁路对一个国家的经济和安全起着决定性的作用,1935 年以来,许多国家开始进行铁路国有化。这样,铁路就变成了国家垄断行业。其优点就是可以在国家层面整合铁路服务,缺点就是不够灵活,不能适应经济社会发展的需要[35]。

1950 年后,国有铁路在运输市场所占的份额和收入都进入了一个下降期(见 1.5 节、1.6 节)。为了停止并扭转这种局面,开始考虑引入内部竞争,即多家铁路公司在同一条铁路线上运营。在许多国家,例如美国,基础设施继续归一家公司所有,同时,另外一家铁路公司支付适当的费用后获得在这些基础设施上运营的权利。但是,在欧洲,则是通过网运分离改革来引入内部竞争,其目的是确保不同的铁路运营者在同一条铁路线上获得公平的机会。

1.2　铁路运输的特点

1.2.1　大规模运输能力

铁路运输实现大运量的主要特点就是将若干个单元组合在一起形成列车。在货运方面,美国日常开行的是 1.5 万 t 的组合列车(实际上,试验中开行的是 5 万 t 重载列车);而澳大利亚的矿物列车超过 2.5 万 t。美国的货运列车长 2 000 m,用 100 节车厢运载 1 万 t 货物和 400 个集装箱。2004 年,中国已经开行了 2 万 t 重载货物列车。在客运方面,铁路有能力运送大量的旅客。日本的东京和大阪之间的高速铁路(515 km)每日最高客运量达 52 万人,而两个城市之间的正常日运量为 37 万人。

和公路运输的双自由度相比,铁路运输的另一个特点就是单自由度。单自由度使铁路不可能实现门到门运输,但却可以大规模地使用自动控制、计算机和电力。这使得铁路的单位运量很高,例如,通勤列车每小时单向客运量可达 6 万人[21]。

1.2.2　能源消耗

铁路运输的特点是通过金属与金属的接触,让车轮沿着铁轨朝既定的方向移动,这将运送每吨重量的滚动阻力减小到 3 kg。因此,相同的推进力下,铁路车辆的载重量比公路车辆要多。因此,相同的运量下,铁路消耗的能源只有公路的 1/3,飞机的 1/7 ~ 1/5[15,16](图 1.2)。

目前,为了保证私有公司和团体的利润,在制定运输政策时,都不得不放弃考虑能源消耗的因素。可是,全世界的石油储量最多也仅能满足从现在往后两代人的需求(图 1.2)。相比较前几年,20 年(1983 ~ 2003)来,低油价一直刺激着石油的消耗(图 1.3)。而这个可消耗年限,还只是按照目前的消耗速度算出来的,并没有考虑一些新兴经济体,如中国、印度及其他国家和地区的需求。能源专家预测,2005 年到 2010 年期间可能出现能源危机。

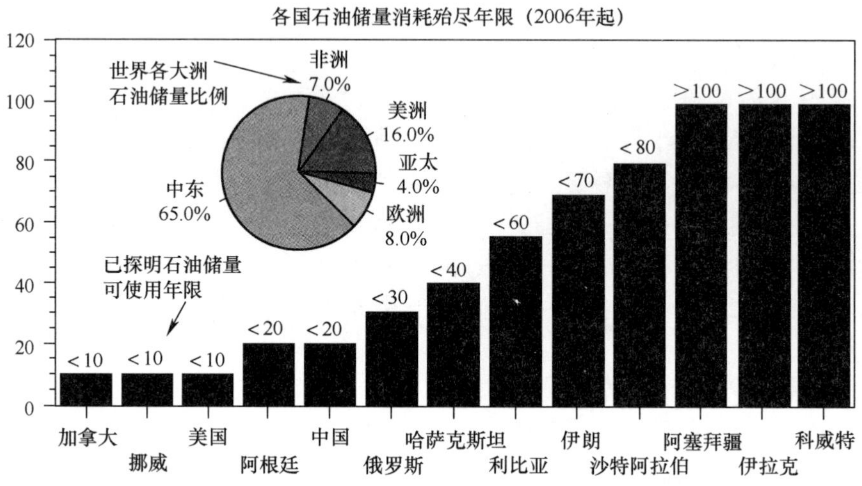

图 1.2　世界石油储量(由参考书目[3]中的数据整理得出)

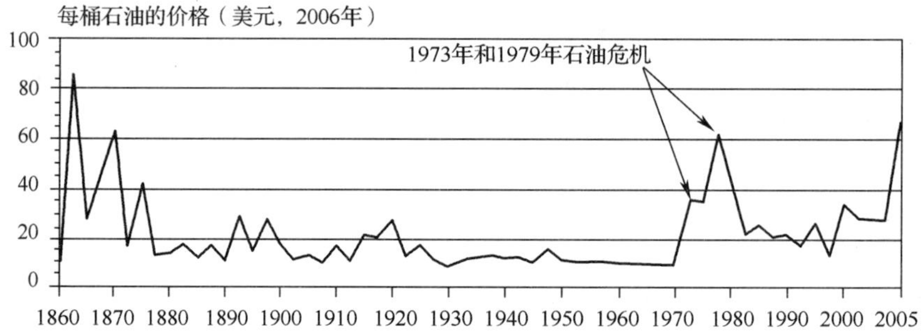

图 1.3　1860 年到 2005 年石油价格(2006 年)变化
(由参考书目[3]中的数据整理得出)

1.2.3　环境影响和安全

铁路运输的另一个优点就是污染较少。电力机车几乎没有污染,相同运量下,内燃机车的污染不到汽车的 1/15[15,26]。

全世界的人们对运输安全都越来越重视。相同运量下,公路运输发生人员死亡的风险是铁路运输的 7 倍[26]。铁路在安全方面有着不俗的表现。

最后,铁路运输占用的土地也比其他运输方式少很多,不到公路的 1/3。和飞机相比,就巴黎到里昂的高速铁路(427 km)来说,其占地只相当于位于鲁瓦西的巴黎机场。

1.3　流动性增加对铁路的影响

1950 年后的几十年来,人口的流动性显著地增强了。主要有以下原因:

① 人口增加;

② 随着私人轿车指数的提高,生活水平提高。2003 年,这个指数在欧盟 15 国(欧盟 15 国:奥地利、比利时、丹麦、芬兰、法国、德国、希腊、爱尔兰、意大利、卢森堡、挪威、葡萄牙、瑞典、英国。——原注)是每 2 个人拥有 1 辆汽车,估计到 2010 年将达到每 1.72 人拥有 1 辆汽车[10](图 1.4)。私人轿车拥有指数和人均国民生产总值直接相关,但是并不成比例,因为它也受各国不同交通模式发展状况和地理位置的影响;

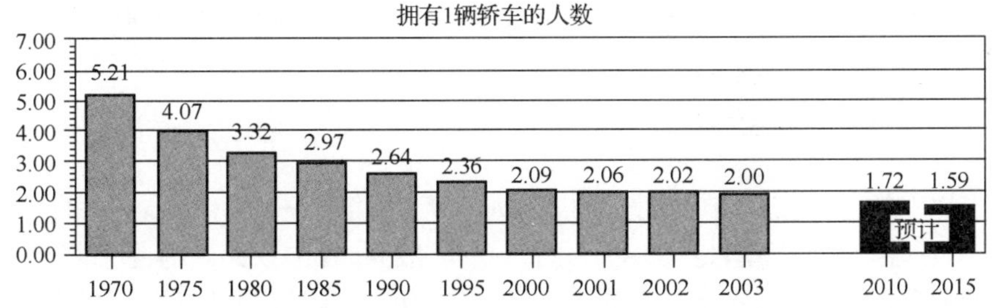

图 1.4　欧盟 15 国平均私人轿车拥有指数

③ 经济全球化导致国界的重要性逐渐降低。

但是,最近 20 年流动性的增加并没有使铁路运输获益。铁路运输停滞不前的原因,主要是因为公路运输所具有的以下优势[31]:

① 门到门运输;

② 较高的舒适性;

③ 灵活性;

④ 私人轿车形象的改善(系统性市场营销和宣传的结果)。

直到 20 世纪 80 年代至 90 年代,铁路行业才开始提出一些应对措施,针对公路运输的上述优势展开竞争。

1.4　经济发展与铁路的关系

据估计,综合交通运输的发展速度和国民生产总值(GDP)发展速度相同。航空的发展速度比 GDP 高(几乎达到 2 倍),而铁路发展速度却比 GDP 的发展速度低很多[2,4,20,24,28]。

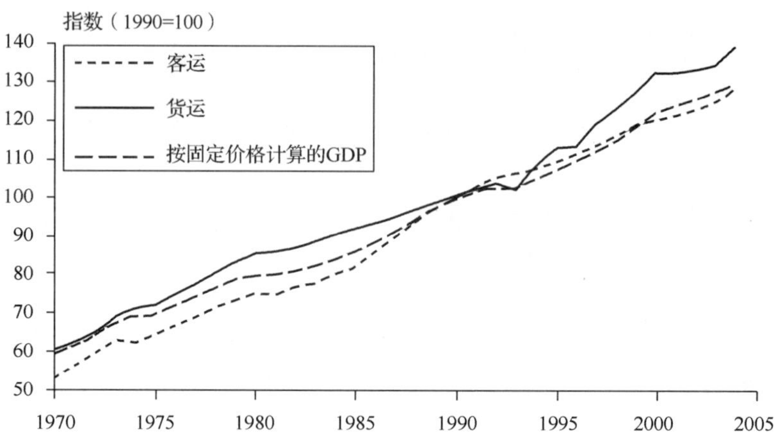

图 1.5　欧盟 15 国 GDP 和总客运量(人·km)及总货运量(t·km)曲线[2]

1.5　铁路旅客运输①

先以欧盟 15 国的数据来分析，2003 年铁路占客运市场总量的 5.8%(人·km)，但 1970 年却是 10.4%(图 1.6)。然而，各国铁路在客运市场的占有率有着显著的不同，日本的比率就很高，而美国的非常低(图 1.7)。从图 1.8 可以看出美国铁路在客运市场占有率在下降。

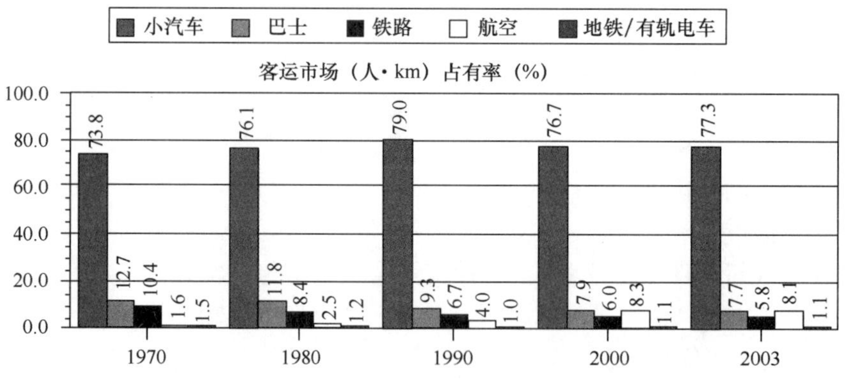

图 1.6　欧盟 15 国不同运输模式客运市场演变[2]

铁路在一国国内运输市场的主要取决于其是否能够满足市场和社会的需要，同样也取决于政府干预的程度和方向、相关竞争、价格和补贴。

以 1970 年为参照，从 1970 年到 2003 年，欧盟 15 国各运输模式中，小汽车

① 本书的最新数据是 2006 年。读者可以通过访问欧盟和国际铁路联盟的网站核实更新的数据。欧盟:http://europa.eu.int　国际铁路联盟:http://www.uic.asso.fr

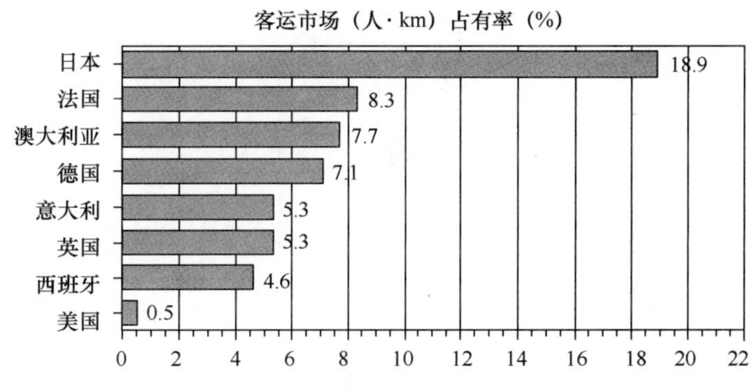

图 1.7 各国铁路国内客运市场

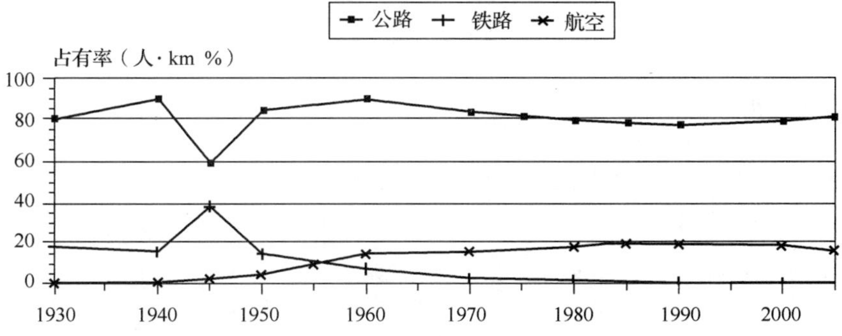

图 1.8 美国各运输模式客运市场占有率变化[1,2,23]

运输增长了 160.6%，航空运输增长了 1 193.9%，巴士运输增长 51.3%，而铁路运输只增长了 38.7%[2]（图 1.9）。图 1.10 为世界各主要国家和地区的铁路客运情况。

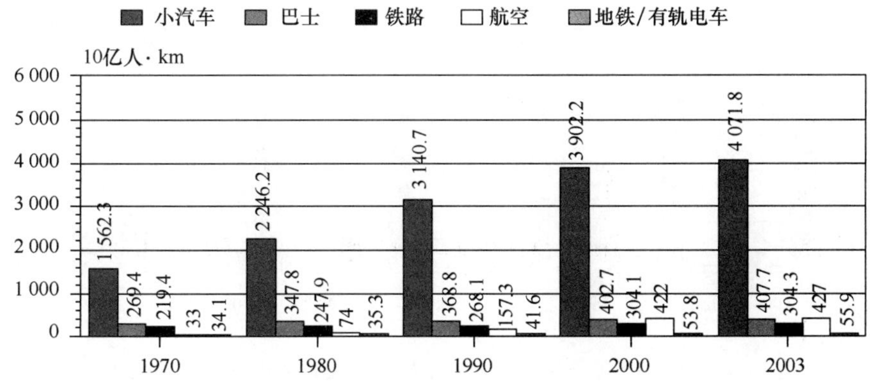

图 1.9 欧盟 15 国各运输业客运变化[2]

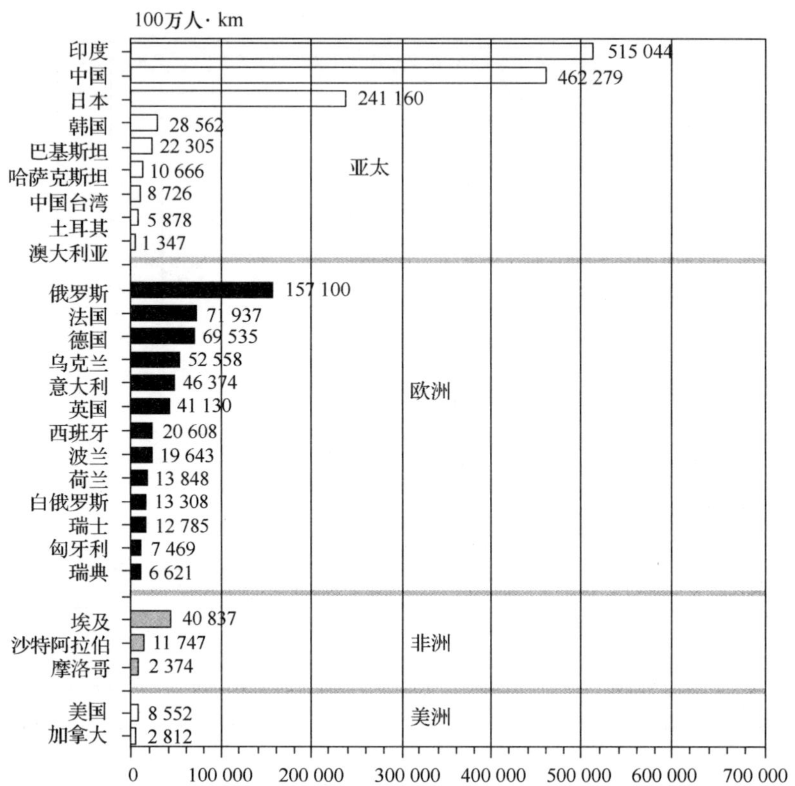

图 1.10 世界各主要国家和地区的铁路客运情况[1]（2003）

在中距离（150～500 km）运输上，铁路客运市场占有率有所增长，这得益于其相对航空、小汽车和巴士所具有的强大比较优势。

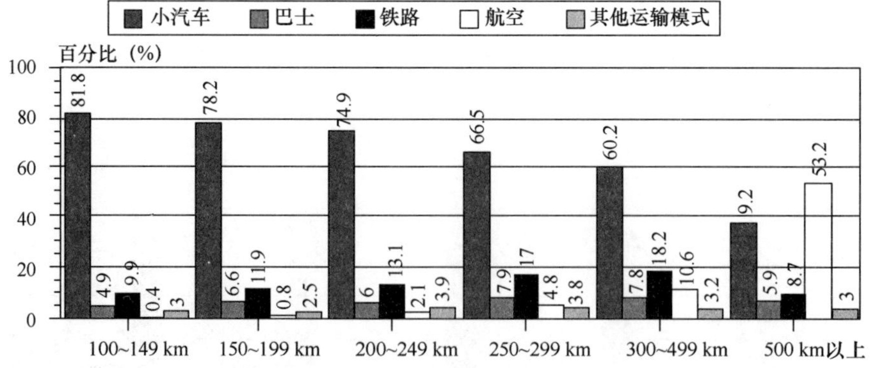

图 1.11 欧盟 15 国各运输业在中距离运输上客运市场占有率变化[2]

1.6 铁路货物运输

在最近 40 年,铁路在货运方面的市场份额大幅下降。以欧盟 15 国为例,其市场份额由 1970 年的 20.0% 下降到 2004 年的 7.6% (图 1.12)。到目前为止,没有迹象表明欧盟铁路货运市场份额率能扭转这种下降的趋势。

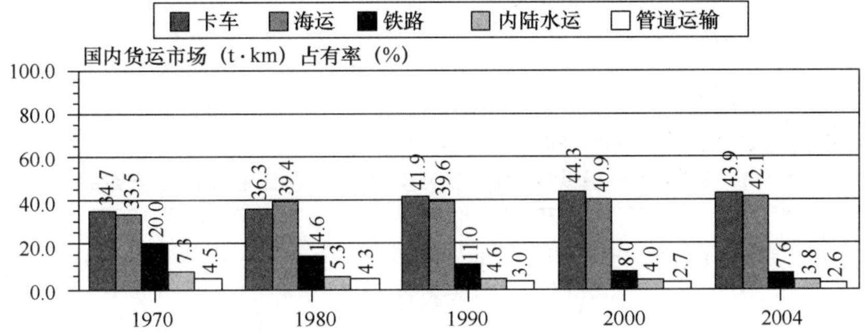

图 1.12 欧盟 15 国各运输模式在货运市场的占有率变化[2]

图 1.13 说明一些国家铁路在货运市场的占有率,其中美国铁路在货运市场有较高的占有率,日本的较低。图 1.14 说明铁路在美国货运市场占有率的变化(应该说还是比较平衡)。

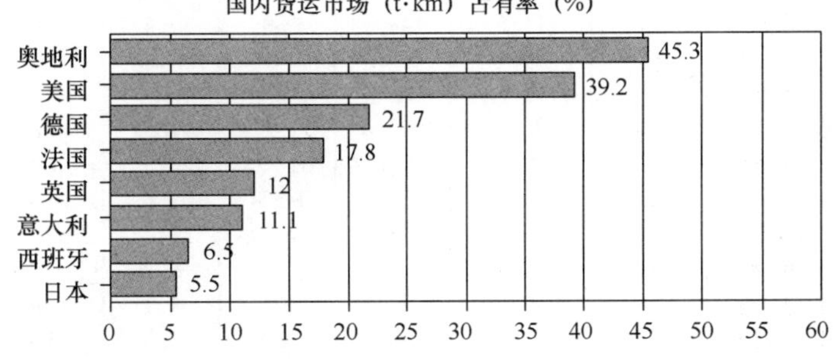

图 1.13 部分国家铁路在货运市场的占有率[1,2](2004)

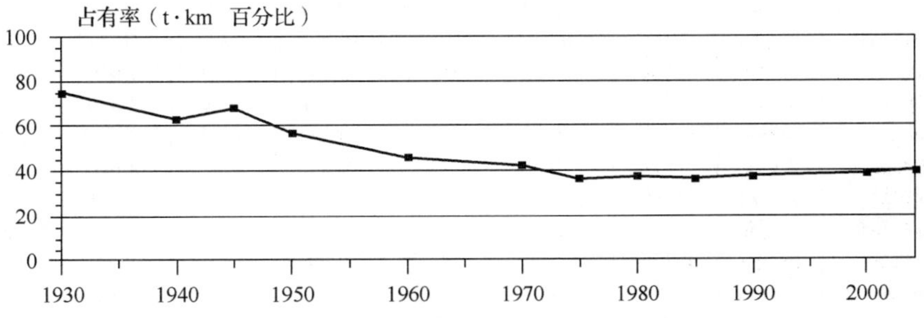

图 1.14 铁路在美国货运市场占有率的变化[1,2,23]

1.7 铁路运输、线路里程、铁路员工和生产效率

表 1.1 说明 2003 年 1 月各国铁路的如下数据：

① 线路里程；

② 电气化线路里程；

③ 客运量及客运周转(人次和人·km)；

④ 货运量及货运周转(t 和 t·km)；

⑤ 铁路员工数量；

⑥ 铁路生产效率((人·km+t·km)/员工)。

表 1.1　2003 年各国铁路运输、线路里程、铁路员工和铁路生产效率

国　家	线路里程(km)	电气化线路里程(km)	平均员工数(1 000 人)	客运量(100 万人)	客运周转量(100 万 t·km)	货运量(100 万 t)	货运周转量(100 万 t·km)	铁路生产效率
阿尔及利亚	3 572	283	10.0	27.5	964	8.2	2 038	298.8
澳大利亚	9 474	1 900	13.9	47.3	1 347	156.5	41 314	3 063.2
奥地利	5 787	3 360	46.2	191.9	8 265	87.0	17 863	565.5
比利时	3 521	2 927	41.9	168.4	8 265	66.9	8 306	395.5
保加利亚	4 318	2 847	34.4	35.2	2517	20.1	5 274	226.5
中国	60 446	18 060	1 443.4	936.3	462.279	1 998.1	1 647 558	1 461.7
捷克	9 501	2 943	78.6	172.0	6 483	92.1	17 069	299.6
丹麦	2 273	624	11.6	148.1	5 397	7.4	1 888	628.0
埃及	5 145	65	91.4	451.0	40 837	11.9	4 188	492.7
芬兰	5 851	2 400	11.2	59.9	3 338	43.5	10 047	1 195.1
法国	29 269	14 505	175.2	879.4	71 937	120.7	46 835	677.9
德国	36 054	19 829	249.3	1 681.7	69 535	267.9	73 951	575.7
希腊	2 414	83	8.9	8.9	1 574	2.6	456	228.2
印度	63 122	16 272	1 510.8	5 092.7	515 044	492.5	353 194	574.7
伊朗	6 152	148	14.3	16.1	9 314	28.8	18 048	1 912.8
伊拉克	2 339	—	8.5	1.2	571	5.2	1 683	266.5
爱尔兰	1 919	52	5.8	35.6	1 601	2.3	398	342.7
以色列	483	—	1.6	19.8	1 278	7.7	1 112	1 539.9
意大利	16 288	11 166	104.4	548.5	46 374	82.3	20 316	638.8
日本	18 491	9 742	144.4	8 641.8	241 160	37.9	22 600	1 826.3
哈萨克斯坦	13 770	3 865	98.3	20.7	10 666	178.7	148 370	1 618.3
荷兰	2 812	2 064	25.7	314.0	13 848	25.9	4 026	695.5
挪威	4 077	2 518	7.4	45.2	2 204	20.8	2 570	645.1
波兰	19 900	12 035	138.2	283.2	19 643	161.8	47 394	485.0
葡萄牙	2 818	1 076	10.0	137.9	3 585	8.7	2 072	565.7
俄罗斯	85 542	42 335	1 222.2	1 299.3	157 100	1 160.8	1 664 300	1 490.3
沙特阿拉伯	1 234	—	1.7	0.9	294	1.9	880	689.8
西班牙	14 387	8 145	35.1	593.8	20 608	33.6	14 156	990.4
瑞典	9 882	7 638	13.2	61.2	6 621	42.8	12 829	1 473.5
瑞士	3 231	3 231	28.6	269.0	12 785	62.3	10 650	819.4
叙利亚	1 840	—	12.2	1.4	528	5.9	1 884	197.7

续上表

国 家	线路里程 (km)	电气化线路里程 (km)	平均员工数 (1 000 人)	客运量 (100 万人)	客运周转量 (100 万 t·km)	货运量 (100 万 t)	货运周转量 (100 万 t·km)	铁路生产效率
突尼斯	1 909	65	5.6	35.7	1 243	11.5	2 174	605.9
土耳其	8 697	1 752	34.5	77.0	5 878	15.8	8 612	419.7
乌克兰	22 052	9 322	371.6	536.3	52 558	445.5	225 287	747.6
英国	17 052	5 142	n. a.	999.9	41 130	88.9	19 824	n. a.
美国	233 820	36 917	177.3	23.3	8 552	1 632.1	2 264 982	12 823.1

1.8 客运优先还是货运优先

前面各章节中出现的铁路市场占有率和铁路运输背后，隐藏着一个很大的两难问题：是优先发展客运，还是货运？世界各地，除了美国，几乎都是客运优先（包括调度到发时间、投资等）。而在美国，却是货运优先，其在货运市场占有率高达约40%，而客运的市场占有率不到1%（有一两代美国人几乎从来没坐过火车）。美国的航空业市场占有率为 11.2%，公共汽车为 3.4%，小汽车为 84.8%，地铁为 0.3%[1,2]。

2003 年，当欧洲的铁路货运量停滞不前的时候（见图 1.15），美国却从 1970 年的 10 000 亿 t · km 上升到当年的 22 650 亿 t · km；而同期法国是 468 亿 t · km，德国是 739 亿 t · km。

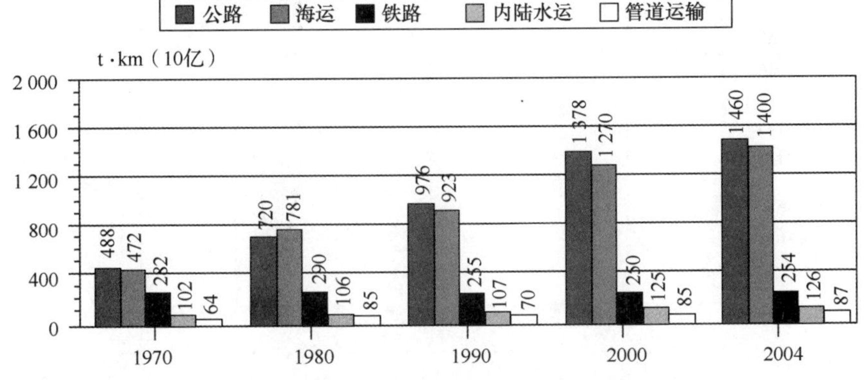

图 1.15 欧盟 15 国各运输模式货运量变化[2]

但是，美国和欧洲铁路货运市场占有率如此不同有很多其他原因：

① 美国公路运输距离远比欧洲和日本的长。

② 美国货运的费率是欧洲中距货运费率的 1/2 ~ 1/3。

③ 美国铁路货运部门的生产效率由 1970 年（那时共有 56.6 万铁路员工）的200 万 t · km/员工增长到 2000 年（当时只有 16.8 万铁路员工）的

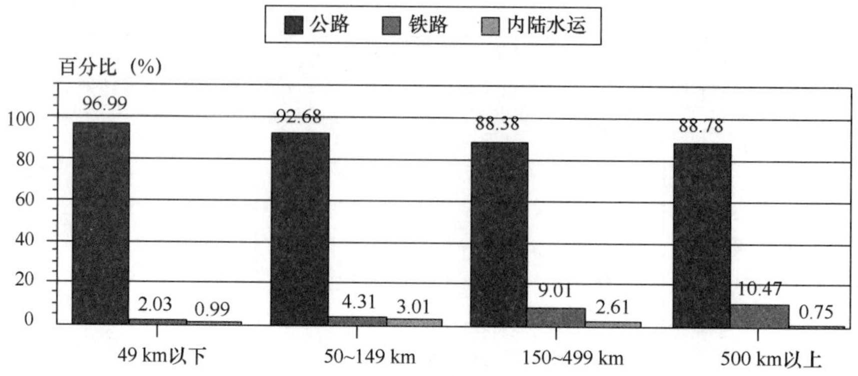

图 1.16　欧盟 15 国不同运输距离各运输模式货运市场占有率变化[2]

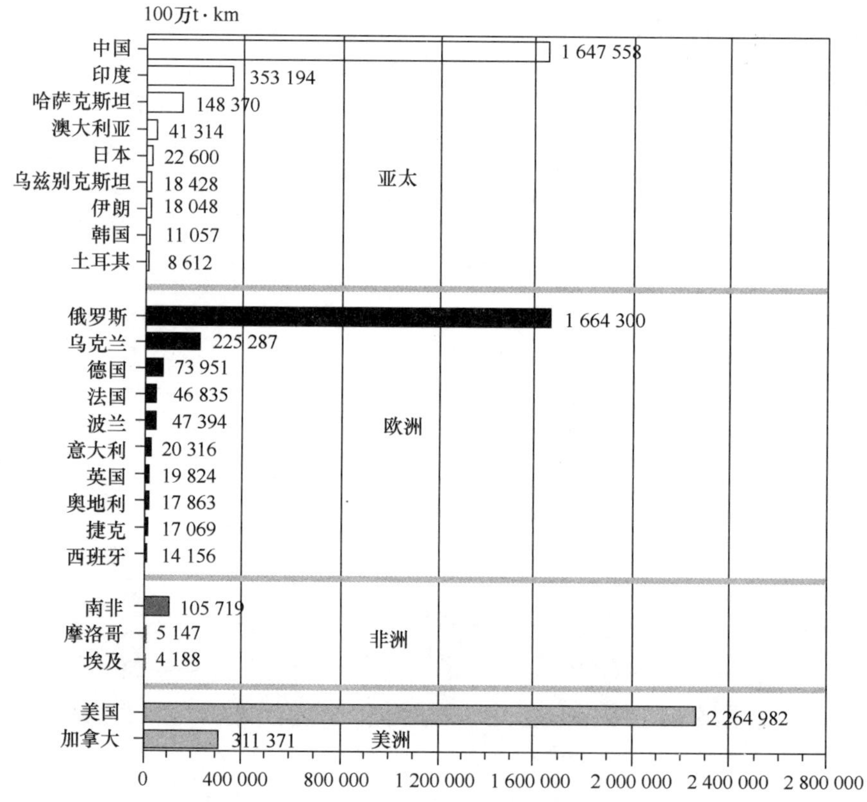

图 1.17　世界各主要国家和地区铁路货运情况[2]（2003）

1 300 万 t · km/员工，30 年间生产效率增长了 550%。

④ 美国只对地区性的客运提供州补贴，货运没有；而在欧洲和世界其他很多地区，铁路在客运和货运方面都能获得补贴。

⑤ 美国的投资主要趋向货运部门，1970 年到 2000 年期间，有 1 000 亿美元

投在货运用于以下两个方面：

a. 提升载重量(见 7.10 节)，目的是在美国铁路网上开行双层集装箱列车；

b. 更新和改进货车车辆，1970 年到 2000 年间，牵引机车减少了 30%，车辆减少了 25%，运营线路减少了 40%。

⑥ 公路和铁路运输的自由化，使大的铁路公司由 1970 年的 30 个减少到 2000 年的 8 个，这让规模经济成为可能。

⑦ 除了东北走廊(纽约至波士顿)，为了避免波士顿、华盛顿、费城机场饱和，铁路吸收了一定的旅客外，美国其他任何地方的铁路几乎都只有货运业务。

因此，在美国客运的消失使货运得到了充分的发展成为可能，摆脱了到发时间的限制。如果客运列车还在美国的铁路线上运营，这可能吗？答案是只有客运和货运组织发展到一定水平(全球大部分国家的铁路网均如此)，客运列车和货运列车才能在不互相严重干扰的情况下共存。但是在重载线路上，主管部门必须决定客运优先还是货运优先。

1.9 给铁路带来利好的运输服务

1.9.1 铁路和高速列车的比较优势

在一个竞争性的运输市场，铁路必须找出它的比较优势。高速铁路(本书第 2 章将详细分析)是其中之一。此外，还包括城轨交通、综合运输、重载运输。除了运输这方面外，还有综合服务，包括收货、存储和发货(物流)[27,29]。

1.9.2 城轨交通

在交通拥堵严重的时代，铁路的大运量能够很好地缓解这个问题(图 1.18)。许多连接市中心和郊区的废弃铁路被现代化改造后，转变为城市轨道交通线路，缓解了很多城市的交通问题。

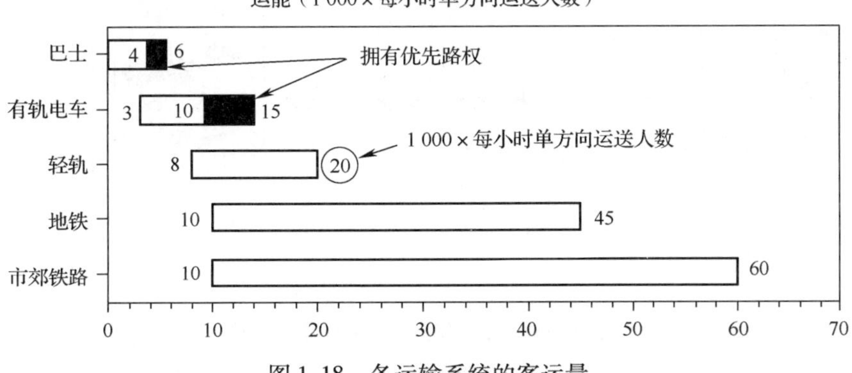

图 1.18 各运输系统的客运量

1.9.3　综合运输

不同的运输方式在不同的运输距离上有不同的成本优势(图 1.19)。短距离上,汽车有比较优势,中距离上铁路有优势,较远距上轮船更合适。然而,由于货运市场的竞争日益加剧,必须实现成本最低化。有些优势国家(特别是奥地利和瑞士)为了降低公路网的拥堵和饱和度,对汽车的数量有着严格的限制。最后,政治事件和冲突要求找到其他安全可靠的运输路线。所有以上这些都促进了综合运输的发展。

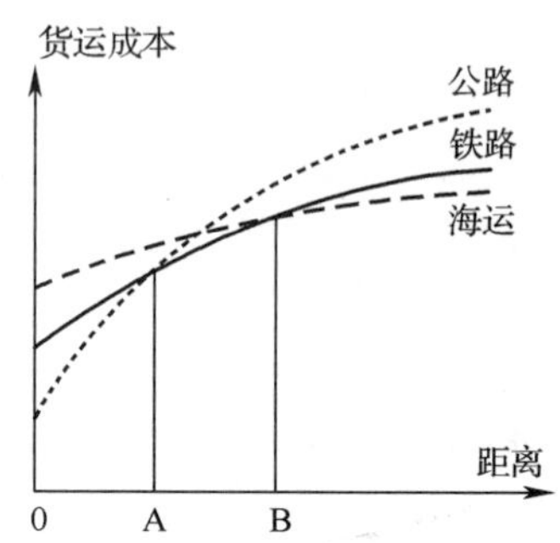

图 1.19　不同货运模式运输成本随运输距离变化情况

综合运输也就是说将至少两种运输方式(如汽车—轮船、铁路—轮船、汽车—铁路)联合起来应用。为实现综合运输,开发了两项主要的技术:

① 集装箱技术,使用在公路、铁路和海洋运输中。现在的发展趋势是使用尽可能大的集装箱[30],一般的集装箱长 13.7 m、宽 2.6 m。

② 滚装技术,即整辆汽车或装满货物的车厢直接装上火车或者轮船,整个运输过程中只有一小部分用到公路。根据欧盟的规定,综合运输使用的货车最多高 4.0 m、宽 2.5 m,重 40 t。

综合运输需要把货物由一种运输方式转载到另一种运输方式,为了最有效地节约成本,必须规定其最短距离。这个问题并不简单,它决定于劳动力成本、能源、用于转载的机械设备等。因此,欧洲规定的最小距离是 700 ~ 900 km,而美国是 1 500 km[27,34]。

综合运输的发展必须有良好的公路和铁路网以及现代化的转运设备。图 1.20 说明西欧地区铁路—公路综合运输各环节的成本组成(按当地经济情况计)。

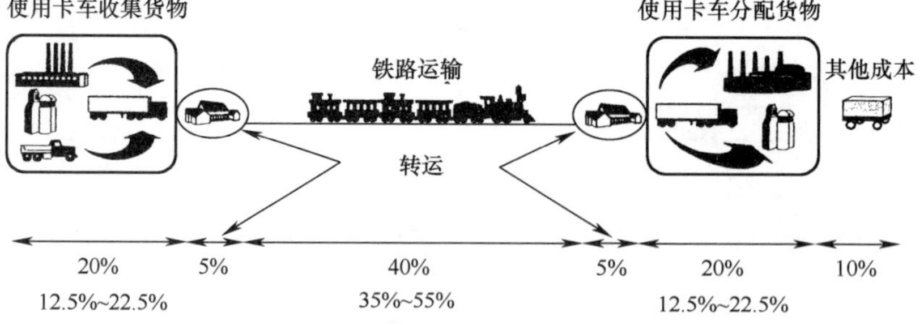

图 1.20　西欧地区铁路—公路综合运输各环节的成本组成[16,34]
(按当地经济情况计)

1.9.4 大宗货物运输

铁路非常适合进行大宗货物运输,比如原材料、煤、石油、粮食和其他农产品。和其他运输模式相比,铁路在运送大宗货物方面的竞争优势就在于使用编组站设备,对货物列车进行解挂和重新编组。但是有时候编组站的处理时间会很长。

1.9.5 铁路货运和物流

过去几十年,铁路货运一直局限于简单的运送货物,但现代运输的发展扩展了运输的范畴。运输仅仅靠安全和速度已不够了,除了保证一定量的货物按照要求的时间到达要求地点外,还必须实现成本最低。最近20年来,物流的发展实现了这一点。它包含了所有的必要信息,以便让特定的货物在特定的地方和时间,可靠而快速地运输,甚至还包括存储,并最终到达收货方手中(图1.21)。因此,很明显在这个层面运输有一个更宽的范畴。

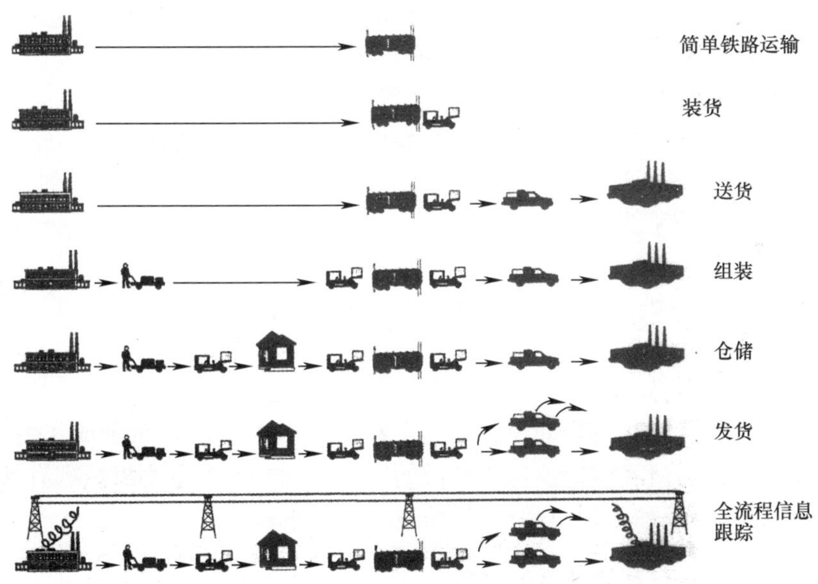

图1.21 从简单的铁路运输到全程物流

1.10 铁路运输和航空运输:竞争与互补

1.10.1 竞争和互补的领域

在低于500 km、少于3 h运行时间的距离上,铁路相对航空有着比较优势,因为铁路可以直达市中心。而在 1 000 km 以上的距离,飞机实际上是没有竞争对手的,因为即使是高速列车也不可能在 4 h 内跑完这个距离。

在 500 ~ 1 000 km 的距离之间,铁路和航空存在竞争。铁路能占多大市场得看它的运行时间(相对飞机来说)、发车频率和服务质量等(图 1.22)。

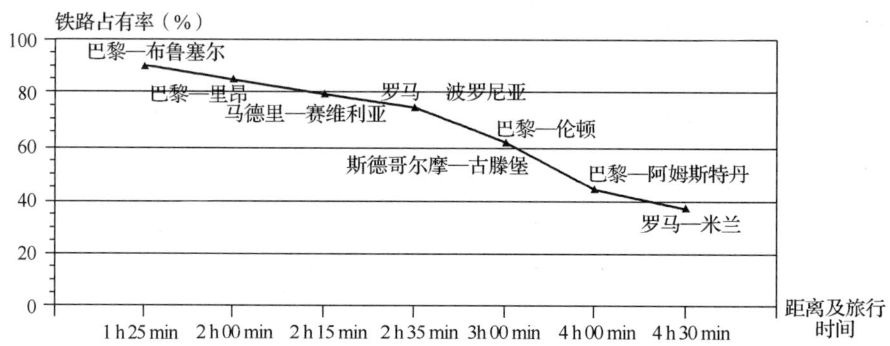

图 1.22　不同运行时间和距离上高速铁路所占的市场分额[6]

然而,有两个领域铁路能够和航空合作互补:一个是铁路和机场相连,另一个是铁路连接距离机场中距的地区(不含机场所在的城市)。

但铁路和航空要达到有效的互补,必须达成以下条件:

① 铁路网和机场交叉,这就是说火车站必须直接到达机场;

② 火车和航班的时间刚好协调一致;

③ 航空/铁路联票,同时预订,一次付费;(也就是说,将铁路服务和航空的计算机网络整合。)

④ 行李直达目的地,这涉及安全控制方面的困难。

1.10.2　铁路和机场相连

所有主要机场都有高效的铁路与其所在的城市中心相连。2005 年的时候,即使在美国这样铁路客运市场份额较低的国家,它的 15 个主要机场都有铁路与机场所在城市相连,和出租车相比,铁路成本要低很多[8]。

1.10.3　连接机场和其他地区的铁路

在航线竞争激烈的时代,机场不断地向周边延伸它的触角,这时候,铁路可能是一个为机场赢得除其所属城市外周边城市和地区乘客的决定性因素[19]。

这样,从巴黎戴高乐机场就能乘高速列车到布鲁塞尔。同样,可以从法兰克福机场乘高速列车到科隆(1 h 15 min)和斯图加特(1 h 30 min)。

从商业角度来说,航空公司更青睐长线航班。这样,铁路(特别是高速铁路)就成为服务中距离城市——这些城市航空覆盖不到,但又刚好在主要铁路线上,从而成为增加航空公司客流的关键因素。

1.11 国际铁路组织

涉及国际铁路合作交流的国际铁路组织主要有以下几个：

1.11.1 国际铁路联盟(UIC)

成立于1922年，截止到2005年有166个成员，来自全球89个国家。UIC的总体目标是：

① 促进国际铁路合作和交流，规划和实施跨国界铁路运输并提高客运和货运质量；

② 制定铁路技术(如道砟、路基、电气化等)标准和设计规范；

③ 向国际组织、决策中心和公众宣传铁路运输的益处和优势。

在这个总体框架内，UIC的活动包括以下几个方面：

① 协调铁路运营商之间的收入与债务；

② 规划技术设备、探测方法、数据处理等的优化和合理化；

③ 研究关于钢轨、机车车辆等的新技术；

④ 统计以及其他信息。

1.11.2 欧洲交通部长会议(ECMT)

2004年该机构并入经济合作与发展组织(OECD)。

1.11.3 欧洲铁路共同体

由欧盟成员国组建，旨在欧盟成员国内部建立铁路共同的策略和政策。

1.11.4 欧洲铁道研究协会(ERRI)

最初叫做ORE(引自法语 Organisme des Recherches et d'Essais)，是国际铁路联盟的分支机构，目的是组织和协调铁路相关的研究和测试。研究的主要领域包括以下五个方面：

① 牵引、信号和通信；

② 机车车辆；

③ 轮轨关系；

④ 轨道、桥梁和隧道；

⑤ 材料技术。

2000年到2010年的10年里，ERRI研究的重心是互联互通、GPS在车辆监控中的应用(见本书1.14节和19.8节)、降低成本、减少噪声、提高能源利用率、物流等。

1.11.5　欧洲铁路局(ERA)

为了促进欧盟成员国之间的深入合作,成立了欧洲铁路局,职责包括以下两个方面:

① 协调欧洲铁路的安全、互联互通和服务质量;

② 建立共同的政策和策略。

1.12　机车车辆制造业

2003 年,世界机车车辆市场约 160 亿欧元,主要机车车辆制造商包括:庞巴迪(兼并 ABB)21% ,阿尔斯通(兼并 Fiat Ferroviaria)18% ,西门子 15% ,日本公司 9% ,通电电气 8% ,中国公司 5% ,安萨尔多 4% ,其他公司 16% 。

2003 年,全球各类机车车辆订单份额:机车 37% ,地区和城际列车 19% ,通勤列车 5% ,地铁 13% ,高速列车 6% ,有轨电车 6% 。

但是,1999 年下半年,欧洲公司也仿照空客公司将法国的 TGV 和德国的 ICE 高速列车项目整合,建立了紧密的合作关系,已取得一定进展。

1.13　铁路互联互通

出于国家保护主义,几十年来,各国铁路行业和铁路公司尽力为它们自己的产品设计尽可能多不同的标准。因此,不同的轨距(见本书 7.4 节)、不同的电力系统(见本书 20.6 节,图 20.4)、不同的信号和调度系统(见本书 21.9 节,表 21.1)使铁路难以实现有效的合作。

例如,因为轨距不同,列车不能从马德里直接开到巴黎;因为电力系统不兼容,列车不能从巴黎直接开到阿姆斯特丹。但是,未来的铁路运输系统必须打破这种限制,就像现在的欧洲和其他大陆的铁路,能够适用不同的国家。互联互通,严格意义来说,意味着不同国家或者行业之间的铁路车辆或者轨道设备必须兼容。互联互通要解决的主要技术壁垒有:轨距、电力系统、信号系统、调度系统,列车载重标准、站台高度、列车长度和轴重[13]。

但是,无论旅途多远,无论穿越多少国家,铁路的目标是能给它的客户提供连续的国际化服务,以满足相同的高质量标准。因此,除了技术系统的协调外,互联互通还必须向全球客户提供更加便利的客运和货运信息以及售票系统。

本书 21.9 节对互联互通有更详细的分析。

1.14 GPS 在铁路中的应用

铁路科技和运营将会受到诸如地理信息系统(GIS)、全球定位系统(GPS)之类电子和通信技术发展的影响。卫星发射的信号能够被地球上的接收设备收到(图 1.23)。同时从 7~8 颗卫星接收信号,我们可以计算出铁路车辆的位置(精确度在 20~30 cm)、移动速度和方向。很多卫星在20 200 km的高度和地球同步运行,这样任何时间都可以从地球上看到至少 4 颗卫星。多年来,GPS 已经广泛应用于运输中,如美国的智能高速车辆系统、欧洲一些国家的公共汽车和救护车项目、铁路车辆的精确跟踪和监控(许多铁路公司已经开始使用,见本书 19.8 节)等。

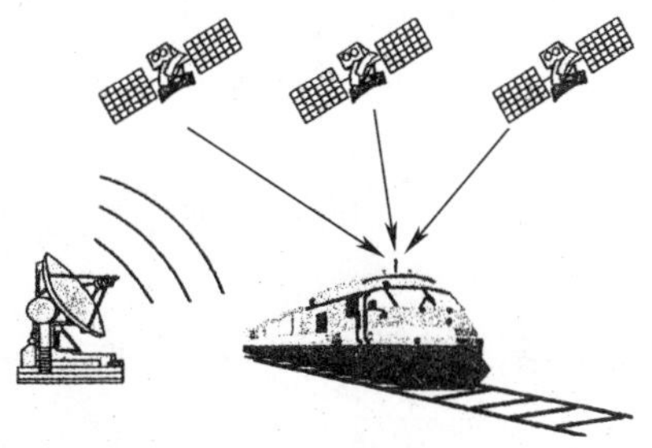

图 1.23 GPS 在铁路中的应用

2　高速铁路和磁悬浮列车

2.1　高速铁路

2.1.1　高速铁路的应用

为应对运输市场对缩短旅行时间的要求,高速列车诞生了。但是,并没有一个普遍接受的高速值,可以用来定义高速列车系统。按照现有的常规铁路技术,通过提升线路和机车车辆水平,达到 200 km/h 的速度还是可能的。但是,如果超过这个速度,就需要额外的大量资金投入,来满足严格的设计和精确的系统结构要求。因此,把速度超过 200 km/h 的列车称作高速列车。有两家铁路网是高速的先行者:

① 日本铁路,1964 年东京和大阪之间的"新干线"高速铁路线开通,最高运营速度达到 210 km/h,1985 年提高到 240 km/h,随后又在某些区间和线路上,提高到 300 km/h。

② 法国铁路,1981 年巴黎和里昂之间的 TGV 高速列车运营,最高速度 260 km/h,1983 年提高到 270 km/h,1989 年达到 300 km/h。

由于两条线路都是快出现饱和迹象的繁忙线路。因此面对提高现有基础设施性能,还是新建一条高速线这个问题,它们最终选择了后者[44,46]。

1981 ~ 2005 年间,法国(巴黎—里昂、巴黎—波尔多、巴黎—马赛、巴黎—里尔—加来)、德国(汉诺威—伍兹堡,曼海姆—斯图加特,汉诺威—柏林、科隆—法兰克福)、意大利(罗马—弗罗伦萨、罗马—那不勒斯、米兰—博洛尼亚—弗罗伦萨)、西班牙(马德里—塞维利亚、马德里—巴塞罗那)、比利时(布鲁塞尔—巴黎)、荷兰(阿姆斯特丹—布鲁塞尔)、韩国(首尔—釜山)都建设了高速铁路。许多高速铁路项目也正在建设和研究中。

高速铁路分为两类:

① 客运专线,平均轴重较低、轨道精度高且坡度大(达到 35‰)。巴黎到里昂和其他一些铁路线就属于此类,客运量较高,建设和运营的成本效益较高。

② 客货混跑线路,它要求较高的维护成本和较小的纵向坡度。现在大多数高速线是设计成客货混跑的。

无论如何,对任何高速铁路系统来说,要高速并缩短旅行时间,就必然要求大量的投资和高额的运营成本,两者不可妥协。

今天的高速列车最高速度 300 km/h，2010 年可能达到 350 km/h。但是，这个速度很难达到，主要由于以下几个方面的技术限制：

① 集电难度；

② 高速导致车轮和轨道黏着度的降低，容易导致车轮打滑；

③ 车载设备尺寸和质量增加。

2.1.2　高速铁路对缩短旅行时间的影响

从表 2.1 可以看出，缩短旅行时间一直是铁路追求的目标。然而，只有高速列车才能达到在 400 ~ 700 km 的范围内，旅行的时间和飞机相同甚至还短，才能和飞机有效地竞争。

实际上，高速铁路的优势就是能让从一个城市中心到另一个城市中心的旅行时间比汽车短，很多时候，甚至比飞机花的时间还短[39]（表 2.2）。

表 2.1　部分高速铁路旅行时间变化

	1960	1980	1983	1987	1999	2006
TGV 线，427 km						
巴黎—里昂（511 km）	4 h 00 min	3 h 50 min	2 h 00 min	1 h 50 min	1 h 50 min	1 h 50 min

	1963	1965	1990	1999	2006
新干线					
东京—大阪（515 km）	5 h 30 min	3 h 10 min	2 h 30 min	2 h 30 min	2 h 30 min

表 2.2　从一个城市中心到另外一个城市中心火车、飞机和汽车旅行时间对比（以巴黎—里昂线为例）

乘车时间（1 h 50 min）+ 到达车站时间	飞　机	汽车（以高速公路上最高速度 20 km/h 计算）
2 h 40 min ~ 3 h	3 h ~ 3 h 30 min	5 h

1. 飞行时间，市中心至机场的时间以及办理登机和提取行李时间的总和
2. 从一个城市中心到另外一个城市中心的时间，包括从市中心到高速公路的时间（约 30 min）

2.1.3　高速铁路与客流量

速度提高带来的另一个结果就是客流量增加（图 2.1），包括从航空和公路分流而来的，以及新增加的客流。

可以说是高速铁路把过去铁路流失的部分客流吸引回来了。但是，要达到这个目的，仅仅提高速度还不够，必须通过有效的公交、地铁系统，提高车站的可达性。很多情况下，连接机场的高速铁路车站能够有效地（从时间和成本方面

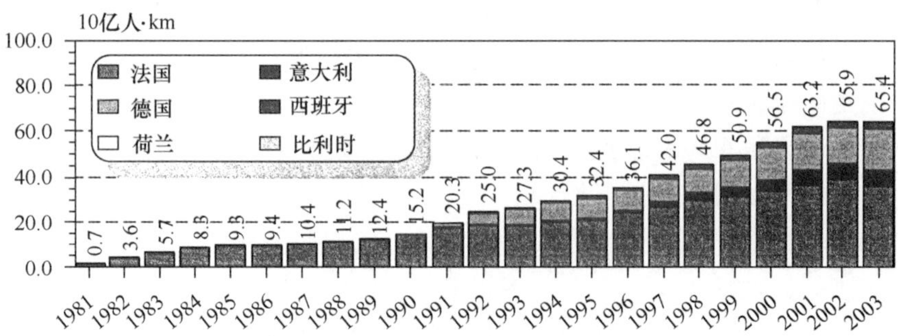

图 2.1　欧洲高速铁路客流量的变化

看)促进航空—铁路旅行,就像本书 1.10 节所分析的。

但是,高速铁路的成功不仅仅是缩短旅行时间,它还有以下特征:

① 发车频率高;

② 发车时间规律;

③ 舒适度较高;

④ 满足旅客需求的价格结构;

⑤ 更多的站内和列车服务。

高速系统应该把旅客乘坐高速列车所期望的所有服务都考虑到,既包括发车前的服务(信息、购票、坐位预定等),也包括乘车结束后的服务(售后服务)[37]。

2.1.4　高速铁路的技术参数

主要高铁线路技术参数见表 2.3。坡度和电力牵引系统方面的差别较大。法国和德国的铁路都计划在 2010 年将其高速列车速度提高到 350 km/h。

表 2.3　高速铁路的技术指标

国家	日本	法国	德国	意大利	西班牙	韩国
线路	东京—大阪(515 km)	巴黎—里昂(427 km)	汉诺威—维尔兹堡(327 km)	罗马—佛罗伦萨(260 km)	马德里—巴塞罗那(522 km)	首尔—釜山(412 km)
最高速度 v_{max}(km/h)	260 ~ 300	300	250	250	300	350
旅行时间	2 h 30 min	1 h 50 min	2 h	1 h 35 min	2 h 30 min	1 h 55 min
曲线半径 $r_{min(m)}$	2 500	4 000	7 000	3 000	4 000	7 000
最大纵向坡度(‰)	20	35	12.5	8	30	25
牵引供电	25 kV 50 Hz,60 Hz	25 kV 50 Hz	15 kV 16 $^2/_3$ Hz	3 kV	25 kV 50 Hz	25 kV 60 Hz
线间距(m)	4.2	4.2	4.0	4.2	n. a.	5.0
超高(mm)	200	180	150	160	n. a.	n. a.

2.1.5 高速铁路轨道的特征

相比传统低速轨道,高速列车对轨道的建设和维护要求近乎苛刻的精度。为了提高轨道的舒适度、稳定性和安全性,引进了 UIC 60 型无缝钢轨、混凝土枕(单片式或者双片式)、新型扣件。实际上,因为高速铁路一般是专用线路且线路全封闭,采用计算机调度,并且轨道维护质量高,高速铁路拥有良好的安全记录。许多国家(特别是日本和德国)已经在高速铁路上使用无砟轨道代替有砟轨道。

2.1.6 高速铁路车辆

高速铁路使用的车辆车体轻,呈流线形,使用电力机车牵引,或者使用动车组。轻车体使动力和制动需求、车轮和轨道磨损最小化。为降低非悬挂载重,牵引电机通常置于车体上,而非抱轴式(负重低于主悬挂系统,见本书 7.11.2 节)。

2.1.7 高速铁路供电系统

列车所需的电力,由地面变电站通过架空接触网提供,通过机车车顶或者动车顶的受电弓收集。高速运行时,接触网的张力必须维持在一个固定值,以使其下垂最小化。为了最小化压力(向上的)、保持住高速时良好的集电性能,法国高速列车使用双阶受电弓。其他大多数国家为了维持高张力和低下垂,使用的受电弓系统都比较坚硬和复杂(见本书 20.8 节)。

2.2 伦敦和巴黎之间的海底隧道和高速铁路

2.2.1 技术说明

1986 年,英法政府决定在两国之间修建永久铁路,这个项目完全由私人投资。为了建设和运营该隧道,成立了欧洲隧道联合体(Eurotunnel Consortium),开始是负责运营 55 年,随后延长到 99 年[38]。

隧道总长 50 km,由 2 条铁路隧道组成(每个方向一条),内部直径 7.6 m,外加一条直径 4.8 m 的用于维护和处理紧急事故的辅隧道。主隧道和辅隧道每隔 375 m 设一处通道。隧道平面位于海底 25 ~ 40 m 之间。

建设成本最初估算是 42 亿欧元,但是几经改变,最后定在 74 亿欧元,其投入构成如下:

① 隧道建设 50%;

② 车辆 10%;

③ 牵引、信号、电力等 40%。

2.2.2　旅行时间

1994 年秋，海底隧道全部投入运营。它提供以下 3 种运营服务：

① 高速列车（即“欧洲之星”），隧道内运行时速 160 km/h，2005 年，在伦敦和巴黎之间运行需 2 h 30 min，伦敦和布鲁塞尔之间需 2 h 20 min。欧洲之星总载客量为 794 人（二等车厢 584 人，一等车厢 210 人）。2005 年底，欧洲之星已占伦敦和巴黎之间航空和铁路市场总量的 71%，伦敦和布鲁塞尔的 65%，其准点率达到 90%。

② 普通列车、夜班车、货车，隧道内的平均速度为 100 ~ 120 km/h。

③ 区间列车（即“Le Shuttle”），运送小汽车、卡车（最大载重 44 t）和公共汽车。运送时，乘客依然留在原车座位上，隧道内的最高速度为 140 km/h。区间列车在两头都需要大面积的码头设施，英国一侧大约有 130 万 m^2，法国一侧大约有 700 万 m^2，赶得上希思罗这样的国际机场的面积了[43]。

更多的关于海底隧道项目的技术细节将在相关文章中阐述（如本书 9.2.5 节讲到土质力学等）。

2.2.3　融资方法和需求预测

前面说过，欧洲隧道完全由私人投资，政府没有投一分钱。之前预计 1995 年的客流为 1 150 万，但实际上只有 292 万；预计 2003 年为 1 890 万，实际只有 631 万；到 2004 年，实际客流也只有 728 万。

对需求的高估和对成本的低估，导致其出现资金困难，在股市上的反应就是其股票跌到 1995 年 1 月的 1/4 以下。

2.2.4　运营、安全和维护

2005 年，欧洲隧道每天单向开行 240 列列车。然而，最大的运能不止于此，可实现每小时单向发车 30 列。欧洲隧道 12% 的员工（2005 年在职3 300人）负责维护工作。

隧道内拥有巨大的制冷系统和一套列车自动保护信号系统。1996 年 11 月发生在一列货运列车上的火灾证明这套系统非常有效，没有人员死亡，但是隧道受到严重损害，为了维修关闭了 7 个月。

2.3　摆式列车

高速列车需要新的线路走向和新式轨道，这通常很昂贵，只适合线路两端人口都高度集中的地区。然而，通常限制速度的原因是过小的曲线半径。

铁路专家想出了几个不用改进线路走向就能在曲线上提高速度的解决办法

(例如加大曲线半径)。其中最有趣的一个办法是摆式列车,让车体通过曲线时倾斜,提供一个额外的超高。

严格地说,摆式列车并非高速列车,但是相比传统列车,它成功地将旅行时间缩短了33%,一般在12% ~20%之间。意大利、西班牙、英国、瑞典、芬兰、美国和其他一些地方都使用了摆式列车。摆式列车技术将在本书19.9节中具体分析。

2.4 空气悬浮列车

空气悬浮技术基于传统轨道铁路,但是其移动车辆和支撑基础并不发生任何接触,不同于铁路的金属(车轮)与金属(钢轨)的接触。

空气悬浮列车就是让车辆在一个倒"T"形混凝土支撑基础上运行(图2.2)。

没有任何车轮系统,通过车辆和支撑基础之间的压缩空气来推动列车。空气悬浮列车放弃了传统列车必须通过黏着力推动列车的模式,而改用压缩空气来推进[47]。

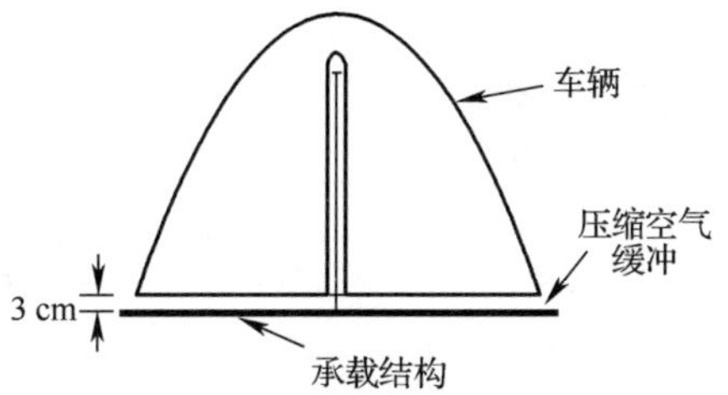

图2.2 空气悬浮列车原理

这种技术最初由法国在20世纪60年代开发,1969年它已经达到了422 km/h的速度。即便如此,仍然有各种各样的空气悬浮列车设计方案(例如巴黎到奥尔良之间建设的长18 km的支撑基础;布鲁塞尔到卢森堡之间也建设过一条),但到20世纪70年代,由于各种原因,这个技术最后还是淘汰了。其中的主要原因是:

① 新技术和传统铁路不兼容;

② 相比建设一条新的传统铁路,空气悬浮列车铁路造价太昂贵了(不考虑空气悬浮列车铁路的维护成本,它比传统铁路的低很多);

③ 能源消耗(空气悬浮列车的推进力来自空气涡轮)比传统列车高很多;

④ 空气悬浮列车的载客量小(原型车载客64 ~96人,后来的双层载客也只有160人)。

导致计划破产的其他原因还有乘客安全问题(车辆行驶在地面5 m以上,发生火灾可能很危险)、噪声、备受争议的美感问题等。

2.5 磁悬浮列车

2.5.1 技术说明

磁悬浮列车的车辆和支撑基础不接触,它依靠磁力环境来获得推力(图

2.3)。支撑基础是一个倒“T”(或“U”)字形的混凝土路面。相应的地方放上磁铁和线圈,通过它们产生浮力、推力和引导力。新近发明了一种超导磁铁可以实现上面提到的三种力。20 世纪 70 年代德国和日本开始研发磁悬浮技术。1979 年,实验阶段的速度达到了 517 km/h;1999 年达到 552 km/h[43,45]。

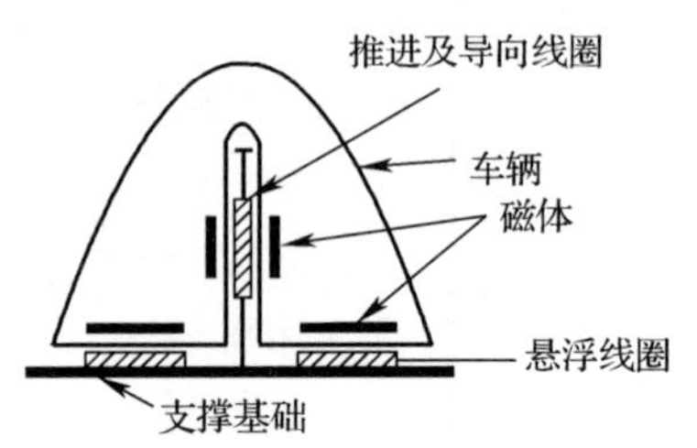

图 2.3　磁悬浮原理

空气悬浮列车的许多缺点,磁悬浮列车也一样不可避免。相比传统铁路,它们都没法穿过城市中心。无论如何,铁路业的压力和政治目的延迟了磁悬浮技术的应用。

磁悬浮技术有两个不同的方向:一个是德国开发的吸引式(电磁石)悬浮技术,另一个是日本开发的排斥式(电力)悬浮技术。表 2.4 列出了两种磁悬浮技术的基本特征[43,35]。

表 2.4　磁悬浮技术基本特征[43]

特　征	吸引式电磁悬浮(德国)	排斥式电动力悬浮(日本)
车辆悬浮空气缝隙宽度	1.3 cm	10.2 cm
车　轮	无	低速(80 km/h 以下)时起支撑作用的辅助车轮
磁体类型	铁核电磁体	超导线圈
稳定悬浮所需条件	连续缝隙电子感应和磁流连续控制	达到足够的前进速度(约 80 km/h)
推　进	长定子铁核线性同步电机	长定子气核线性同步电机

2.5.2　磁悬浮铁路与传统铁路比较

磁悬浮技术的优点[41,45]:

① 运行速度可达 400 ~ 500 km/h;

② 高速运行时不会损失牵引力,因为其车辆和轨道没有接触;

③ 没有轮轨摩擦力,唯一要克服的阻力就是空气阻力;

④ 钢轨、冰雪都对它没有影响;

⑤ 磁悬浮车辆几乎没有滚动或者滑行部件,几乎没有噪声;

⑥ 车辆和导轨紧密相连,因而几乎不可能发生脱轨;

⑦ 因为没有机械接触,所以车辆和轨道的维护成本都很低;

⑧ 因为不依靠车轮摩擦来推进列车,所以它可以通过较小的曲线和较大的坡度。

磁悬浮列车能以 300 km/h 的速度爬升 100‰的坡度,通过半径 2 250 m 的曲线。此外,以同样的速度行驶时,磁悬浮列车消耗的能源不及传统列车的 30%。

磁悬浮列车的磁场对人体的影响很轻微(图 2.4),对带有心脏起搏器的乘客没有任何不利影响。

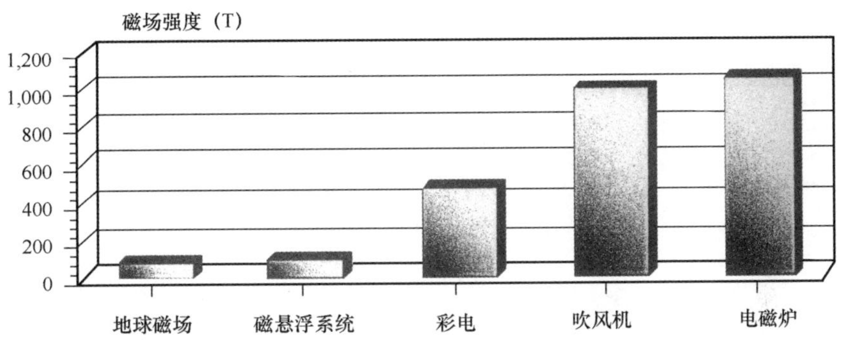

图 2.4　相比较人体暴露的其他磁场,磁悬浮系统的磁场影响

最后,应该注意到磁悬浮系统没有滚动噪声,它比传统铁路系统噪声低很多(图 2.5)。

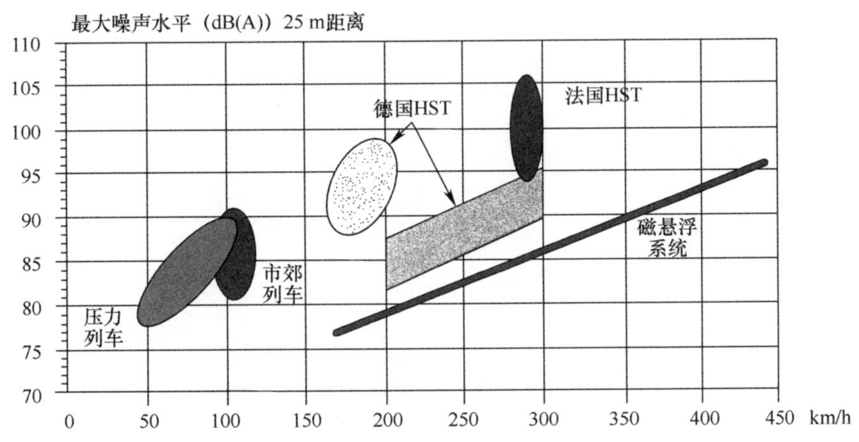

图 2.5　磁悬浮铁路系统和传统铁路系统的噪声水平

2.5.3　磁悬浮的应用

磁悬浮项目曾经有很多规划,但直到 2006 年才有一个项目投入运营,即连接上海机场和市中心的磁悬浮项目(全长 30 km),运行 7 min,最高时速 430 km。该项目总成本为 12 亿美元。全部投入运营的第一年(2004)简直就是一场灾难,只完成了其运量的 17%,远远不及最初预测的每年 800 万(上海机场客流的

22%)人次的运量,这主要是因为车站可达性极差。

将来连接人口高度集中的区域也包括连接机场和城区的快速线可能会选择磁悬浮技术。

3　政策和法律

3.1　国际竞争环境和铁路行业组织结构的演变

铁路公司出现于19世纪末20世纪初，都是些小规模的私有企业。1935年到1960年间，由于考虑到铁路对国家经济和安全的战略重要性以及铁路出现的问题，多数国家对铁路进行了国有化改革。因此，20世纪60年代至80年代间，大多数铁路由国家管理或者控股。

20世纪80年代到90年代，由于运输市场的发展（主要是逐渐打破了运行了30多年或更久的管理框架，实现其自由化），为了让铁路在运输市场更具竞争力，铁路开始提高的服务组织的灵活性，节约成本，采用新技术，挖掘比较优势，实现现代化。许多国家，如日本、英国、瑞典等，已经开始铁路私有化。在21世纪的运输市场，如果一项技术或者发明相比其他运输方式提供不了经济效益和竞争力，它就没有存在的理由[26,35]。

铁路发展自由化的关键一步发生在欧洲，它们将基础设施和运营分离开来，结束了铁路垄断。

3.2　铁路的双重属性：商业和技术

3.2.1　铁路固有的缺点

在运输市场的竞争环境中，铁路应该通过发展必要的现代化技术，找出自身的比较优势。同时，它们应该按照和其他企业一样的竞争规则来运作，抛弃延续了几十年的国家保护伞。

由于数十年的国家保护，铁路有着固有的严重缺点[35,64,68,69]：

① 管理和组织不够灵活。数十年来，铁路管理只处理当时的事情，主要关心的就是技术问题。重要事务都由监管部门负责，一般按照政治标准来执行。

② 大量人力用于例行事务，管理、组织和技术升级的人力不足。

③ 成本居高不下，运营方法过时，人员冗余。

④ 车辆经常没法运营，很多情况下提供的服务无法满足市场需求。

⑤ 铁路基础设施维护成本由铁路承担，而公路和航空只承担公路网和机场维护成本的一小部分。基础设施和运营分离是克服这种情况的重要一步。

⑥ 数十年来，由于投入不足导致基础设施陈旧不堪。

⑦ 一些客流很小的铁路线必须运营，又没有足够的补贴；如果按照私有企业标准来运营的话，是难以为继的。

3.2.2 铁路的比较优势

上文提到铁路的缺点和风险让人觉得它一无是处。其实，铁路对运输和经济的发展都做出了贡献，包括以下几个方面：

① 为客运和货运提供一体化服务系统，不受时间、季节和气候影响，形成了运输网络经济；

② 和其他运输方式相比，污染最小；

③ 因为其运量大，为减轻高峰出行期交通拥堵起到决定性的作用；

④ 和其他运输方式相比，相同的运量消耗的能源更少；

⑤ 为许多公众减免费用，特别是那些出于社会原因出行不便的人（如学生、老人等）。

3.2.3 发展战略和重建措施

目前，欧洲和全球的铁路部门都开始逐渐让铁路自由化，解除对它的管制（自由化是对组织和经济的一种"经济—政治"的预见，它的意思是国家不干涉经济事务，真正的规则是市场的力量。解除管制是一种经济手法，也就是在市场中收回管制和国家干涉。解除管制是走向自由化的一种方法，其他方法是避免任何对价格、工资、反信任技术的控制。我们也注意到，在铁路领域自由化是逐步进行的，管制仍然是有效的。），从而把重点放在各种运输方式之间的竞争上。铁路的政府所有者有义务确保铁路真正的自治，逐渐减少对铁路企业的补贴（过去这些补贴被用来弥补铁路的赤字），在铁路运作上实现透明化，并创造一个其他的铁路运营者也能使用铁路基础设施的构架，从而让他们也进入铁路运输市场。在这个构架内，铁路的目标是[24,31,35,68]：

① 基于市场的生产活动，最终放弃非盈利性业务。

② 在组织和运作标准的发展上有较大的灵活性，提供各种选择，例如投资。

③ 按照特别运输任务需求安排人事，各部门安排不同的人员。特别是在管理和特殊任务方面，不排斥使用来自其他方面的高水平专家。

④ 尽量节约成本，以提高铁路在运输市场的竞争力。要节约成本，除了合理的裁员外，还可以应用信息技术、互联网和新技术，这些都能够精简企业。

⑤ 系统地维护、更新车辆和基础设施，使铁路满足客户的需求。

⑥ 把基础设施的维护成本从其他成本中剥离出来。

⑦ 通过重点投资（大部分投资来自政府、欧盟、世界银行，有一些也来自私人）实现基础设施的现代化。要强调的是，现代化并非指某个特定的项目，而是

整体使铁路和其他运输方式有竞争力地共存。至于那些特别有吸引力的项目，如海底隧道，也可以由私人投资。

⑧ 在客运方面明确什么是公共服务义务，如果铁路只是考虑商业利润，那么那些客流小的线路就将不再运营。要求铁路为其提供公共服务的政府部门（如教育部要求减免学生购票费用），应该为铁路运营者在这方面的损失提供补偿。

⑨ 为铁路减少环境污染、缓解交通拥堵提供适当的补偿。各种运输模式对环境影响的情况和金融评估都是可知的（见本书5.6节）。流行的观点认为应该用旅铁路为了减少污染、缓解拥堵所支出的费用来补贴铁路，这些行为通常导致铁路运营者暂时停运。

⑩ 逐渐减少赤字。1999年，欧洲铁路支出和收入的比率为：德国1.13、法国1.24、比利时1.75、意大利2.24、希腊3.87[56]。这些赤字都是由国家预算弥补，而这些钱都来自纳税人（他们通常都不是铁路的使用者），铁路为此受到很大的压力，将继续减小赤字。

⑪ 商业和税收政策都能增加收入，确保较高的上座率，满足客户和社会的需求。

⑫ 实现金融、商业和科技目标，这些要明确定位。适用性和运作成本的水平是全球范围内衡量铁路企业的因素，它们差别很多，且非常具有可比性（图3.1）。

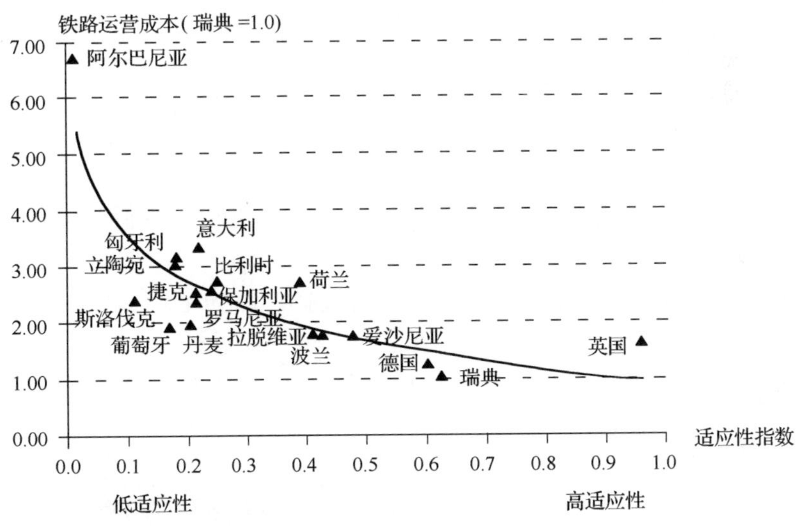

图3.1　各国铁路适应性指数和运营成本

3.2.4　铁路和运输需求

任何运输活动本身都不是一个终结，而是为了满足旅客和货物运输的特别需求。铁路要提供更有效、更具竞争力的服务，必须考虑以下几方面：

① 由于经济全球化、自由化和管制放松导致运输市场发生的变化；

② 竞争和节约成本需求；

③ 各种铁路技术（例如轨道、电力和信号系统）要实现协调即互联互通，以便提供全球化的铁路服务；

④ 长期赢利的需求；

⑤ 减小政策性利润，寻求基于市场的利润。

为了在不断变化、竞争激烈的国际环境中生存下来，铁路必须提供优质、高效、便捷、有竞争力的运输服务，必须满足经济和社会的需求，同时达成保护环境、有效利用资源和安全的目标。此外，铁路应该尽量和其他运输方式配合，以满足运输市场对现代化门到门服务的需求。

3.3 铁路市场的全球化和自由化

21 世纪的前十年就是一个不断全球化（经济和商业活动）的十年，它不断地开辟商品和服务的国际市场，减少国内的补贴和成本。

全球化要求一个竞争性的环境和自由的运输市场，特别是更多的铁路运营商，这就需要撤销很多限制，例如：铁路市场新进企业门槛、商业和税收政策、管理、策略和投资等。

铁路自由化对铁路既是机会也是挑战：

① 内部竞争迫使减少铁路税收，提高服务质量。

② 国家补贴将减少或者根本没有了。任何时候，铁路企业的连续运营导致的赤字都必须是基本合理的。因此，铁路不得不缩减开支，这也不可避免地导致工作机会减少，一定时期出现失业率上升。

③ 新投资将引进新技术，提高服务质量，生产新型产品（特别是国际铁路服务、综合运输、高速铁路等）。

④ 由于商业和税收政策，更多的客户将选择铁路为他们提供服务，如商务旅行等。

但是，就算在一个自由化的铁路市场，国家的角色依然很重要，它必须确保：

① 严格的安全标准。

② 一定水平的服务质量。

③ 只有拥有足够的资金和技术的新企业才可以进入铁路市场。

④ 确保公平的外部（不同运输模式）竞争和内部（不同的铁路企业）竞争。

⑤ 公共资金使用时的透明性和可审计性。

⑥ 为长期投资和技术创新提供稳定的经济环境。

⑦ 防止随意定价。

⑧ 为减少成本同时避免社会不稳定提供合适的环境。

⑨ 促进国际铁路服务发展,在基础设施管理者和铁路运营商之间简化服务程序,提高协调效率。

⑩ 建立一个新组织,防止不必要的分割,明确各部分的责任,管理铁路运营者和铁路设施,控制金融和安全的风险和成本。

⑪ 撤销(全部或者部分)过去的债务。

但是,自由化不同于私有化,其所有权不同。所有者可以是有垄断权力的私有铁路运营者(如英国的许多铁路运营者),也可以是国有铁路运营者,但却存在竞争(如许多国有铁路)。

3.4　网运分离以及铁路的新挑战

3.4.1　出于刺激竞争而实行的分离

过去,铁路大多时候都是自然垄断的,它的职员都有特殊身份。在这个垄断组织里,它通过两个层面与外部环境接触:一个层面是国家主管部门,另外一个层面是乘客,通常他们都不被当作客户。

本书 3.2.3 节讲了铁路主动采取的一些措施。许多铁路勉强重组,或者被迫采取一些措施(如关闭线路,裁减人员)。

接下来的问题是那种基于竞争而实行的改革——这种改革能变成寡头垄断运输市场的改革催化剂——能够扭转铁路下滑的趋势[61]。

这个充满争议的想法就是:让一个潜在的竞争对手进入铁路市场,一旦竞争存在,现在的运营者就有了迫切的、足够的改革动机。

1985 年到 2005 年间,在运输市场各个环节限制垄断、引进竞争的趋势得到延续和加强,这得益于国际经济环境的推进。世界上许多国家的航空市场都完全自由化了,那些在国际国内航线享受多年垄断保护的国有企业,现在开始和新进入的私有企业展开了激烈的竞争。现在的问题是,这种模式是否也适合铁路,需要什么样的条件,又以什么样的速度。

大家都承认,如果铁路依然保持旧的体制,由一个国有公司掌管基础设施兼运营,那么竞争是不可能的。因此,网运分离似乎是在铁路市场引进竞争的第一步。基础设施应该由政府掌管,完全和运营分离。各铁路运营者根据其使用的铁路、使用的时间、距离、铁路类型等来支付费用,且对新进入者不应该有收费歧视。

然而,另外一个观点认为这种分离不一定就是竞争的前提条件。在美国和其他一些地方,铁路运营者也有自己的基础设施:但是其他运营者也可以通过支付合适的费用在不属于自己的基础设施上运行。

3.4.2 竞争以及铁路的新挑战

在这种新的铁路组织形式中,产生了很多基础性的挑战[12](图 3.2):

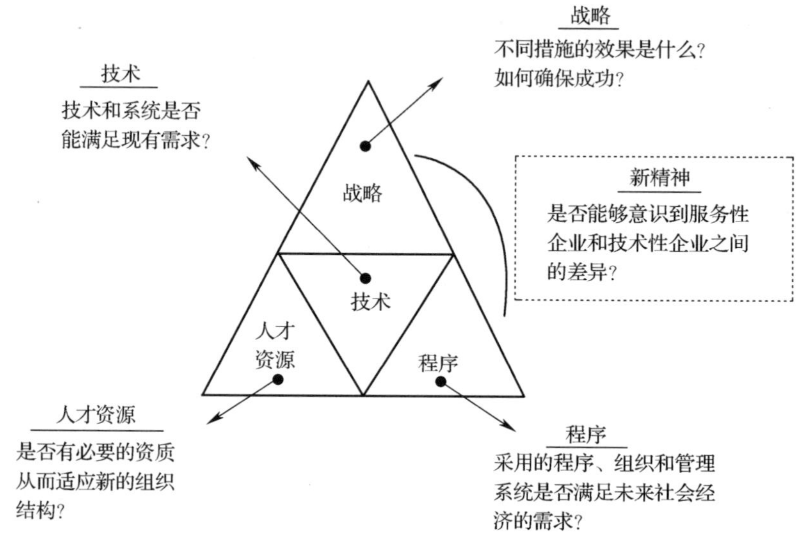

图 3.2 铁路的新挑战

① 文化。服务运营者(service - rendering operator)和工程公司之间的区别是否被理解。

② 技术。系统是否适应新目标和需求。

③ 人力资源。新组织内的员工是否有相应的能力。

④ 竞争。基础设施上有多少竞争,会有什么影响,铁路运营者是基础设施的合作伙伴还是客户?

⑤ 投资。新投资来自哪里? 公私合营模式是否可行?

⑥ 债务。积累的债务怎么偿还? 是主要由国家(如德国)偿还,部分由新进者(如日本)偿还? 还是别的方式?

⑦ 组织的责任。因为有多个运营者在同样使用同一个基础设施,这就需要一个基础设施管理者,负责路权分配和调度等。

⑧ 国家的角色。在一个自由化的铁路市场,国家应该作为监管者。

⑨ 存在理由。铁路运输是出于技术需求,还是为了有效地提高人员和货物的流动性? 现代经济中,铁路的附加值是什么?

3.4.3 不同的改革模式

但是,像前面说到了,有一种反对分离的观点,认为保持现在的状态有利于铁路的整体组织,这在许多地方(如美国、加拿大的货运市场和日本的客运市场)也得以实施。铁路可以拥有自己的基础设施,同时允许其他运营商支付适当的费用后在其上运行。

因此,即使没有分离也一样能有竞争。但是分离可以成为引进竞争的催化剂,或者便利其他铁路运营者的进入。

至于分离的程度,可以有各种不同的方式:

① 完全分离(例如瑞典、英国等)。所有的铁路运营商都和基础设施提供者分离。

② 不分离,但是内部竞争(例如美国、日本)。基础设施管理者控制和提供主要的铁路运营,但是其他小的铁路运营者也可以通过支付合适的费用在其基础设施上运营。

③ 无分离,无竞争(如中国、印度等)。只有一个整体的铁路公司,既是基础设施的提供者,也是运营商。

还有很多种分离方式(见本书 3.7 节)

① 财务上分离。铁路活动是一个整体,只把基础设施的财务从运营商中分离出来。

② 制度上分离。基础设施和运营系统在经济上和法律上都是完全独立的公司。

③ 控股结构分离。一个综合公司被分成两个或更多的公司,然后合并进入一个有董事会和主席的控股体系。

在铁路由综合的形式向分离的形式过渡的阶段,必须重点关注安全的问题。铁路系统非常复杂,各环节协调配合才能保证安全运输,分离后这种协调还必须继续(甚至加强)。分离后需要解决的问题是交易成本和合理的管理(见本书第6章)。

分离可能使多方受益[49]:

① 明晰政府角色和成本。

② 对公众和私人开放。

③ 提升竞争,既包括内部竞争(和其他铁路运营者),也包括市场竞争(和其他运输方式)。

④ 将铁路活动的一部分注意力放在商业活动上(如货运)。

⑤ 和铁路基础设施提供者建立明确的合同。

⑥ 提高铁路的效益(密度经济)。

⑦ 更多以人为本的铁路服务。

3.5 铁路基础设施的定义

根据欧共体 259811970 号法令给出的定义,铁路基础设施是指列车安全运行所必需的线路、轨道和固定设备。

铁路基础设施由以下几部分组成[70]：

① 线路的地面部分。它由路基组成(见本书第9章),包括路堤、路堑、排水隧洞、排水沟、排水槽、渗水暗沟、挡土墙、护坡及植被等。

② 轨道和道床(见本书7.2节,图7.1),由钢轨、枕木、扣件、道砟和底砟组成。

③ 道岔(单开道岔及交分道叉)。

④ 工程结构:桥梁、涵洞和其他立交桥、隧道、地下通道和挡土墙等。

⑤ 平交道口,包括为确保路面交通安全而使用的装置。

⑥ 旅客和货物站台及入口。

⑦ 安全、信号和电信设备,包括固定信号、轨道电路(见本书21.3.2节)、列控设备、信号电缆电线、信号盒和控制系统以及(高速铁路使用的)驾驶室信号系统。

⑧ 电力供应,包括接触网、接触网架或者第三轨、变电站和电力供应电缆和控制设备。

⑨ 出于安全目的设置的照明设备。

⑩ 线路部门使用的和运输业务没有关系的建筑物。

车站、调车场和车辆段可能归基础设施管理者所有或者归运营商所有。

3.6 欧盟铁路法

欧盟铁路法的目的是:在铁路市场引进竞争,合理化和减少公共补贴,降低成本和让铁路面向商务客户,达成协同,加强安全,刺激高速和充分利用铁路对环境的好处。

欧盟铁路法主要内容包括[51,53,54,55,63]：

① 运营和线路分离(至少在财务层面)(440/1991、12/2001、14/2004、51/2004号文件)。并分离客运和货运的财务,禁止两者之间的交叉补贴(13/2001号文件)。

② 确定铁路运营商必须达到的最低条件(关于安全、经济等)。只有这些条件达到了,铁路运营商才能申请执照,该执照在欧盟各国均有效。执照签发部门必须独立于铁路运营商(13/2001号文件)。但是,为了在某个特定国家运营,运营商还必须获得安全证书,这个证书只在该国有效(14/2001号文件)。

③ 合理的线路分配和收费方法(19/1995、14/2001号文件)。线路收费必须考虑到服务的性质、时间、市场情况和线路质量,防止拥堵。相似的服务的收费应该大致相同。惩罚延误,奖励准点。

④ 鼓励更多的私有企业进入铁路活动,例如基础设施投资(PPP 政策,见本书 6.3.5 节)和进一步的细分(例如客运、货运、通勤等)[51]。但是,欧盟铁路并没有强加任何条款给那些铁路企业主(《罗马条约》第 222 章),允许其国家私有化或者非私有化它们铁路的部分或者全部[62]。

⑤ 定义基础设施管理者的职责,确保公平,防止任何歧视(12/2001 号文件)。

⑥ 设置一个监管机构,解决运营市场上的各种争议,特别是基础设施管理者制定的那些政策(14/2001 号文件)。

⑦ 确保财政上的透明性,禁止国家对货运补贴,保证国家对客运(履行某些公共服务义务)和基础设施管理者可能的补贴清晰公正(12/2001 号文件)。

⑧ 执行安全条件。每个铁路运营商都必须获得安全证书,这个证书由各国授予(只适用特定的国家),考察其车辆是否经过检查核准,其人员是否通过相应的培训(14/2001 号文件)。

⑨ 建立互联互通的具体规则,确保不同线路、车辆和运营之间极好的兼容,提高效率水平和安全性,提高服务质量,降低成本。(50/2004、16/2001 号文件)(见本书 1.13 和 21.9 节)。

⑩ 建立欧洲高速铁路网,确保安全和不间断运行(48/2004、50/2004 号文件):

a. 达到至少 250 km/h 的运营速度,同时努力在适当时达到300 km/h的速度。

b. 升级现有铁路,达到 200 km/h 的运营速度。

c. 在其他线路上达到更高的速度。

⑪ 设法在 2007 年实现(欧盟 25 国)货运完全自由化,2010 年到 2012 年期间客运完全自由化。

⑫ 加强安保(49/2004 号文件),建立欧洲铁路局,负责安保、互联互通、政策和战略协作。

3.7 欧洲网运分离代表性模式

欧洲网运分离代表性组织模式如下[49]:

3.7.1 集成模式(比利时(截止 2004 年)和卢森堡)

这种模式是建立在维持铁路业务完整性的政治愿望基础上的,为了满足铁路工会的希望,防止潜在的社会动荡,最终成立了负责线路和负责运营的两个业务部门,独立管理,但是并没有相应的法律地位,隶属于一个单独的法律架构内的共同执行董事会和主席团(图3.3)。为了满足欧盟的要求,成立了独立于铁路公司之外的机构,负责线路分配和收入。

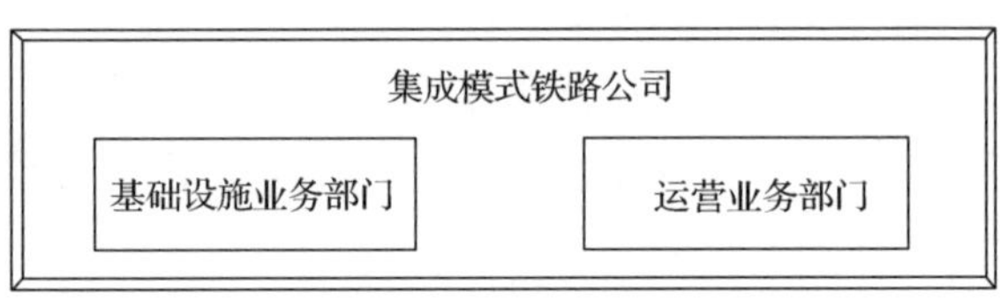

图3.3　集成模式

3.7.2　半集成模式(法国)

这种模式是基于责任、资产和义务的制度上的同时分离,这导致基础设施管理者即法国铁路路网公司(Reseau Ferre de France,RFF)和铁路运营商即法国国家铁路公司(Societe Nationale des Chemins de Fer Francais,SNCF)之间运营财务和收支分离(图3.4)。但是,如果线路管理的责任、目标、策略和经济问题已转交给作为线路管理者的RFF,线路维护由SNCF负责,这样SNCF和RFF就签订一个公共转包合同,SNCF充当转包商,由RFF设置规则。涉及投资,如果RFF确定合同的范围、投资的目标,SNCF将被授权实施。因此,这种责任组织并不要求SNCF内部的人事分离,一些工人负责运营,其他一些相当于RFF的转包商。至于欧盟12/2001号文件的适用问题,SNCF不情愿地放弃了任何线路收费和分配的责任,这个责任转由RFF内部的另外一个机构负责。

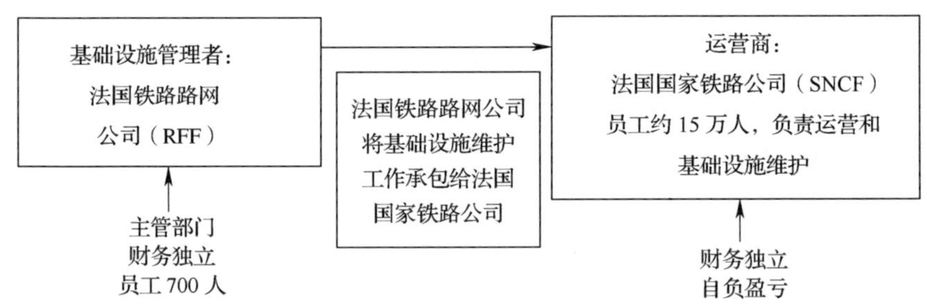

图3.4　半集成模式

3.7.3　股份模式(德国、意大利和希腊)

这种模式导致商业责任的法律分离(图3.5)。因而每部分都被当作独立的商业单元和法律实体,有独立的账户、收支和财务结果。各部分之间的独立性比前一种模式下更有保证。所有这些法律上独立的公司被合并进入一个股份体系。有共同的执行董事和主席。理论上来说,主席不能对线路管理者发号施令。基础设施管理者完全独立,对任何运营商都不偏不倚或区别对待。股份制公司内部铁路运营商和基础设施管理者的活动和责任都完全独立。迄今为止,线路分配和收费都完全归基础设施管理者负责，但它必须证明其分配和收费不存在歧视。这种股份组织导致产生大量分支机构，加速了铁路市场的自由化。2006年，德国有400多家铁路运营商，占有国内铁路货运市场15%、客运市场的10%的份额。

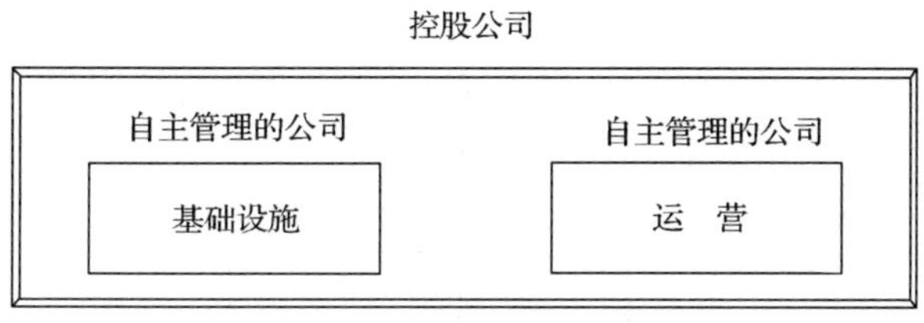

图3.5　股份模式

3.7.4　分离模式（瑞典）

这种模式把以前综合的铁路公司，完全从制度上分离成运营商和基础设施管理者（图3.6）。线路分配和收费由基础设施管理者负责。

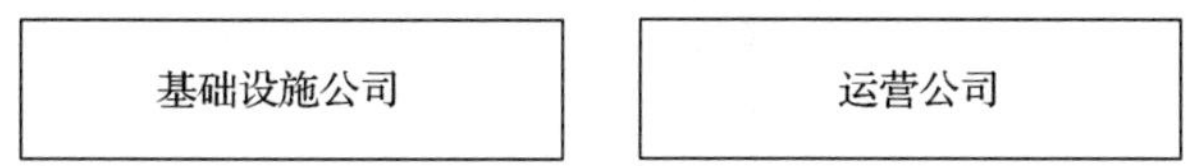

图3.6　分离模式

3.7.5　基础设施进一步分离的分离模式（荷兰）

这种模式是基于基础设施管理者和运营各个部门之间的完全分离（图3.7）。此外，基础设施管理者又分成三部分：第一部分负责基础设施分配和收费，第二部分负责基础设施维护，第三部分负责基础设施规划。但是各部分之间也存在一些争议，它们的目标和限制不够清晰。为了解决这些问题，荷兰政府决定通过指定一个基础设施管理者来负责，这使荷兰的模式更

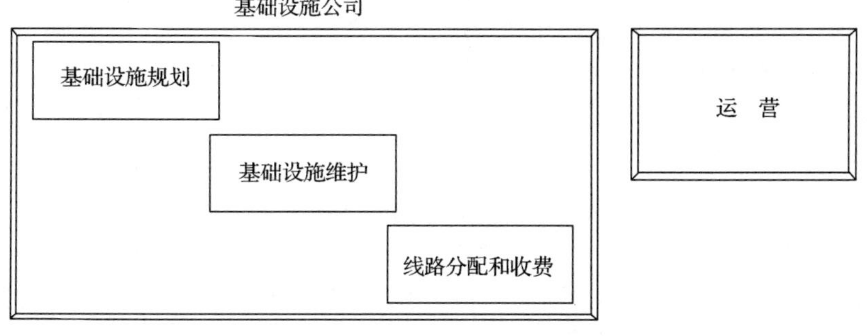

图3.7　基础设施进一步分离的分离模式

接近完全分离模式。

3.7.6 私有化分离模式(英国)

这种模式是受瑞典从法律上完全分离线路管理者和运营商启发而产生的,同时私有化所有的业务,涉及:

① 整个铁路企业在客运部门分出 25 个运营商(叫做 TOCs),在货运部门也分出很多个运营商。虽然都是些私有公司,仍享有一些区域性的特权作为补偿。这些 TOCs 之所以能够存活下来,很大程度上得归功于国家给予的重要补贴,这也是合约的一部分。

② 基础设施管理者英国线路公司通过大量减少维护和运营成本,来补贴线路活动的利润。但是英国线路公司还是面临了严重的财政问题,这导致政府再度部分国有化了线路,最终由英国路网公司接管的。

英国的这种全面私有化要求对解除管制进行补偿。因此,英国铁路改革让股票市场成为新铁路组织的中心。

最近的变化让基础设施管理者又有了国有的特征,这证明很难形成一个有效的私有化线路。

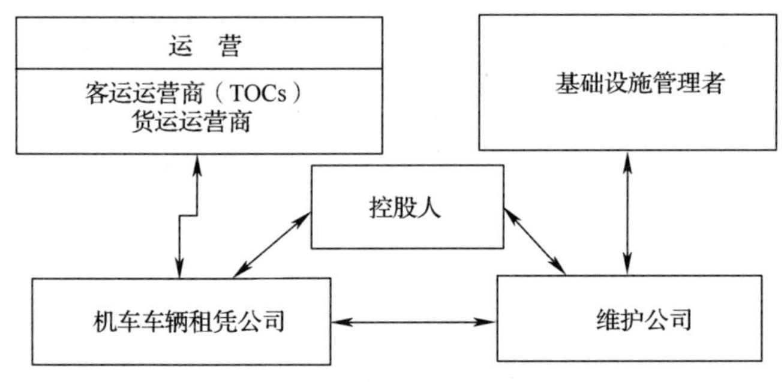

图 3.8 私有化分离模式

3.7.7 各种模式的评估

集成—半集成模式更能体现国家政策对铁路的长期干预,更强调合作。目前看来,这种模式变化很小,并且也不是根本性的变化。

控股和分离模式符合运输市场竞争的要求,有很多新的铁路运营商,因而强调竞争。这种模式预示着基础组织的改变,能够刺激建立新的竞争型铁路,更能适应市场需求。在货运和远距离客运市场存在竞争,而本地客运服务由公共招标来决定谁承担。

进一步分离的分离模式可以被看作分离模式的一个变型。但是,对基础设施的进一步拆分可能导致效率低下。

私有化分离模式意在大量的减少成本和补贴。每个铁路运营商都是一个私有公司,在特定的线路上垄断经营,接受政府的补贴。这种模式并不鼓励竞争,运营商之间缺乏合作的严重问题也开始显现出来。

但是,对任何模式的评估都应该考虑其历史、地理和经济特性。

因此,运营和线路的自由化和分割的程度都可以归类如下[97]:

① 运营商

a. 国有的运营商。

b. 一个主要运营商 + 多个区域运营商。

c. 通过路网分割形成多个运营商。

d. 多个运营商 - 准入开放

② 基础设施

a. 集成铁路公司内部的业务部门。

b. 和股份系统合并的,或者完全独立的独立线路公司。

c. 完全私有化的线路公司(但是英国的经验已经证明这种模式不能有效运行)。

但是,欧洲还没有一个国家采取完全准入开放和全盘私有化各部分的模式。

对改革影响(考虑到铁路是一个巨大的行业,需要较长时间才能看出改革的结果)的首次评估是通过比较自由化较多的模式(德国)和自由化较少的模式(法国),考查它们在 1996 年到 2002 年期间取得的业绩(运量、生产效率和人事)得出的[50](图 3.9)。实际上,德国运量提高很快,生产效率提高和人员精简也有同样的比例。但是,很难说有多少提高应该归功于改革。另外,整体来说,旅客服务质量并未见明显提高。

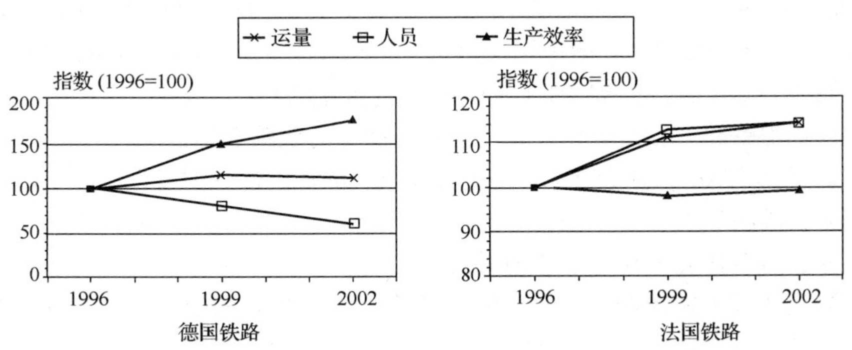

图 3.9　德法铁路运营分离前后运量、人员和生产效率变化

其他一些部门,例如电信和电力,解除管制后,出现了再度合并和集中的情况。这种变化也逐渐在铁路领域出现,例如,英国有三个货运运营商起初实行了私有化,最后又合并成一个。

总之,在欧盟铁路竞争依然是局部的,管理依然严格,大多数的国家都很少有新成立的公司。

3.8 美国和加拿大的铁路法

如本书1.8节所分析的，铁路在美国客运市场只扮演一个边缘角色（市场占有率不足1%），但是它在货运市场却是一个很重要的角色，2005年的市场占有率大约40%。美国铁路法应该放在美国、加拿大和墨西哥之间的《北美自由贸易协定》（NAFTA）的背景下分析。

美国铁路市场的另一个特征是主要的铁路运营商有自己的线路。不过竞争是美国经济的规则，法律就要确保运营商能在其他运营商（通常就是竞争者）的线路上运行。

到1970年，铁路客运和货运都由私有公司运营。国有客运铁路公司（Amtrak）成立后，联邦政府给它一些补贴。Amtrak拥有它在北美运营的线路，同时也有权在所有接入协议下的铁路线上运营（如若和线路所有者发生争议，服从该协议的判决）。

1970年代，美国20%的铁路公司面临破产。因此，1976年联合铁路公司（Conrail）成立，归联邦政府所有，由美国东北部和中西部地区破产的铁路公司联合组成。这样做的目的是让Conrail能运转起来，然后出售。如果还行不通，只能进行破产清算。Conrail于1987年被出售（已经严重亏损）。

应对美国铁路行业连续的财政危机的一个更重要的方法是解除管制，由1980年的《史德格法案》提出，目的是在铁路的财政能力和托运人的利益之间达成一个平衡。

美国铁路管理由1887年成立的州际商业委员会（Inter-state Commerce Commission）负责，1995年，由地面运输委员会（Surface Transportation Board）接管。委员会的权限覆盖了美国国内所有的铁路运营，其职责是[57]：

① 确保铁路运营商有权在其他运营商拥有的线路上运营。

② 降低税收，特别是当对市场优势和权利的抱怨出现时。

③ 提高质量。

④ 在特定环境下控制市场的退出。

⑤ 支持或否决铁路行业的合并，或者强加合并时的条件（如路权），促进竞争。

这个法案在保护竞争方面似乎起到了较好的作用，尽管也暴露了一些争议，或多或少，线路所有者总能想出一些狡猾的办法阻止其他运营者进入，虽然理论上确实进入了。

21世纪的前10年，美国铁路主要关心的就是铁路市场的解除管制是否已足够，最终有没有必要再度管制，美国铁路公司的位置在哪里。

加拿大铁路也以货运为主，两个穿越大陆的铁路公司，加拿大国铁（Canadian National)和加拿大太平洋铁路公司(Canadian Pacific)占据市场份额的80%左右。

早在1967年出台的《国家运输法案》(National Transportation Act)中,加拿大便先于美国开始对铁路解除管制,1987年该法案修订了一次。1996年,所有补贴都取消了。解除管制后,从1988年到1997年,劳动生产率提高了93%。

然而,2000年以来,美国和加拿大的铁路开始寻求合并,以组建跨境运输公司。

3.9 日本铁路法

日本的人口密度大,因此客运更加发达(可居住地每平方公里1 500人,法国是160人,英国是260人,美国是50人)。正相反,货运处于非常边缘的地位。20世纪60年代中期,日本国铁(JNR,Japan National Railways)面临严重的财政危机,此后20年内尽管实行了4次重组,依然没能摆脱危机。

为了追求国家经济的快速发展和人民收入的提高,日本铁路获得大量投资。但是,铁路建设的投入巨大,回报率却较低。债务急剧增加,提高运费又导致客户流失,私有化和分离似乎成了日本铁路复兴的唯一方式。

1987年,整个铁路网被分割成6个完全私有化的区域性客运公司(分别是北海道日铁、东部日铁、中部日铁、西部日铁、四国日铁和九州日铁,各自拥有自己的线路)。另外还有一家日本货运铁路公司,它向前面6家客运公司支付费用,以使用它们的线路和其他设施来运营。

在铁路市场解除管制和私有化之前,日本政府采取了一些特别的策略:将日本国铁的长期债务转给日本国铁结算公司,裁减过剩人员(由1980年的40万人减少到1994年的19.1万人),放弃不赢利的地方线路。

劳动力成本和资金成本相对收入的比率大大下降[60](表3.1)。私有化后,1993年的客运量比1986年增加了20%,车辆公里使用量也增加了20%。但是,铁路干线建设资金的长期问题依然没有解决。

表 3.1

年 份	劳动力成本(%)	资金成本(%)
1985	73.6	53.8
1987(私有化)	31.6	22.2
1994	53.1	33.0

解除管制和私有化后大约20年,日本铁路市场出现了130多家客运运营商和30多家货运运营商,它们之间展开了激烈的竞争。

3.10 澳大利亚和新西兰铁路法

由于轨距和组织机构的不同,澳大利亚各州之间的铁路都不相同。1995

年,所有跨州铁路改用标准轨距后,轨距问题解决了一部分。因为这个国家只有 1 900 万人口,可谓幅员广阔,人烟稀少,所以除了几个大城市,铁路客运有限。澳大利亚的铁路主要是负责货运。

直到 20 世纪 90 年代初,铁路一直由几个综合公共垄断者经营。1995 年后,随着澳大利亚商业竞争和消费者委员会(Australian Competition and Consumer Commission)的成立,政策上要求在铁路运营商之间引进竞争,而其关键就是线路准入条件,可以通过 3 种方式:由国家接入管理机构申报,由州管理机构出具证明,或者由基础设施管理者授权。

西澳大利亚州和昆士兰州拥有纵向综合系统,它们建立了单独的业务部门和财务部门。维多利亚州和新南威尔士州将线路和运营分离,货运和客运分离。

新西兰法律对铁路是极尽保护的,直到 1961 年,公路货运限制在 50 km 距离内,同年提高到 67 km,1977 年又提高到 150 km。1983 年公路货运的自由化迫使铁路重建。在一个内部定价结构的支持下,线路和车辆被当作独立的财务单位。劳动力减少了,运量维持不变,同时生产效率得到提高。

4 铁路需求预测

4.1 铁路需求预测的目的、意义和方法

预测就是对将来发展的估计。这是一个复杂的过程,必须考虑社会的预期和趋势、行业的状况、经济和政治因素、风险防范以及大众的心理。铁路运输需求的准确认知对铁路活动的规划极其重要。

对未来需求的预测是许多铁路活动的前提条件,如:

① 新线(车站)的建设;

② 提供(或者取消)一种新的铁路服务(例如高速服务、通勤服务等);

③ 购买机车车辆;

④ 在列车和车站组织必要的员工;

⑤ 收入估计,商业和税收政策;

⑥ 管理方法。

要做好预测是一项很难的工作。影响需求的参数既有技术的因素,也有人为的因素,且后者很难预期。它们的相互关系很复杂,关于过去需求的统计数据又通常不充分或者不够准确。

所有的铁路运输预测都是基于某种铁路需求模型的。模型就是通过人为的努力(通过简单的陈述)来理解、解释和预测自然、人力和社会现象的演变。它尽力调查这些被研究的现象(例如伦敦到巴黎之间高速列车的客流量)之间是否存在因果关系以及影响它的参数(研究的年份、统计数据、铁路运输成本、竞争模式、铁路旅行时间和竞争模式、服务质量、GDP 等)。一旦这种因果关系建立起来,这个模式的统计和逻辑有效性便被确定,然后这个模式就能被用来预测将来铁路的需求。

模式可以基于不同的研究现象,因此我们可以分出以下几种方法:

① 定性法;

② 统计法;

③ 定量法或者因果法(计量经济学方法和引力学方法);

④ 模糊法。

当预测铁路需求时,要区分短期(6 ~ 24 个月)、中期(2 ~ 5 年)和长期(5 ~ 10 年)。一种模型能够适用短期和中期预测,但是完全不适用长期预测,反之亦然。

然而,模型只能解释某个问题的一小部分,它是很多假设的结果,不应该被放大、普遍化,不应该被应用到那些不具备其假设的案例上。铁路专家应该避免这种对模型不合适的扩大和普遍化。

预测模型不必太复杂,应该尽量简单。在可接受的精确度内,越简单越好。

任何需求预测都有其固有的缺陷和不确定性,应该清晰地说明其基于的假设、预测的精确度、预测适用的框架和条件。

另一方面,预测要先假定一个最小的稳定性。由于受过去的影响,预测者考虑的很多参数都在不断变化。预测者能够预测什么可能发生,但他很难预测那些不可预期的变化。

4.2　影响不同类别铁路需求的参数

4.2.1　影响全球铁路需求的参数(集合法)

铁路运输本身并不是最终的目的,而是满足人类的其他需求的一个媒介。运输需求来源于人类的需求。除了观光外,人们旅行还有其他目的(工作、休闲、购物、见面等)。如果这些活动都在当地或者附近,运输需求就没有了。作为一种经济活动的结果,运输受经济指数的影响强烈。

铁路运输也在很大程度受到人类活动分布空间的影响。高人口密度和商品密度有利于铁路运输[81]。

铁路运输有一个动态的特征,每天、每个小时都不同。

制度框架对铁路需求有很大的影响。几十年来,铁路都是垄断的,只面临来自公共汽车、私人轿车和飞机的外部竞争。内部竞争——在同一条线路上有多家铁路公司——只是最近才被一些国家引进的,本书第 3 章已做分析。

人们对环境保护的敏感要求把环境问题作为影响需求的一个参数考虑进来。(例如,一些交通方式已经因此受到限制等)。

技术的演变也会影响铁路需求。

燃料的价格、其他运输模式的业绩和特征也影响铁路的需求[82]。

4.2.2　铁路需求分类及铁路运输各个参数的影响

客运和货运的差别是铁路需求基础。

4.2.2.1　铁路客运需求

客运需求可以分为城际需求(城市之间)和通勤需求(从市中心到郊区)。城际需求既可能是商务活动引起的,也可能是休闲引起的。通勤也是如此,其需求的所有组成都有类似的特征,因此,商务和休闲之间没有什么差别。

商务、休闲和通勤需求受铁路运输的各个参数影响,包括旅行成本、旅行时间、服务频率、服务质量和准点率。旅行时间、准点率、服务频率和质量对商务铁路需求很重要。成本对休闲需求很重要,然而,成本、准点率和频率较大地影响通勤(表4.1)。表4.1简要地指出了其不同的原因:商务旅行的成本由公司而不是个人承担而休闲和通勤则是由个人支付其成本。

表4.1 铁路运输参数和它们对商务、休闲和通勤需求的影响程度

影响铁路客运需求的参数	铁路客运需求类型		
	城际		通勤
	商务	休闲	
旅行时间	+ + +	+	+
旅行成本	+	+ + +	+ +
服务频率	+ +	+	+ +
服务质量	+ +	+ +	+
准点率	+ + +	+	+ +

注:+ + +影响较大 + +影响一般 +影响较小

商务旅行的特征是旅行者更感兴趣的是门到门(Door-to-Door)的旅行时间,而休闲旅游的旅行者感兴趣的却是终点到终点(Terminal-to-Terminal)的旅行时间[71,78,94]。

4.2.2.2 铁路货运需求

大部分情况下,货运需求是工业过程的一部分。影响货运的参数有[14,16]:

① 货物的类型:材料和最终产品的特征和属性。

② 地理参数:位置、临近的港口、人口密度。

③ 社会经济参数。

④ 法律和公路交通限制。

⑤ 价格。货运的定价策略更灵活,通常还会和客户协商。

⑥ 一些类型货物的季节性。

⑦ 枢纽和联运设备。

我们通常按照体积(石油、粮食等)和独立的小项来区分铁路货运。

针对托运人的调查显示了他们为什么更偏爱铁路的原因,包括:大容量、低成本、不适宜公路车辆和安全。不选择铁路货运的原因有:运输时间较长、官僚化的程序、高成本和不确定的发货时间[16]。显然,有些托运人认为铁路费用低,而其他方式高。托运人选择公路运输的原因有:运输速度、门到门运输、程序简单、灵活、运输精确、成本低、车辆有保证。如果铁路要增加它的货运量,必须克服调查中揭露的所有障碍和缺点。

4.3 定 性 法

4.3.1 市场调查

定性法大部分用在市场调查中,它需要相当长的时间(1 ~ 3 个月),成本很高。当没有统计数据(例如新建车站或者线路),或者试图确定客户对某种改变、对某种新铁路服务的反应时,市场调查是唯一的方法[92]。

除了旅客个性决定外,运输市场调查能够(通过合适的问卷形式)判断出旅客的意图。实际上,直到 20 世纪 80 年代,关于倾向和选择问题的运输市场调查已经出现。这种调查叫做倾向选择调查。

然而,最近 30 年,市场调查包括假设问题(例如“如果票价降低 20%,你多久坐一次火车?”)因此,回答问题的人的意图被显示出来,关于未来需求发展的一些迹象就出来了。这种调查叫做倾向描述调查[90]。

表 4.2 给出了一个调查表,这是在城际列车市场调查中使用的[75]。

4.3.2 情景写作法(Scenario writing method)

对定性法在长期预测中的研究产生了情景写作法。这种方法可以在中期和长期预测中使用。

这种方法的一般定义是通过写出设想来试图展示某个将来会阐明的条件,使用一个参照点,比较现存的情况,这种情况是通过一系列事件和条件表示出来的[93]。

情景写作法是欧洲委员会使用的用于长期预测的方法(乐观、中立或者悲观的预期),也用在长期研究中。

4.3.3 特尔斐法(Delphi method)

特尔斐被用来预测长期事件,计算它们在未来发生的可能性。特殊的是,特尔斐法的发展过程有三个独立的阶段:预备阶段、可控反馈机制阶段及结论和预测最终阶段。

特尔斐法通常在国际铁路机构(如国际铁路联盟)的预定会议中使用,在会议上会讨论将来的政策以及它们发生的可能性。

表 4.2 城际列车市场调查表

城际列车调查问卷

日期：□ / /2006　　调查人姓名：□

1. 座席等级：□一等座　□二等座

2. 您今天出行的目的是什么？

□工作

□家庭原因

□休闲—旅游

□学习

□其他原因，请注明：____________________

3. 本次列车发车时间是否满足您的要求？

□是　□否

如果不是，您希望的发车时间是__________。

4. 您经常乘坐火车吗？

□每年 2 次　□每年 5 次

□每年 10 次　□每年 20 次

□每年 20 次以上

5. 您选择火车出行的原因是什么？（可多选）

□旅行时间　□服务频率

□安全　□价格低

□舒适　□没有其他出行方式可选

□准点　□其他原因（请注明）

6. 如果您不选火车出行，您可能会选择哪种方式？

□小汽车　□长途汽车　□飞机

7. 以下哪些问题是您觉得需要改进的？

□延误　□乘务员素质

□停站过多　□车站工作人员素质

□卫生条件　□其他（请注明）

续表

☐旅行时间太长 ☐无

8. 您对从出发点到达车站的交通方式是否满意?

☐满意 ☐较满意 ☐不满意

9. 您到达车站乘坐哪种交通工具?

☐小汽车 ☐公共汽车 ☐出租车 ☐地铁 ☐步行

10. 车站服务是否满足您的要求?

☐是 ☐说不清 ☐否

如果不满足,您认为哪些方面还需要改进?

11. 您有没有使用列车上的餐厅或者酒吧?

餐厅☐有 ☐没有 如果没有,为什么? ________________

酒吧☐有 ☐没有 如果没有,为什么? ________________

12. 您是否拥有小汽车?

☐是 ☐否

13. 您是否会对使用铁路运送小汽车的服务感兴趣?

☐会 ☐不会

14. 如果您乘坐夕发朝至列车,您是否会选择卧铺?

☐会 ☐不会

15. 乘客性别

☐男 ☐女

(乘客是否有 12 岁以下儿童同行 ☐是 ☐否)

16. 您的职业是什么?

☐公务员 ☐小学生

☐私企员工 ☐退休人员

☐自由职业者 ☐军人

☐大学生 ☐失业者

☐家庭主妇

17. 乘客年龄(由调查人员估计)

☐26 岁以下 ☐26 ~ 60 岁 ☐60 岁以上

18. 乘客国籍:________________

4.4 统计预测

4.4.1 应用的理论背景和条件

统计预测大量运用在铁路中以快速评估将来的需求。基于统计数据(至少10年的),这种预测能依据过去的趋势推算出将来,这需要花1~2天时间,成本很低。只要不发生不可预期的事件(例如经济形势或者竞争条件的突变、事故等)和供应保持不变,这种方法能对之后的2~5年做一个非常可靠的预测。

这种方法是假设坐标轴上所有影响铁路运输需求的参数(旅行时间、费用、收入、弹性等)在整个过程中都以相同的方式影响铁路运输。此方法在短期和中期预测上是可行的,但对于长期预测无效[86]。

许多铁路公司使用统计预测,这种方法可以通过市场调查或者经济模型的结果来改进。

需求(Y轴)—时间(X轴)数据曲线如图4.1所示,可以看出趋势是线性的还是指数的。

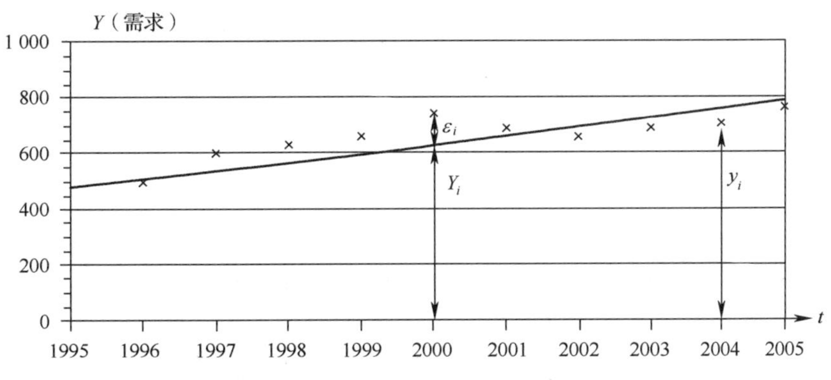

图4.1 统计数据(y_i)和回归线(Y_i)

因此,如果趋势是线性的,那么需求(Y_i)与时间(t)的关系是:

$$Y_t = a + b \cdot t \tag{4.1}$$

如果趋势是指数的,需求与时间(t)的关系是:

$$Y_t = c(1 + d)^t \tag{4.2}$$

应该注意到铁路运输需求可能一开始是线性发展,后期却是指数发展;或者开始是指数发展,接着趋近于饱和(稍后是渐进的发展)。在这种情况下,就要综合运用前面提到的公式[92]。

式(4.1)(4.2)中的a,b,c,d四个计算参数将得出关于独立变量t的对应独立变量Y_t的回归值(无论线性的还是指数的)。因此,从图4.1中的各个点可以看出是直线(线性发展)还是曲线(指数发展)。这可以通过最小平方法得出。

让 y_i 作为统计法中的变量，$\bar{y}$作为的 y_i 平均值，Y_i 是图 4.1 中曲线给出的值。曲线是否适用过去的统计数据，将依赖确定系数 R^2，定义如下：

$$R^2 = \frac{\sum_i (Y_i - \bar{y})^2}{\sum_i (y_i - \bar{y})^2} \tag{4.3}$$

该系数乘以 100 能看出预测曲线和统计数据到底多接近。R^2 的值接近 1，说明回归曲线相对过去的统计数据调整地很好；而 R^2 的接近 0 时，说明调整的不好，能找到现在的不规则波动。大多数铁路需求预测 R^2 的值大于 0.90 时，即可以认为满意。

使用计算机软件能够迅速简单地算出回归方程式中参数 a、b（或者 c、d）的值①。这些计算机程序允许使用各种功能形式（线性、多项式或者指数），其中各个指数（独立变量系数、数据、举例分歧、常数等）都能确定。

使用现有统计数据预测将来情况的方法也存在很多问题[72,73]：

① 可用数据应该涵盖多长时间？一些分析认为 10 年是最小范围，这个范围提供的统计数据足够说明需求的演变。

② 使用过去数据能预测将来多久以后的？结论是，只要过去影响需求的参数的基本假设在将来保持相同，影响程度不变，同时供应特征不变，预测期应该不超过分析期的一半时间。

4.4.2 统计预测举例

以 2006 年使用统计预测法预估伦敦到巴黎之间欧洲之星客运需求为例。第一步是收集可靠的数据。图 4.2 中的点是 1995 年到 2004 年之间年度旅客数量，来自网站：www.eurotunnel.com。

似乎线性回归（图 4.2，实线）更合理。使用计算机软件可以得出线性回归方程式如下：

$$D_t = 332\ 152t - 6.580\ 42 \times 10^8 \tag{4.4}$$

其中 D_t 是 t 年的需求。

系数是一个较小、不充分的值 $R^2 = 0.60$。

但是，并非如此，线性发展预测的是每年都增加，而不可能永远增加。

更合理的方法是使用二级多项式（图 4.2，虚线），$R^2 = 0.87$，方程式如下：

$$D_t = -89\ 844.5t + 3.596\ 2 \times 10^8 t - 3.598\ 56 \times 10^{11} \tag{4.5}$$

直到 2000 年，曲线都成指数增长，但之后开始出现轻微下降趋势。这种饱和现象通常是在运营更多年后出现。

① 如微软的 Excel、Grapher、Microfit 和 Harvard Graphics 都适用。

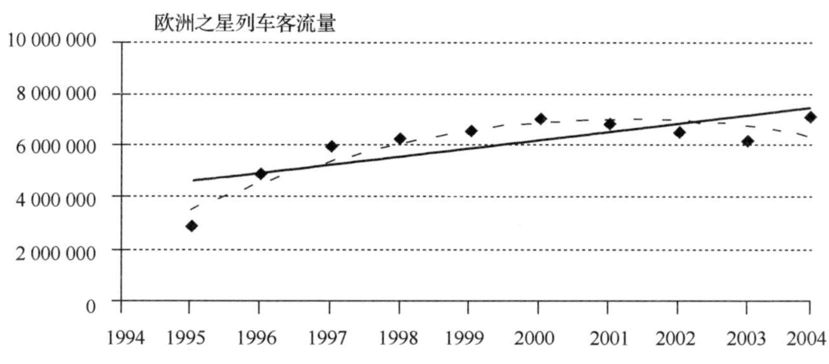

图 4.2　欧洲之星列车年度客运需求预测

预测者应该选择哪条线呢？对这个问题没有优先的答案。当然，预测者也可以使用更大的系数 R^2 找出另一条线。但是这还不够。要得出好的预测，经验、费用和想象力也都非常重要。

但是，如果预测者仔细考察数据，可以发现第一个运营年度（1995）需求非常低。因此，这一年的数据可以忽略不计。

这个预测适用多长时间？预测的时间不应该超过它使用的统计数据年限的一半，即 4～5 年。

4.5　计量经济模型

4.5.1　定义及应用范围

计量经济模型是唯一提供期望需求和引起原因之间因果关系的模型。计量经济模型需求一定时间（几天或者 1～2 个月），成本也很高；因此只有大的铁路机构、国家或者大学才使用。

4.5.2　计量经济模型中针对有效性的统计测试

计量经济中统计有效性是通过统计和诊断测试来完成的，包括[71,74,77,88]：

① 独立变量的共线性测试；

② 标准差的统计测试；

③ 通过 Durbin's-h 统计测试首层残余关联；

④ 残余关联、异力差性和常态测试；

⑤ 模型功能形式测试；

⑥ 关于标准差的残余核查；

⑦ 模型稳定性测试。

除了诊断测试外，对变量和弹性的解释也可以看出模型的逻辑有效性是毫无疑问的。例如,铁路费用的增加导致模型中铁路需求的最终增加,依据人的逻辑和经验来说这是不可能的。

4.5.3 计量经济模型举例

以最近对希腊年度铁路客运需求的预测为例,给出一个计量经济模型。分析时间从 1960 年到 2000 年。货币单元表示的变量已按照年度消费价格指数缩小了。所有变量以年度为基础,将 1980 年(分析时间的中点)的值设为 100,输入模型。

计量经济模型方程式是[72,76]:

$$\ln D_r = -0.192\ln c_r - 0.078\ln I_{cc} + 0.111\ln c_{b,r} + 0.109\ln GDP + 0.776\ln D_{r(-1)} - 0.211d_{78} + 1.273 \tag{4.6}$$

式中 D_r——铁路旅客需求/人口数量;

c_r——铁路运输的单位成本(人·km);

I_{cc}——小汽车拥有指数;

$c_{b,r}$——竞争变量,公共汽车单位成本和铁路单位成本比率;

GDP——希腊国民生产总值;

d_{78}——1978 年的虚拟变量,当年希腊改变了以列车售票来评估的方法;

$D_{r(-1)}$——时间延后依赖变量,使用它表示限制供应(服务频率、铁路容量、车站和列车服务质量等)。

系数 R^2 等于 0.89 时,模型更接近实际数据。

图 4.3 是计量经济模型结果和数据(实际值)的比较。

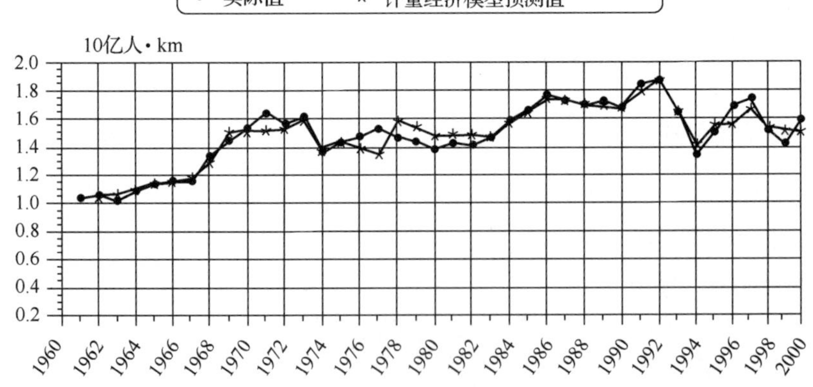

图 4.3 计量经济模型预测结果和实际数据比较

4.6 引力模型

引力模型可以在新站和新线中使用,因为没有统计数据可以使用。

对于两市 i 和 j 之间新线的需求预测,可以使用以下一般引力方程式:

$$D_{\mathrm{ij}} = k \times \frac{P_{\mathrm{i}} \times P_{\mathrm{j}}}{d_{\mathrm{ij}}^{2}} \tag{4.7}$$

式中 D_{ij}——i,j 两市之间的铁路需求;

P_{i}——i 市的人口数量;

P_{j}——j 市的人口数量;

d_{ij}——i,j 两市之间的距离;

k——均衡因素。

方程式 4.7 是使用引力法则的非常简单的分析。因此,可以通过用各市的总运输需求替代人口、铁路运输的大体成本替代距离。来改进它:

$$D_{\mathrm{ij}} = k \times \frac{A_{\mathrm{i}} \times A_{\mathrm{j}}}{C_{\mathrm{ij}}^{a}} \tag{4.8}$$

式中 D_{ij}——i,j 两市之间的铁路需求;

A_{i}——i 市的总运输需求;

A_{j}——j 市的总运输需求;

C_{ij}——i,j 两市之间一般运输成本;

a——校准参数,其值在 0.6 到 3.5 之间[87,89];

k——均衡因素。

4.7 模糊模型

4.7.1 模糊模型描述

模糊逻辑来自模糊数学理论。相比较于只有对和错两种表述(图 4.4a)、在计算机中的表现是通过二进制系统使用 0 或者 1 的基本亚里士多德学派理论,模糊逻辑可以有“可能错”或者“多少正确”(图 4.4b)的表述。应用在计算机中时,可以模拟人类的思维过程,表达数量上的不确定信息,允许模糊和不完整的数据,最终通过逐渐模糊减少得出结论。

当变量关系中内在误差被带入预测时,数学理论可以说明使用如确定系数 R^2、标准偏差(σ)和样本方差(var)的两个变量之间的关系。前面提到的图 4.2 显示独立变量 Y 和变量(X)之间有一个线性的关系。我们观察到曲线经过统计数据给出的各个点,却不能说明各个点的位置。这种方式损失的信息影响了预

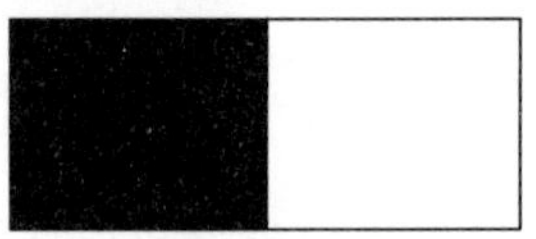

(a)对与错（二进制系统）

(b)模糊

图 4.4　从“对错”逻辑到“模糊”逻辑

测的结果[79,84]。

模糊直线曲线模型形式如下：

$$Y = A_0 + A_1X_1 + A_2X_2 + \cdots + A_nX_n \tag{4.9}$$

式中，$A_i, i = 1, \cdots, n$ 是对称模糊数字。

模糊数字 A 用 $A = (r, c)_L$ 来说明，其中 $L(x)$ 叫做参考功能，数字 r 和 c 分别表示中间值和展开值(图 4.5)。概率 μ 的值处于 0 到 1 之间。

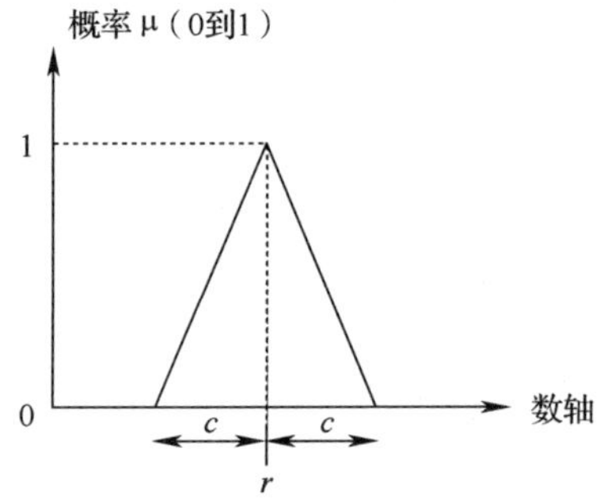

图 4.5　模糊数字

模糊算法的各种计算(如下面的例子中)可以使用 Maple V4 软件(也可使用其软件)来完成。

4.7.2　模糊模型举例

本例中，模糊模型将用于预测希腊的年度铁路客运需求。分析涵盖年度 1960～2000 年。

模糊曲线由下列模糊方程式推导得出，其中第一项给出模糊曲线的中点，第二项(加或者减)给出较高和较低的端点[72]：

$$\begin{aligned} D_{\mathrm{ri}} = {} & (r_0 + r_1 c_{\mathrm{ri}} + r_2 \cdot I_{\mathrm{coi}} + r_3 \cdot c_{\mathrm{b,ri}} + r_4 \cdot \mathrm{GDP_i} + r_5 \cdot D_{\mathrm{r(-1)I}} + \\ & r_6 \cdot d_{78}) \pm (c_0 + c_1 c_{\mathrm{ri}} + c_2 \cdot I_{\mathrm{coi}} + c_3 \cdot c_{\mathrm{b,ri}} + c_4 \cdot \mathrm{GDP_i} + \\ & c_5 \cdot D_{\mathrm{r(-1)I}} + c_6 \cdot d_{78}) \end{aligned} \tag{4.10}$$

其中 $r_0, r_1, \cdots, r_6$ 和 $c_0, c_1, \cdots, c_6$ 是由模糊曲线分析得出的系数。

通过模糊曲线模型的上下限，模糊法减少了一般计量经济模型的不确定性[图4.6]。

表 4.3 模糊模型中的变量 $r_0, r_1, \cdots, r_6$ 和 $c_0, c_1, \cdots, c_6$

r_0:	64.018 3	c_0:	0
r_1:	-0.361 9	c_1:	0
r_2:	-0.034 2	c_2:	0.011 2
r_3:	0.127 5	c_3:	0.057 2
r_4:	-0.180 7	c_4:	0
r_5:	0.772 2	c_5:	0.003 8
r_6:	-18.644 0	c_6:	0

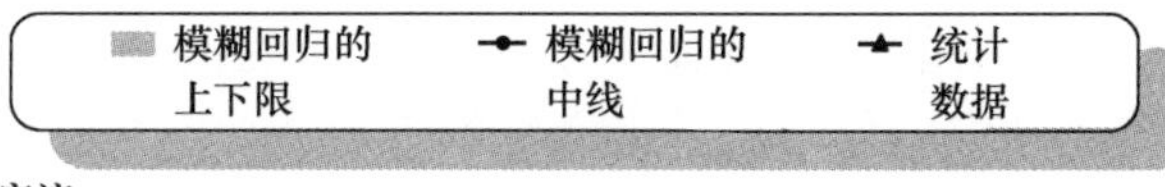

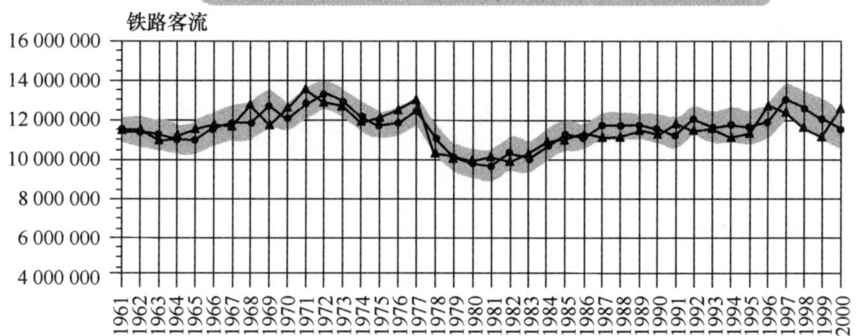

图 4.6 实际值和模糊线性回归曲线的上下限。

4.8 时间级数模型

4.8.1 一般的时间级数模型——Box-Jenkins 法

时间级数就是一系列连续的观察资料和数据，它们的内部关系足够用来说明被研究的现象。时间级数模型中的独立变量就是时间 t。

最简单的时间级数分析形式就是一个统计预测，但是由于它的简单，通常都是分开来说的，本书 4.4 节中已经做了分析。

时间级数模型一般可以确定分析现象过去的发展形式，来研究这种变化，以及在某些条件下，将来是否继续如此，最终预测出将来期望的结果。

最流行的时间级数法是以 Box 和 Jenkins 的名字命名的，他们通过选择某种现象的特定变化模式设计了这种方法，同时尽量模仿和确认整个或部分的被研究的现象。每种模式都被一种模型描述如下：AR(自动衰减)、ARI(自动衰减综合)、MA(动态平均)、IMA(综合动态平均)、ARMA(自动衰减动态平均)、ARI-

MA(动态衰减综合动态平均)和 SARIMA(季节性自动衰减综合季节性动态平均)[80]。

Box-Jenkins 法很少用在铁路问题上,因为它需要很多数据,而且复杂,不能确保达到标准。当要用的时候,铁路预测者应该寻找与需求变化相符的方式,实行必要的统计测试,从而得出模型的方程式[80]。

4.8.2　铁路需求预测中值最小平方(LMS)法

为了对那些没有极值(偏值)影响的现象进行预测,开发了一种叫做"中值最小平方"(LMS)的方法。这种方法特别适合那些没有通常的分布、极值(偏值)或者两者都没有的情况。

这种方法的核心就是:参数(斜率和截距①)的值是正常平方误差中值的最小值。这种方法的应用最小化了平方差的中值,这个中值比平均值更接近差值,而平均值支配平均最小化(普通的最小平方)。

LMS 法一个明显的特征就是偏差率的极端值为 50%,这是统计法的最大可能偏差(图 4.7)。举例中,衰减点是极值最大百分比,这不会影响评估者[73,83]。

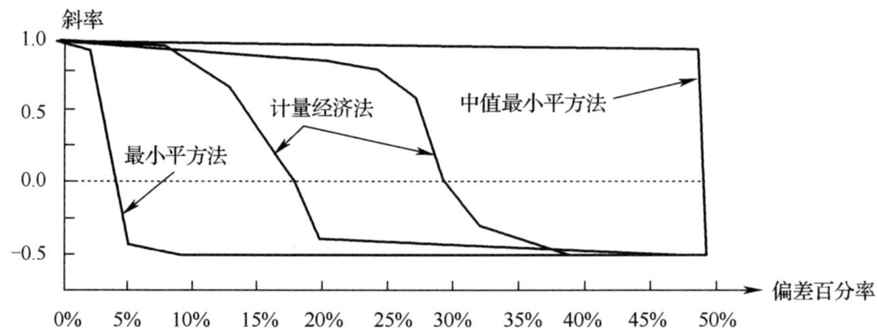

图 4.7　各种统计法衰减点偏值百分率

通过时间序列、LMS 技术走向,我们检查残余是否有一个特定的模式。时间序列残余中出现模式通常说明导向模型没有消化时间序列的所有特征。通常能看到的是两者相互之间出现残余,这导致使用两者相互以减小残余误差,增加预测的精度。

LMS 法也和所谓的"奇异谱分析"(SSA)技术一起使用。SSA 技术被用来重建时间序列的主要特征,撇开非主要特征。

按照图 4.3 中的年度需求数据,可以做一个使用 LMS 法分析铁路问题的例子。使用 LMS 和 SSA 法分析得出的结果见图 4.8。

---

① 这是两对统计数据$(x_i,y_i)(x_j,y_j)$,斜率是:$(y_j-y_i)/(x_j-x_i)$,截距是:$(y_i-$斜率$\cdot x_i)$。

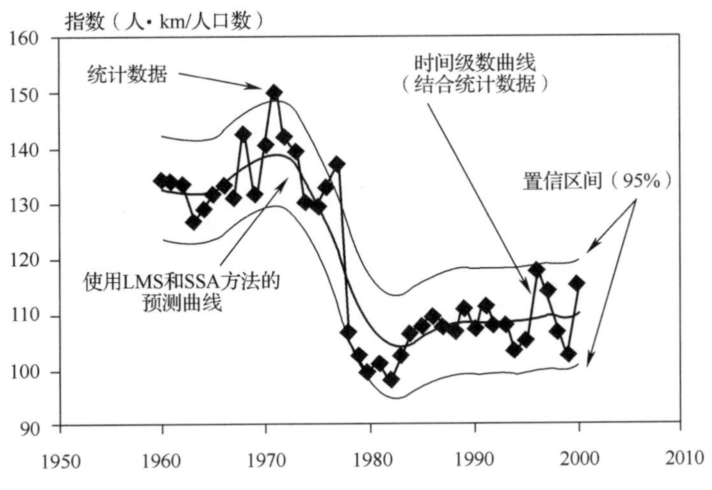

图 4.8　使用 LMS 和 SSA 法预测需求的调整曲线[73]

4.9　模型预测效果的统计评估

各种模型的预测能力和它们之间的比较通过 U-Theil 统计法来测试。

当一个模型的 U-Theil 统计值结果为 0 时，表示这个模型的预测能力非常完美；而当统计值为 1 时，表示这个模型没有一点预测能力。只有U-Theil统计值的范围在 0 ~ 0. 30 之间时，才可以称得上一个可信的预测[74,91]。

方程式(4. 6)和(4. 10)分别给出了计量经济模型和模糊模型的预测结果，这里对它们作一个比较；同时也比较 LMS 法预测同一个现象时给出的结果。U-Theil统计值分别是：计量经济模型，0. 244；模糊模型，0. 253；LMS 法，0. 258。因此，较好地预测了研究现象的是计量经济模型。

另外一种评估各种模型预测能力的方法是标准平方误差的均方根(RMSE)计算[91]。所得的 RMSE 值越小的模型，预测精确度越高。

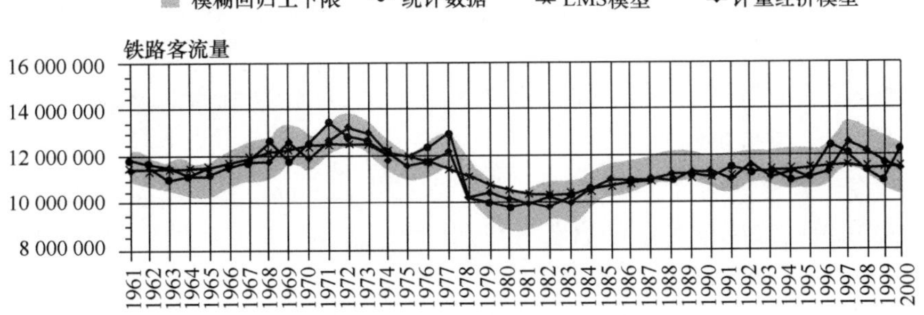

图 4.9　铁路各需求预测模型的比较结果

图 4. 9 给出各模型(计量经济模型、模糊模型、LMS)的比较结果和真实数据比照。

4. 10　各种模型效果的比较分析

如何选择最合适的模型的答案依据如下(表 4. 4):

表 4. 4　铁路需求各种预测法结果的比较分析

		定性法				统计预测	定量(因果)法		
		决策层判断	市场调查	特尔斐法	情景写作法		计量经济法	引力法	模糊法
适合预测年限	1 年	H	H	H	H	H	H	H	H
	2 ~ 3 年	M	H	M	H	H – M	H	H	H
	5 年	L	M	M	M	M – L	H	H	H
	10 年	L	L	L	M	L	M	M	M
需要专业知识		H	M	H	H	M – L	H	H	H
进行预测所需时间		L	H	L	M	L	H	H	H
数据要求		M	M	M	M	H – M	H	H	H
成本要求		M	H	M	L	L	H	H	H

图例	符号	H	M	L
	含义	高	中	低

① 预测的属性和范围:对于短期(1 ~ 2 年)和中期(5 年以内)的预测,统计模型是首选的和比较合适的。统计模型的结果可以通过相关的特尔斐技术或者管理者的判断加以完善。如果预测者想正常化过去数据中不可预知的事件,那么除了通常的统计软件外,也可以试一下 LMS 法。对于长期(5 年以上)预测,需要一个因果技术,通常用到计量经济模型。为了获得更精确地预测范围,除了普通的衰减分析,预测者也可以使用模糊模型,以便减轻过去非常规事件对预测的影响。

对于新线或者新站,市场调查是必不可少的,尽管这既费时又成本高;同时必须通过引力模型进行补充。

② 专门技术的需求。管理者判断、特尔斐(Delphi)法、背景描述、计量经济、引力和模糊法要求专业预测者有很高的专业技术;而统计预测和市场调查可以由非专业人员来执行。

③ 可用时间。对于几个小时或者几天内要求完成的预测,统计预测是可以的;如果可能,管理者判断或者特尔斐(Delphi)法将是唯一准确的方法。如果预

测者有足够的时间来完成他的预测,同时也不计成本,那么他可以试试更耗时的方法,如计量经济模型、市场调查等。

④ 可用数据。统计预测和因果模型要求相当长的一个时期内的精确数据。如果这些数据不可用或者不可信,那么建议使用定性法。

⑤ 预测成本。相对统计预测法和定性法,积累经济模型和市场调查是成本较高的方法。

最后,任何预测,特别是中期和长期预测,都应该用新数据进行检验和执行。

然而,预测的时间越长,精确度越低。对于超过 10 年的预测,只能当作可能发生什么的一个提示。5 ~ 10 年内的预测有内在的不确定性,预测者应该注意到。

4.11 铁路货运需求模型

i 点到 j 点的铁路货运需求 D_{ij} 一般用如下函数表示[14]

$$D_{ij} = f(O_i, P_j, e^{-b \cdot C_{ij}}) \tag{4.11}$$

式中 O_i——i 点生产的产品;

P_j——j 点的产品需求;

C_{ij}——货运的一般成本;

b——校准参数。

货运一般成本表示如下[16]

$$C_{ij} = f_{ij} + b_1 \cdot S_{ij} + b_2 \cdot \sigma S_{ij} + b_3 \cdot W_{ij} + b_4 \cdot P_{ij} \tag{4.12}$$

式中 f_{ij}——从起点 i 到终点 j 的货运运费;

S_{ij}——从发货店 i 到需求点 j 的总旅行时间(包括转载的时间);

σS_{ij}——总旅行时间的变化;

W_{ij}——从需求出现那一刻到运输过程开始中间的等待时间;

P_{ij}——损失的可能性,产品替代,遗失等。

5 成本和费用

5.1 铁路成本的定义

5.1.1 建设成本和运营成本

了解铁路建设成本是进行铁路活动的基础。建设一条新线将很大程度依靠关于成本的精确认识。铁路的运营也需要了解成本的精确信息。线路费用需要了解维护成本。客运和货运的定价要求运用成本和弹性知识。

成本包括用在铁路活动建设和运营的资源的数量[116]。铁路成本既指线路的建设即建设成本,也指铁路服务的运营(客运、货运、混运、枢纽)及运营成本。

当基础设施和运营分离时,线路成本即可用轨道成本的总和,包括维护成本;相关的运营成本指路基、道砟、轨枕、钢轨、信号、通信、电力牵引设施、照明、路警,以及车站和线路上的工作人员[116]。

5.1.2 固定成本和可变成本

固定成本指那些不随流量变化的成本。反之,可变成本和运输流量相关。总成本指固定成本和可变成本的和。

5.1.3 边际成本

边际成本是运量每增加一个单位所增加的额外成本。严格来说,边际成本是指运量增加或减少时的单位成本(累升或者回归边际成本)。当运量向无限小变化时,和它相关的份额就出来了。

边际成本可能和设定的生产容量(短期边际成本)或者长期(长期边际成本)有关。后者和开发成本相符。

图 5.1 给出了和运量相关的铁路运营成本。我们能够看出以下成本组成[115]:

a. 固定成本(曲线 OA 段),和管理、维护等的开销相关。

b. 和特定交通类别相关的固定成本。例如一条线本来既开行客车又开行货车,但是客车停运了,那么和客运相关的额外维护部分就没有了。

c. 边际成本(曲线 BC 段),和燃料、车辆维护和列车上必要的人员相关。铁路的特征是流量难以达到饱和,线路使用不足。

d. 开发成本(曲线的 DE 段),和购买新车辆、建设新线或者设施相关。这是对现有线路和车辆不能满足需求的回应。

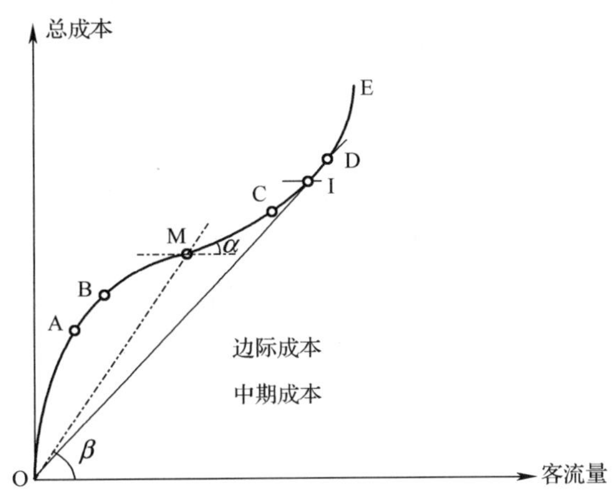

图 5.1 和新线运量相关的总成本

5.1.4 外部成本和边际社会成本

外部成本是非铁路系统用户使用运输系统而形成的成本。

线路的边际社会成本是在特定的线路上额外运行列车而承担的成本。它包括[116]:

① 线路的边际成本是因为额外运行列车导致线路管理者增加维护和更新的成本。

② 边际拥堵成本是以货币形式表示由于额外运行列车对运输其他部分造成的延迟和限制。

③ 外部边际成本表示列车的额外运用对社会造成的成本增加。这种成本主要是事故和污染成本的变化(见本书 5.6 节)。

5.1.5 普遍成本

一个人在两种交通方式中选择的时候会考虑以下三方面[7,105]

① 直接货币成本,对铁路来说包括票的成本,加上到达发站的成本和从到站到目的地的成本;

② 全部旅行时间 h(从起点到目的地);

③ 服务质量 q。

普遍成本包括以上三方面,是旅行者支付的直接货币成本(DMC)、旅行时间的货币值和服务质量的货币值得总和。

$$GC = DMC + h \cdot T + q \tag{5.1}$$

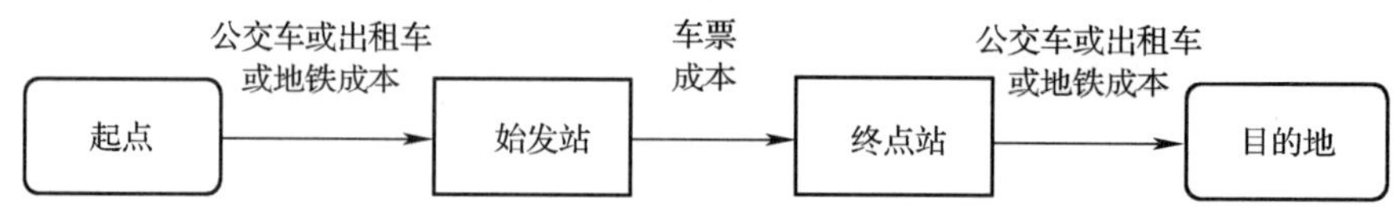

图 5.2　从起点到目的地的直接成本

式中：h——从起点到终点的时间；

T——工时的货币值。

当铁路提高速度减少旅行时间，同时工时值不变时，普遍成本是减少的，这样一些流量将从飞机、公共汽车和私人轿车那边转移到铁路上（图 5.3）。

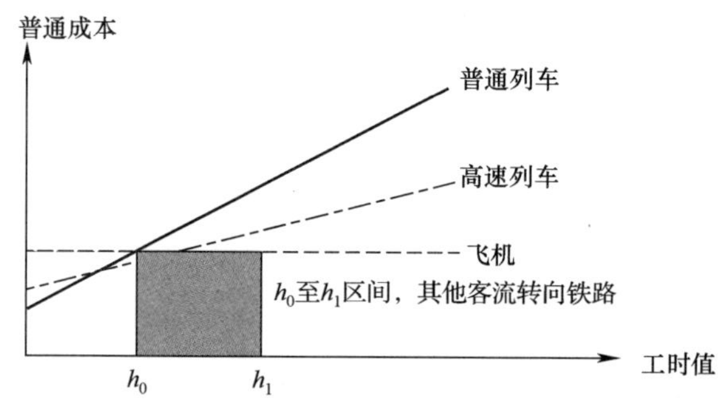

图 5.3　普通成本降低时，客流的变化

反之，如果乘客时间成本较高，那么他将容易接受直接成本的增加；由于速度提高，导致花费的时间成本降低。

如果因为等待时间减少（例如私人轿车）导致速度增加，乘客也是愿意为此多支付货币的。这是因为收入的增加导致时间价值也随之增加。

5.2　新线的建设成本

建设一条新线要考虑以下几个要素：

① 线路走向，主要是桥梁和隧道的数量及尺寸。要注意的是，规划同等级别的线路，土木工程量大（桥梁和隧道多）的路线会使施工成本增加两倍甚至三倍。

② 征地成本，特别是在城区，可能相应地增加建设成本。

③ 和环境保护相关的成本。

④ 每公里道岔和道口的数量。

⑤ 变电站数量。

⑥ 劳动力成本，各国不同（同一个国家内也不同）。

使用的成本数据是基于其他国家分析得出的，因此它们只是各个成本参数的一个粗略评估,一定要记住这点。

来自最近几年所建设的高速轨道的成本数据能够对新线的建设成本做出第一手的评估。

2001 年投入运营的法国铁路高速线路 TGV 地中海线最大速度为 350 km/h,采用有砟轨道,其隧道占总长的 6.5%,桥梁占 12.7%,每公里的造价为 1 695 万欧元(2006 年的货币值)。

2003 年投入运营的西班牙马德里至巴塞罗那高速铁路最大速度 300 km/h(某些区间为270 km/h),为有砟轨道,困难路段隧道占其总长的 26.4%,桥梁占 3.4%,每公里的造价为 610 万欧元。在隧道和桥梁较少的地方(隧道占 2.0%,桥梁占 2.7%),每公里的造价为 320 万欧元。

德国的科隆到法兰克福的高速铁路最高速度 300 km/h,无砟轨道,其中隧道占总长的 26.5%,桥梁占 4.2%,每 km 造价 2 170 万欧元。

意大利罗马至那不勒斯的高速铁路最高速度 300 km/h,有砟轨道,平均每 km 线路有 17.8% 的隧道和 24.0% 的桥梁,其每公里造价为 1 960 万欧元。

新建的韩国高速铁路最高速度 300 km/h,隧道(横截面为 107 m^2)内使用无砟轨道床,总长为5 km以上,其他地方使用有砟轨道,每 km 的造价为 4 260 万欧元(包括 46 辆高速车辆)。

表 5.1 近几年高速铁路造价(按 2006 年的值,数据来自 UIC 和施工单位)

国 家	线 路	v_{max} (km/h)	% 有砟比例	无砟比例	隧 道	桥 梁	每公里建设成本 (百万欧元)
法 国	TGV 地中海线	350	100%	—	6.5%	12.7%	16.95
西班牙	马德里—巴塞罗那	270 ~ 300	100%	—	26.8%	3.4%	6.1
					2.0%	2.7%	3.2
德 国	科隆—法兰克福	300	—	100%	26.5%	4.3%	21.7
意大利	罗马—那不勒斯	300	100%	—	17.8%	24.0%	19.6
韩 国	首尔—釜山	300	82%	18%	17.8%	24.0%	42.6 *

* 含机车车辆。

表 5.1 总结了以上的成本数据。铁路工程师和管理者在评定新线造价时要十分谨慎。

最后,新线造价在铁路系统不同部分的分布区别很大,这由各个特定的情况的不同特性决定。图 5.4 给出了法国、西班牙、德国和意大利数据的平均值,不包括主要的土木工程建筑。

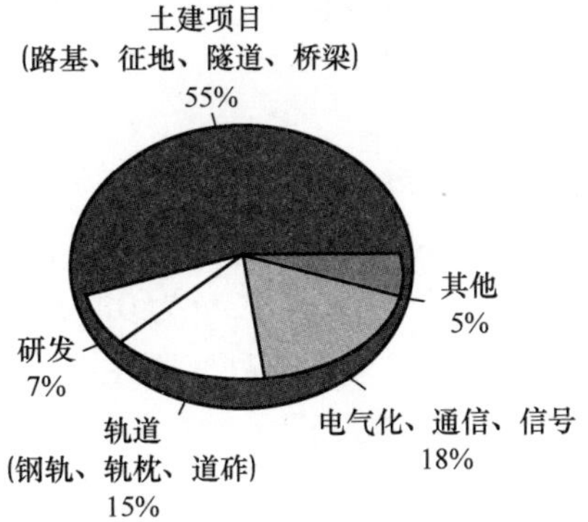

土建项目
(路基、征地、隧道、桥梁)
55%
其他
5%
研发
7%
轨道
(钢轨、轨枕、道砟)
15%
电气化、通信、信号
18%

图 5.4 新线造价分布图

5.3　线路的维护和运营成本

5.3.1　线路维护成本

无论统一的还是独立的,了解线路的维护和运营成本都是基础。线路维护成本包括:

① 轨道(钢轨、轨枕、道砟)和路基的维护和更新;

② 电力、信号、通信设施和变电站的维护;

③ 隧道和桥梁的维护;

④ 站台的维护。

法国每公里的年维护费用是44 300 欧元,荷兰是56 500 欧元(按2006 年的汇率计)。这些维护成本分为以下几部分:

① 轨道和站台 65% ;

② 电力、信号、通信和变电站 30% ;

③ 桥梁和隧道 5% 。

5.3.2　线路的运营成本

线路的运营费用包括调度(占总运营费用的 92%)和计划管理(占总运营费用的 8%),估计每年为 1. 25 欧元/列 · km(按 2006 年的值计)。

5.4　高速车辆的采购成本

尽管采购车辆的合同各式各样,但是主要的几家车辆厂家间差别不大。

各地购买新车的成本(2006 年的值):西班牙高速列车(AVE)为 70 720 欧元;德国 ICE1 型为 61 000 欧元,ICE2 型 69 380 欧元;巴黎—布鲁塞尔—阿姆斯特丹—科隆的列车(Thalys)为 63 580 欧元;法国的高速列车为 43 890 ~45 870 欧元之间。

如果按照每座位公里和每年的成本来算购买成本,那么数据如下:西班牙的 AVE 为 0. 208 欧元,德国的 ICE1 型为 0. 122 欧元、ICE2 型为 0. 173 欧元,Thalys 为 0. 212 欧元,法国的 TGV 为 0. 109 ~ 0. 116 欧元之间(见表 5. 2)。

随着飞机成为高速列车的主要竞争对手,比较飞机的经济数据就可能有用了。波音(Boeing)757 – 200(容纳 190 个座位)每个座位的成本为 364 000 欧元,波音 767 – 200(有 191 个座位)的为 341 000 欧元,空客 320 为 341 000 欧元(2006 年的值)。每座位公里和每年的成本来算,就是波音 757 – 200 为 0. 157 欧元,波音 767 – 200 为 0. 167 欧元,空客 A320 为 0. 204 欧元。可以看出,高速铁路和飞机在每座位公里和每年的购买成本很接近(表5.2)。

表5.2 高速车辆和飞机的购买成本(2006年的值,数据来自UIC和厂家)

国 家	车 型	v_{max} (km/h)	每年每座位公里的成本	每年每座位公里的成本		
				空客 A320	波音 757-200	波音 767-200ER
德 国	ICE1	300	0.122	0.204	0.157	0.167
	ICE2	300	0.173			
法 国	TGV	300	0.109~0.116			
西班牙	AVE	300	0.208			
欧 盟	Thalys	300	0.212			

5.5 铁路公司的运营成本

5.5.1 客 运

不同的铁路乘客交通类型(市区和郊区、城际、地区)的成本差别很多。铁路运营商的统计通常指所有的活动,没有针对不同交通类型的分析,甚至没有针对不同线路的分析。为了精确地算出市场不同部分和不同线路的成本,铁路应该引进分析会计技术。

成本的不同主要是每人公里的收入不同。表5.3给出了4国铁路运营商的一些数据(2003年的数据)[103]。

表5.3 不同铁路运营商每人公里的平均收入[103](以欧元计)

欧 洲		日 本	美 国
德国铁路	挪威铁路	东日本铁路公司	美国客运公司
0.16	0.19	0.09	0.05

表5.3中的4个铁路运营商有很大的相似性,尽管在不同的地区和不同的市场运营。它们都有巨大的非集中客户基础、较好的多样化收入来源,它们都受到政府直接或者间接的支持,竞争者想要进入这个市场有很高的壁垒。日本运营商是唯一一个私有运营商。

5.5.2 货 运

运输成本只占整个货物价值的一小部分。对于中距和远距,运输成本只占货物价值的21%[95]。这意味着压缩运输成本只能对货物运输总成本产生基本的影响。因此,可靠和发货及时才是在激烈的货运市场站稳的基本要素[95,113]。

像本书1.9中说明的,铁路在中长距具有比较优势。根据对欧盟15国的统计显示(表5.4),在150～500 km的范围内49.1%的货物倾向选择铁路,在50～150 km范围内9.3%选择铁路,在50 km以内2.4%选择铁路,在500 km以上剩下的39.2%选择铁路[107]。

表5.4　欧盟15国不同运输方式在不同距离的货运市场份额

距　离	公　路		铁　路		内陆水运		总计	
	发送量(t)	周转量(t·km)	发送量(t)	周转量(t·km)	发送量(t)	周转量(t·km)	发送量(t)	周转量(t·km)
0～49	53.7%	5.2%	24.1%	2.4%	29.2%	5.3%	52.0%	8.5%
50～149	22.8%	16.4%	22.7%	9.3%	39.6%	29.1%	23.1%	19.0%
150～499	18.4%	41.9%	40.4%	49.1%	28.9%	54.1%	19.6%	46.0%
>500	5.1%	36.5%	12.8%	39.0%	2.3%	11.5%	5.4%	26.4%
总　计	100%	100%	100%	100%	100%	100%	100%	100%

通常,我们要区分固定成本和可变成本。车辆和人员是固定成本,而接入收费和能源消耗是可变成本。

许多铁路公司并不公布货运成本数据。我们作的货运成本分析指的是意大利的劳动力成本。表5.5和表5.6分别给出315 t和630 t有效载荷货运列车的运营成本。

表5.5　有效载荷315 t的列车货运运营成本[107](2001年)

成本		成本类型	£/(车·km)	£/(t·km)	成本比例/(车·km)
运营成本	员工	固定	3.69	0.011 72	66.91
	其他	可变	0.30	0.000 95	5.42
折旧		固定	1.13	0.003 58	20.43
能耗		可变	0.40	0.001 27	7.23
总计			5.52	0.017 52	100.0

表5.6　有效载荷630 t的列车货运运营成本[107](2001年)

成本		成本类型	£/(车·km)	£/(t·km)	成本比例/(车·km)
运营成本	员工	固定	3.69	0.005 86	59.39
	其他	可变	0.60	0.000 95	9.63
折旧		固定	1.13	0.001 79	18.14
能耗		可变	0.80	0.001 27	12.84
总计			6.22	0.009 87	100.0

5.5.3　客货混运

客货混运的成本根据总距离、铁路和公路各自运营的距离和枢纽设备等的不同而不同。图 1.20 中做了说明。

5.6 用货币量化外部因素

几十年来,和外部因素相关的一个关键问题就是如何对其进行精确的客观的货币量化。这项工作使用2000 年的数据完成了,涉及欧盟 15 国,以及挪威和瑞士。

外部成本主要包括:事故、噪声、空气污染、气候变化、自然和景观、城市地区额外成本、上游和下游过程以及拥堵。所有这些组成都被标示、说明,并且都有一个合适的方法将他们货币化(表 5.7)。通常,拥堵成本单独列出。

表 5.7 各种外部成本组成说明即将它们货币化的方法[101]

外部效应	成本因素	量化方法	杠杆点及变量
事故	以下方面的额外成本: 1. 医药费; 2. 经济生产损失; 3. 痛苦和安抚	为了降低事故风险,企业愿意支付相应的成本,以此成本为基础估算事故中伤亡人员的价值	由不同的因素决定(一定程度上取决于车辆运行里程)
噪声	损害人类健康	愿意支付给受噪声影响的人群的费用,噪声带来的医疗成本和风险的价值	由交通流量和环境决定
空气污染	给以下两个方面带来损害: 1. 人类健康; 2. 材料/建筑	颗粒物聚集量是计算修理和损害成本的基础	由车辆运行里程、能源消耗和环境决定
气候变化	导致全球气候变暖	每个国家为了实现京都议定书*目标或者实现长期减排目标而带来的成本	由矿物燃料的消耗量决定
自然景观、地面密封	危害修复以及补偿成本	成本基于修复手段的类型	固定成本
城区额外成本(隔离和空间稀缺性)	1. 隔离:给路上行人出行带来不便而产生的时间成本; 2. 空间稀缺性:给自行车的空间补偿	以欧洲不同城市为基础,进行随机抽样评估,从而计算成本	由交通流量决定
上游和下游过程	额外环境成本(气候变化、空气污染以及核风险)	以寿命周期分析数据位基础,计算额外排放对空气污染和气候变化的影响	固定成本(基础设施和机车车辆的灰色能源)
拥堵	外部额外时间及运营成本	拥堵导致的时间成本额外运营成本	由交通数量决定(车辆数量)

* 京都目标指各种排放物(CO、CO_2 等)的减排指标,在日本京都签订京都议定书后生效。

2000 年的总外部成本(包括拥堵成本)是 6 500 亿欧元,是 17 国(欧盟 15 国加上挪威和瑞士)GDP 值的 7.3% 。气候变化是最重要的成本,占总成本的 30% 。空气污染占成本的 27% ,事故占 17% 。噪声成本和上下游过程占总成本

7%。自然、地形和城市问题占总成本的5%[99,101,102]。

表 5.8　铁路客运和货运的边际外部成本[102]

影　响	成本类别	成本(£/(1 000 人·km)或(t·km))	
		客　运	货　运
基础设施	短期成本	6.1~1.0	1.6~3.0
	平均成本	43	84
拥　堵	短期成本	0~3	—
	平均成本	4	—
事　故	短期成本	—	—
	平均成本	0.74	—
噪　声	短期成本	0.1~1.6	0.1~1.1
	平均成本	4.01	1.58
空气污染	短期成本	5.1	7.4
	平均成本	5.1	7.4
气候变化	短期成本	0.3~7.1	0.4~5.3
	平均成本	5.9	3.2
自然和景观	短期成本	0.7~1.2	0.1
	平均成本	0.58	0.3
城市问题	短期成本	0	0
	平均成本	1.3	0.5
上游和下游	短期成本	0.9~8.3	0.2~1.7
	平均成本	3.22	2.44

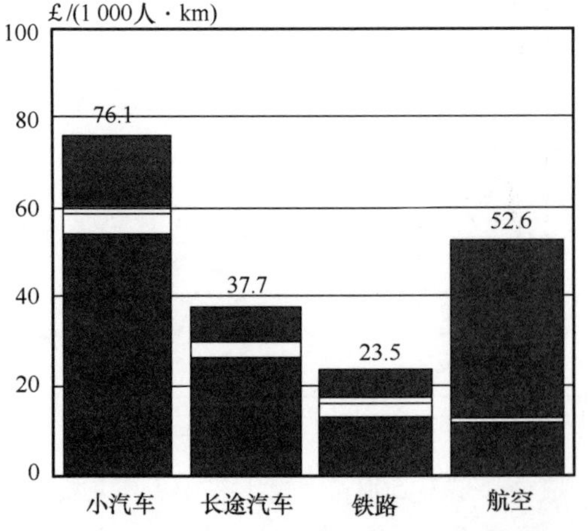

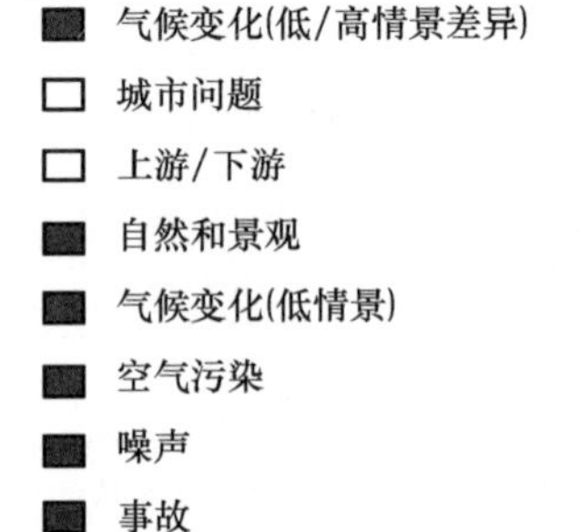

图 5.5　不同运输方式客运的平均外部成本[101]

公路运输占总外部成本的最高份额(83.7%),其次是航空运输(14%)。而铁路只占总外部成本一个很小的份额(1.9%),水路甚至更少(0.4%)。2/3 的外部成本是由客运引起的,1/3 是货运引起的[101]。

许多试图内在化外部成本的努力(即让每一种运输方式支付它引起的外部成本)都没有依法律的形式通过。在各种内在化的想法中,最有效的一种应该是燃料价格,它考虑到了各种运输方式所有的外部影响[114]。

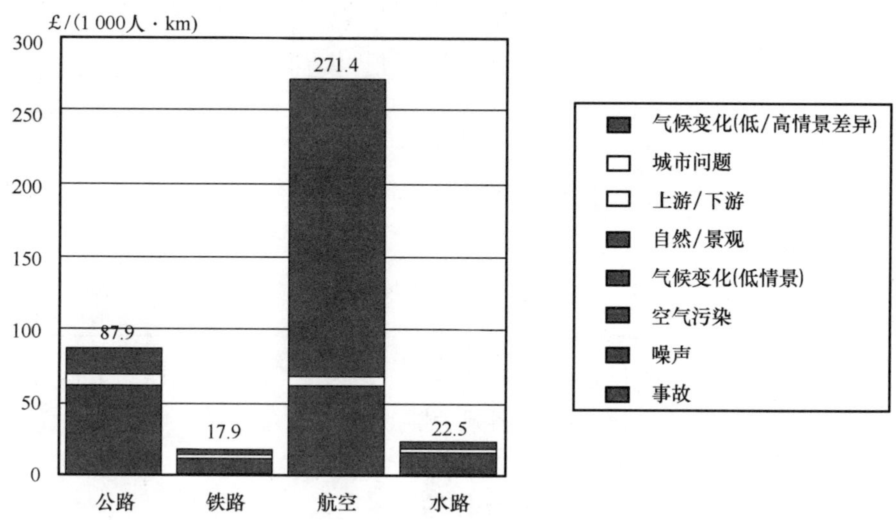

图 5.6 不同运输方式货运的平均外部成本(欧盟 15 国加挪威和瑞士)[101]

5.7 收费和线路

5.7.1 线路定价原则

线路定价必须遵循以下特征:简单、透明、稳定、公平、无价格歧视和高效。此外,它也应该考虑:

① 特定线路的基本特征(速度、到发的可用性、电气化、信号);

② 列车特征(长度、轴重、允许功率等);

③ 线路的有效使用和与一般运输政策目标的协调。

线路收费通常按以公里为单位计算。

5.7.2 线路定价目标

任何线路定价模式都应该清晰得建立它的目标,并按优先权排列以下内容[12,96]:

① 覆盖全部或部分铁路运营和维护成本。表 5.9 概括了线路的各种资产

和成本。如果线路财务不能达到平衡,那么就需要公共补贴来弥补赤字;

表 5.9　铁路资产及成本构成

资产类型	描　述	资金投入	重要更新	维护成本	运营成本
1. 基础(路基和结构)	土地、路基、路堑、桥梁、隧道	基础施工	主要结构更换	涵洞、植被、钢结构、桥梁和隧道	
2. 线路	道砟、轨枕、扣件、钢轨、道岔和交叉	钢轨、轨枕和道砟施工	钢轨、轨枕和道砟更换	检测、道砟捣固、线路维修	
3. 信号	固定信号机、轨道电路、信号房、控制设备	信号机、信号房等施工	信号机和信号房的更换,一般采用更现代化的设备	信号机和控制设备的维护	信号机操作人员,电源以及其他设备
4. 供电	接触网或第三轨、变电站、电缆、供电控制设备	供电和相关设备	供电设备更换	供电设备维护	电源以及操作人员成本
5. 站段	站台和站房	站段建设	站房更新或更换	结构维护	人力以及基础设备管理者的其他成本

② 尽可能地合理使用线路;

③ 促进一些运输类型(市区、区域、城际、货物);

④ 反应对铁路运营商的服务水平;

⑤ 考虑外部影响,友好的补偿环保的运输模式(如铁路);

⑥ 通过投资融资提供发展铁路网的成本;

⑦ 提供平衡的区域发展。

当以上某个原则出现广义上的对立时,线路定价模式应该建立一个折中,说明优先的排列,最终实现综合考虑。

5.7.3　线路定价的财政后果

线路收费可以很高,这对公共财政有益,但是对在这条线路上运营的铁路运营商的财务却是有害的。

另一方面,如果线路收费低,这对铁路运营商有益,但却对公共财政有害。

5.7.4　线路定价的商业方法

铁路线路既可以被当做一种商业产品(可以销售),也可以被当做公共财产(具有公共效益)。然而,即使是第二种情况,铁路线路的定价也应该具有商业方法的特征,这意味着:

① 价格的灵活性(但是,没有任何歧视);

② 对需求较大运营商有降低的可能性;

③ 当许多铁路运营商寻求相同的到发时有一个分配手续。

图 5.7 给出了定价模式中应该考虑到的参数。

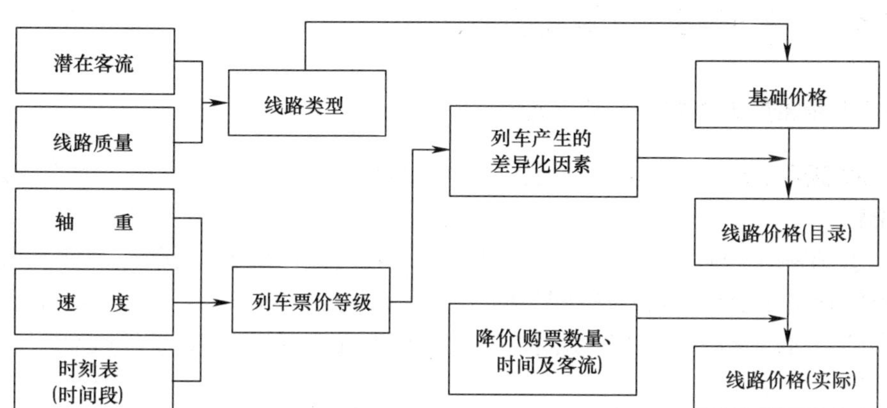

图 5.7 影响铁路线路定价模式的要素

5.7.5 线路定价理论和实践

有很多可选择的定价理论,根据线路成本组成每种理论都会产生不同的定价结果,包括:

① 边际成本(短期);

② 边际社会成本,包括外部的;

③ 投资边际社会成本(长期),包括重置成本;

④ 总成本。

经济理论认为最佳的定价应该基于长期边际社会成本或者开发成本[114]。许多国家(如德国、英国)组合了总成本原则和铁路企业财政潜力。因此,国家得补贴铁路运营商无法支付的高收费。

许多国家(如瑞典)的定价基于边际社会成本。而其他一些国家只是基于边际成本。这两种情况都会导致一些缺陷,需要通过国家补贴来弥补。

5.7.6 线路定价结构

我们可以区分两种线路定价模式的结构:

① 一部分模式,只有一部分,包括可变成本和重量要素:速度、轴重、轨道设备、电气化、特定线路、到发时间、货物类型和其他。

② 两部分模型,既包括可变成本,又包括固定成本,这能反映使用量和线路分配,但是没有任何歧视。

5.8　一些国家的线路定价模式

5.8.1　根据欧盟法律的线路定价

欧盟关于线路定价的原则详见 14/2001 和 440/1991 号文件[49,55,63]，概括如下：

① 在一个合理的期限内，基础设施管理者的线路收费、其他商业活动收费和政府补贴必须与线路的花费平衡。为了给基础设施管理者提供资金，收费是必须的。对接受相同服务的铁路企业收费必须没有歧视。收费不能低于边际成本。

② 除非是长期合作，任何优惠都应该限制在管理都能节约的范围内。为了鼓励新线的开发，或者鼓励使用那些利用很不充分的线路，可以提供有限的优惠。相似的服务，应该适用相似的优惠。

③ 价格的组成也可包括预定费用，这能有效地刺激运量的使用；只要预定了，就要反映出来，即使没有用也得付费。

④ 收费应该考虑以下要素：距离、运输性质、列车组成、速度、平均轴重、线路使用时间、电力和信号设备、线路是否充分利用等。

5.8.2　法　　国

法国铁路线路定价模式考虑以下几种线路分类[105,108]：

R_0：市区和郊区线（766 km）。

R_1：繁忙高速线（831 km）。

R_2：主要市间线、低密度高速线被分成两类：

　　R_{2a}：低密度高速线；

　　R_{2b}：主要市间线（4 483 km）。

R_3：网络剩下的线（25 500 km）。

铁路线路收费由以下几部分组成：

① 接入收费，根据接入的线路不同，按每公里每月收费。这类似于使用信用卡的固定收费。2003 年，R_1 类线的接入费为 4 475.91 欧元/（km · 月），R_0 类为 373.12 欧元/（km · 月），R_{2a}类为 3.11 欧元/（km · 月），其他类不收费。

② 预定费，每公里和每到发时间的预定。即使预定请求最后取消了，预定费也得支付。预定费等级和特定线路和到发时间的使用频率有关。2003 年，R_0 类的预定费为 0.62 ~ 14.38 欧元/列车 · km，R_1 类为 0.80 ~ 11.54 欧元/列车 · km，其他类不收费。

③ 运营费，每列车 · km 和距离、轨道质量、发车时间等有关。2003 年所有

类线路的运营费为0.806欧元/列车·km。

收费还区别高峰期(06:30~09:00和17:00~20:00)、正常期(04:30~06:30,09:00~17:00,20:00~00:30)和低峰期(00:30~04:30)

5.8.3 德　　国

德国的定价模式和下列参数有关:

① 线路质量(最高速度、线路位置、技术和地理特征、电气化、信号、平交道口自动化管理)。整个网络被划分为11个线路类型,由7类长距离线、2类所谓的支线和2类快速客运线组成。

② 运输类型。根据属性、运输特征和需求不同,网络被分成三种类型。每种运输类型的线路价格不同,也考虑运营商的支付能力。

③ 载荷要素,准点率要求和运输性质对轨道的损坏程度。

德国铁路定价模式有两部分:

① 一部分是网络卡的购买(一年的统一费用),它是根据线路公里数来计算的。这张卡允许使用网络类型及该类型下线路。

② 一部分与运行的列车公里数相关。

如果某个运营商只运行了很少的列车公里数,那么它必须支付所谓的可变收费,这部分收费和列车公里、单独网络类型和线路载荷要素有关。

如果网络卡购买者10年内每年都购买卡,那么可以有一个时间折扣。

因此,德国铁路线路收费C根据以下方程式得出:

$$C = (abc + d)e \tag{5.2}$$

式中 a——基础收费,和运输类型、利用率有关,其值为1.50~10.00欧元/列车公里;

b——和轨道参数相关的产品要素,其值为0.50~1.80;

c——对特定列车额外收费或者减少收费;

d——对重载列车、摆式列车的额外收费或者减少收费;

e——线路区域要素。

以上计算出来的只是一个大概值,最终收费值远低于基础收费。

5.8.4 英　　国

英国铁路收费系统的第一个目标是增加运量,第二个是覆盖成本。它包括两部分,一个固定的和一个可变的。起初,可变部分相当低,但是2000年改革后增加了,这时候它包括全部的磨损成本和50%的定量拥堵成本[110]。

5.8.5 瑞典和芬兰

其定价模式以边际社会成本为依据,包括以下部分:

① 流量收费,客运和货运各不相同;
② 车站使用费;
③ 环境和事故收费。

5.8.6 意大利

意大利的定价模式有以下几部分:
① 线路使用,其根据列车速度、发车时间、列车组成和流量密度计算;
② 车站接入,地区车站是免费的。
低速、低峰流量和大容量运输减少收费。

5.8.7 瑞 士

瑞士模式包括固定部分和可变部分,其中后者和铁路运营商的财务能力有关。

5.8.8 其他国家

其他国家的收费模式考虑各自的特性和特征。例如:
① 丹麦有桥梁使用费;
② 奥地利和比利时(都有很高的运输密度)有运输密度和拥堵部分。

5.8.9 铁路线路收费比较

欧洲各国的铁路线路收费都有不同,反映国家的政策和干涉情况,通常是为了保留历史的国有铁路运营商。

例如,英国的收费对各铁路运营商不同,也相当高,但是它们都得到国家的大力补贴。

在瑞士,理论上货运的收费也很高,但是几乎这些收费的2/3由国家补贴。

客运和货运之间的收费看起来有很大差别。一些国家(例如美国、波兰等)对货运收费很高,一些(如法国、英国等)对客运收费很高,而还有一些国家(例如奥地利、瑞典、波兰等)对货运和客运都相同收费。

总之,关于铁路收费模式有两种大的类型:

① 有外部或者没有外部成本的基于短期运营边际成本的模式(英国、瑞士、瑞典、挪威、荷兰);

② 基于长期运营边际成本的模式(法国、德国、意大利)。

然而,总体的趋势是收费将尽可能地反映线路运营和维护的时间成本,实现对所有运营商的真正公平,这意味着收费的关键部分应该是可变成本(和运行距离相关),而固定成本部分应该大大减少。

在欧洲之外,也有一个线路收费的大范围,反映成本收回的不同目标、客运和货运的不同平衡、网络的复杂度和强度。通常,它们以边际成本或者一个协商的结果为依据,例如在美国或者日本(货运)[97]。

图5.8给出的是世界各国铁路线路对客运和货运的收费,图5.9给出各国可变成本在线路收费中所占的百分比。

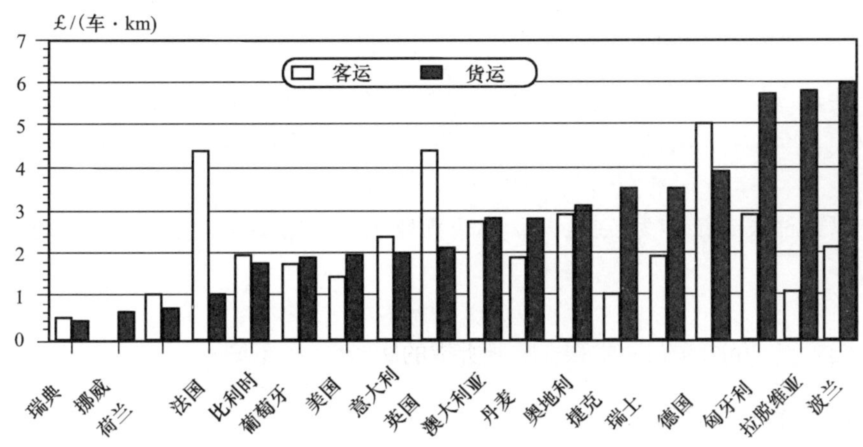

图5.8 2005年各国客运和货运的平均线路收费

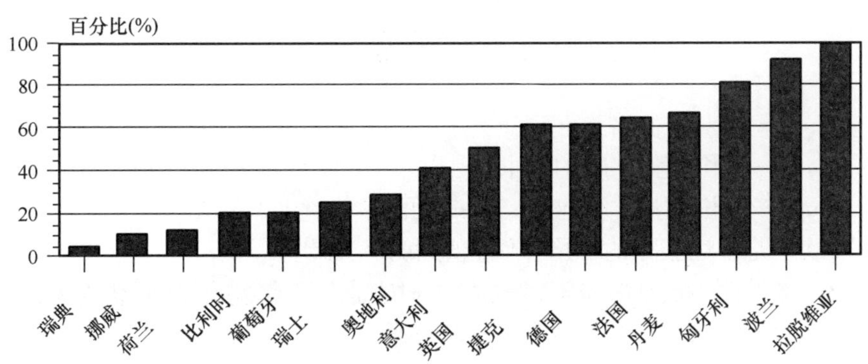

图5.9 2005年各国可变成本在线路收费中占的百分比[97]

5.9 运营收费

5.9.1 收费目标

收费应该覆盖铁路运营商的成本,同时确保有为其更新设备和使设备现代化(车辆等)所需的投资。收费是有铁路服务的用户支付的费用。收费的目标是:

① 部分或全部覆盖成本;

② 提供既有益于铁路运营商,又有益于社会的服务。

合理的收费应该考虑现有的或可供得容量、成本、需求预期、价格需求弹性和与其他竞争模式的交叉弹性(见本书 5.9.3 节)。

5.9.2 传统的收费模式

铁路运输的成本 $C(x)$ 通常是两部分的总和:一(Bx)是运行的距离(x),另一(A)是各特定路线的不变部分,它们和运量没有关系。

$$C(x) = A + Bx \tag{5.3}$$

以这种成本结构为依据,几十年来铁路公司都是用类似的方程式来计算费用的。

$$T(x) = a + bx \tag{5.4}$$

变量 b 是可变的,通常根据它所指的距离范围而不同。

5.9.3 弹性的影响

价格弹性基本能够评估需求的范围,需求受价格变化的影响,其定义如下:

$$e_{\mathrm{p}} = \frac{\frac{\Delta q}{q}}{\frac{\Delta p}{p}} \tag{5.5}$$

式中　e_{q}——需求的价格弹性;

q——当价格为 p 时的需求;

Δq——当价格从 p 变成 $p \pm \Delta p$ 时的需求变化。

西欧铁路客运服务的价格弹性值约为 -0.6[111]。

当价格弹性接近 0 时,收费增加 1% 对需求没有影响,从而铁路运营商从中获益。这种情况出现在城区或者郊区铁路服务中。

当价格弹性在 0 到 -1 之间时,收费增加 1% 将导致需求减少不到 1% ,而收入增加 0% ~1% 这种策略在全球可能或者不可能使铁路运营商获益。

当价格弹性等于 -1 时,收费增加 1% 会导致需求减少 1% ,收入维持不变。

当价格弹性小于 -1 时,收费增加 1% 将导致需求减少 1% 以上,因此收入也将减少。

需求交叉弹性是用来评估当另一种运输方式(竞争者或者替代者)价格发生变化时,此种运输方式需求的变化,其定义如下

$$e_{i,j} = \frac{\frac{\Delta q_i}{q_i}}{\frac{\Delta p_j}{p_j}} \tag{5.6}$$

式中　$e_{i,j}$——当运输方式 j(如私人轿车)价格发生变化时运输方式 i(如铁路)

需求交叉弹性的反映；

q_i——当运输方式 i 的价格为 p_i，运输方式 j 的价格为 p_j 时，运输方式 i 的需求；

Δq_i——当运输方式 j 的价格从 p_j 变为 $p_j \pm \Delta p_j$ 时，运输方式 i 的需求变化。

在西欧，铁路需求交叉弹性相对私人轿车使用成本的值大约为 +0.25[11]。

5.9.4 收费和竞争

传统的基于距离的（本书 5.9.2 节中方程式（5.4）已经给出）收费方法被证明是不够的，因为它忽略了来自其他运输模式（公路、航空），或者来自在同一条线路上运营的其他铁路运营商的内部竞争。

但是，客户在选择使用某种特定运输服务时基于两个关键参数，即收费和服务质量（和旅行时间、舒适度、即时到达等有关）。如果客户对服务质量满意，适当地增加收费对需求是没有影响的[75]。根据 2004 年韩国的一项调查，对商务和休闲旅客来说，当考虑长距旅行时决定因素及因素的重要程度排列如下：收费 32.8%；安全性 22.5%；可到达性 18.5%；旅行时间 15.3%；舒适度 6.8%；频率 4.1%[98]。

竞争给铁路运营商压力，让他们考虑他们竞争对手采用的收费方式，放弃传统的基于距离的收费。

5.10 客运收费

5.10.1 公共服务义务是否存在

像本书 3.2.3 中提到的，铁路服务有公共服务的义务，如果铁路唯一考虑的就是商业利益，那么他们就不会在相同的广度和程度上运作了（例如一些低运量、低收费市场部分的运营等）。

公共服务既可以指某种运输类型（老人、学生等），也可指区域服务（偏远或者难以接近区域）。在两种情况下，强加公共服务义务的政府都必须弥补铁路运营商在支出和收入之间的差别。公共服务义务的理由来自区域性理论，事实上，每个公民都有最低的可到达标准，通过一种以上的运输方式来确保这个标准。

公共服务义务目的是最大化公众的利益（至少理论上如此），还没有对此给出精确的定义。公共服务义务通常指客运，很少指货运。

5.10.2 两难的策略：是利润还是增加运输

在利润和增加运输的两难中选择是国家政策和铁路运营商的责任。

在英国、德国和其他一些国家采取了以利润为导向的收费策略，这导致一些二级线路被弃用。令人吃惊的是，尽管单位收费很高，这个策略却导致英国和其他一些地方的运量增加。

伴随国家干涉的，旨在增加运输的收费策略在一些国家得以实施，其中法国的单位收费只有一半（相比较德国），这里更多地选择了社会经济要素，较少地考虑企业利益。然而，这在一些情况下导致赤字，必须由国家通过公共服务义务来补贴。在其他情况下，这种策略成功的先决条件是高质量的铁路服务；否则，这种策略将是灾难性的。

5.10.3 没有公共服务义务的铁路运营商的收费

没有公共服务义务的铁路运营商的收费有责任让收支平衡。收费不能低于边际成本，按照市场所能承受的程度尽可能的高。

对于相似的服务质量水平，铁路收费不应该高于其竞争模式的参考收费。为铁路运营商的运输设置一个目标，同时考虑竞争模式的收费，计量经济模型能够很容易地计算出应该采用的铁路运运费。

这种策略被用在欧洲之星（Eurostar）的收费上，其铁路收费相比较其主要竞争模式飞机收费低15%。

5.10.4 收益管理技术

每个铁路运营商每天的问题就是在可提供的运量上最大化利润，这些运量如果不用也就损失了。航线已经使用收益管理技术了，以便在最优化可用运量和最大化利润之间形成一个组合。

收益管理是据所谓的拉姆齐（Ramsey）定价技术，它的意思就是越早买票，减的费用越多。例如，法国铁路为实际发车日期前两个月购TGV票者减少50%费用。德国铁路为提前7天购票者减少40%费用，提前3天者减少25%，提前1天者减少10%。

收益管理技术导致的不同收费标准考虑了以下特征：

① 一天中的不同时期，为非高峰时刻提供较低的收费；

② 一周中的天和一年中的季节，不鼓励在周末和假期大量的使用。

费用的不同导致收入最大化，允许进入市场的其他部分，具有了一个社会政策的特征（至少表面上）。然而，它也有消极的影响。对那些支付较高费用的客户，存在失望的风险，这可以通过提供给他们额外的利益来弥补，比如附加服务、行包托运。

5.10.5 增加收入的补充商业措施

铁路运营商的商业政策是以市场、广告和收费政策为依据的。商业措施的目标是[7,100]：

① 部分市场，如学生、年轻人、旅游者、老人（60 或 65 岁以上）、领退休金者、企业职员、旅行团、外国人。

② 通过执行以下措施，加强铁路运营商和其客户之间的关系：

a. 向持卡者（日卡、月卡、年卡）提供不限制的铁路服务；

b. 为经常使用铁路服务的客户提供优惠和免票。

5.11 货运收费

货运收费必须考虑公路运输费用和铁路成本。铁路货运不存在任何种类的公共服务义务，因此收入应该覆盖总成本（前面 5.5.2 节中已作分析）。

6 铁路规划和管理

6.1 铁路与社会经济环境

6.1.1 铁路的系统方法

无论是整体模式还是分离模式(基础设施和运营),铁路都是一个复杂的系统。每个部分(轨道、牵引、运营)都有很多子部分(以轨道为例,它包括钢轨、轨枕等),这些部分的相互作用并不是很容易预期的。但是,为了达到满意的结果即安全、快捷、舒适和较低的客运和货运成本,各部分必须相互协调。因此,铁路应该永远作为一个系统来看待。

图6.1给出了铁路上系统方法应用的简单流程表。即使问题集中在技术需求上,铁路管理者也应该详细说明那些真正的问题如“运输需求是什么?目标是什么”?在系统方法的每一步,所有可选方案都应该仔细进行研究。

6.1.2 铁路及其社会经济环境

6.1.2.1 社会经济环境

每一项铁路活动都必须考察其内部和外部环境(图6.2)。整个铁路组织必须具备适应性原则的特征,也就是能够适应内部和外部环境的变化。

6.1.2.2 决策的战略和战术层面

在管理上,我们经常区分决策的战略和战术或者组织水平。更多的细节如:

① 决策的战略水平指铁路企业的基本方向,如收支比率、客运和货运量、国家补贴水平等;

② 决策的战术或者组织水平包括新技术的引进、人力资源的变化和组织的变化等。

铁路活动对其环境的适应需要以下战术层面的步骤:

① 比较目标和达成结果的时间(例如3或者6个月);

② 分歧定位、原因研究和对抗分歧的可能方法(例如流量损失、新市场方法、可供产品的修改、新的人事等);

③ 选择和使用最合适的方法;

④ 引进新方法后,追踪其变化(例如引进新方法后,运量和收入增加的比率);

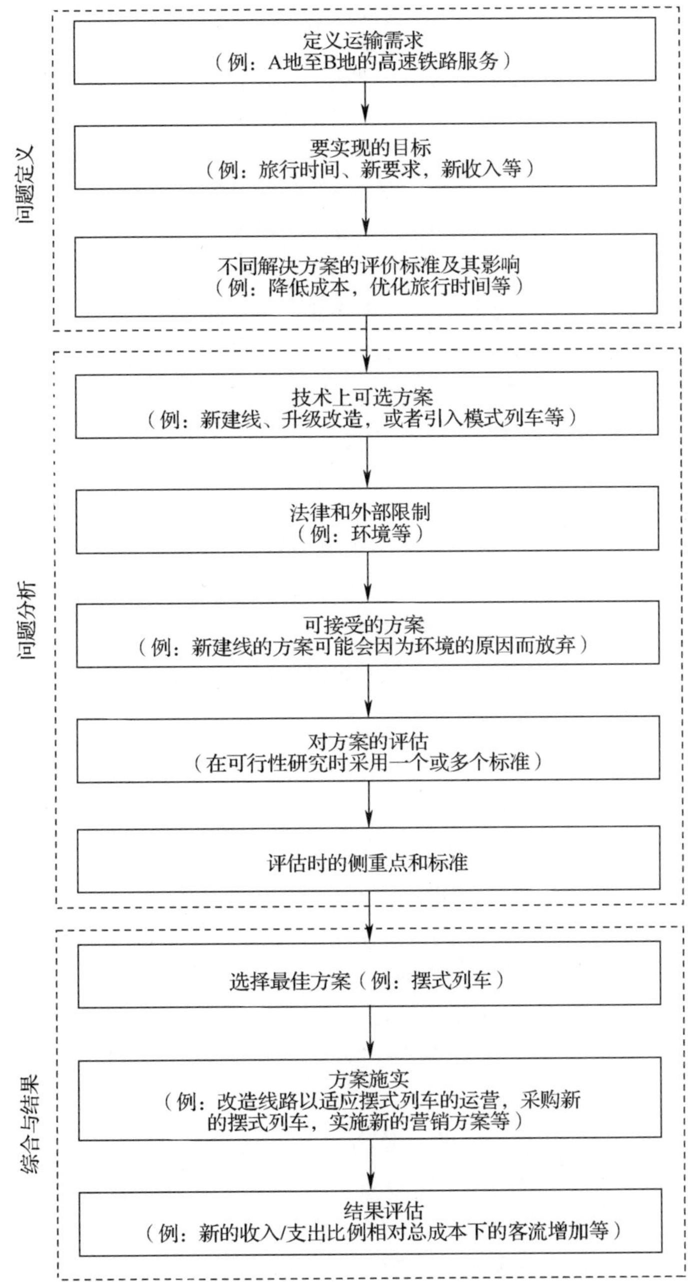

图 6.1　铁路问题分析中应用的系统方法

⑤ 如果分歧依然存在,这意味着战术或者组织上的措施不够,就应该执行战略层面上的决定了,比如取消一项业务(例如,低运量的货运,低人口密度地区的客运),开发一项新的服务等。

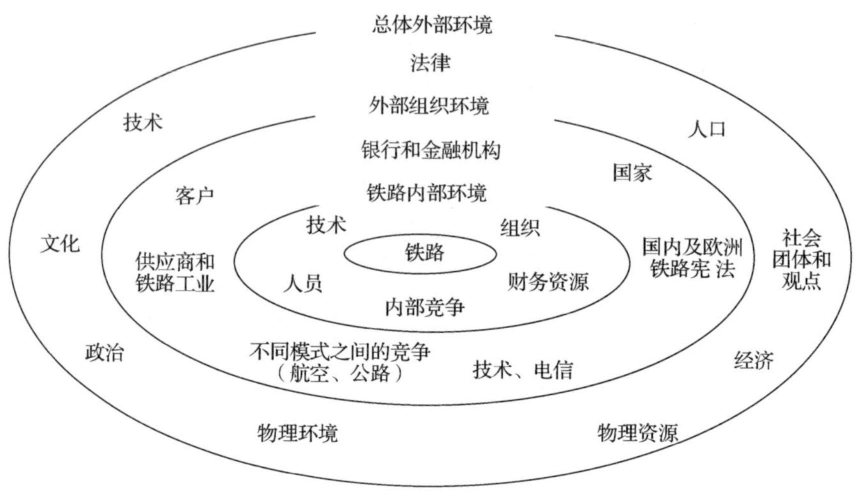

图 6.2　铁路及其内外部环境

6.1.2.3　业务单元的分离

因为铁路业务极其复杂，通常有很多互不相关的局部活动（如市场活动和轨道维护）组成，必须强制将那些相似的业务单元。整个铁路业务的典型分类在业务单元上叫做：

① 线路（维护和运营）；

② 车辆（维护和运营）；

③ 客运运营；

④ 货运运营。

以上业务单元也可以进一步划分成更小的单元，车辆部分可以分成两个部分：一个负责维护，另一个负责运营。

6.1.2.4　铁路环境的变化和需求

21 世纪第一个 10 年的后半部分，是环境迅速变化的几年[118]：

① 经济和社会迅速变化（至少表面上是，加之一些突发事件），要求出现新产品和新服务（如及时的货物发送、提高服务质量等）；

② 新技术的研发，可能很快导致现有技术落后，不再有任何价值（例如，如果铁路引进电子车票，那么现有的车票系统将发生巨大变化）；

③ 竞争对手产品的不断改变（例如低成本的航空运输要求铁路在一些线路对其价格和收费做大量调整）；

④ 政府政策和一些全球性结构关于社会安全、完全自由化、消费者保护、污染、人权等问题的改变（例如一旦延误过久，铁路必须对客户给予补偿）；

⑤ 社会和人们观念频繁快速变化（例如恐怖分子对铁路安保的压力，导致增加额外的成本）；

⑥ 在这个变化的环境下，生存的条件就是使用系统的市场，及时监视即将来临的变化，调整铁路产品和政策，满足外部的需求。

6.1.3　质量控制

确认是否达到目标不能像过去似的仅凭经验来判断。评估标准必须清晰且可量化。而且，质量控制是很重要的，铁路必须采用 ISO（International Standards Organization）或者其他标准。图 6.3 给出了一个通过合理的连续步骤和持续的质量控制提高铁路组织效率的例子。

图 6.3　铁路业务的组织和控制[126]

6.2　铁路管理的竞争和影响

几十年来，铁路都是作为一个垄断企业在国家的保护伞下经营的，其产生的所有赤字均由国家补贴。但是，这种情况变得越来越少了。竞争在增加，即有来自外部的（如其他运输方式和铁路的竞争），又有来自内部的（如在同一条铁路线上运营的诸多铁路运营商之间的竞争）。

但是，竞争增加的同时，依然有管制。实际上，通过管制，政府补贴铁路赤字制定和征收费用，确定新铁路运营商的进入，提高安全水平。

铁路的结构直接影响其管理。不论是分离形式还是综合形式，它都大大影响其采用的管理方法。

在竞争激烈的市场里，铁路应该努力做到：

① 实现成本最低化，吸引新客户；

② 了解和考虑各种弹性（例如价格、收入、交叉），以便在失去市场前及时做

出反应;

③ 给特定铁路活动新的面貌;

④ 在客户和各种铁路活动之间建立紧密永久的联系。

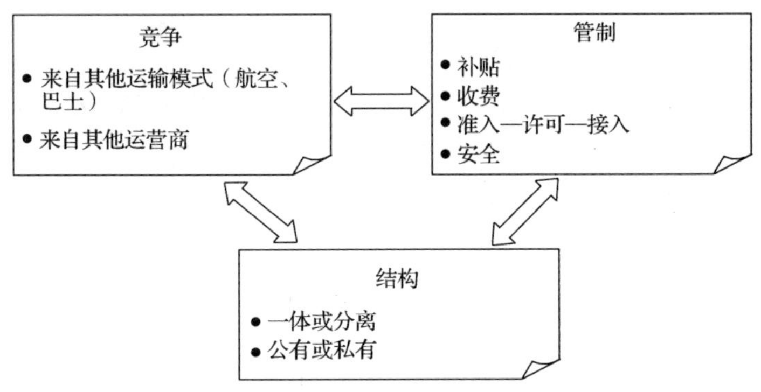

图 6.4　竞争、管制和结构三者之间的相互影响

6.3　可行性研究和融资方法

6.3.1　铁路项目的评估需求

过去,铁路建设是作为国家发展规划的一部分,或者出于战略和安全考虑,或者为了开发国家资源,没有任何经济的,财政方面的考虑,随着时代的变化,这种旧式的方法已不再有效。现在,即使一个小的铁路项目,也得从经济和融资方面考虑。一开始,许多问题都必须有清晰全面的回答。这些问题包括"为什么需要这条铁路线或者这个设施?","我们想要它达成什么结果?"此外,建设一条铁路线也有风险,如会不会产生亏损,运量会不会很低,花在这儿的钱能不能用在其他更有用、效率更高的地方。

6.3.2　新铁路线的收益和成本

可行性研究比较特定铁路项目的收益和成本。

成本有两个基础部分:

① 施工成本;

② 运营成本。

铁路项目建成后的收益有:

① 缩短旅行时间;

② 降低运营成本;

③ 减少事故发生;

④ 提高服务质量;

⑤ 促进地区和国家发展；

⑥ 安全和国家统一及其他。

以上所有收益中，唯一直接和商业有关的就是降低运营成本，而其他所有都和社会因素相关。既然要比较收益和成本，那么所有的收益就必须都转化成货币的形式。这涉及：

① 对于旅行时间，要评估其值。许多铁路项目一开始考虑的就是缩短旅行时间。当考虑一个铁路项目时，缩短的旅行时间是其主要收益，通常占总收益的2/3。但是节约的工时到底值多少钱？毫无疑问，对一个商人、一个公务员、一个学生、一个领养老金者或者一个失业者，时间的价值是不同的。每一种交通类型的时间价格也是不同的。一国和另一国的时间价值更是极大的不同。

节约的旅行时间和工作有关，这在可行性研究中要百分之百考虑的。节约的旅行时间和休闲、旅游等的关系，要考虑20% ~35% 。

② 对于地区和国家的发展，评估其地区内或者国内产值的增加。

③ 对于事故，评估一旦死亡或者受伤的货币赔偿。

6.3.3　铁路项目的评估方法

现在有许多种评估铁路项目的方法[129,130]

① 现值法（PV，Present Value），所有的开支（施工和运营）算入项目的整个寿命期内。现值最低的是最经济的。

② 净现值（NPV，Net Present Value），根据以下方程式计算各自的NPV

$$NPV = (B - O) - (C - Y) \tag{6.1}$$

式中　NPV——净现值；

B——所有收益的现值；

O——所有运营成本的现值；

C——施工成本的现值；

Y——资产残值（项目寿命结束后的值）。

③ 在成本—收益法中，比率 λ 的计算如下

$$\lambda = \frac{B - O}{C - Y} \tag{6.2}$$

如果 λ 大于1，该项目可以考虑。在所有的可选方案中，选择 λ 最大的那一个

④ 内部收益率法（IRR，Internal Rate of Return），折扣比率的值也就算在内（通过试验和错误程序），因其收益现值等于支出现值。如果IRR大于资产的机会成本，那么这个铁路项目就有机会实施。

⑤ 前面的那些评估方法都侧重经济参数，因为它们评估的是铁路项目引起的可用性。但是，这种方式导致评估中忽略了诸如服务质量、灵活性、噪声污染

等重要因素。多标准法(Multi-criterial Method)考虑到了和铁路项目有关的所有参数:施工成本、运营成本、期望需求、旅行时间的缩短、增加国家或者地区产出、服务质量、安全、土地使用、空气和噪声污染、灵活性和可达到性。每个参数都给一个权重因数,反应评估的优先性。例如,如果施工成本给一个很高的权重因数(如50%),这可能导致选择低成本的方案。反之,如果期望需求给了一个很高权重因数,这将导致项目服务更多的人[121]。

但是,也应该强调铁路项目的选择很多时候是一个政治的决定。这些评估方法只是让选择的过程更合理。

6.3.4 新铁路项目的融资方法

现实的情况是,大多数私有部门倾向于投向工业项目(特别是能源领域),只有一小部分投向运输项目,更小的一部分投向铁路项目。这种情况的主要原因是运输项目成本高、施工周期长(3~7年)、相对期望收入低。如图6.5所示,铁路项目的现金流从开始到15~25年之内才出现好转,而工业项目的现金流在5~6年内就出现好转。

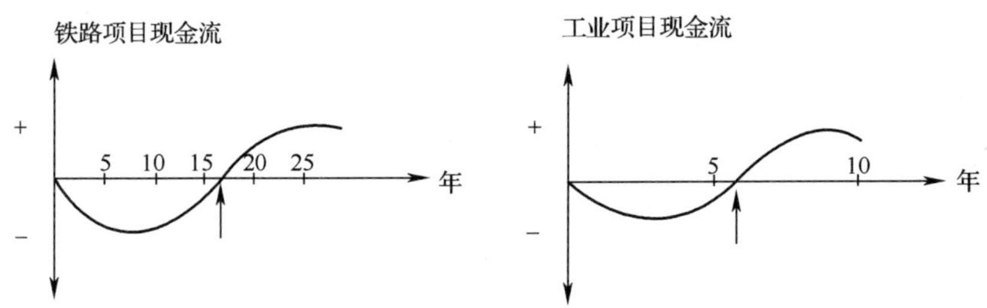

图6.5 铁路项目和工业项目的现金流

大多数铁路项目难以吸引私有部门投资。因此,大部分都是由国家投资,然后作为一个公共公司运营。但是,世界范围的经济环境对公共财政压力很大,迫使国家减少非盈利铁路项目的投资。因此,越来越多的铁路管理者开始(部分或者全部)转向私有部门投资,向他们融资,显然最具吸引的还是收入产出观点。

在为铁路项目融资时,有以下几个关键问题:

① 首先,谁来投资,国家还是私有部门(例如银行、企业)?

② 谁来承担施工期间的风险?例如,如果施工成本比最初计算的高出30%,谁来支付这部分额外的钱?

③ 当项目完工后,谁来运营?铁路公司,还是负责建设的公司?因为铁路项目极其复杂,建设者通常不愿意运营他们建设的项目。

④ 如果铁路项目的建设者负责运营,谁来承担企业运营中的风险?例如,如果实际需求比预期需求少了25%,谁来为此负责?

6.3.5 公私合营

鉴于对以上问题的回答,在铁路项目有融资上有很多方式可以让私有部门参与进来,称之为公司合营[117]。

① 在“建设—运营—移交”(BOT)法中,私有部门负责为铁路项目投标、为施工融资(部分或者全部),然后运营一段时间(通常20~30年),这期间项目的所有者为公众(例如线路管理者或者运营商)。通过客运、货运或者其他商业活动收回投资。

在BOT的一种变形“建设—所有—运营—移交”(BOOT)法中,私有部门在运营期间对项目享有所有权。在BOOT的一种变形“建设—所有—出租—移交”(BOLT)法中,建设好后私有部门将其租给铁路部门,铁路部门将投资分期偿付给私有部门。

在BOT的另一种变形“建设—移交—运营”(BTO)法中,建设完成后铁路公司(基础设施管理者或者运营商)成为项目的所有者,铁路公司将其租给私有部门一段时间。

在“建设—所有—运营”(BOO)法中,私有部门融资、建设、所有和运营该项目一段时间,这段时间内它能从项目的运营中获得收入。这种方法适合铁路车站投资,那些设施可以为很多用户服务。

② 在私有服务合同:运用和管理中,线路管理者与负责运营及维护的私有部门合作者针对特定的设施签订一份合同,基础设施管理者仍然是所有者,负责管理。

这种方法的一个变形“私有服务合同:运营、维护和管理”中,私有部门合作伙伴也负责管理。

③ 在开发者融资法中,属于铁路的区域给了作为铁路项目建设者的私有部门合作伙伴,作为回报,允许其建设房屋、商业中心或者工业设施。这种方法适合高价值的区域。

④ 在长期租借中,铁路设施被租给能为它进行现代化投资的私有部门合作伙伴,由它们来运营一段时间。这种方法的一个变形是“租借—复原—运营”法。

如何选择最合适的方法要依据该铁路项目(例如新线、新站、编组场、设施升级等)的特征、期望的需求和收入、施工和运营期间的风险来决定。

6.4 规划铁路

6.4.1 规划的必要性和目的

人类活动是在一个极其复杂的环境里进行的。当这个活动牵涉一个复杂的系统,如铁路,那么就有必要把系统的所有部分组织起来,朝着最好的结果努力。组织和投资都是朝向这个目标的。要实现设定的目标最有力的工具就是规划,通常理解的过程就是设置目标;定义采取的行动;评估和分配资源;定义各阶段时间和期限;定义各行为的责任和监督评价机制。

规划过程需要工人对当前情况的了解出发,尽力预测将来的变化,预测即将来临的问题和变化,对需要的投资和组织提出建设,为建议的项目寻找必要的资金。

规划分很多层次,按时间来分:

① 长期规划,指未来 10 ~ 15 年,描述整体或部分的策略,投资和融资策略者必须提到。

② 中期规划,指未来 3 ~ 5 年,这是长期规划在中期层面的执行,涉及政策、投资细节、组织改变和债券发行、人事需求、商业和收费政策。

③ 年度计划,指详细的铁路活动年度预算。

显然,在各个层面的规划中,目标和措施应该有一个连贯性,例如,降低收费增加运量的决定可能在短期内有益,可是如果因为需求增加导致车辆短缺,中长期来看是不利的。

规划就是对变化进行管理;铁路不能及时高效应对外部的变化将会导致损失惨重。

铁路规划就是一个框架,在这个框架内各部门按照自己的功能尽可能的提高效率。一个成功的规划必须具有灵活性和适用性。

6.4.2 总体规划和经营规划

总体规划和经营规划是规划铁路活动最当前的形势。总体规划指整个铁路活动,包括投资分析、技术装备、组织和融资。但是,经营规划强调组织、经济和金融方面。每个线路管理者都必须有自己的总体规划,每个铁路运营商都必须有自己的经营规划。

总体规划和经营规划就是规划者对铁路系统各部分和运营的进一步开发。这也是一个框架,在这个框架内规划者对铁路系统各部分的变化和发展提出建议,诸如降低成本和不妨碍环境时提高效率、生产率和收入。

总体规划并不像一些人认为的那样是一个执行程序,而是一个指导。它是基于某些关于经济(例如 GDP、消费者价格指数等)、运输市场(各种方式的份额、价格、弹性)变化基础上的假设,对未来的变化提供建议。总体规划必须可实施,如果可能,以年度为基础。总体规划必须设置清晰的目标、前提和执行方法。

在总体规划内,除去技术方面和缺少优先权的问题外,就是经营规划。

无论什么时候一个新的投资或者支出在规划中被提出来后,关键的问题都是："谁埋单"，这个问题必须清楚地回答。

6.4.3 铁路企业经营规划简述

各国的经营规划差别很大，这是因为各自历史、地理、社会、人口和经济要素不同造成的。然而，所有的铁路经营规划都至少包含以下方面：

① 外部社会经济环境：经济增长、农业、工业和经济产出、旅游、人口、法律、国家政策。

② 铁路和运输市场：铁路市场份额和运输的变化、运输市场的走向、竞争方式的境况和前景、未来铁路运输的预测。

③ 财政境况、成本和生产率：铁路收入和支出、成本和收费的变化，比较竞争方式的成本和收费，利润分析、人事雇用和服务的单位成本、生产率指数（全部或者部分），与其他铁路比较。

④ 现在组织和管理方式的弱点。

⑤ 新战略和目标陈述，应该是量化的，如新的收支比率、流量和生产率提高等。

⑥ 新投资需求：新投资的说明和判断（如线路、车辆、设施等），各种投资的可评估优势和收益，投资资源（国有—私有）和金融担保、投资的预期回报、债务量。

⑦ 各项财务指数的变化预测，如：收入、支出、利润、投资、现金流等。

⑧ 人力资源变化。

⑨ 所有预测的灵敏度分析，例如如果经营规划（比如投资量、运量等）的基础假设改变，预测（比如收入）将如何改变。

企业规模不同，规划的过程也不同。但是，无论铁路规模如何，最关键的就是规划得到那些具体做工作的，能够应对铁路必须面对的改变，或者能对内部变化负责的人的全力支持。

6.5 铁路项目管理

6.5.1 项目管理定义

通常项目都只是从一个想法开始，然后在研究中作详细的说明，下一步就是开发执行、竞争和运作。项目就意味着一个资本投资，它在很多方面如规模、成本、复杂性和危险程度（涉及局部期限和最终完成），都不同于一般的工作。任何项目，无论多小，只要想成功地执行，就需要有效的管理。一个 项目具有一定的复杂性，通常不是那些处理日常琐碎工作的人能执行好的。

项目管理就是指导和执行的艺术，涉及一系列活动的定义、规范、控制和协调,它必须将整个项目分解成容易理解的、可衡的工作项目,以便各个团队单元的任务和责任能够清晰地界定和追踪。

一个项目一旦失败,损失巨大,没有谁愿意主动承担其责任;各层次分不清责任,导致很难界定责任。项目管理是一个明智的选择,它可以让管理者(例如线路管理者、相关部门等)有效地组织各个团队单元,优化工作方法,监督、分析和跟踪工作进度。

6.5.2 项目管理的范围、收益和成本

当项目按时完成且不超预算时,管理机构的责任就是评估其组织结构,按照要求临时扩大后,是否能够有效地开发、规划、管理和监督这个特别的项目。这个评估应该尽可能的客观,管理机构应该寻求管理方面的专门顾问的协助。

项目管理在很多方面有明显的优势,比如:

① 项目的大小和管理机构的管理结构和规模相关;

② 内部人员对工作内容感觉新颖;

③ 如果管理由管理机构的人负责,即使是额外的临时人员,也不会留下日常的功能风险;

④ 可能会出现不可预料的延期,因此严格的设计是必须的;

⑤ 如果项目延期甚至失败,可能会出现很高的政治风险;

⑥ 必须有来自银行或者其他金融机构的独立公平的推荐。

因此,当一个项目引进管理服务后,这将向管理机构成功地运作项目提供额外的担保和其他一些收益,比如[132]:

① 公平、客观和专业的方法;

② 项目经理来自类似项目的经验;

③ 所有可用选择的评估;

④ 及时的缺陷监视、测试和质量控制;

⑤ 严格的预算控制、财务预测和现金量需求;

⑥ 跟踪项目设计,及时地完成;

⑦ 因为面向更多的竞争者招聘项目经理,因此更经济;

⑧ 项目交接延期或者失败的风险降低。

项目管理服务看起来是成本很高的解决方案,但是,几个项目的经验证明恰恰相反。除了确保及时交接外,项目管理还能减少成本。此外,值得注意的是如果管理机构负责管理的话,许多管理成本都被有效地隐藏起来了。

6.5.3 可能需要项目管理的铁路项目

项目管理可能对很多铁路活动都有益处、有必要。我们将提一些:

① 新建高速铁路。这样的项目涉及诸多的专业,需要有经济学家、规划师、

土木工程师、电力工程师、会计师、建筑师，并且项目管理必不可少。

② 线路升级改造。许多铁路依然实行军事化管理，内部组织不灵活。而且，许多职员仍然认为铁路是一个工程学上的业务。在这种结构内，当需要升级轨道(例如提高速度、轴负荷等)时，可能不会选择最佳方案。因此，就需要开明的、客观的、面向所有方案开放的项目管理。

③ 新的调车场或者其他货运设施将需要轨道和车辆专家、与公路货运良好的接口以及低成本下的运营条件。在这种情况下，将急需项目经理的服务。

④ 新隧道或者桥梁。隧道和桥梁是非常昂贵的项目，寿命周期很长，达到100 年或者更久，需要有很多的专门知识，需要项目管理服务。

⑤ 新的铁路车站。除了建筑师和土木工程师外，城市规划师、运输工程师、市场和广告专家都能在负责新站的项目管理服务中找到。

⑥ 线路电气化。决定是否电气化一条线路主要是经济学的问题。它应该以运量、施工的额外成本和较低的运营成本为依据。但是，电力供应、传输系统、受电弓、绝缘材料、多种技术方案的选择，与线路的接口和互联互通这些都是很专业的问题，需要很高深的专业知识，也需要最好的协调和管理。

⑦ 信号和安全设备是极其复杂的系统，其性能、可靠性、对安全运营的影响和技术的进步将需要项目管理服务。

6.5.4 铁路项目管理任务描述

接下来，我们将说明项目管理的一些任务，以基础设施管理者的高速线路施工项目的案例来研究。

项目管理活动被分作四部分：组织、开发、定案和执行。每一部分以评估和前一部分的结论开始，以给线路管理者报告作为结束[123,132]。

(1)第一部分：组织。由以下任务组成：

① 项目和其组成部分界定(例如对于一条新高速线：征地、技术研究和调查、合适的地基材料研究和选择、道砟、轨枕、扣件、钢轨、隧道和桥梁设计、信号和电气化设备)。

② 线路管理者的需求和目标界定(例如成本和时间限制、线路管理者人事方面可能的缺陷等)。

③ 概念规划(例如项目经理规划其连续任务：研究、材料采购、执行定位等)。

④ 活动规划、团队成分和资源(例如项目经理规划各个活动，为其职员分配责任和提供必需的资源(如来自线路管理者的资金)。

⑤ 物理限制决定和批准(例如征地、各级政府机构授权)。

⑥ 成本和影响评估(例如项目经理核查和改变线路管理者的各种成本评估)。

⑦ 工作设计、资金和资源分配(例如许多计算机软件都可以做出合理的设计)。

(2)第二部分:开发。由以下任务组成:

① 采用合理的设计和施工标准(例如基础设施管理者是否有合适的规范,或者另外一个铁路部门或者机构的规范可不可以沿用)。

② 进一步的研究和调查(例如在地震带,有必要做更多的地质调查)。

③ 备选方案制定。

④ 管理过程制定和来自各官方机构的批准(例如主管部门、市政当局、国家机构等)。

⑤ 对各种材料采购的建议(例如招标程序细节、法律限制等)。

⑥ 各个项目经理团限单元任务分配。

⑦ 准备对项目各部分目标成本评估。

(3)第三部分:定案。它由以下任务组成:

① 采购规划(例如道砟、轨枕、钢轨等)。

② 质量保证(例如道砟有合适的几何和力学特征)。

③ 各种材料数量的计算。

④ 控制成本及其变动范围。

⑤ 现场管理组织(例如谁负责什么)。

⑥ 各工作部分招标启动。

⑦ 供货分析和交纳结果,推荐和建议。

⑧ 成本和现金流的最终分析。

⑨ 工作安排的定案。

⑩ 依据投标人可能改变最初规划的提议和建议,再次查看规划并最终确定。

(4)第四部分:执行。它由以下任务组成:

① 签订合同,发包施工工作。

② 根据投标人的建议最后修改图纸和执行方法。

③ 避免事故,确保所有工作人员的健康。

④ 建设必要的医疗设施和配备相关人员。

⑤ 现场对材料和供应工作进行质量控制。

⑥ 对施工现场人员进行指定、管理和监督。

⑦ 依据工作安排监督和汇报进程。如果有必要,重新安排。

⑧ 数量测算、报酬计算和对批评的判定。

⑨ 按最终评估的成本支付。

⑩ 收集所有现场工作的数据和记录。

⑪ 检查和进行项目的局部交接。

⑫ 测试和运营条件控制。

⑬ 向基础设施管理者交接完工的项目。

6.6 基础设施管理

6.6.1 铁路基础设施的任务和目标

铁路基础设施的主要任务如下：

① 首选，确保车辆按照设计的速度安全运营；

② 提供高质量运输的条件；

③ 致力于可持续的发展。

基础设施的主要目标是：

① 维持和提高安全水平；

② 降低成本，且不影响安全标准；

③ 为有效应对运营需求，提高组织、材料、设备和人员素质；

④ 制定和沿用收支平衡的政策。

哪些属于基础设施本书 3.5 节中已作分析。因此，基础设施管理指以下部分：

① 轨道的维护和运营；

② 电气化设备的维护和运营；

③ 信号设备的维护和运营；

④ 铁路交通管理；

⑤ 当许多铁路运营商申请同一个到发点时分配路权；

⑥ 当线路和运营独立时，计算并收取线路使用费。

但是，关于铁路车站却有很多不同的观点。有些国家（如英国）认为车站是线路的一部分。其他国家（如法国、瑞典等）认为车站是运营的一部分。还有某些国家（如德国、意大利等）设立了一个独立的实体来负责车站的运营。

6.6.2 新管理方法

基础设施管理者及其职员要抛弃过去的那些老的方法和观点。即使工程方面很关键，基础设施管理者同样不容忽视。基础设施就是为列车运营服务的，因此它应该是所有决定的驱动因素。在这个观点下，每一项投资或者技术升级都是出于客运和货运的特别需要。因此，建立新企业精神是第一要务。需求评估必须从零开始。每一笔成本都要按照利益最大化来评判和考查，可以由内部人员或者外部承包人（外购商）来执行。虽然过去铁路的方方面面都被管制，今天这种情况将发生巨大变化。

基础设施成本不再是失控的。每一笔都要仔细核算。长期目标应该是收支平衡,收入来自基础设施收费(由运营商支付)、业务活动和国家资金(这部分会越来越少)。

基础设施收费政策有两个战略选择:

① 高收费,这种选择对线路的财政是有益的,但对运营商却是有害的。

② 低收费,这种选择对线路的财政有害,对运营商有益。

人员组织也必须改变。过去,晋升的关键要素是资历和服务年限。现在和未来,晋升是和技能、责任和生产力相关的。

每个基础设施管理者都必须有自己的商业规划。线路各部分的交互关系如图 6.6 所示。

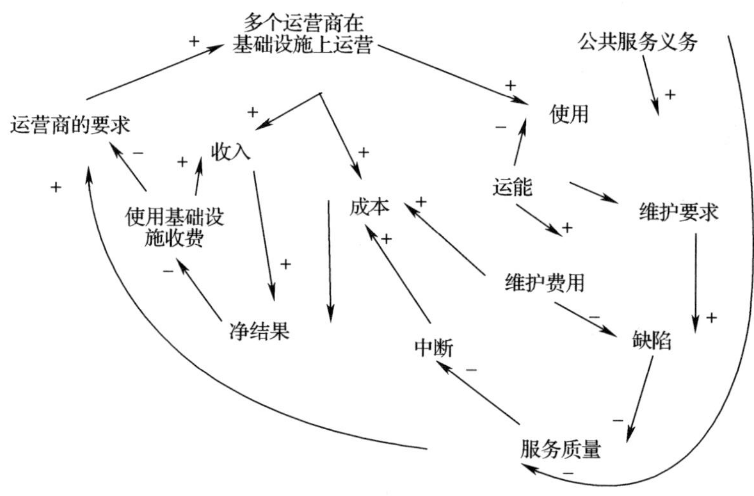

图 6.6　基础设施各部分的关系和相互影响

6.6.3　外包问题

线路的维护和运营是劳动密集型的活动。在西欧,线路支出的 60% 用在人员工资上。维护的工作条件十分困难,只能在列车连续通过的时间空隙(通常是在晚上)进行。每小时通过一列列车,工作效率是 80% ;当每小时通过 2 列列车时,工作效率下降到 50% 。

许多基础设施管理者施行外包政策,就是要求外包商服务(通常通过竞标过程)。外包政策用在诸如轨道、隧道和桥梁等的维护方面。外包政策能够大大地降低成本,因为合适的项目在合适的时间以合适的价格得以实施。但是,外包不应该影响安全。基础设施管理者必须为承包商作详细规定,提供工作条件,并进行监督。

6.6.4 世界范围内类似产品的需求

在许多地方,铁路是为了满足国家目标建设的。因此,当穿越边境时,各国之间的线路可能有很大的不同。但是,在国际铁路广泛合作的今天,为了提供从起点到目的地(通常意味着穿越很多个边境)类似的线路服务,基础设施管理者应该寻求合作。这种类似的铁路基础设施需要:

① 轨道维护质量,其前提条件就是各地的轨道缺陷都必须是相同的量级。

② 电气化和信号系统允许火车连续地运行,不能因为技术的问题而中断,技术互联互通是解决两条铁路之间轨距、电力、信号系统不兼容的工具。

③ 技术设备会给客户一个类似线路的印象。这对客运和货运都一个(合格的枢纽和转运系统)。

6.7 铁路客运的管理和政策

6.7.1 铁路客运的任务和目标

铁路客运必须应对环境的变化,这种变化甚至会威胁到铁路服务能否存在。铁路客运的主要任务是:

① 按规定的时间安全地运输人员;

② 高质量的服务,至少和铁路的竞争者类似或者更好;

③ 对区域发展有所贡献,增加某类人群的流动性;

④ 增加收入。

客运管理的主要目标是:

① 增加铁路在货运市场占的份额,在欧盟(15 国)这个水平由 1970 年的 10.4% 下降到 2003 年的 5.8%;

② 增加铁路利润,也就是单位收入;

③ 降低成本以达到收支平衡。不能再有巨大的亏损,亏损发生时必须有合理的解释。国家继续资助一些低收入的服务,但只在公共服务义务的框架内。在欧盟,除了公共服务义务外,铁路运营商必须达到收支平衡,这是它能够生存的一个条件。

6.7.2 运输分类

铁路客运市场可以被分类成以下几部分:

① 城际运输。它为主要的人口中心服务,客户对旅行时间和服务质量都非常苛刻。铁路面临着来自飞机、公共汽车的剧烈竞争。

② 区域运输。它服务于区域中心,面临来自公共汽车和私人轿车的竞争,

相比较城际运输,客户的时间要求不高,可能有公共服务的义务。

③ 通勤运输。它服务于城市的效区,也面临来自公共汽车和私人轿车的竞争,通常能得到国家的大力补贴。

铁路管理者应该考虑各部分的期望,执行可能针对不同运输类型的不同政策。

6.7.3 结合竞争、合作和联合的新策略

铁路的完全自由化既带来了机会,也带来了风险。在这种环境下,铁路管理者必须按照完全不同于他们过去习惯的模式来思考和行动。

竞争(内部和外部的)就是规划。降低成本、提高服务质量是有效地面对竞争的最基本前提。

来自其他经济部门(航空、通信、电力)的经验建议的扩张其业务前,铁路必须确保控制内部市场的基本部分。否则,一旦扩张失败,它们将面临失败,甚至内部市场也失去的风险。

新的机会会出现,特别是在国际运输上。铁路必须准备新产品(例如不在边境耽搁的国际线路城际服务),这些产品应该区别于竞争者的产品。

但是,竞争者也可以在某些时候进行合作。因此,铁路和航空运输至少可以在两种情况下合作(见本书 1.10 节):

① 从机场到市中心的短距离铁路服务:

② 从机场到其他城市的中距离甚至长距离高速铁路服务。

铁路也能和公共汽车合作,公共汽车能把乘客从车站载到目的地,确保门对门的运输,这是铁路本身不能提供的。

竞争和合作都需要铁路在结构、组织和法律上调整,这通常很耗时间,铁路管理者应该有所准备。

6.7.4 传统铁路的弱点和新的铁路全球化产品

铁路旅行只是从起点到目的地这个复杂的旅行过程的一部分,它还包括如公共汽车、出租车和地铁这些运输方式(见本书 5.1.5 节)。

人们决定选择铁路的要素已经研究过,见表 6.1[75]。

为了应对这些弱点,铁路应该采取一些措施,尽力为客户提供新的全球化的产品:

① 使铁路旅行组织和购票更容易;

② 提升火车站设施;

③ 提高公共运输网如公共汽车、地铁和出租车的可达性。

因此,一些铁路已经建设使用上了网站,以便使信息更有用、更易获得,其中一些已经用到了票务上,在票务上,许多车站已经使用排队系统重新组织了,扩

展的信息技术的使用,引进了票务创新方式,如自动检票。为了在最终目的地帮助乘客,同时增加车票的追加价值,许多铁路公司的车票已经可以在公共交通上使用了。

表 6.1　人们决定是否选择铁路出行的要素

阶　段	出现的问题	满意度
从居住场所或者工作场所出发	出行安排:获取时刻表信息困难,对票价及票价浮动的不确定 去往车站:旅客需要步行到达车站,但是有时候在某些地区步行是不安全的;或者乘坐公共交通;或者开私家车去车站,而在车站找停车位又很困难	2.9 3.9
出发车站	车站设施:购票时可能需要排队等候,去往站台的指示不明确,车站装饰不美观,过多的上下楼梯 候车:在站台或者车内等候发车 列车:外观或者内饰不美观,不整洁,空调问题	2.6 2.0 2.1
换乘车站	换乘:无论换乘多么便利、换乘距离多么短,乘客都需要携带行李下车并等候下一列火车,这都会给乘客带来不便 更换列车:由于多数座位已经有人,乘客有时候很难找到座位,另外,由于是和陌生人一起旅行且环境发生了变化,因此会感觉到不适	3.8 1.8
终到车站	车站内:由于乘客对车站环境完全不熟悉,因此可能不知道往那边走才对,同时乘客还携带着自己沉重的行李 从车站到最终目的地:旅客可能会转向甚至迷路,可能不好打到出租车,乘坐公共交通不知道坐哪趟车	2.1 2.7
最终目的地	等待时间:乘客有可能早到或者迟到	2.2

铁路必须坚定不移地减少其营销成本。对大多数铁路运营商来说,70% 的支出都是人员成本,信息技术的引进将大大地提高生产力,减少成本。

6.7.5　信息技术的应用(互联网、短信服务)

许多铁路已经通过使用互联网或者现代化了他们的分销链,为通过传统方式,也就是在车站分销方式,和使用互联网或者短信服务分销方式提供一个差别价格,让铁路公司和客户都获得利益。

因此,在德国,通过互联网购的票相比较在车站买的同样的票有 5% ~10% 的折扣。在荷兰,如果车票是在车站买的,要多加 0.5 欧元(有时候是 1 欧元,残疾人和 60 岁以上的老人不用支付这笔费用)。在法国,只在互联网上销售的最后余票打 5 折销售。

一些铁路,顾客可以通过发送特别的短信到合适的铁路呼叫中心预定座位和购买车票。交易中,顾客通过信用卡支付票款后,会收到一个特别的代码。这个代码将被转给列车上的控制员,他用一个特定的手提电脑检查这个代码是否有效。此外,客户还可以改变或者取消短信服务预定。

但是,并非所有顾客(特别是老人)都能很容易地习惯新技术。因此,为了避免给顾客添麻烦,建议铁路方在车站接待区设一个人专门告诉人们怎么使用互联网和短信服务。

6.7.6 市场——客户满意度调查——建立新文化

如本书 4.3.1 节中说明的，为了密切了解客户的反应，使铁路提供如其所愿的服务，铁路管理方必须系统地使用客户满意度调查。像许多市场活动显示的那样，仅仅提升产品是不够的；应该让铁路公司整合一种新的文化、新的精神。如此，铁路才能建立一种新的生活方式——一个环保友好的运输模式，尊重客户，准时、安全、更少压力和更舒适地出门旅行。铁路员工必须共享这种新文化的价值。

在这种新精神下，许多活动（如列车保洁、车辆维护等）都可以很好地外包出去。

6.8 铁路货运的管理和政策

6.8.1 铁路货运的任务和目标

铁路货运的主要任务是：

① 货物安全运输、准点发送，货物无损害；

② 促进可持续发展，特别是降低夜间运行货车的噪声水平。

货运管理的主要目标：

① 不断提高安全的同时减少成本；

② 在许多欧盟国家，如美国等，铁路货运不接受公共补贴，货运活动收入应该跟成本平衡；

③ 提高准时性和可靠性，这并不是说必须提高货运列车的速度，而是说消除等待时间；

④ 改进组织机构，引进合适的设备，满足客户需求。

6.8.2 激烈的竞争

相比外部的竞争（来自公路卡车），铁路货运市场在现国有铁路公司和新进入的私有铁路公司之间展开了激烈的竞争。这些私有铁路公司的运输收费通常比国有铁路公司低 10% ~50% 。

几十年来，铁路都在流失它的货运量，因为其竞争者提供更便宜、更可靠的服务。即使是那些铁路有着比较优势的市场，例如大宗货物运输，其风险和对罢工的恐惧也导致客户放弃使用铁路。为了扭转这种局面，铁路货运公司必须采取一系列艰难的措施，如[120]：

① 确保货物按照既定的安排准时发送，否则将接受比货物价值还高的罚款；

② 通过采用新政策,让列车司机除了操控列车运行外,还为客户提供必须的信息、装配等服务,提高生产力;

③ 促进和公路卡车运输公司的合作,提供门对门的货运。

6.8.3 铁路货运在物流链中的整合

图 6.7 给出了铁路货运(其本身并不是目的,而是从起点到终点整个运输中的一个环节)整合进入物流链的过程(见本书 1.9.5 节),以便及时地和公路运输连接起来。

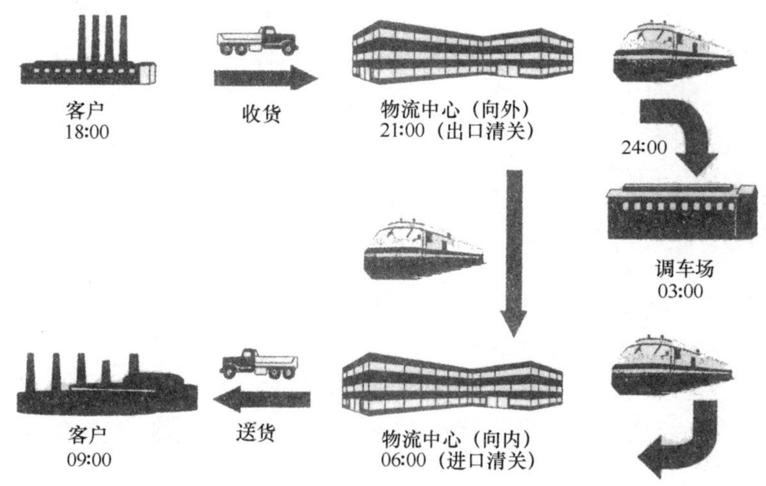

图 6.7 铁路货运和从起点到终点的物流链

除了美国外,其他国家大部分都是客运优先。因此,货运只能在客运的间歇时间中运营。为了避免这种情况,铁路货运方必须给基础设施管理者施加压力,让它们从快速运输(客运)中分出慢速运输(货运)。

6.9 人力资源及其重新估值

6.9.1 对企业化管理的需求

几十年来,铁路在员工数量、能力、工作条件、晋升上都是按照等级、政治和社会条件来考量的。结果,许多铁路都经历了充斥着不合格员工的灾难,这导致了低生产力和低品质产品。今天,如果想在竞争如此激烈的环境中生存下来,这种情况是不可以接受的。每一个竞争者都在按照更加合理的方式雇佣员工。

财务的约束要求铁路公司管理者降低成本,最大化地使用人力资源,因此任何额外资源的增加,只有当它被证明对提高产出有重要作用时,才能被采用。目标是在工作组织内成功地分配任务,最小化地使用人员和资源,最大的时间和最小的成本中实现最高的工作效率,同时遵循技术标准。尽管这过于理想化,但仍然是目标。

6.9.2 人力资源的分配

在一个简单的业务中,很容易识别需求和任务,分配合适的人力资源。业务越大(铁路实际上是一个很大的业务),越难以优化配置方案,因为牵涉太多的资源,需要做太多的决定,而且这些决定大多数以一种复杂的方式彼此相关。

通过使用下面某种方法能够实现资源的分配:过去经验、猜测(不推荐)、网络分析、线性编程、模拟和数学优化。除了基于经验和猜测的方法外,其他方法都得使用铁路或者操作研究团队开发的计算机软件。

关于资源分配(国家的、地区的)的水平,有两种方法:

① 一种方法建议使用计算机方法详细地安排地区级别的员工使用,实际上地区经理很少有可能改变计算机制定的方案。

② 另一种方法是在国家级别使用计算机,但是让地区经理有较高优化配置的可能性。

资源分配也可以按照短期和长期来做。一些铁路的部分职员和维护人员都是临时雇佣的,以满足高峰时刻的需要。

资源分配必须考虑到铁路活动的其他部分,如技术水平、设备、物资等。但是,人力是比较容易通过机器替代的。例如电子售票,通过使用互联网将大大地减少售票人员。

与职员的合同形式不但和需求有关,还和劳动法的条款有关,劳动法在最近些年变得更加灵活。

选择合格的资源应该考虑:技能、经验、个人动机、单位成本、外包可能性(如车站保洁)、劳动法和协会态度。

6.9.3 激励员工的艺术

激励就是让职员尽可能快速而有目的性的工作。激励有几个关键要素,如工资水平、更高生产力的动机(例如奖金)、工作满意度、地位和认同感、工作环境、目标感、进步机会、工作关系、社会和财富地位、成绩认可度、雇佣关系的稳定性。通常也很容易看出失去动力的现象如:浪费时间、旷工、不守时、工作质量差、不合作、个人表现下降等[31]。

许多铁路管理者不大在意他们员工的工作环境。他们不知道最高水平的生产力是由得到良好报酬、良好的培训、满意、自信,同时配备必要的设备的人创造出来的。对工作环境缺乏兴趣导致部分员工消极怠工。

6.9.4 生产力增加

资源分配的主要目的就是达成生产力增加。实际上,生产力和达成这个运量(人、人·km、t、t·km)所使用的职员数量有关。生产力也和达成这个运量的生产的成本和设备(车辆等)有关。

最好地使用可用的人员和设备增加生产力意味着必须作出以下优化配置:

① 组织结构,以便在两个连续的活动之间损失最少的时间(例如车辆保洁和检查,铺设无缝钢轨,完成道砟铺设和压实);

② 规划,以便最小化交互活动中的时间损失;

③ 定期训练,特别是引进新技术时;

④ 创造一个确保健康、安全和福利的环境;

⑤ 监督和训练过程;

⑥ 减少营运成本(源于额外的工作时间,再生产过程中通常不是必须的);

⑦ 降低单位成本,这将引起工会的反应。

6.9.5 人力资源重组和重新估值

许多铁路组织僵化、机构臃肿,人浮于事(通常都是从事常规工作)、缺乏专门技术人员(通常缺乏管理、市场和高科技运营人员),责任和技能不对等(这是多年没有再培训的结果)。劳动力重组和重新评估是铁路管理者首先要考虑的,具体如下:

① 未来铁路运输需求评估;

② 人员需求和外包水平计算;

③ 冗余劳动力和过剩资产评估;

④ 估计国家补贴亏损服务和活动的政治意图;

⑤ 网络合理化,同时面向客户展示新的铁路文化;

⑥ 取消不盈利的业务;

⑦ 说明新服务和产品;

⑧ 评估冗余劳动力和过剩资产;

⑨ 重组冗余劳动力,可以采取的措施有:转移到基他公司或者国家部门;建立新的活动;解散员工,但这样会刺激工会,影响社会稳定,所有不是最好的选择;

⑩ 组织的改变,例如工作位置、层级位置和责任水平等;

⑪ 必要的再培训;

⑫ 设备改变所需成本和时间的评估;

⑬ 铁路活动组织最低水平的所有单元(包括技术单元)确立一个商业取向;

⑭ 重组对生产力、收入和产品成本影响的评估;

⑮ 建立新的员工观念和文化,把为客户服务放大他们责任的中心位置。

在规划他们的重组战略时,铁路管理者不要忽视以下几点:

① 制度因素可能严重地约束铁路应对变化的能力。这些因素包括:劳动法限制,工会抵制当前的工作惯例,支持社会雇佣政策的政治环境。

② 铁路小型化是不可能的,除非有很强的政治保证。

6.10　铁路私有化

6.10.1　私有化的前提和目标

私有公司的根本就是赢利。所有其他都是次要的,如果赢利不能实现或预期不够强大这个前提条件不能实现,那么就不会有私有公司。在这种情况下,怎么才能将严重亏损的铁路私有化呢?

在大多数铁路私有化的情况下,出发点总是带有成见,建议将铁路和其他服务活动(通信、航空等)一样看待,放弃铁路系统特别复杂的特征。

无论是有成见,铁路私有化的过程有许多目标:

① 节约成本,减少赤字和国家补贴;

② 引进创新,增加铁路业绩;

③ 吸引私有投资;

④ 放弃铁路的惯性和游说,仅管后者很少被公开提起。

只是想私有化铁路还是不够的。它还有许多前提条件需要满足;

① 私有活动必须产生利润;

② 私有铁路的管理完全自由,按照商业法则来运作;

③ 公共服务义务不能放弃,要适当地补贴。

这些前提无论对国有铁路,还是新进入这个市场者,都是有效的。

6.10.2　私有化和竞争

私有化并不是竞争的条件,竞争也可以在国有铁路公司(私有公司遵循同样的规则)和新进入市场的私有公司之间存在。国家有责任在市场建立清晰的竞争条件。但是国家通常做不到,并把私有化作为竞争的条件,这是不对的。

6.10.3　债务问题

大多数情况下(德国等),国家承担国有铁路长期积累下来的赤字,这给了私有化的成功带来更多机会。但是,1987 年日本铁路私有化时不是这样的,那时候它的赤字是日本 GDP 的 10% 。在私有化的过程中,日本铁路 40% 的债务转给了 3 个主要的电力公司和 6 个新铁路公司(既负责线路,又负责客运),剩下的60%由一个新的政府组织承担[124]。不过,日本的情况是个例外。

6.10.4　需要强有力的监管部门

像本书3.4.2节中分析的,一个自由化的市场需要监管部门。在私有化的过程中,这个监管部门者更是不可少。监管部门者必须:

① 保护所有人远离危险,确保健康安全的运输条件;

② 保护铁路服务用户的各种利益;

③ 关于业绩(例如服务质量),对运营商尽可能少的限制;

④ 采取各种措施保证公平、对等的基本竞争环境;

⑤ 使运营商在一个合理保证的环境自由进行他们的活动。

6.10.5　基础设施私有化

基础设施私有最可怕的是私有企业投资时只考虑利润,希望收回投资,而忽略了维护,这往往对安全产生灾难性的后果。英国完全私有化线路的经营最终被放弃了,因为哪性是执行最低的维护标准(由国家制定),也没有足够的利润,哪怕运营商支付很高的线路使用费。

相对的就是完全不改变,维持现状,这越来越难以坚持了。大多数情况下,线路仍然国有,但是其活动的重要部分都外包给私有公司了。

6.10.6　运营私有化

运营活动可能会吸引私有公司:

① 高速服务,特别是超长距或者跨国线路;

② 一些货运项目(大容量运输,组合运输)。

地区和城区运输很难吸引私有公司,由于其拥堵和社会原因导致收入很低,除非得到国家的大力补贴(通过竞争性的公开招标程序)。

一些活动的部分私有化有其内在的风险,铁路服务可能被拆分成两类[62]:

① 由私有公司控制的部分将会吸引投资、勇于革新,提高服务质量;

② 国有部分将投资很少,现代化程度很低,进一步累积风险。

6.10.7　全球铁路私有化的一些案例

最曲折的一次私有化案例是1995年的英国铁路。铁路基础设施交给了英国铁路公司,是一家私有公司,但是由于经济问题和一系列的事故,导致2003年再度部分国有化(为此建立了英国路网公司)。英国铁路公司和英国路网公司的责任就是提供轨道、车站,并和希望运营列车的公司协调。英国的客运列车服务由25家列车运营公司(叫做TOCs)提供,它们通过竞标获得了在特定地区7~15年的运营服务。它们接受国家81%的补贴,有些甚至达到351%(像卡迪夫铁路公司[122,127]。

另一个成功的私有化案例是 1987 年的日本铁路,6 家私有公司负责客运(都有自己的线路),另外 1 家负责货运(它向前面 6 家公司支付费用使用其线路)。

1999 年,在澳大利亚的维多利亚州,所有的公共运输网(火车、公共汽车、有轨电车)都私有化了。在 10 ~ 15 年内,成功的竞标者是向国家要最低补贴的。铁路私有化在新西兰也获得了成功,没有任何私有公司向国家申请补贴。

爱沙尼亚的铁路也进行了私有化,德国计划在 2009 年让私有资本(通过股票市场)进入。

美国的情况在本书 3. 8 中已作过说明。货运运营商(都有自己的线路)是私有公司,而美国铁路客运公司作为联邦客运运营商,按受很高的补贴,它通过向其他运营商的线路支付合适的费用来运营。

6. 10. 8　私有化的效果和程度

在几乎所有的私有化案例中,服务质量都增加了,成本都减少了。在一些案例中,补贴大幅减少(新西兰、澳大利亚),而这种减少在其他一些案例中并不是很明显,如英国。运量也有所增加,但是很难认为这个增加只是私有化的结果。最大的争论是安全问题,以及集成的铁路系统的利益损失问题。显然,私有化后,由于缺乏整个铁路各部分的协调,导致发生了一些事故。

上述提到的都预示着私有化必须谨慎,需要考虑各国自身的特点和政治环境。私有化的程度,从全部到部分,要从铁路、经济和社会各方面仔细考察其利益和缺点。

6. 11　公共服务义务的判断和计算

要说清楚铁路经济学,就是先对公共服务义务进行判断和计算。事实上,国家必须确保每个市民至少能通过一种运输方式(最好是两种)到达当地或者国家的中心。公共服务义务通常是建立在地区性理论基础上的,它有一个广泛的定义。极性理论是把人口中心(例如郊区、农村、城镇)和发达极(工业、行政、休闲等)联系起来的。其他理论是基于一般成本法的。

公共服务义务指:

① 开通运营某条线路的义务(如果不是义务的话,可能就不开通了);

② 必须在某种条件和费用下运送某些类型的旅客(货运通常除外);

③ 必须采用国家指定的票价。

为了详细地计算公共服务义务必须设立分析账户。国家可以强制某个铁路运营商负责公共服务义务,也可以通过公开招标选择成本最低的那家运营商。国家必须根据公共服务义务引起的额外支出和收入给予补贴。

7 轨道系统

7.1 铁路系统划分:轨道、牵引和运营

整个铁路系统涉及数十种铁路专业,包括跨学科专业,如土木工程学、经济学、电力和机械工程学、管理学。因此,依据路网的组织结构,习惯上把铁路划分成三个部分。

① 轨道部分。铁路基础设施的主体,确保车辆能按照规定的速度安全运行。线上结构(钢轨、轨枕、扣件、道砟或者混凝土板)和路基构成了轨道部分的主体结构。轨道主要阐述车辆相关内容,还包括布局、车站、道岔和道口、养护和安全问题。

② 牵引部分。这部分将在车辆那章详细说明。牵引部分还包括电力牵引、通信和信号工程。但是,部分铁路也把上述内容归类于线路专业内容,因为其他属于工务工程的范畴。

③ 运营,包括:a. 商业运营,涉及商业和价格政策;b. 技术运营,涉及时刻表的制订、车辆优化使用和运输安全。

此外,对自成一系且对大城市市中心运输发挥着重要作用的轨道交通(地铁、有轨电车)也进行了介绍。

但是,自从铁路的运营和基础设施分离后,线路供电、通信、信号和技术运营就属于基础设施的范畴,而车辆运营、养护和商业运营则属于运营。铁路车站既可以在线路中研究也可以在运营中研究,具体取决于车站被划分为哪部分(见本书3.5)。

本书第2和第3章对上述除车站外的所有内容进行了介绍。

7.2 轨道系统及其组成

铁路轨道可以明确的划分为两个独立的子系统(图7.1)。

① 线上结构(钢轨、轨枕、道砟、底砟),用于支撑和分散来自列车的压力,需要周期性地养护和更换。

② 路基(基床、基座),用于承受由线上结构传递过来的列车压力;轨道的周期性养护期间,一般不会涉及。

线上结构由以下部分组成。

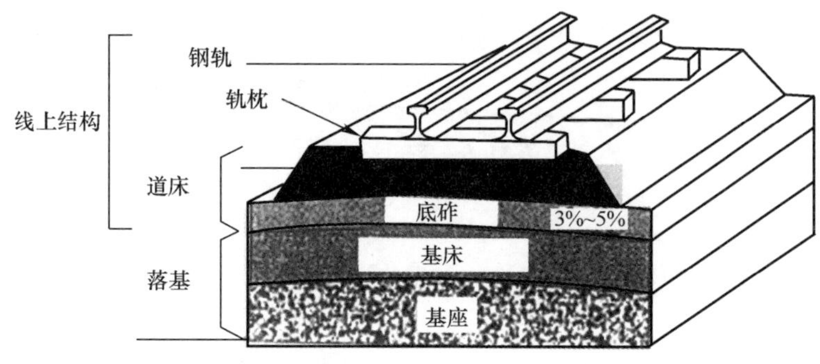

图 7.1　轨道—路基系统

① 钢轨,用于支撑和引导列车车轮。

② 轨枕和扣件用于分散来自钢轨的压力,并保持轨枕之间的距离。

③ 道砟,通常由碎石组成,有时候也采用砾石。道砟必须确保抑制大部分的列车震动,充分地分散压力并快速排泄雨水。

④ 底砟,由砾石和砂子组成。底砟用于防止路基顶端被道砟石头击穿,同时进一步分散外部压力,确保雨水迅速排干。

路基分为以下部分。

① 基座,如果是路堑,用当地土壤填成;如果是路堤,则用其他地方运来的土填筑而成。

② 基床,当基座的土质量不合格时使用。

列车运行所产生的机械效应能波及到基顶以下大约 2 m 的位置处,这个距离也是下文中一般路基定义的深度。

钢轨和轨枕之间铺设弹性衬垫,能够进一步降低列车的震动(图 7.2a)。两个衬垫的厚度通常是 9 mm 和 4.5 mm。

然而,现代轨道中钢轨和轨枕之间通常放置一个垫板(图 7.2b)。这样弹性衬垫就放在钢轨和垫板,以及垫板和轨枕之间。

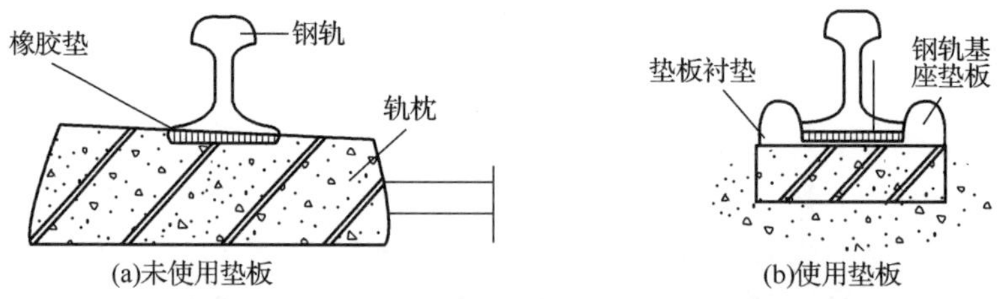

图 7.2　钢轨和轨枕之间的弹性衬垫

轨道系统的各层从上往下表面积逐渐增加,以便减小(单位面积)所承受的压力(图 7.3)。以车轮载荷 10 t 来计算。轮轨的接触面大约为 1.3 cm^2(见本书 7.8,图 7.8)。按照本书 8.4.8 中的说明,当车轮载荷作用到轨枕上时,轨枕要承受载荷的 40%(与过去理论认为的 50% 不同)。因此,轨枕将把 40% 的施加载荷传递到下部结构[147]。这样一来与承担车轮荷载的点相比,路基承受的应力只是其 1/1000 ~ 1/5000(图 7.3)。以上分析中未考虑动力学效应(见本书 8.7 节)。

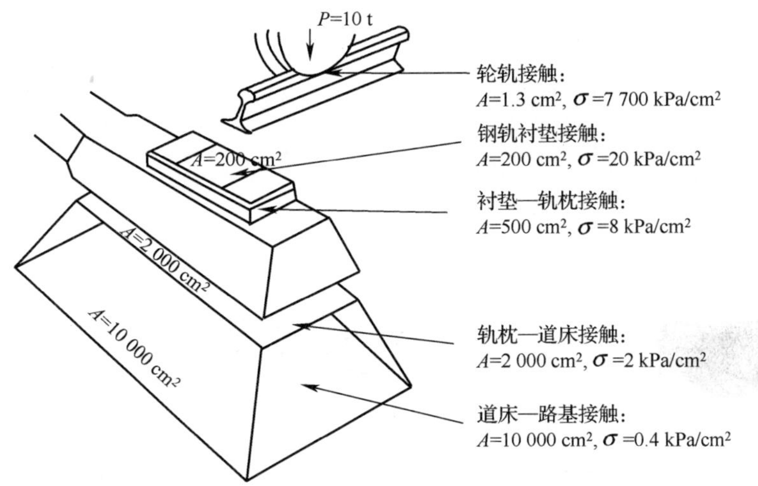

图 7.3 轨道系统各部分基座区(A)及列车载荷的分布[147]。

7.3 有砟轨道与混凝土无砟轨道

轨道通常建在道砟之上,这样线路得以灵活支撑,称之为有砟轨道(图 7.4a)。但是,也可以使用混凝土板代替道砟,线路为非灵活支撑,称之为板式轨道(图 7.4b)。板式轨道在部分铁路(如日本、德国等)中获得了应用,但应用在隧道中效果最好,因为线路横截面更小,并且易于维护。世界上大多数线路还是采用有砟轨道,因为能够确保线路的灵活性(这在不同的方案中是一个重要的因素),且维护成本较低,同时横向防爬效果较好,尤其是高速运行时[149,152,154]。值得一提的是,板式轨道的噪声比有砟轨道的噪声要大得多,采用板式轨道时(例如在隧道中),需要在隧道的入口和出口放置合理厚度的橡胶垫以减小轨道硬度的突然变化。

在选择有砟轨道还是无砟轨道时,应该考虑施工成本(无砟轨道成本高很多)、养护成本(有砟轨道成本较高)、技术需求(两种方案均有利有弊),同时还应考虑科技性能水平和各自的人工成本[132]。板式轨道将在第 17 章中进行详细说明。

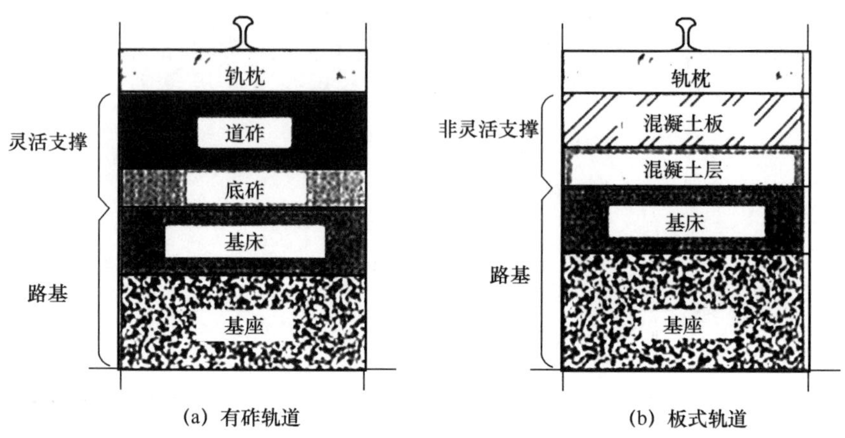

(a) 有砟轨道　　(b) 板式轨道

图 7.4　有砟轨道和无砟轨道

7.4 轨　　距

轨距是指滚动接触表面下 14 mm 处两侧钢轨内面之间的距离(图 7.5)。轨距有以下几种分类:

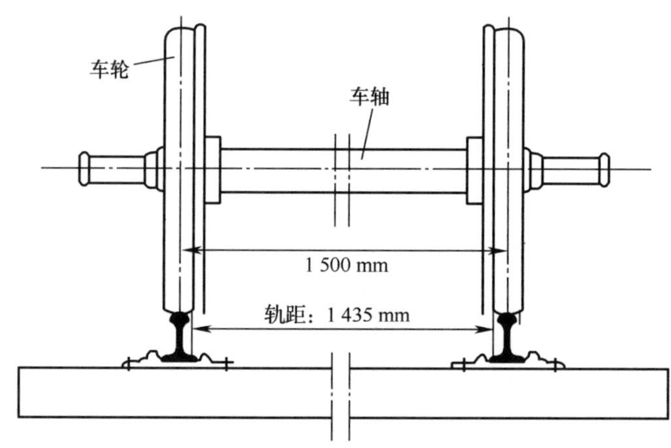

图 7.5　轨距(标准轨)

① 标准轨距($e = 1.435$ m)。全世界大多数线路都使用的是标准轨距,被认为是最适合车辆的尺寸。

② 米轨矩($e = 1.000$ m,或者 $e = 1.067$ m)。一些支线使用米轨距。但是部分干线铁路(日本、印度、南非、澳大利亚、新西兰、南美及其他国家和地区)也使用米轨距能够使运行速度达到160 km/h,支持 16 ~ 18 t 的轴重[136,138]。

③ 宽轨距($e = 1.524$ m(俄罗斯),$e = 1.672$ m(西班牙)和其他国家和地区)。宽轨铁路主要是出于政治目的而修建的,这样标准轨距的车辆就无法在

宽轨线路上运行。

值得注意的是,轨距最初的单位是英制单位(英寸),所以转化成米制单位后上面的数值不是非常规则。

在半径小于400 m 的曲线上,标准轨距的轨道如采用木制或钢制轨枕,则轨距加宽20 mm,采用双块式强化混凝土轨枕的轨距加宽10 mm,单块式预应力混凝土轨枕的轨距加宽5 mm。对于米轨轨道,半径小于500 m 时加宽20 mm。

7.5 轴重和运量

7.5.1 轴　　重

线路上运行车辆的轴重和运量(吨位)是影响轨道和路基疲劳的关键要素。允许轴重值主要取决于轨道设备,特别是钢轨、轨枕和道砟特性。轨道设备不同,适用的轨重也不同。标轨轨道的轴重已经进行标准化,UIC 将其分为4类。

A:最大轴重16 t;

B:最大轴重18 t;

C:最大轴重20 t;

D:最大轴重22.5 t。

D类是在C类基础上将轴重由20 t增加到了22.5 t,从而降低运营成本,特别是对于货运而言。这个增加量是多年研究的结果[146],当时争论的焦点不是轨道的强度,而是按照弹性性能简化理论设计的(通过)轴重20 t的桥梁特性。对材料弹性特性的研究表明设计(通过)轴重为20 t的桥梁无需加固也能承受22.5 t的轴重,因为弹性理论没有考虑到备用强度。

但是,某些使用标轨的轨道也采用更大的轴重。美国(铁路主要是进行货运)标轨轨道的最大轴重为25~32 t。

宽轨轨道(俄国、西班牙等)的轴重是25 t。米轨轨道的轴重是14~16 t(一些米轨轨道也能承受18~20 t的轴重)。

一系列的研究显示钢轨疲劳是轴重 Q 的指数函数,钢轨内的压力与参数 Q^a 成正比,其中指数 a 的值在3 ~4之间,更接近于4[153]。因此,轴重的微小增加都会导致轨道材料疲劳大幅增加。

7.5.2 运　　量

轨道上运行的车辆多种多样,包括客车、货车、干线机车 、调机等。将车辆吨位代数相加并不能精确地量化运量,因为没有考虑荷载施加方式、运行速度等因素。因此,需要有一个参数对通过的动量进行精确的评估。铁路工程学使用运输工程学中的乘客车辆单元(PVU,Passenger Vehicle Unit)等比换算。为了确定轨道的负荷(吨位),各种列车的吨位首先转化成相等的乘客列车吨位,将速度也考虑在内。

为此,需要计算出组合运量值,既考虑速度的影响,也考虑轴重引起的相对磨损。UIC 已经对线路分类进行了标准化(714R 规范),按照下列方程式给出的理论运量 T_{th} 进行划分[144]

$$T_{th} = S_p \cdot (T_p + k_t \cdot T_{pt}) + S_{fr} \cdot (k_{fr} \cdot T_{ft} + k_t \cdot T_{tf}) \qquad (7.1)$$

式中 T_p——日标准乘客牵引吨位(英吨,1 英吨 = 1 016 kg);

T_{fr}——日标准货运牵引吨位(英吨,1 英吨 = 1 016 kg);

T_{tp}——用在客运中的牵引单元日标准吨位(t);

T_{tf}——用在货运中的牵引单元日标准吨位(t);

k_{fr}——一个系数,考虑载重和货运导致的磨损,该系数[144]:

① 通常为 $k_{fr} = 1.15$;

② 但是,重载运输中系数 k_{fr} 按照下面更大的值计算:

—$k_{fr} = 1.30$,对主要是 20 t 轴重的运输(总量的 50% 以上),或者22.5 t 的轴重(总量的 25% 以上);

—$k_{fr} = 1.45$,对主要是 22.5 t 轴重的运输(总量的 50% 以上),或者都是由 20 t 及以上轴重组成的(总量的 75% 以上);

k_t——一个系数,考虑牵引机车导致的磨损。这个系数值通常是 $k_t = 1.40$;

S_p 和 S_{fr}——和列车运行速度相关的两个系数。特别的是,S_p 指客车的最快速度,S_{fr} 指普通货车的速度。这两个系数按下列值分配[144]:

$$
\begin{aligned}
S_p, S_{fr} &= 1.00 (v < 60 \text{ km/h}) \\
&= 1.05 (60 \text{ km/h} < v < 80 \text{ km/h}) \\
&= 1.15 (80 \text{ km/h} < v < 100 \text{ km/h}) \\
&= 1.25 (100 \text{ km/h} < v < 130 \text{ km/h}) \\
&= 1.35 (130 \text{ km/h} < v < 160 \text{ km/h}) \\
&= 1.40 (160 \text{ km/h} < v < 200 \text{ km/h}) \\
&= 1.45 (200 \text{ km/h} < v < 250 \text{ km/h}) \\
&= 1.50 (250 \text{ km/h} < v)
\end{aligned}
$$

在日运量的基础上,UIC(714R 规范)将各铁路线路划分为以下 6 类(1989 年是 9 类)。

1 类:130 000 t/日 < T_f

2 类:80 000 t/日 < T_f < 130 000 t/日

3 类:40 000 t/日 < T_f < 80 000 t/日

4 类:20 000 t/日 < T_f < 40 000 t/日

5 类:5 000 t/日 < T_f <20 000 t/日

6 类:T_f <5 000 t/日

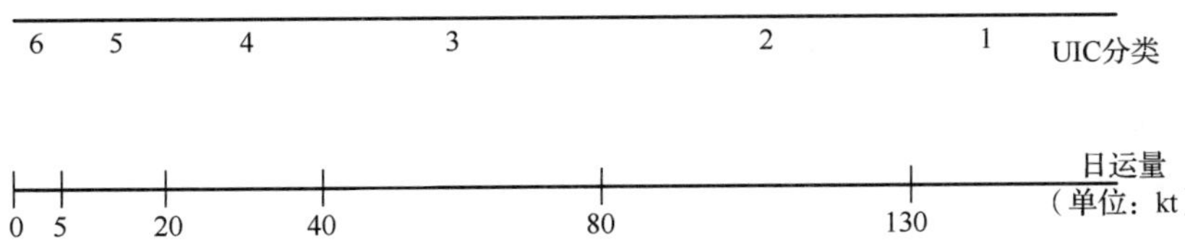

图 7.6 UIC 根据日运量划分的 6 类铁路线路

7.6 轨枕间距

对轨道特性的研究显示,轨枕间距越小,负载分散的越好,所受的压力也就越小。但是轨枕越密,轨道维护起来就更困难。这时候需要在二者之间找到一个平衡。

轨枕间距是指两个连续的轨枕之间的距离,米轨而言的最佳间距是 0.60 m,如果路基不稳定和曲线半径较小,可以减少到 0.55 m。有时候,每公里的轨枕数目使用一个参数表示,平均值是 1 666 根/km。对于轴重较高的线路(如美国),轨枕之间的距离可以减至 0.50 m。在轻型铁路上,轨枕之间的距离可以适当增加一些,但要充分地考虑到钢轨疲劳问题。

7.7 轮轨接触

轨道车辆的一个基本特征就是车轮沿着两股钢轨前进。轮轨接触面(图 7.7)是一个椭圆形区域(图 7.8)。钢轨的轴线和垂直方向有一个夹角 γ,其值为 1/20(例如法国铁路)或者 1/40(例如德国铁路、日本高速轨道)[150]。

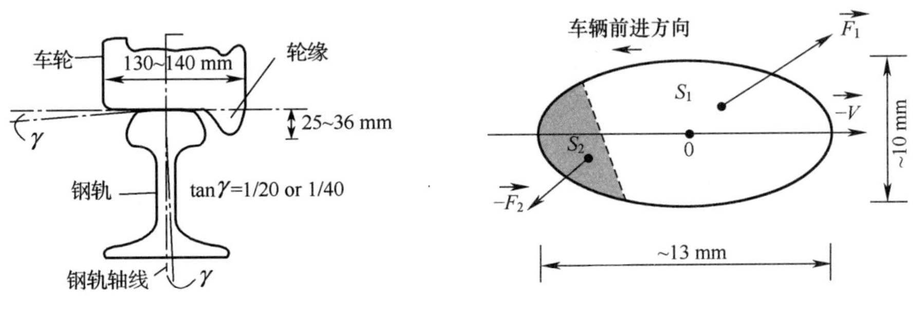

图 7.7 轮轨接触　　图 7.8 轮轨接触面的详细参数

车轮沿着轨道的移动会引起较大的影响。事实上,轮轨接触表面可以被划分成两个区域 S_1 和 S_2,其面积由车辆的速度决定,且不同区域有不同的表现[142]。因此,车辆滚动阻力由两个相对应的部分 F_1 和 F_2 组成,分别对应 S_1 和 S_2。F_1 因为车辆运动产生(动力学原因),而 F_2 因为 S_2 表面弹性变形产生,(弹性原因)。

随着速度的增加,S_1 增加,相应的 S_2 变小。高速时,S_2 接近为 0。

理想的轮轨接触现象认为椭圆接触面可以分成两部分[155]:

接触面的第一部分缓慢受力,第一部分的每个点向接触面第二部分传递来自 Coulomb 方程式的横向力。

接触面的第二部分向第一部分传递一个小于 Coulomb 方程式给出的力。

传统铁路使用金属车轮。1970 年后,大城市的铁路和有轨电车开始使用橡胶车轮,能够减少传递给环境的震动,提高加速和减速性能。橡胶车轮不适合高速铁路,在恶劣天气条件下容易退化,因而主要应用于地铁车辆。

7.8 钢轨方向的车辆横向摆动

钢轨上的车辆可以通过两个底端连接在一起的圆锥体组成的模型进行模拟,由两股钢轨支撑(图 7.9)。车辆的圆锥夹角 γ 值为 1/20 或者 1/40。

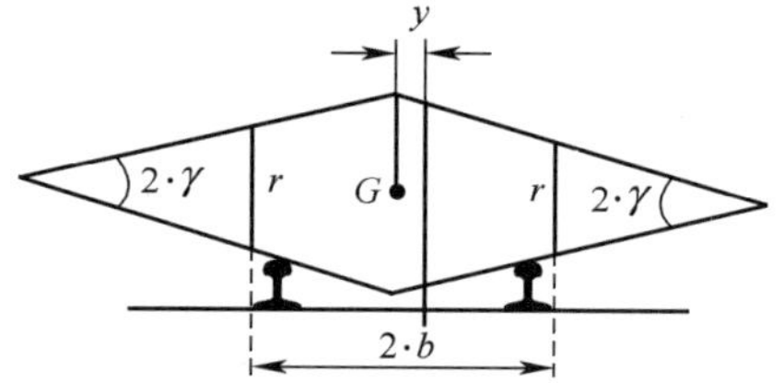

图 7.9 两个圆锥体组成的模型模拟钢轨上的车辆

因为这个夹角,车轮沿着钢轨走一条蛇行路线(图 7.10)。

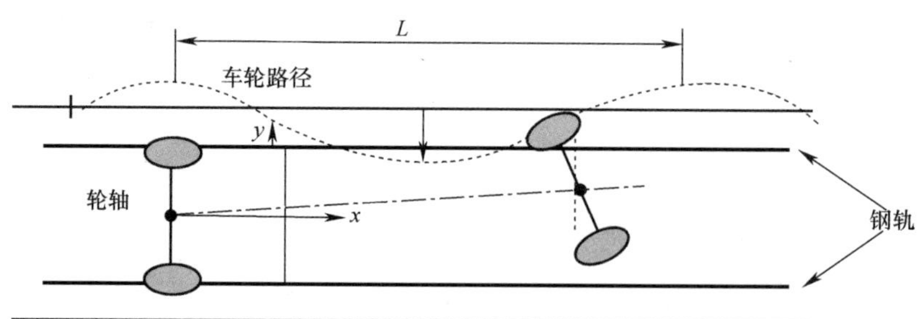

图 7.10 车辆沿着轨道前进的路线

钢轨和车轮之间的间隙允许车辆横向移动,这导致车辆的蛇行移动。爬行力用于阻止车轮的横向位移。

车辆横向移动的分析可以通过假设一个无衰减的正弦横向移动来进行[148]

(图 7.11)。假设

y:从平衡位置开始的横向位移;

v:列车速度;

s:轨距;

γ:车轮圆锥形踏面;

R:蛇行移动地段曲线半径;

r:车轮半径;

x:横坐标。

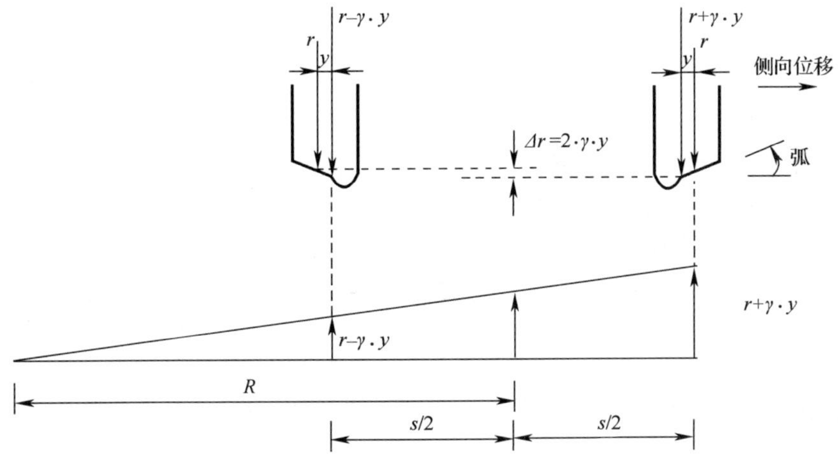

图 7.11 横向车轮运动分析

从图 7.11 和类似的三角关系,得出下式

$$\frac{r+\gamma y}{R-\gamma y}=\frac{R+s/2}{R-s/2} \tag{7.2}$$

按照动力学理论,可以得出:

$$\frac{1}{R}=\frac{\mathrm{d}^2y}{\mathrm{d}x^2} \tag{7.3}$$

从方程式(7.7)和(7.8)可以推导出蛇形车轮运动微分方程

$$\frac{\mathrm{d}^2y}{\mathrm{d}x^2}+\frac{2\gamma}{rs}-y=0 \tag{7.4}$$

给出有限条件

$$y(0)=0 \tag{7.5}$$

微分方程的解法为:

$$y=y_0\sin2\pi\frac{x}{L} \tag{7.6}$$

其中 y_0 为振幅,L 为波长,如下式

$$L = 2\pi \sqrt{\frac{rs}{2\gamma}} \tag{7.7}$$

横向加速度的最大值为

$$\gamma_{\max} = \frac{d^2 y_{\max}}{dx^2} = 4\pi^2 y_0 \frac{v^2}{L^2} \tag{7.8}$$

以以下数字为例,$r = 0.45$ m,$s = 1.435$ m,$\gamma = 1/20$,这时 $L = 15.96$ m。但是如果 $\gamma = 1/40$,则 $L = 22.57$ m。

车轮蛇行移动的频率可以从下列方程式得出

$$f = \frac{v}{L} \tag{7.9}$$

当频率 f 和车辆振动的频率相同时,车轮的移动就开始不再稳定,用于衡量外力的横向加速度显示出和速度增加、横向移动波长减少的反作用力。在同等速度条件下,1/40 的圆锥踏面将比 1/20 的圆锥踏面而言对车轮移动更有利。相反,随着车辆磨耗程度的严重,圆锥踏面将变大,波长随之减小。

但是,现代铁路车辆的车体并不是直接由轮对支撑的,而是由转向架支撑,转向架再由轮对支撑。因此,车辆在转向架上的移动比上面介绍的复杂得多。本书 19.4 中将作相关分析。

7.9 钢轨在轨枕上的坡度

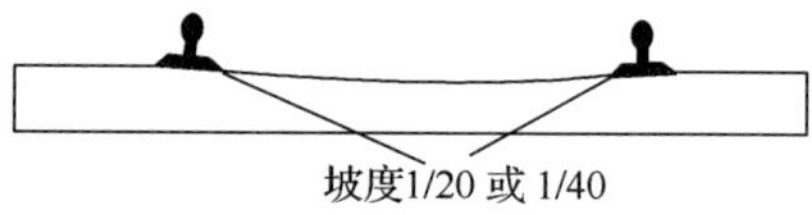

图 7.12

圆锥踏面导致了钢轨需倾斜地固定在轨枕上。如前所述,一些铁路线路的圆锥踏面为 1/20。但是,已经有人建议减小这个值,特别是在高速线路上。部分铁路已经采用 1/40 的钢轨固定坡度。

7.10 限　　界

7.10.1 静态和动态限界

限界就是车辆周围需要的最小外部轮廓尺寸。限界分为:

① 静态限界,列车静止时需要的最小空余外部轮廓尺寸;

② 动态限界,列车运行时需要的最小空余外部轮廓尺寸。包含动态限界外部空间需求的是结构限界。

限界主要由两个参数确定:

① 车辆宽度(通常在 2.60 ~ 3.30 m 之间),

② 两条轨道轴之间的距离 b(通常在 3.60 ~ 4.80 m 之间)。

7.10.2 欧洲、英国和美国的限界

UIC 对限界运行了相应规定,以确保一个路网的列车能顺利地在另一个路网中运行(图 7.13)。速度小于 200 km/h 时,两条轨道轴之间距离 b 在法国铁路是 3.57~3.67 m 之间,在德国铁路是 3.75~4 m 之间[143]。但是,即使有了 UIC 的标准,米轨轨道的限界还是存在很大差别,主要是在英国(图 7.14)。英国米轨轨道的限界尺寸比欧洲大陆的相对要小[139,140]。与欧洲铁路相比,美国的限界也有很大的不同(图 7.15)。

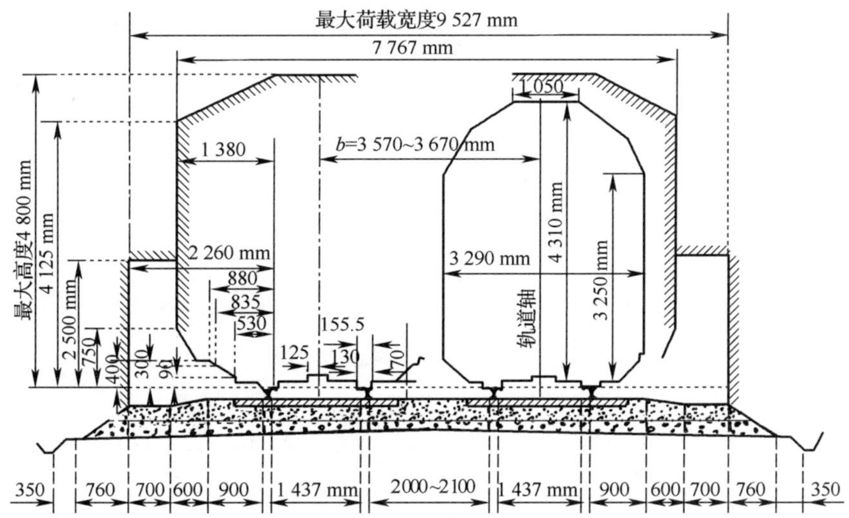

图 7.13 中速和高速车辆装载限界[134]

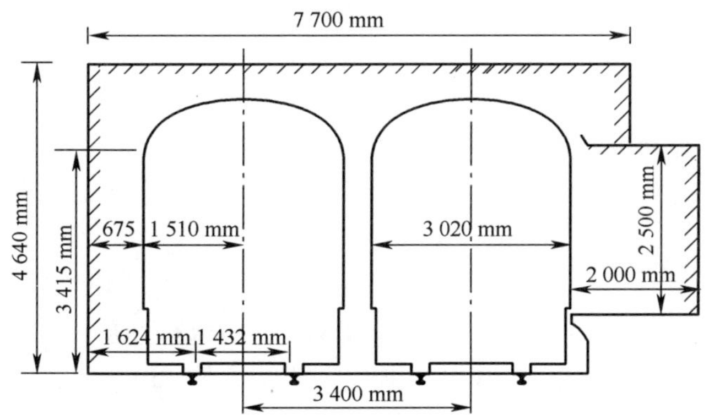

图 7.14 英国车辆装载限界[139,140]

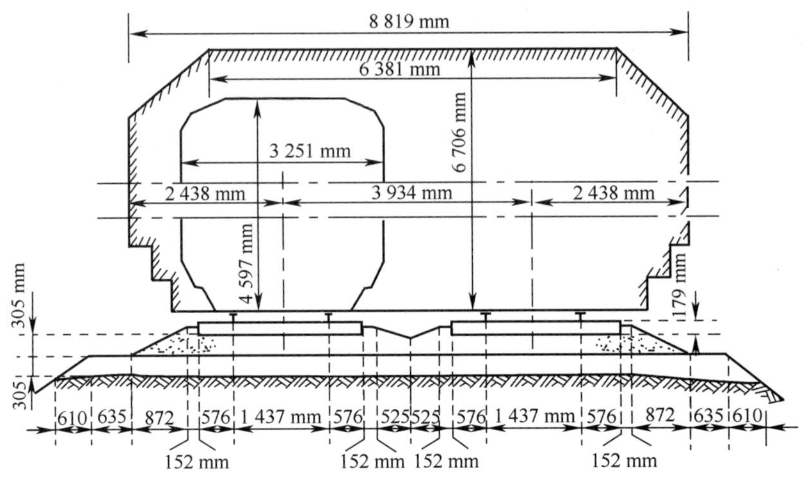

图 7.15　美国车辆装载限界[148]

7.10.3　高速铁路限界

高速铁路的限界不同主要是因为两条轨道之间的必要距离 b 较大,也因此需要较大的侧面距离。因此,高速轨道的距离 b 是:

① b =4.20 m,如最高速度 300 km/h 的法国铁路(巴黎—里昂);

② b =4.70 m,如最高速度 300 km/h 的德国铁路。之所以这个值较大的另一个原因是德国铁路有许多隧道;

③ b =4.30 m,如最高速度 300 km/h 的日本铁路;

④ b =4.80 m,如最高速度 350 km/h 的法国铁路(里昂—马赛);

⑤ b =4.00 m,如最高速度 250 km/h 的意大利铁路。

7.10.4　地铁限界

动态限界特别要注意隧道内运行的列车和城市铁路(图 7.16)。每个铁路和地铁运营商都有各自当地的结构限界需求,这个需要遵循各自的特殊情况。

7.10.5　米轨轨道的限界

图 7.17 显示了一些米轨铁路的车辆限界和建议限界[138]。当安装的是固定结构时,如图 7.17 所示,推荐采用最大车辆尺寸外 250 mm。

关于动态限界,应该允许车辆侧面移动 ±43 mm,中心摆动 ±2°,也就是钢轨水平面上 330 mm[138]。

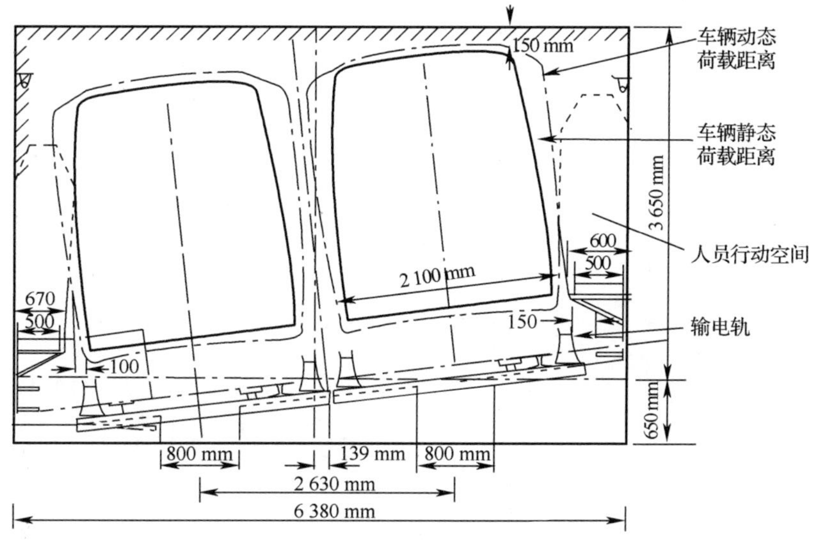

图 7.16　地铁（车辆较窄）在曲线轨道上的静态和动态限界

7.11　车辆系统动力学——静态分析和动态分析

7.11.1　力的产生

车辆运行期间，不同方向作用在轨道上的力可分为：

① 垂向力，作用在轨道上的机械压力。当受到垂向力时，轨道的某些部位（钢轨、轨枕）的特性是有弹性的，道砟和路基也是有弹性的[149]。垂向力对确定轨道系统各部分的尺寸非常重要。

② 横向力，会影响列车的安全，在特定条件下可能导致列车脱轨。横向力的作用将在本书第 13 章中进行分析。

③ 纵向力。轨道的纵向力能引起：

a. 车辆制动或加速；

b. 由于温度改变，导致轨道长度，特别是无缝钢轨的长度变化。这个问题将在本书 13.13 中详细讨论；

c. 轨道爬行（见本书 11.9.5 节）。

尽管对各个力的精确分析显示出一个非线性特性，且非线性的疏漏导致的不精确比其他参数导致的不精确通常小得多，例如机械特性的值[149,153]。铁路工程学流行的方法是重叠原则，也就是分别分析列车运行期间产生的垂向、横向和纵向力，也就是假定效果是线性的。它只是一个近似值，工程师在分析各种效果时必须注意到这一点。重叠原则可以被写作：

$$f(a+b)=f(a)+f(b) \tag{7.10}$$

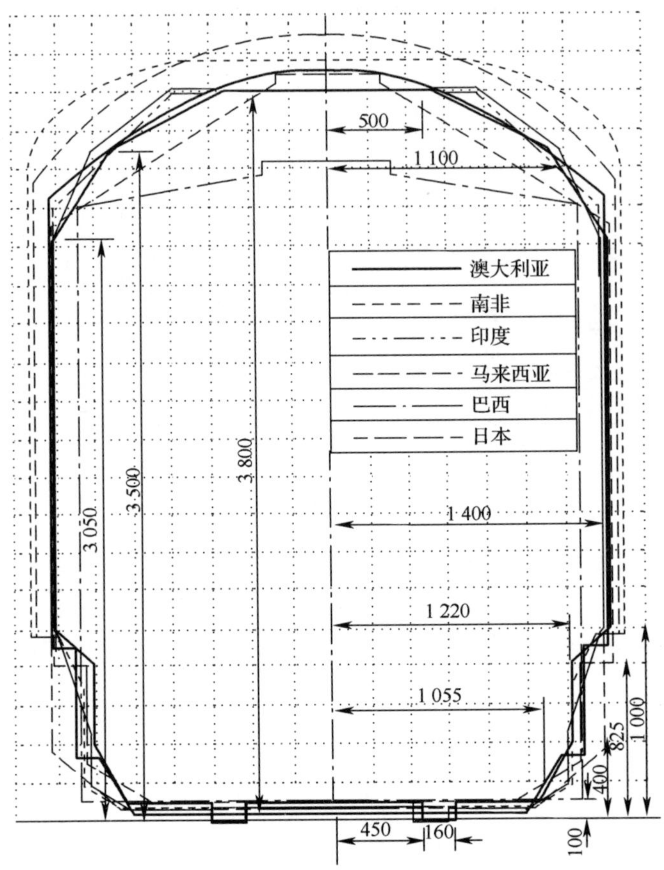

图 7.17 全世界各种米轨铁路的车辆限界

7.11.2 静态和动态分析——轨道缺陷和附加动态荷载

铁路工程学中经常假设车轮和轨道不存在缺陷,轮轨之间金属与金属的接触是平滑的。进而,应力的测量也进一步表明影响也可以忽略不计。这种情况下,各种作用的静态分析就已经足够满足需要[135]。

但是,事实上车轮和轨道都存在缺陷,这是轮轨系统所受的附加动态荷载导致的。附加动态荷载随着速度的增加而增加。轴重 10 t、速度 200 km/h 时,会产生力,附加动态荷载可能达到 4 ~6 t[153]。因此,低速时附加动态荷载可以被忽略,但是中速运行时就不能忽略,高速时更不能(见本书 8.5 节、8.6 节)忽略。

由于其随机性,只可能使用光谱分析来对附加动态荷载进行精确分析[133,151]。通过这种方法,我们发现附加动态荷载可以分为两类。

① 附加动态荷载是由弹簧组(车辆)引起的,受车辆类型和特征的影响(图 7.18)。弹簧组的震动随着速度的增加而增加,但是以一个较低的速率增加。

弹簧组震动的增加是它们的垂直共振频率的函数[153]。

② 非弹簧组引起的附加动态负载,与速度、轨道缺陷范围、非弹簧组平方根轨道垂直硬度的平方根成正比。非弹性组所引起的附加动态荷载 ΔQ 标准偏差表示如下[153]:

$$\mathrm{Sd}_{\Delta Q}=v\cdot\sqrt{\frac{A\cdot m\cdot h}{2a}} \tag{7.11}$$

式中 v——铁路车辆速度;

m——各轮的非弹性组;

h——轨道的垂直刚度,本书 8.2.2 中将进行解释,$h=Q/z$,其中 Q 为轴重,z 是钢轨水平的垂向沉降;

a——阻尼要素;

A——和轨道维护有关的经验系数。

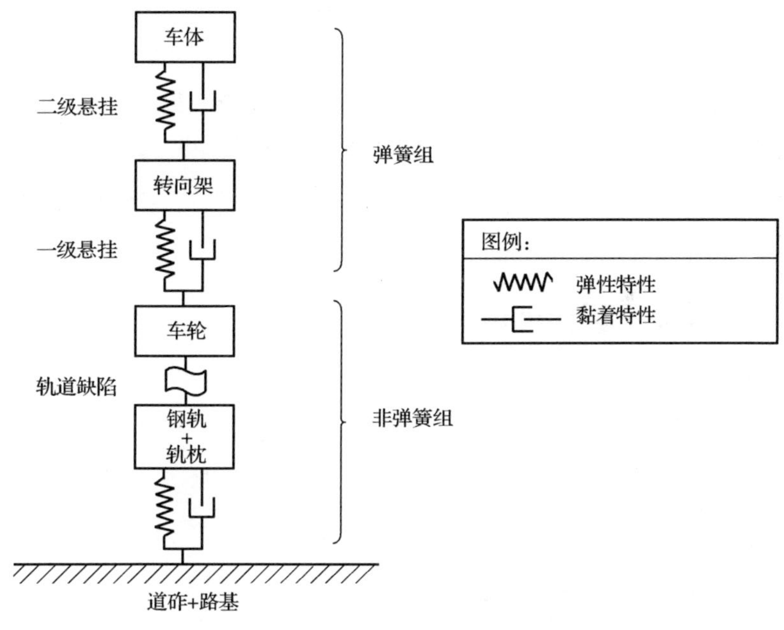

图 7.18　轨道系统的弹性组和非弹性组

7.12　力对乘客舒适度的影响

乘客的舒适度即受到垂直和水平加速度作用在人体上的力的影响,也和振动的频率有关。研究发现频率为 5 Hz 的时候乘客的舒适度最低,人体可以接受的较好的振动频率为 5 ~ 20 Hz。

8　轨道的机械特性

8.1　适用研究问题属性的方法

对轨道机械特性的精确认识是合理地设计轨道系统各部分尺寸的基础，这样既能满足安全需求，也能满足经济需求。

有很多方法适用于研究问题的属性。传统方法基于 Boussinesq 分析，或者把轨道系统看作一个单向问题。现代方法是使用无限元分析，考虑了实际几何状况以及压力和张力之间的关系。对一些问题，也可以使用有限元法。对于涉及接触面（钢轨与轨枕之间、轨枕与道砟之间等）的复杂问题，可以使用单面接触理论；虽然直到现在，这种方法也没有得出过精确的数值。

大多数情况下，可以通过静态分析得出满意的结果，不考虑时间的影响。但是，一些问题，例如来自轨道交通的地面振动分析，是需要考虑时间影响的动态分析。

8.2　轨道系数和 Bousinesq 分析

8.2.1　定义一符号

我们首先考察轨道机械特性的静态方法，定义如下：

Q——轴重；

z——钢轨平面的垂向沉降量；

r——均匀地分布在钢轨上的轴重；

R——轨枕和钢轨之间的垂直反作用；

l——轨枕间距；

S——轨枕受力面积；

p——轨枕与道砟接触面上承受的平均压力。

8.2.2　轨道系数

对下列轨道系统进行定义

轨道指数　　$$k=\frac{r}{z} \tag{8.1}$$

轨道刚度　　$h=\frac{Q}{z}$　　(8.2)

轨枕反应系数　　$\rho=\frac{R}{z}$　　(8.3)

将方程式(8.1)代入(8.3),可以得出

$$\rho=R\cdot\frac{k}{r} \tag{8.4}$$

又 $R=l\cdot r$(均衡方程式),那么

$$\rho=l\cdot r\cdot\frac{k}{r}=k\cdot l \tag{8.5}$$

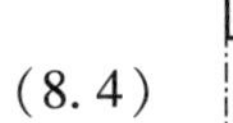

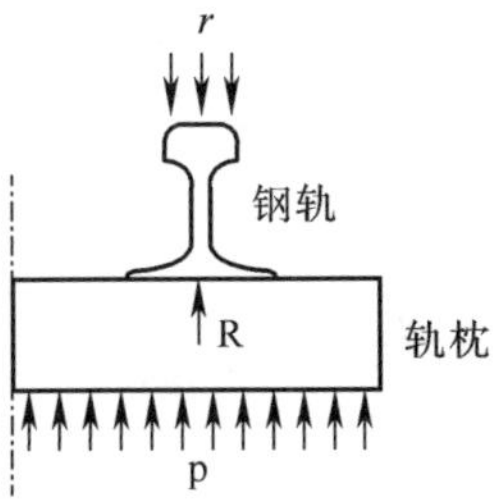

图 8.1　轨道系统各参数符号

道砟系数为

$$C=\frac{\rho}{S} \tag{8.6}$$

将方程式(8.3)代入(8.6),可以得出

$$C=\frac{R}{z\cdot S} \tag{8.7}$$

又 $\frac{R}{S}=p$,那么

$$C=\frac{p}{z} \tag{8.8}$$

一般情况下,轨道系统某部分的反应系数为

$$\rho_n=\frac{R}{z_n} \tag{8.9}$$

式中,Z_n 是被考察的区间在水平方向的垂直沉降。因此

$$\sum z_n=z=>\sum R/\rho_n=R\cdot\sum\frac{1}{\rho_n}=>\frac{1}{\rho}=\sum\frac{1}{\rho_n} \tag{8.10}$$

方程式(8.10)给出了轨道和路基多层系统的总反应系数。

下面给出各种轨道部分的反应系数 ρ 的值[153]。

钢轨	5 000 ~ 10 000 t/mm
木枕	50 ~ 80 t/mm
混凝土枕	1 200 ~ 1 500 t/mm
道砟	10 ~ 30 t/mm
橡胶衬垫取决于	10 ~ 20 t/mm

轨道的弹性主要道砟的厚度和特征。目前的单层道砟(例如无底砟层)总反应系数在 0.15 t/mm 到 1.0 t/mm 之间,平均值为 0.3 t/mm[153]。

路基的弹性取决于土壤的质量,其反应系数为[153]。

淤泥路基	0.5 ~ 1.5 t/mm
黏土路基	1.5 ~ 2 t/mm
砾石或岩石路基	2 ~ 8 t/mm
冻土路基	8 ~ 10 t/mm

土建工程结构(桥梁等)中,反应系数值在 10 ~ 15 t/mm 之间,因此其弹性相比传统轨道低很多。通常这种情况下的橡胶衬垫相比更厚[174]。

8.2.3　轨道系数和 Bousinesq 分析

道砟厚度的增加不仅能增加轨道的弹性,同时能够减少对路基的压力。假设

$$\lambda = \frac{\text{路基表面的压力}}{\text{轨枕下的压力}}$$

e = 道砟层的厚度;

$\rho_o = e$ 为 0 时的轨道反应系数;

使用 Bousinesq 分析,可以得出表 8.1 中的值。

表 8.1　使用 Bousinesq 分析道砟厚度对轨道弹性和路基应力的影响[153]

e(cm)	0	15	20	30	40	50
λ	1	0.70	0.50	0.35	0.25	0.20
ρ/ρ_0	1	1.40	2.00	2.85	4.00	5.00

本书 8.4.7 中将详细地分析道砟厚度对轨道和路基应力和应变的影响。

8.3　垂直作用的近似单向弹性分析

8.3.1　假设和公式

假设轨道是一个单向系统,钢轨为无限长(这个假设在使用无缝钢轨时与实际比较接近,见本书 10.13 节),铺设在一水平的弹性层上,其轨道指数为 k(图 8.2)。轴重通过一个集中载荷 Q 模拟。该分析用 Zimmerman 命名[179]。将使用到下列符号:

M——弯矩;

T——剪切应力;

k——轨道指数;

E——钢轨的弹性系数;

I——钢轨惯性矩。

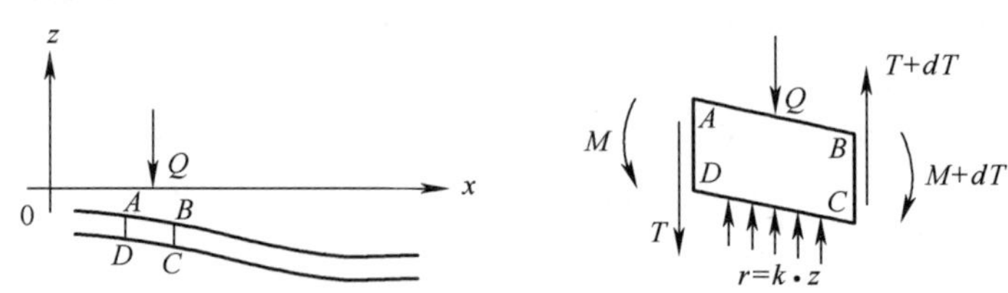

图 8.2　轨道单向模拟(弹性层上的钢轨无限长)和单位区间的力矩 A、B、C、D

从传统的材料力学方程式开始

$$\frac{\mathrm{d}M}{\mathrm{d}x}=T \tag{8.11}$$

$$\frac{\mathrm{d}T}{\mathrm{d}x}=k\cdot z+Q\cdot\delta(x) \tag{8.12}$$

式中,$\delta(x)$是迪拉克(Dirac)函数,其傅里叶(Fourier)转换等于1[175],且

$$\delta(x)=0,x\neq 0\quad \delta(0)=\infty \tag{8.13}$$

弹性线方程式是

$$\frac{\mathrm{d}^2z}{\mathrm{d}x^2}=-\frac{M}{E\cdot I} \tag{8.14}$$

把方程式(8.11)和(8.12)代入(8.14),可以得出

$$E\cdot I\cdot\frac{\mathrm{d}^4z}{\mathrm{d}x^4}+k\cdot z=-Q\cdot\delta(x) \tag{8.15}$$

假使$Z(\omega)$为z的傅里叶(Fourier)转换,则

$$\frac{k}{E\cdot I}=w^4 \tag{8.16}$$

方程式(8.15)转换为

$$\omega^4\cdot Z+w^4\cdot Z=-\frac{Q}{E\cdot I} \tag{8.17}$$

同时,

$$z=-\frac{Q}{E\cdot I\cdot(\omega^4+w^4)} \tag{8.18}$$

使用反向傅里叶(Fourier)转换,可以得出:

当$x\geqslant 0$,

$$z=z_0\cdot\sqrt{2}\cdot e^{\left(-\frac{\omega x}{\sqrt{2}}\right)}\cdot\cos\left(\frac{\omega x}{\sqrt{2}}-\frac{\pi}{4}\right) \tag{8.19}$$

$x<0$,

$$z=z_0\cdot\sqrt{2}\cdot e^{\left(-\frac{\omega x}{\sqrt{2}}\right)}\cdot\cos\left(\frac{\omega x}{\sqrt{2}}+\frac{\pi}{4}\right) \tag{8.20}$$

得出

$$z_{\max}=z_0=\frac{Q}{2\sqrt{2}\cdot\sqrt[4]{E\cdot I\cdot k^3}} \tag{8.21}$$

因此,弯矩、剪切应力和道砟反应为:

$$M=\frac{Q}{2w}\cdot e^{\left(-\frac{\omega x}{\sqrt{2}}\right)}\cdot\cos\left(\frac{\omega x}{\sqrt{2}}+\frac{\pi}{4}\right) \tag{8.22}$$

$$T=-\frac{Q}{2}\cdot e^{\left(-\frac{\omega x}{\sqrt{2}}\right)}\cdot\cos\frac{\omega x}{\sqrt{2}} \tag{8.23}$$

$$r=k\cdot z=\frac{Q}{2}\cdot w\cdot e^{\left(-\frac{\omega x}{\sqrt{2}}\right)}\cdot\cos\left(\frac{\omega x}{\sqrt{2}}-\frac{\pi}{4}\right) \tag{8.24}$$

8.3.2 结　　果

弯矩 M、剪切应力 T 和垂直沉降 z 的图形表示是波长为 λ 的正弦阻尼曲线

$$\lambda = 2\sqrt{2} \cdot \frac{\pi}{\omega} \tag{8.25}$$

各种曲线的振幅随着阻尼要素在连续波 $e^{-\pi} = 0.043\ 2$ 之间而减小。

从图 8.3 可以看出，当 $x > 3\lambda/5$ 时，弯矩 M 和剪切应力 T 实际上为 0。根据单向分析，当离轴重 Q 着力点 $3\lambda/5$（大约 4 m）时，轴重的影响可以忽略不计。

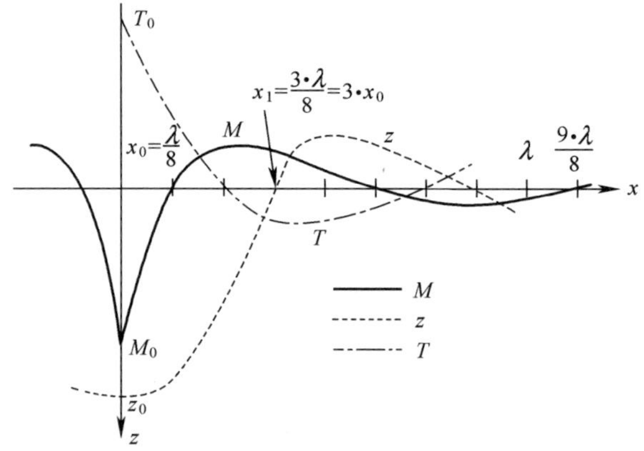

图 8.3　根据单向弹性理论，弯矩、剪切应力和轨道系统沉降与车轮荷载施加点的距离之间的关系[179]

M、R、z、h 的最大值分别是：

$$M_{\max} = M_0 = \frac{Q}{2\sqrt{2}} \cdot \sqrt[4]{\frac{E \cdot I \cdot l}{\rho}} \tag{8.26}$$

$$R_{\max} = R_0 = \frac{Q}{2\sqrt{2}} \cdot \sqrt[4]{\frac{\rho \cdot l^3}{E \cdot I}} \tag{8.27}$$

$$z_{\max} = z_0 = \frac{Q}{2\sqrt{2}} \cdot \sqrt[4]{\frac{l^3}{E \cdot I \cdot \rho^3}} \tag{8.28}$$

$$h = \frac{Q}{z_0} = 2\sqrt{2} \cdot \sqrt[4]{\frac{E \cdot I \cdot \rho^3}{l^3}} \tag{8.29}$$

方程式(8.26)到(8.27)显示如果轨枕反应系数 ρ 减小，M_0 和 z_0 减小，R_0 增加。但是，与 $1/\rho^{3/4}$ 成正比的垂直沉降 z_0 比弯矩 M 增加的快，M 和 $1/\rho^{3/4}$ 成正比。因此，较高的轨枕反应系数对轨道的几何结构是有益的。应该注意，轨枕反应系数主要受路基质量的影响，大多数总垂直沉降是由路基产生的。

轨枕间距 l 的增加导致 M、R 和 z 增加。但是，垂直沉降轨枕反应比弯矩增

加的快,因为前者与 $l^{3/4}$ 成正比,而弯矩和 $l^{1/4}$ 成正比。因此轨枕间距的减小对轨道几何结构的影响比对钢轨机械特性的影响大。

当轨道刚度 $E \cdot I$ 增加时,M_0 增加,z_0 和 R_0 减小。轨道刚度增加主要是钢轨单位长度重量增加的结果。

众所周知,材料受力、钢轨弯曲压力来自下列方程式

$$\sigma = M \cdot \frac{y}{I} \tag{8.30}$$

当给出 y_{max} 时,可以得到

$$\sigma_{max} = \frac{Q \cdot y_0}{2\sqrt{2}} \cdot \sqrt[4]{\frac{E \cdot l}{I^3 \cdot \rho}} \tag{8.31}$$

式中,y_0 是距离钢轨重心的最大距离。

因此,钢轨内部弯矩的增加对钢轨内部产生的应力产生明显影响,降低轨道几何结构的层次,这也是近年来轴重增加导致轨道横截面大幅增加的原因。

8.4　轨道机械特性的精确分析——有限元法和弹性分析

8.4.1　在轨道问题上使用有限元法的简单描述

类似的方法(Zimmermann 法、Boussinesq 法、多层法等)可以方便迅速地进行计算,但是他们可能完全背离现场测量获得的实际值[149]。因此,对轨道—路基(主要计算其应力和应变,这是确定各层尺寸的基础)机械特性的分析有必要使用更精确的方法。现在使用数值法和计算机这一有力工具可以很容易做到。以上这点使用有限元法可以精确地分析轨道的机械特性,在有限分析法中,并非是对物理系统,而是将物理系统分解成离散单元(有限元)进行分析[146,162,163,171]。

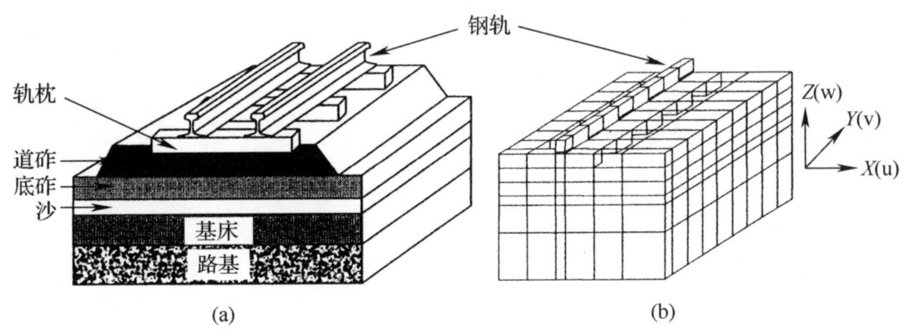

图 8.4　轨道系统(a)和网格(由有限元构成)模型(b)[147,162]

图 8.5 使用有限元法分析铁路问题的各个阶段(接下来的章节将进行详细

分析)。

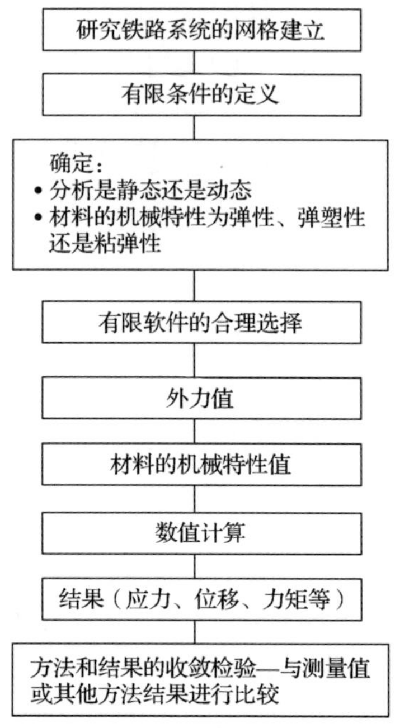

图 8.5 铁路问题中采用有限元法的连续阶段

有限元法可以在无需进行极端简化的情况下对实际物理系统进行研究,考察精确限制条件(传达在限制位置,如支持位移为 0 时应力和应变的特定值的条件)和精确的运动规律(例如各种材料的应力和应变之间的关系)[170]。

8.4.2 网格模型的建构

由于结构对称(沿纵轴和横轴),可以研究初始系统的 1/4 部分(图 8.4b)。网格模型的建构是这种方法的基础,生成的有限元必须为同质(例如,相同的尺寸),否则这种方法的收敛性可能会受到影响。

8.4.3 限制条件

需考虑的限制条件如下:

① 对称条件,例如任何对称平面的横向位移为 0;

② 位置最远的点的条件,也就是相对平面的垂直位移设置为 0。

限制条件的设置,需要使有限元模型与物理系统的特性近似,模型从而研究物理系统的真实情况。

8.4.4 应力—应变关系

特性规律(应力—应变关系)必须表示出材料的真实机械特性。就道砟和路基而言,列车通过载重引起的变形由两部分组成。

① 列车通过后消失的弹性部分;

② 列车通过后依然存在的塑性部分。

8.4.4.1 道砟和路基

道砟、底砟和路基的特性通过原地试验测试发现是弹性塑性的,可以由下列方程式表示[163]

$$\varepsilon_{ij}^{\text{total}} = \varepsilon_{ij}^{\text{elastic}} + \varepsilon_{ij}^{\text{plastic}} \tag{8.32}$$

$$\varepsilon_{ij}^{\text{elastic}} = \frac{1+v}{E} \cdot \delta_{ij} - \frac{v}{E} \cdot I \cdot \delta_{ij} \tag{8.33}$$

$$\varepsilon_{ij}^{\text{plastic}} = \lambda \cdot \frac{\partial f}{\partial \delta_{ij}} \tag{8.34}$$

式中 $\varepsilon_{ij}^{\text{total}}$——总变形;

$\varepsilon_{ij}^{\text{elastic}}$——弹性变形;

$\varepsilon_{ij}^{\text{plostic}}$——塑性变形;

E——弹性模量;

v——泊松比;

$$I_1 = \sigma_{11} + \sigma_{22} + \sigma_{33};$$

δ_{ij}——Kronecker 德耳塔(Kronecker's delta),当 $i=j$ 时 $\delta_{ij}=1$,当 $i \neq j$ 时 $\delta_{ij}=0$;

f——塑性标准,每种材料都有一个不同的公式;

λ——等级量。

指数 i,j 取值是 1,2,3。

已经证明塑性标准最适用土壤材料,道砟适用 Drucker - Prager 标准,通过方程式定义如下[177]:

$$f(\sigma) = \alpha \cdot I_1 + J_2 - k \tag{8.35}$$

式中:

$$J_2 = \frac{1}{6}[(\sigma_1 - \sigma_2)^2 + (\sigma_2 - \sigma_3)^2 + (\sigma_1 - \sigma_3)^2]; \tag{8.36}$$

σ_1、σ_2、σ_3——主要应力;

$$\alpha = \frac{\tan\varphi}{(9 + 12 \cdot \tan^2\varphi)^{\frac{1}{2}}}, \varphi\text{——摩擦角}; \tag{8.37}$$

$$k = \frac{3 \cdot c}{(9 + 12 \cdot \tan^2\varphi)^{\frac{1}{2}}}, c\text{——粘着力。} \tag{8.38}$$

如果道床是混凝土板式道床,塑性标准最好通过抛物线准则表达,其方程式是

$$f(\sigma) = J_2 + \frac{1}{3}(R_c - R_T) \cdot I_1 - \frac{1}{3} \cdot R_c \cdot R_T \tag{8.39}$$

式中　R_c——抗压强度；

R_T——抗拉强度。

8.4.4.2　钢轨和轨枕

与道砟和路基不同，钢轨和轨枕几乎都有弹性特性，而塑性变形可以忽略不计，无需考虑。但是，在需要考虑塑性变形时，抛物线准则可以用来作为混凝土轨枕的塑性标准。对于钢轨，应该使用 von Mises 标准，它的方程式为[167]：

$$f(\sigma)=\sqrt{\frac{1}{6}[(\sigma_1-\sigma_2)^2+(\sigma_2-\sigma_3)^2+(\sigma_1-\sigma_3)^2]}-q \tag{8.40}$$

式中　q——剪切弹性极限。

8.4.5　数值计算程序

无限元分析中，有三类模型：

① 应变（或者动态）模型，其中关于应变（变形）的限制条件是给定的，平衡方程式和应力的限制条件是连续数值计算的目标。应变模型被证明无论是在合适软件的构架还是执行方面都很方便。

② 应力（或者静态）模型，其中平衡方程式和应力的限制条件作为已知数据，通过连续的计算得出变形。

③ 混合法，其中近似应变被用在模型的几何部分，近似应力用在另一部分。特别是，在应变模型中，静态有限元分析得出以下解法：

$$\boldsymbol{Kq}=\boldsymbol{F} \tag{8.41}$$

式中　$\boldsymbol{K}$——系统的硬度矩阵；

$\boldsymbol{q}$——系统节点的位移矢量；

$\boldsymbol{F}$——系统节点的外力矢量。

整个系统的 $\boldsymbol{K},\boldsymbol{q},\boldsymbol{F}$ 是相对各个有限元的基本量 $\boldsymbol{K}_e,\boldsymbol{q}_e,\boldsymbol{F}_e$ 汇编的结果[166]。相对应力和应变的弹性特性规律，可以通过两种方法估计数值[167,176]。

a. 初始应力法，收敛较慢，但是容易使用（图 8.6a）；

b. 可变硬度法，这种方法的一个较大缺陷，就是硬度矩阵在每个连续步骤上都是相反的（图 8.6b）。

8.4.6　各种材料机械特性的研究结论

路基可以分成不同种类（S_1,S_2,S_3,R）（见本书 9.5 节）。表 8.2 给出了机械特征的平均值，是在国际铁路联盟框架内通过一系列测试得出的。

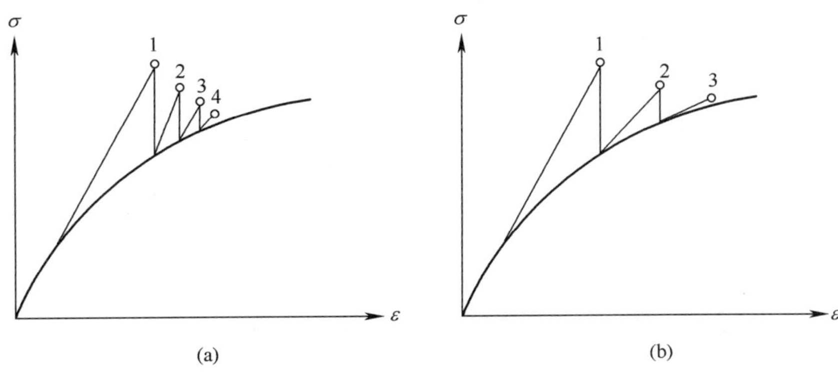

图 8.6　研究弹性应力—应变关系的初始应力法(a)和可变硬度法(b)

表 8.2　铁路轨道和路基材料的机械特征值

材　料	弹性系数 (kp/cm^2)	泊松比 ν	粘聚力 c(kp/cm^2)	摩擦角 φ(°)
不良路基	125	0.4	0.15	10
中等路基	250	0.3	0.10	20
优质路基	800	0.3	0	35
岩石路基	$3 \cdot 10^4$	0.2	15	20
道砟	1 300	0.2	0	45
碎石底砟	2 000	0.3	0	35
沙土	1 000	0.3	0	30
			抗拉强度 R_T (kp/cm^2)	抗压强度 R_c (kp/cm^2)
钢筋混凝土轨枕	$30 \cdot 10^4$	0.25	30	300
预应力混凝土轨枕	$50 \cdot 10^4$	0.25	60	90
热带木材轨枕	$25 \cdot 10^4$	0.25	100	1 000
钢　轨	$2.1 \cdot 10^6$	0.30	$7 \cdot 10^3$	$6 \cdot 10^3$

8.4.7　轨道—路基系统的应力和应变

有限元分析允许把轨道—路基系统的所有参数都考虑进来[147,162,172]：

① 路基土壤质量(S_1,S_2,S_3,R,见本书 9.5 节)。

② 轨枕类型(见本书 11.3、11.5、11.6 节)：

a. 双块式强化混凝土轨枕；

b. 单块式预应力混凝土轨枕；

c. 木枕。

③ 道床厚度(e = 道砟 + 底砟)。

图 8.7～图 8.9 列出了路基层上垂直应力以及钢轨、轨枕和路基层上的垂直沉降，这是依据有限元法的弹性分析得出的[147,162]。可以推论出应力主要受路基土壤质量的影响，通过道床厚度 e 达到一个更小的程度。实际上，土壤的质量越好，厚度 e 的影响越小。特别是当所有参数不变时，路基质量从一个层次提升到另一个时（$S_1 \to S_2, S_2 \to S_3, S_3 \to R$），路基受到的应力增加 50%。

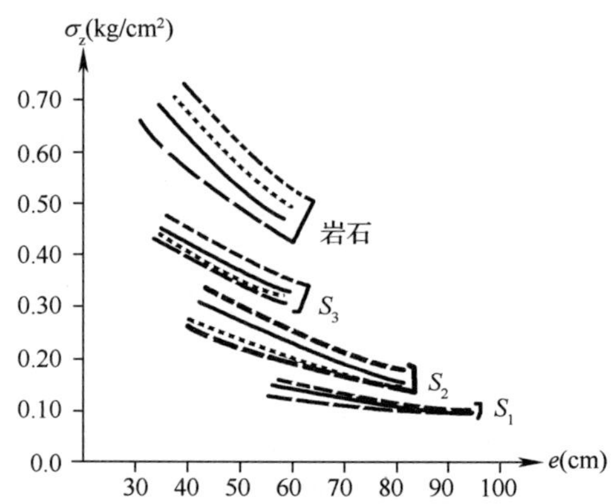

图 8.7 不同路基和轨枕类型路基层所受的垂直应力，为道床厚度 e（＝道砟＋底砟）的函数。弹性有限元分析[147,162]

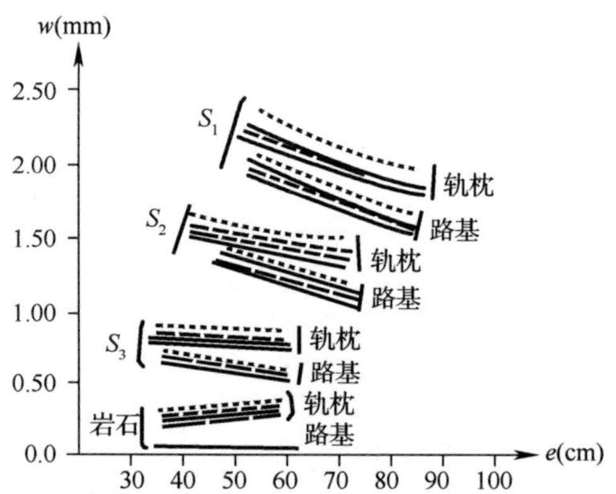

图 8.8 不同路基和轨枕类型在路基层和轨枕层的垂直沉降，为道床厚度 e 的函数，弹性有限元分析[147,162]

关于轨枕类型的影响，可以推断出（除了在岩石路基）木枕和单块式预应力混凝土轨枕有较好的荷载分布能力，对路基产生的应力较小。总体而言，轨枕类型的影响都比路基质量影响小。

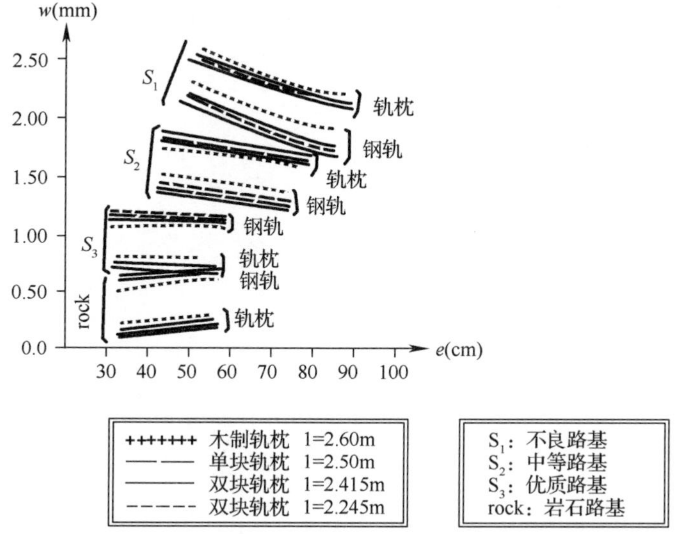

图 8.9　不同路基和轨枕类型在轨枕和钢轨层的垂直沉降，为道床厚度 e 的函数。弹性有限元分析[147,162]

8.4.8　车轮荷载沿着连续轨枕的分布

基于简单考虑，铁路工程师习惯认为当车轮荷载作用在一根轨枕上时，这个轨枕承受 50% 的荷载，相邻两根轨枕各承受 25%。但是，根据应力测试和有限元分析，轴重沿着连续轨枕分布如下[147]（图 8.10）。

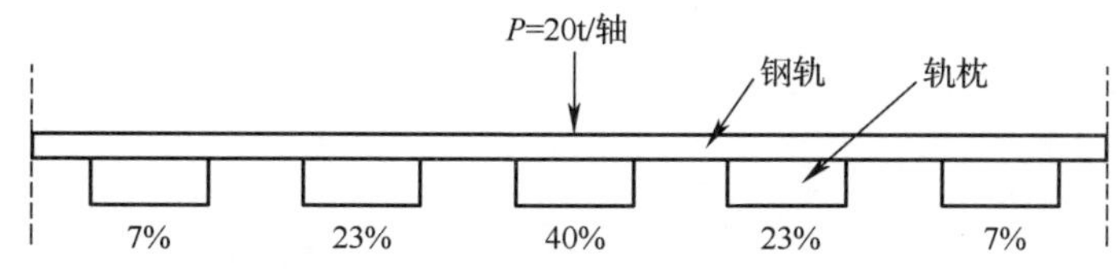

图 8.10　轴重沿连续轨枕的分布[147]

① 车轮荷载下方的轨枕：40%；

② 前后相邻第一根：23%；

③ 前后相邻第二根：7%。

因此，当轴重作用在一根轨枕上时，其前后相邻第二根所受的力可以忽略不计。载重的分布和轴重值影响轨枕的尺寸。

8.4.9　轨枕的弹力线

弹力线是轨道系统机械特性的一个基本部分。图 8.11 对木枕和单块式预应力混凝土枕的弹力线比较。图 8.12 显示出不同质量路基上的木枕弹力线[147]。再次表明了路基的重要性。

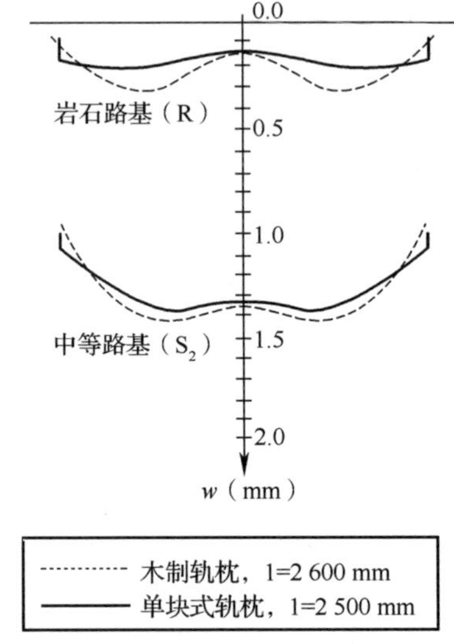

图 8.11　木枕和单块式预应力混凝土枕的弹力线比较[147]

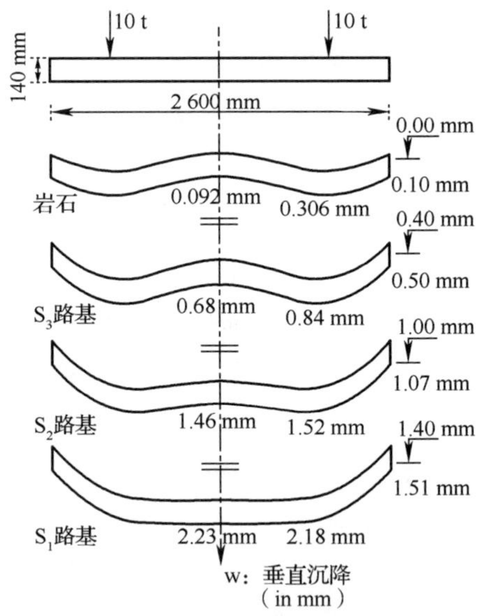

图 8.12　不同质量路基上木枕弹力线[147]

8.5　轨道—路基系统的动态分析

本书 7.11.2 中已经讨论过，静态分析可以对轨道—路基系统的应力和应变进行充分地分析,忽略动态的影响,因为其数值计算非常复杂。比较有限元静态分析和应力应变测量结果,其误差不超过 20% ,因此可以确定静态法对应力应变的分析是令人满意的。

但是有一些情况静态法无法充分地进行模拟,包括列车对环境的振动传输问题、各种车辆部件的移动和悬挂问题等[156,168]。

通过黏弹性定律可以对动态影响较好地进行模拟,图 8.13 进行了说明,其中:

① 符号 —WW— 代表弹力特性;

② 符号 —[— 代表粘着特性;

③ 符号 [WW] 代表黏弹性(Kelvin - Voigt 模型);

④ 轨道车辆和转向架都是模拟作不可变形固体;

⑤ 车辆和轨枕模拟作离散组;

⑥ 道砟和各路基层被模拟作水平层;

⑦ 各个系统部件被一个黏弹性应力—应变关系连接起来。

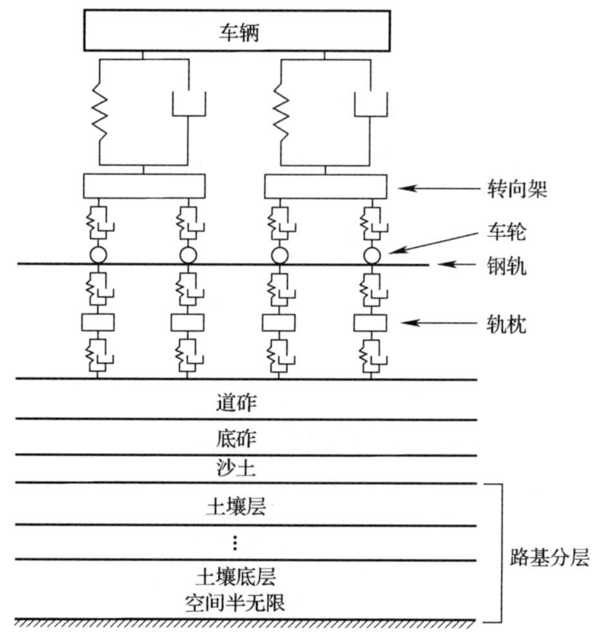

图 8.13　动态分析中车辆—轨道—路基系统的模型与结构

在动态法中,问题被简化成动态方程式的解。

$$\boldsymbol{M}\ddot{\boldsymbol{q}}+\boldsymbol{C}\dot{\boldsymbol{q}}+\boldsymbol{K}\boldsymbol{q}=\boldsymbol{F}+\boldsymbol{R} \tag{8.42}$$

式中　$\boldsymbol{M}$——组矩阵;

$\boldsymbol{C}$——黏着(阻尼)矩阵;

$\boldsymbol{K}$——硬度矩阵;

$\boldsymbol{q}$——位移矢量；

$\dot{\boldsymbol{q}}$——周转率矢量；

$\ddot{\boldsymbol{q}}$——加速质量；

$\boldsymbol{F}$——外力矢量；

$\boldsymbol{R}$——来自道砟上轨枕外部反应矢量。

动态分析计算起来很复杂，而且会花较长的时间。因此，只用于那些通过静态分析无法充分模拟的情况。

8.6 轨道缺陷和附加动力荷载

一直以来，对轨道系统的机械特性分析都是基于钢轨、车轮光滑且没有缺陷这一假设进行的。但是，实际上并非如此。本书 7.11.2 中做过解释，轨道出现的缺陷会对系统产生影响，导致额外的动力荷载 Q_{dyn}，这个值可能会达到车轴荷载的 50%。

因此，轨道—路基系统的机械分析不能只是考虑静态的车轮负载 Q_{stat}，而应该考虑总负载（图 8.14）：

$$Q_{tot} = Q_{stat} + Q_{dyn} \tag{8.43}$$

根据各自的振动频率，附加动态荷载可以被分作三类。

① 0.5 Hz < v < 15 Hz 范围内的荷载，弹簧组（车辆）的移动相关（见本书 7.11.2 节），主要取决于车辆的特征和特性。

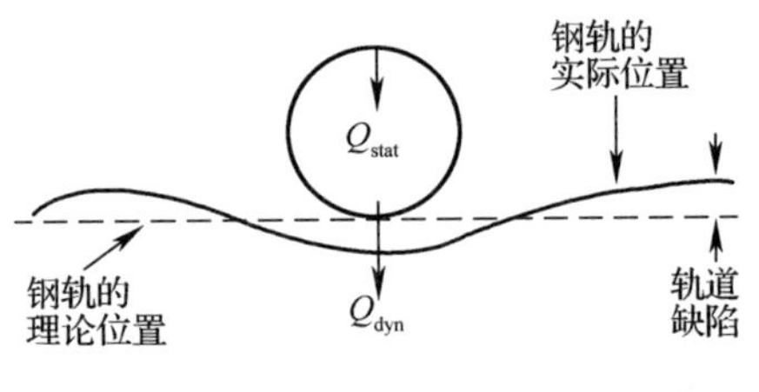

图 8.14 轨道缺陷和额外动态荷载

② 20 Hz < v < 100 Hz 范围内的荷载，非弹簧组（车辆、钢轨、轨枕）的移动有关（见本书 7.11.2 节），主要取决于轨道质量和硬度。

③ 100 Hz < v < 2 000 Hz 范围内的荷载，与钢轨表面的长短波磨相关（见本书 10.9.4.4 节）。

假设动态荷载量线性特性，就可能把各种附加动态荷载范围独立开来。为了让轨道缺陷和动态负载 Q_{dyn} 相关联。需要使用光谱分析，因为轨道缺陷可以通过专门的测量车器详细记录下来。这种分析同样以动态方程式为依据。

8.7 动态影响要素系数

轨道部件的设计需要静态分析的帮助。但问题是，为了在静态分析中考虑到动态影响，与静态荷载相乘的动态影响系数该如何计算。图 8.15 对各种理论的研究结果进行了总结。

图 8.15 显示出理论轨道计算值（曲线 7）、实际值（曲线 6）以及其他各种经验公式计算值（曲线 1 ~5）之间存在巨大差异。但是曲线 1 ~3 是根据老式车辆特性得出的，不适用于现代车辆。更接近实际的是曲线 4、曲线 5、曲线 6，显示了速度200 km/h时动态影响要素 η 范围为 1.35 ~1.6。因此，速度接近 200 km/h 时，建议的动态影响要素系数为 1.5。当速度高于 200 km/h 的时候，就要基于经验数据而进行分析调查。

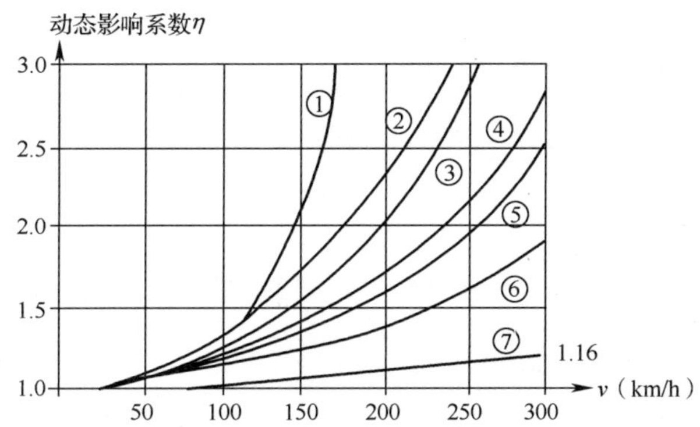

图 8.15　不同理论得出的动态影响系数结果

8.8　轨道—路基系统设计

轨道—路基系统的设计遵循以下两项原则：

① 荷载必须分布到各个层，这样路基所受的应力就小于导致破坏的值

$$\sigma_{路基生成} < \sigma_{路基缺陷} \tag{8.44}$$

② 确保系统有足够的灵活度，例如轨道刚度不能太大。轨道刚度主要由路基土壤质量和道床厚度决定。例如，岩石路基（在列车荷载分布方面没有任何问题）是黏土路基硬度的 3 倍多。因此，尽管岩石路基不存在荷载分布问题，同样需要设置道砟 + 底砟层。

8.9　钢轨的振动和噪声

8.9.1　钢轨振动的来源

钢轨振动来源于三种波型[169]。

① 压力波（传输能量的 7%）；

② 剪切波(传输能量的 26%)；

③ 雷利(Rayleigh)波(传输能量的 67%)。

低速运行时,钢轨振动来源于两个方面:

① 机车;

② 轮轨接触。

在电气化线路上,还存在来自接触网噪声的第三种振动来源,是由受电弓和导线摩擦产生的。第四种噪声来源于空气动力学,在低速和中速($v<200$ km/h)运行时,可以忽略不计,高速($v>200$ km/h)时则需要进行考虑,更高速($v<300$ km/h)运行时就变得非常重要了。

8.9.2　钢轨噪声水平和速度的关系

各种分析显示,钢轨噪声水平 L(以 dB(A)[①])和列车速度 v 之间呈现对数关系,可以表示为

$$L(\mathrm{dB(A)}) = a + b \cdot \log v \tag{8.45}$$

式中,a,b 两个系数值由车辆和轨道特性、运输类型、土壤特征等决定。

8.9.3　与距离相关的钢轨噪声阻尼

图 8.16 展示了随着速度 130 km/h 增加到 200 km/h,距离轨道(100 m、300 m、400 m)处的噪声水平(以 dB(A)计)。可以注意到:

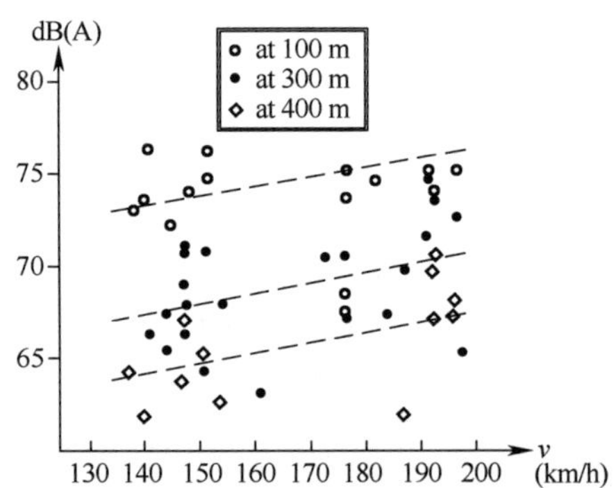

图 8.16　钢轨噪声水平与距离和速度的关系

① 也许是由于接地阻抗的原因,噪声并没有像预期的那样随着距离的成倍增加而呈线性减少;

---

① 分贝(dB)是衡量噪声水平的一个单位,它指人耳接收到的压力。在各种模拟钢轨噪声(由不同频率和强度的声音组成)的方法中,A 方式是使用最普遍的,它强调频率在 2 000 Hz,其监视到的噪声用 dB(A)表示。

② 噪声受距离的影响比受速度变化的影响多;

③ 噪声水平和速度的对数相关。

8.9.4 噪声水平与基础设施类别的关系

以 200 km/h 的速度通过距离轨道中心线 25 m 处的日本新干线各种线路——桥梁、高架铁路、路堤、路堑——时测得的噪声水平如图 8.17 所示。

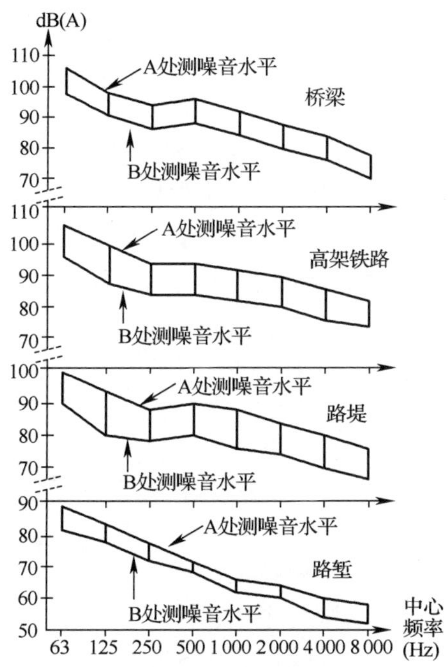

图 8.17 噪声水平和线路类型的关系

可以注意到,桥梁和高架铁路能产生强烈的低频噪声。而路堑路基在阻止钢轨噪声传播方面效果显著。因此,只要可能,路堑的几何设计和选择都可以很好地减少来自钢轨振动和噪声影响。

8.9.5 高速时的噪声水平

对高速列车主要需要关心的一个问题就是减少其传播的噪声。报告显示,法国时速 272 km/h 的 TGV 列车距离轨道 25 m 处的噪声水平为 97 dB(A)。德国的 ICE 列车,时速 200 km/h 时距离轨道 25 m 处的噪声水平为 86 dB(A),时速 300 km/h 时为 93 dB(A)[160]。表 8.3 给出了不同列车类型和距离的噪声水平。

表 8.3　噪声水平和列车类型及距离的关系

列 车 类 型	速度 (km/h)	轨道轴与噪声测量点之间的距离		
		$d = 0.75$ m	$d = 15$ m	$d = 25$ m
短途列车、郊区铁路、地铁	60	79	75	72
城市铁路列车	140	97	94	92
高速列车	272	104	100	97
货运列车	80	93	89	86
	100	96	92	89

8.9.6　噪声标准

如果无法降低噪声水平(例如通过车辆和轨道的合理设计),通常的办法就是沿着轨道设置噪声隔离屏障,以便保护附近敏感人类的活动。

近年来对于一些重要项目,尤其是新建铁路线路国内和国际规范都要求进行相应的环境研究。各国的噪声标准也各不相同。

8.10　钢轨精确机械特性研究

钢轨机械特性研究模型如下:

① 钢轨通过所谓的 Thimsosenko 光束描述(直线光速会纵向和横向弯曲和扭转);

② 轨枕对钢轨的支撑通过弹簧模拟;

③ 道砟和路基通过三维有限元来描述;

④ 两个车轮荷载轮对对称应用(图 8.18)。

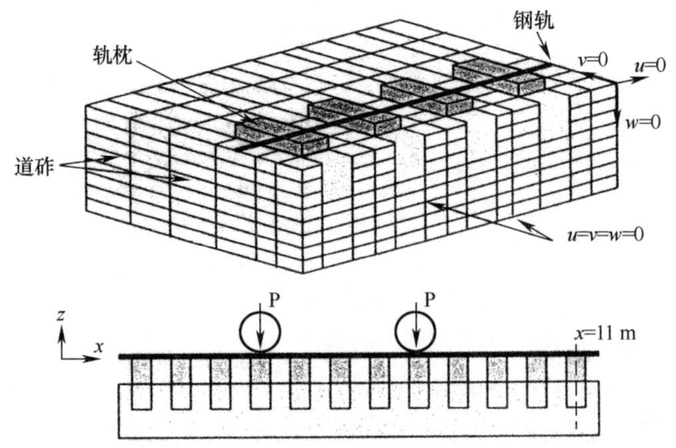

图 8.18　钢轨机械性能分析模型

图 8.19 给出轨道沿着纵向轴垂直沉降模型的结果。图 8.20 给出车轮荷载

P 应用后钢轨沉降与时间的关系。

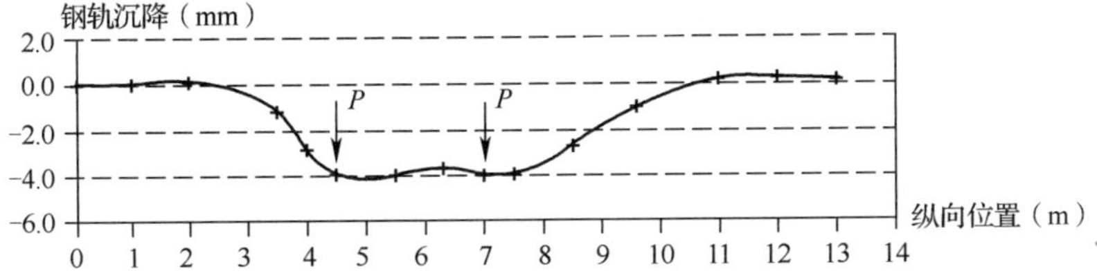

图 8.19　钢轨沿着纵向轴的垂直沉降

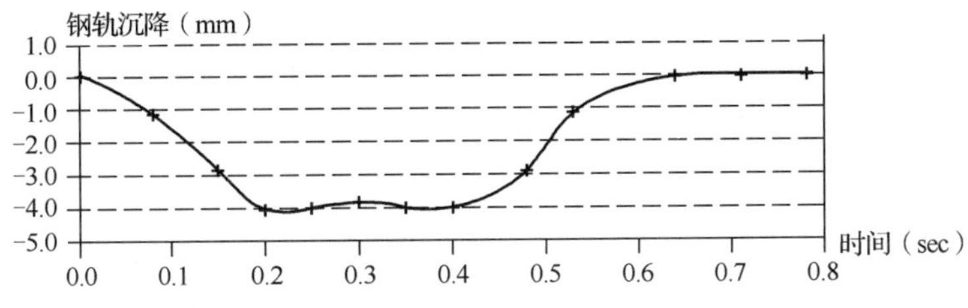

图 8.20　钢轨和时间的垂直沉降

8.11　单向接触理论在铁路研究中的应用

8.11.1　力的传输和接触表面

铁路系统是通过接触表面来完成力的传输:车轮—钢轨、钢轨—轨枕、轨枕—道砟或者轨枕—板式轨道、道砟—路基等。通常假设接触面是连续的理想状态,但是这种假设只是通过物理观察就能看出是不成立的。单向接触理论不仅能够进行应力和应变场的计算,而且能够完成两个固体之间精确的接触面的相关计算[135]。

8.11.2　单向接触理论

首先来看看钢轨和轨枕的接触(图 8.21),Γ_0 区域的接触是理想的,而 Γ_2 区域没有接触。假设轨枕对钢轨的支撑可以用硬度为 k 的弹簧进行模拟。应力、应变、Γ_0 表面和 Γ_2 表面的计算是以 Signorini 假设——接触完全的地方外力的作用为 0,没有接触的地方外力作用忽略不计——为依据的[159]。

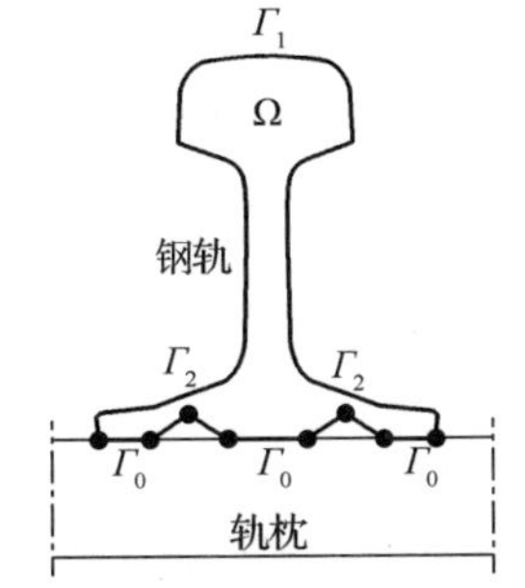

图 8.21　钢轨—轨枕的接触

8.11.3　单向接触理论方程式

首先假设存在弹性特性和静态特性,那么:

$$\frac{\partial \sigma_{ij}}{\partial x_j} + f_i = 0 \tag{8.46}$$

$$\sigma_{ij} \cdot n_j = g_i \tag{8.47}$$

$$\sigma_{ij} = \lambda \cdot tr\varepsilon \cdot \sigma_{ij} + 2\mu \cdot \varepsilon_{ij} \tag{8.48}$$

$$U_{\text{normal}} + \frac{1}{k} \cdot \sigma_{\text{normal}} \leqslant 0 \tag{8.49}$$

$$\sigma_{\text{normal}} \leqslant 0 \tag{8.50}$$

$$\boldsymbol{\sigma}_{\text{tanqential}} = 0 \tag{8.51}$$

$$U_i + \frac{1}{k} \cdot \sigma_{ij} \cdot n_j = 0 \tag{8.52}$$

$$\left(U_{\text{normal}} + \frac{1}{k} \cdot \sigma_{\text{normal}}\right) \cdot \sigma_{\text{normal}} = 0 \tag{8.53}$$

8.11.4 数值计算

问题就简化成将动力学上接受的区域动能最小化[159]。实际上,这意味着在连续的重复中,如果弹簧拉紧,则无接触的条件成立;如果弹簧压缩,那么就产生了完全接触。

如上所述,单向接触理论能够进行铁路(也包括一般的工程学上的)系统接触面的精确计算。但是,直到现在(2006 年),在铁路问题方面还没有该理论精确的数字应用报告。

9 路基——勘查和地质分析

9.1 铁路路基对轨道质量的重要性及其功能

铁路路基对确保轨道质量达到列车安全和舒适运营的标准而言至关重要。铁路一直重点关注提高乘客的舒适度,但是,主要的注意力都放在了轨道上,而通常忽略了轨道层面出现的许多问题都是源于路基,而并非轨道。

过去,铁路路基的研究一直受高速公路工程学理念的影响。这样的好处是能够借鉴高速公路积累的一些技术经验,缺点是一些高速公路的设计规范并不适用于铁路系统的一些特性。

不论是新建轨道还是既有轨道,都存在各种各样的路基问题。因此,在新线设计中,路基设计受轨道荷载(轴重及轨道吨位)、轨枕类型和道砟厚度的综合影响。对这个问题的合理考虑需要测定路基的各种参数,包括土壤类型,地质条件和机械强度。

另一方面,既有路网中也存在路基问题。铁路管理机构追求高速和重载的政策导致了路基所受应力的不断增加。既有线路上,底砟的下表面和路基的上表面形成了一个密实区域。这个区域应该尽可能的减少干扰,路基层面较少可能进行干扰。但是,任何对路基的干预都应该局限在出现特别问题的区域,而且定期轨道养护中尽可能快地解决问题。改善路基,还是增加道砟层的厚度,这是一个技术和经济研究的问题,因此很难预先做出决策。

因此,铁路路基应该实现以下功能。

① 保证客车和货车按照轨道的速度安全运行;

② 满足货车的轴重要求;

③ 尽可能的节约未来的轨道养护成本。

这些功能可以通过以下措施实现:

① 限制原始地面和路堤填充的沉降;

② 提供列车负载和土方重量下的稳定机械特性;

③ 确保路基状态在其工作寿命期间不恶化。

9.2 分析勘查研究

9.2.1 勘查研究和土壤研究的目标

只有对土壤属性和水文地质条件有了清楚的认识,才能保证线路的设计合理且施工更加经济。

新建一条铁路线路前，应该进行岩土勘查。在未充分了解土壤属性和水文地质条件的情况下，很难保证线路的设计合理且施工的经济效益。

勘查应该明确：

① 现场是否具备或是否需要从别的地方运输过来路堤施工的材料；

② 路堤和路堑的合理坡度；

③ 土壤是否容易松化或者稠化；

④ 开始填充前，是否有较差地面需要处理；

⑤ 是否有局部地下水位可能导致问题；

⑥ 必要的确保土工斜坡长期稳定的措施；

⑦ 是否有路堑需要特别的排水和保护措施；

⑧ 适用路堑和填充作业的合适的植被类型。

因为勘查耗费一定成本，因此最好使用合理的技术手段连续完成。

9.2.2 初步研究

勘查的第一步是可利用文档的研究，例如相关地区的地形地图、地质地图、水文地质数据、航空照片、历史勘查记录等[186]。现场勘测也包含在这个阶段。

初步勘查分析应该对可能遇到的勘查问题有个大概了解，为主要的勘查研究计划提供依据。

9.2.3 勘查研究需要的探测技术和方法

勘查研究是一个非常复杂的过程，需要采用多种技术，例如：

① 地球物理法（地震、磁力、重量分析、抵抗力）；

② 物理法（钻孔、试验坑）；

③ 机械法（压力或者透度计、实验室测试）；

④ 水文地质法（如压力计等）。

地面勘查使用最广泛的方法是钻孔，通过这种办法可以采集到供肉眼观察和实验室测试所需的样本。通常，钻孔可以采用多种方法以获得土壤样本。

表 9.1 列出了目前使用的各种现场测试类型[187]。截至 1960 年这个列表只包括标准渗透测试、机械触探测试、风向剪切测试和盘负载测试。表 9.1 中列出的多个设备都是 20 世纪 70 年代初期才开发完成的。一些试验方法和设备使用范围非常有限，而其他的也都尚在开发阶段。从表 9.1 可知，对任何必要的工程学参数的现场测量都有多种选择[184]。

表 9.1　现场土壤测试法及其应用

	土壤确认	设置纵断面	相对密度	摩擦角	不排水机剪强度	孔隙压力	应力史	弹性模量	可压缩性	固结性	渗透性	应力—应变曲线	抗液化强度
探声管	C	B	B	C	C	—	C	C	—	—	—	—	C
地上凿洞的渗透性	C	—	—	—	—	A	—	—	—	B	A	—	—
探　头													
动　态	C	A	B	C	C	—	C	—	—	—	—	—	C
电摩擦	B	A	B	C	B	—	C	B	C	—	—	—	B
电压力	A	A	B	B	B	A	A	B	B	A	B	B	A
电压力摩擦	A	A	A	B	B	A	A	B	B	A	B	B	A
冲　击	C	B	C	C	C	—	C	C	C	—	—	—	C
机　械	B	A	B	C	B	—	C	B	C	—	—	—	B
地震锥渗透试验 下孔法试验	C	C	C	—	—	—	—	A	—	—	—	B	B
膨胀计	B	A	B	C	B	—	B	B	C	—	—	C	B
水力压裂	—	—	—	—	—	B	B	—	—	C	C	—	—
核试验	—	—	A	B	—	—	—	C	—	—	—	—	C
盘荷载试验	C	C	B	B	C	—	B	A	B	C	C	B	B
压力计													
Menard	B	B	C	B	B	—	C	B	B	—	—	C	C
自钻孔	B	B	A	A	A	A	A	A	A	A	B	A	A
板　牙	C	C	B	C	B	—	B	A	B	C	C	B	B
地　震													
跨　孔	C	C	B	—	—	—	—	A	—	—	—	B	B
下　孔	C	C	C	—	—	—	—	A	—	—	—	B	B
表面折射	C	C	—	—	—	—	—	B	—	—	—	—	B
剪　切													
地面凿洞	C	C	—	B	B	—	C	C	—	—	—	C	—
瞄准板	B	C	—	—	A	—	B	—	—	—	—	—	—
标准渗透试验	B	B	B	C	C	—	—	—	C	—	—	—	A

图例：A 应用最广
B 可能采用
C 应用最少

9.2.4 勘查程序的规划

勘查程序的目的是确定计划建设轨道地表下层土壤的分层和工程特性。主要关注的是力、变形和水压特征。这个程序应该预先进行规划,以便使用最少的成本获得最大的信息量。

地表勘查程序的规划包括以下部分或全部内容。

① 收集全部可用信息。

② 区域勘查,包括:

a. 地质地图;

b. 农业地图;

c. 航空照片;

d. 水和/或油井日志;

e. 水文地质数据;

f. 国家管理机构的土壤手册。

③ 初步现场调查。在此阶段,需要钻孔或挖一个测试坑来确定土壤分层,搜寻期待的土壤类型并确定地下水位。

④ 详细的现场调查。

9.2.5 勘查报告和纵断面

勘查的结果要汇编成勘查报告和纵截面图。图 9.1 显示出沿着海峡隧道的勘查特征,隧道沿着一个蓝白垩层建设,这样能够防止水渗透。

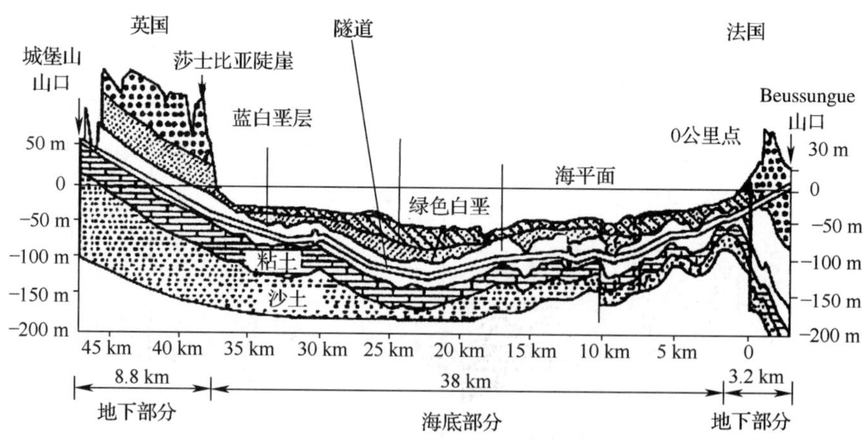

图 9.1 沿着海峡隧道的勘查特征

勘查报告应该针对下列问题给出明确答案或提出建议[186]。

① 各层的勘查描述;

② 水文地质数据:最大和最小压力不平、排水需求;

③ 施工方法、土工高度、路堤设计、类似加强性土壤等的最终专项技术;

④ 土壤质量特征计算和路基的承受能力。

9.3 土壤勘查分类

几十年前建设的既有铁路没有必要进行勘查分析。不过,对地表机械特性基本参数的一般知识还是有必要了解的。主要使用在高速公路工程项目中的各种勘查分类,对此这是非常有用的工具。这些分类基于以下特征:粒度级别和 Atterberg 极限(液性极限、塑性极限、收缩极限)。偶而,机械参数也要考虑诸如 CBR① 指数等。

欧洲各铁路路网对土壤有着不同的分类,具体如下所示[191,199]:

① 英国、法国、德国、瑞士和其他一些国家使用统一土壤分类系统(USCS, Unified soil classification system),也叫做 Casagrande 分类;

② 北欧国家主要采用材料粒度分类;

③ 意大利、希腊和其他一些国家使用 AASHO(美国国有高速公路协会,American association of state highway officials)分类。

以上分类中,统一土壤分类的应用最广泛。它是由 Casagrande(1948)设计的一个系统发展而来的。粗糙颗粒土壤(沙子和砾石)是根据级别分类的,精细颗粒土壤(泥沙和黏土)和有机土壤是根据塑性分类的。分类使用粒径分布数据以及液性极限和塑性指数的值来完成。

美国测试和材料协会(ASTM)采用统一土壤分类作为其土壤分类的依据,并称之为“出于工程目的对土壤分类的标准测试法”。后者和统一土壤分类稍有不同,但是分类方法几乎是一样的。主要区别是 ASTM 分类需要执行一个分类测试,而统一土壤分类允许只是基于观察的一个假设分类,ASTM 系统再度细分,为每一个土壤类型都生成一个严格的专用名称。

英国标准分类系统(BS 5930)和统一土壤分类一样,也是基于 Casagrande 分类的,但是对沙和砾石的定义不同。精细颗粒土壤被划分成 5 个塑性范围,而并非像统一土壤分类和最初的 Casagrande 系统那样简单地分作低级和高级两个部分。

由两种及以上精细颗粒组成的土壤通常被分开来考虑。使用类似的粒度测试组成方式对这种土壤作的精确分类需要把塑性特征(Casagrande 图表)也考虑进来。

---

① CBR〔加州承载比,California Bearing Ratio〕是负载值的比率,为了让研究材料样本和负载值达到 0.1 英寸〔2.54 cm〕的沉降,它会导致参考材料的相同样本有一个相同的沉降。

尽管不同的分类上存在一些细微差别,但下列土力学术语较为常见(图9.2)。

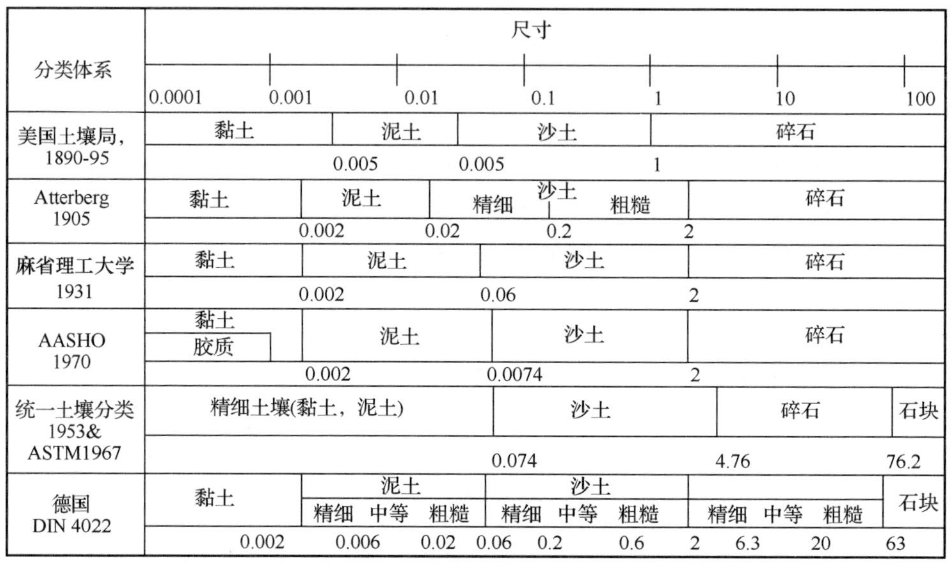

分类体系	尺寸(0.0001, 0.001, 0.01, 0.1, 1, 10, 100)	分界尺寸
美国土壤局,1890-95	黏土 / 泥土 / 沙土 / 碎石	0.005　0.005　1
Atterberg 1905	黏土 / 泥土 / 沙土(精细、粗糙) / 碎石	0.002　0.02　0.2　2
麻省理工大学 1931	黏土 / 泥土 / 沙土 / 碎石	0.002　0.06　2
AASHO 1970	黏土(胶质) / 泥土 / 沙土 / 碎石	0.002　0.0074　2
统一土壤分类 1953& ASTM1967	精细土壤(黏土,泥土) / 沙土 / 碎石 / 石块	0.074　4.76　76.2
德国 DIN 4022	黏土 / 泥土(精细 中等 粗糙) / 沙土(精细 中等 粗糙) / (精细 中等 粗糙) / 石块	0.002　0.006　0.02　0.06　0.2　0.6　2　6.3　20　63

图 9.2　土壤勘查分类的各种系统

① 岩石:低、中和高可变性岩石,依靠其经受的腐朽——瓦解形成。

② 砾石(2 ~ 4.76 mm < d < 20 ~ 76.2 mm):好或者差级别砾石、泥沙砾石、黏土砾石。

③ 沙子(0.02 ~ 0.074 mm < d < 2 ~ 4.76 mm):泥沙沙子、黏土沙子。

④ 精细颗粒土壤(0.000 1 mm < d < 0.05 ~ 0.074 mm):难可塑泥沙、难可塑黏土、易可塑泥沙和易可塑黏土。

9.4　水文地质条件

另一个决定路基质量的基本参数是水文地质条件。

各铁路当局都将气候变化大、地表水流大的情况看作水文地质条件较差。图 9.3 列出了各铁路路网认定水文地质条件较好的标准,既相对某个参考层地下水位的最小距离。[186,199,200]。

如果没有提供合适的排水设备,或者说底砟没有合适的横向斜坡(3% ~ 5%),即使地下水位低于图 9.3 所示的位置,其水文地质条件也不能被认为是良好[186,199](图 9.4)。

对某些冬季寒冷和经常发生霜冻的国家和地区,要考虑的第三个因素就是路基对霜冻的敏感性。

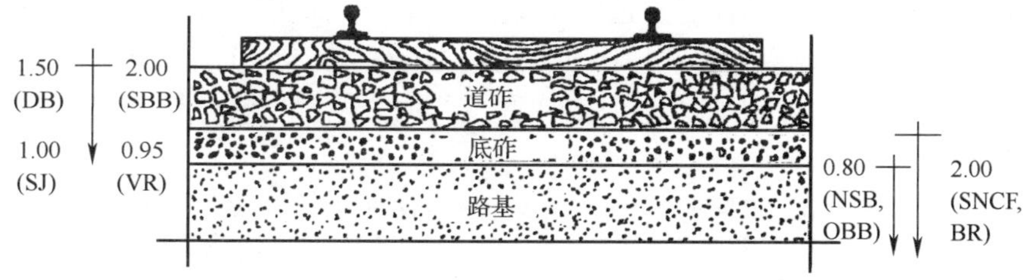

图 9.3 据一些铁路网的规定,地下水位和某个参考层的最小距离,这样排水条件才能被认为良好

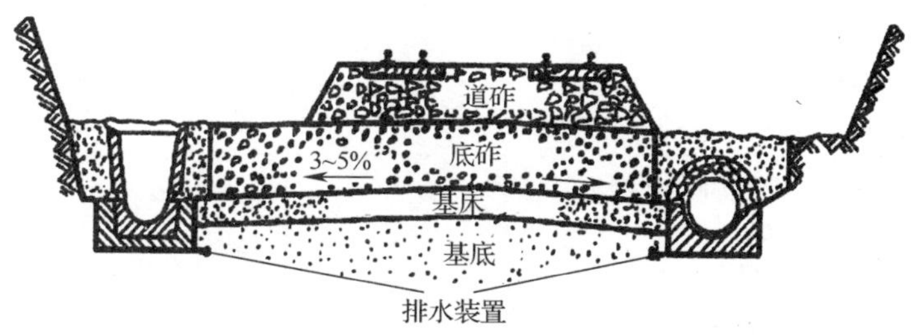

图 9.4 沿着路基沉降的排水设施

9.5 铁路路基分类

依照 UIC 分类,路基特性可以从宏观上分类如下:

① 在沉降和承担列车荷载方面表现卓越。这样的路基设计算作 S_3。

② 在沉降和承担列车负载方面表现一般。这样的路基设计算作 S_2。

③ 沉降较大承担列车荷载不理想。这样的路基设计算作 S_1。

④ 大范围的沉降,支撑荷载方面表现很差。这样的路基质量算作 S_0。

如果路基由受力良好的岩石组成,在上面的路基分类基础上应该增加一类。这种路基的质量被标作 R。但是,最新的 UIC 分类把 R 级路基归入 S_3 级里面。

路基的分类取决于其勘察特征和水文地质条件。根据 UIC 标准[186],铁路路基分类如表 9.2 所示。这些分类中使用的参考参数包括精细沙粒的比例、塑性指数①和洛杉矶(Los Angeles)系数(见本书 12.4.2 节)。

S_0 级的土壤不适合支撑轨道,主要是由于以下原因:沉降过大、不均匀、性能可能随时间改变、道砟的石头可能很深地刺入路基。铺设轨道时,这种土壤需

① PI,Plasticity Index,塑性指数不同于液性极限和塑性极限,液性极限(LL)是液态向塑态转变点的湿含量,塑性极限是由塑态向固态转变时的湿含量。

要尽力避免使用,或者寻找更合适的土壤材料替代。而实际上这是不可能的,轨道必须穿过存在不合适土壤的地区,特别是在高路堤区间,沉降的风险就更加需要认真考虑,应该通过增加道砟和底砟厚度,使用土工纤维材料来提高土壤的性能[190,196,197]。

表 9.2 按照勘查特征和水文地质条件对路基进行的分类

土 壤 的 分 类	水文地质条件	铁路路基质量分类
优质岩石	—	R
含精细颗粒的优质土壤[1] 洛杉矶系数小于 30 的硬质岩石		S_3
含 5% ~15% 精细颗粒的土壤 精细颗粒少于 5% 的沙土 中等硬度岩石(30 < 洛杉矶系数 < 40)	良 ⟶ S_3 差 ⟶ S_2	
含 15% ~40% 精细颗粒的土壤 易风化的岩石 较软磁(洛杉矶系数) PI > 7 的沙土和片石	良 ⟶ S_2 差 ⟶ S_1	
极易风化的岩石 精细颗粒 > 40% 的土壤 略软微塑性的泥土	—	S_1
有机土壤 精细颗粒超过 15% 且水分含量高的土壤 含有可溶物(岩盐、石膏)的土壤 触变土壤 混和材质/有机土壤[2] 受污染土地(如工业废料)	—	S_0

[1] 颗粒尺寸 < 60 μ 时被划分为精细颗粒;[2] 某些铁路有时也将这些土壤归类为 S_1。

9.6 路基的机械特征

路基的作用是承受已经被众多轨道部件分散的列车荷载。为了合理的承担荷载,路基应该具备能够满足需要的机械特性。

通过一系列的 ORE 试验,[(149)],按照 UIC 的路基分类标准确定每个路基种类的弹性模数范围限值(图 9.5)。对于岩土而言,弹性模数取决于岩石材质的性质,以 3.10^4 kp/cm^2 为量级(参见第 8.4.6 节,表 8.2)。

除了弹性模数,路基的特性还决定了需要确定其承载能力。图 9.5 中显示了不同路基土壤类别相应的 CBR 指数的值。

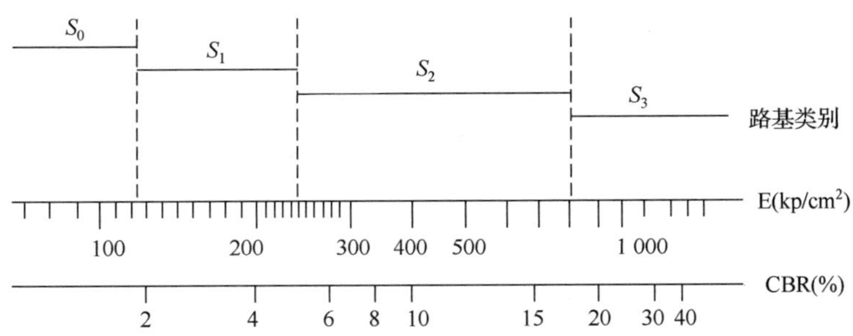

图 9.5 各个路基类别的弹性模数和 CBR 指数[(186)]

9.7 基 床

9.7.1 新线上基床的铺设

如果路基使用的是 S_1 或者 S_2 级土壤，建议额外增加一个由优质土壤铺设的层。这个层就叫做基床。

基床应该比路基的土壤密实。因此，大部分的铁路要求基床的常规 Proctor 测试的系数为 100%，而基层的一般值为 95%（当是路堤）[152]。

如果满足下面的两个条件，基床就能很好的提高路基的质量[152]。

① 路基的土壤水含量较低，否则，基座的颗粒可能刺透基床，因此使得横向斜坡恶化；

② 基床应该均匀，不能只是精细颗粒。

基床的厚度是路基质量的一个参数。表 9.3 的值是建立在半经验部分基础上的[186]。

表 9.3 UIC 分类 1～4 级路基土壤质量需要的基床厚度

路 基 质 量	基 床	
	质 量	厚度
S_1	S^2	30～55
	S_3	20～40
S_2	S_3	20～30

9.7.2 现有轨道基床的改善

过去修建的一些轨道没有设置基床。部分这样的既有轨道如果需要提速和增加轴重，则将导致路基受到的应力增加。最实用的办法是在养护期间增加道床结构的厚度，但轨道高度有所限制因而难以实施，或者路基上理想的应力值依然无法实现。这种情况下，有必要在既有轨道上改善或者增加一个基床，表 9.4 进行了详细说明[189]。

表 9.4　改善基床的各种方法，需要的设备和机械、工作条件和执行的评估时间[189]

工作方法	操作条件					土木工程条件					人力工时（刨除机械操作员）（h）	性能水平（m/h）	安装和拆除所需时间（min）
	自有			运输材料		改善区间		轨面下下挖深度	改善线路的限速条件	轨道拆除和更新			
	5～8	8～12	连续	有/无相邻线路		100 m 以下	100 以上						
在短区间内使用土方机械（<100 m）	+	+	/	+	+	+	—	1.20 ***	40～80**	是	50～70** 60～80*	152	0
在较长区间内使用土方机械（>100 m）	0	x	+	+	+	—	+	1.20 m**	70～100**	是	65** 75**	152	0
使用铺轨机	0	0	+	/	+	—	+	1.20 m***	70～100***	否 是*	45** 55**	20～40	75
使用道砟清筛机	+	+	/	/	+	x	+	0.85 m	40～60	否	10 15*	90	75
使用 PUSCAL Ⅱ 型基层改善机械	0	+	/	/	+	+	x	1.40 m	50～80	是	252	18	80
使用 PM20 基层改善机械	0	+	/	/	+	x	+	1.10 m	70	否	20	35～45	120
通过道砟清筛机 SPX 铺设保温板[1]	+	+	/	/	+	x	+	0.85 m	40	否	5	100	45

图例

+ = 建议方法；

x = 可能方法，具体应用取决于成本或局部条件；

/ = 不要求；

0 = 技术原因不采用；

注：该设备的技术描述可以参照 UIC722R 文件的技术规范。

* 铺设土工布；

** 成本、性能和限速条件的前提是开挖深度为 1.2 m；

*** 如果开挖深度更大则相邻线路的稳定性就变得至关重要；

9.8　运量对路基的影响

当研究运输荷载(线路吨位)和养护条件时,高速公路工程应用的 Dormon 规则也可以用于此处,而且结果非常精确,可以满足研究需要。根据 Dormon 规则[152],路基所受的机械应力与荷载周期的数字成反比,达到 λ

$$\frac{\sigma_1}{\sigma_2} = \left(\frac{N_2}{N_1}\right)^{\lambda} \tag{9.1}$$

式中,σ_1/σ_2 分别是负载周期 N_1、N_2 对应的应力,λ 是标准值为 0.2 的指数。

设 P 为单个轴荷载,T 为日运输荷载(吨位)(见本书 7.5.2 节)。从方程式(9.1)得出

$$\frac{\sigma_1}{\sigma_2} = \left(\frac{T_2/P_2}{T_1/P_1}\right)^{\lambda} \tag{9.2}$$

在持续恒载 $P_1 = P_2$ 情况下,方程式变为

$$\frac{\sigma_1}{\sigma_2} = \left(\frac{T_2}{T_1}\right)^{\lambda} \tag{9.3}$$

9.9　路基养护条件的影响

9.9.1　维护系数

为了对轨道养护工作量(进行评估成本),养护系数 k 被设为一个参数。整个铁路路网划分为多个区间,每个区间分配的养护工作量大致相等,包括线路养护更新所需的所有人力和机械设备。假设 I 是区间工作任务的平均值,I_m 是相同年限(例如在同年更新的)的轨道的工作任务的平均值,属于 UIC 的同一类分类运行相同轴重的列车。则养护系数 k 为

$$k = \frac{I}{I_m} \tag{9.4}$$

$k = 1$ 时为平均维护水平,而 $k = 0.5$ 时是一个较满意的维护水平。需要注意的是当路基质量较差时,k 的值可能高达 10(图 9.6)。

9.9.2　养护系数对道床和路基性能的影响

养护系数 k 的使用对于合理地规划轨道维护工作有相当好的辅助作用。图 9.6 给出了养护成本(UIC 分类 1 ~ 3 级线路)与养护系数和最近一次完全更新以来年限的函数。通过曲线可以看出养护成本并非按比例增加,需要理性的判断下一次完全更新的时间。

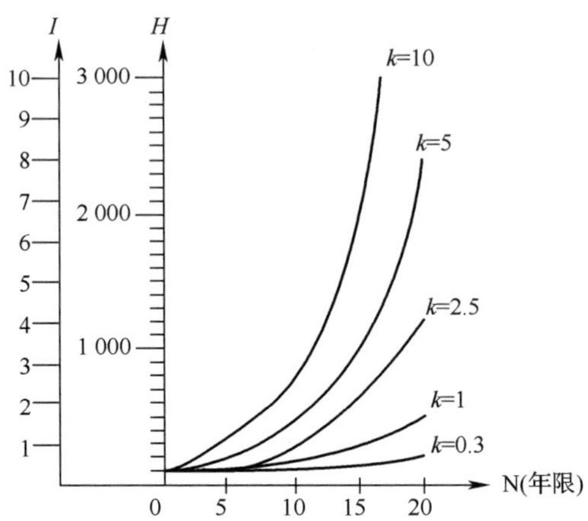

图 9.6　人工工作任务维护成本(按每公里轨道所耗工时算)和
维护任务的平均值 I(包括人工方式和机械方式),
为维护系数 k 和最后一次完全更新以来的年限
的函数。UIC 分类,1 ~ 3 级线路

当指数 I 达到某个极限值时,因为轨道养护已经达到了效率极限,所以有必要采取其他改善轨道的方法,以便尽量减小养护系数 k 的值。可以通过增加道床层厚度来实现这一点。

以养护系数 k 的值为依据,可以估计道床层尺寸是否合适(表 9.5)。

表 9.5　根据养护系数对道床结构合适尺寸的评估

	$k<1$	$1<k<2.5$	$2.5<k<5$	$k>5$
道床结构尺寸的评估	正确尺寸	道床结构尺寸不合理	道床尺寸不合理排水功能差	需要对道床结构进行更新和强化

9.9.3　养护系数对路基应力的影响

假设有不同养护系数 k_1 和 k_2 的轨道 1 和 2。使用 Dormon 规则得出

$$\frac{\sigma_1}{\sigma_2}=\left(\frac{\tau_2 P_2}{\tau_1 P_1}\right)^{\lambda} \tag{9.5}$$

式中,τ 是在两次连续养护任务之间的各轨道运输荷载。静态分析显示[152] τ 和 T/k 的值是成比例的,因此

$$\frac{\sigma_1}{\sigma_2}=\left(\frac{T_2\cdot P_2/k_2}{T_1\cdot P_1/k_1}\right)^{\lambda} \tag{9.6}$$

假设两条轨道轴重和运量相同,方程式(9.6)可以演变成

$$\frac{\sigma_1}{\sigma_2} = \left(\frac{k_2}{k_1}\right)^{\lambda} \tag{9.7}$$

方程式(9.7)可以用来计算养护任务对路基所受机械应力的影响。

系数 k 的使用需要针对不同问题进行定期记录。

9.10　路基的疲劳性能

疲劳是指反复荷载导致材料的机械强度减小。对于金属,已经发现有一个极限应力 σ_0(叫做疲劳极限),如果应力超过这个值,就会出现疲劳,在肉眼发现变形前出现问题(见本书 10.8 节)。

但是,土壤材料的疲劳主要取决于塑性变形与荷载周期的关系。反复荷载条件下的三维测试结果显示参数为

$$R = \frac{\text{第一个周期的}(\sigma_1 - \sigma_3)}{\text{导致破坏周期的}(\sigma_1 - \sigma_3)} \tag{9.8}$$

它的极限值为 0.9,超过这个值,可塑变形迅速增加,从图 9.7 可以看出来。

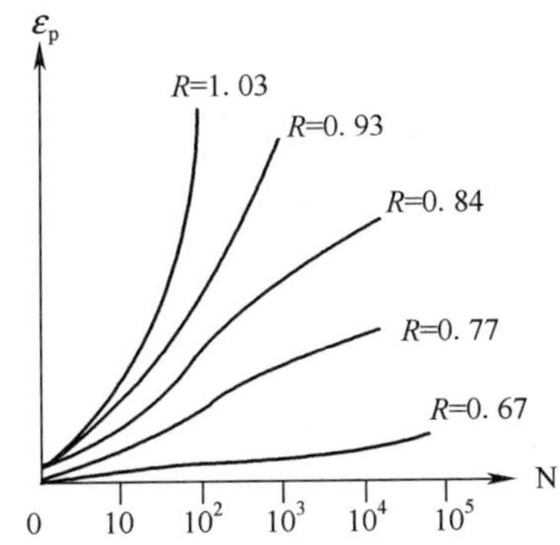

图 9.7　黏土可塑变形 ε_P 演变函数的参数 R 和负载周期 N

因为可塑变形 ε_P^N 变化作为负载周期 N 的函数,意味着以下关系[201]

$$\varepsilon_P^N = a + b\log N + c \cdot N^{\alpha} + d \cdot N^{\beta} + \cdots \tag{9.9}$$

式中,$a < b < \cdots$,参数 a,b,c,d,α,β 都是凭经验确定的。

根据方程式(9.9),只要指数项忽略不计,塑性变形按对数发展,实际上到了荷载周期的某个值时就保持稳定。相反,如果方程式(9.9)中的指数项在总塑性变形上有一个决定性影响,那么路基可能出现较大且具危险性的负载周期函数的变形。路基质量为 S_0 和 S_1 级时在某些条件下出现过这样的情况。

9.11　铁路线路的防冻保护

9.11.1　霜冻指数

铁路当局必须确定霜冻保护是根据可能的最冷天气来计算，还是只是铺设一个适合一般冬季天气的路基，同时增加一个针对极端条件的霜冻渗透层。

霜冻指数是温度低于 0 ℃的所有时间的温度和积分，用温度 × 小时或者温度 × 时间计算。表 9.6 给出了某一时期与霜冻概率相关的霜冻指数[98]。

土壤非常容易受霜冻影响，黏土也容易受影响，而沙子和砾石不容易受影响。

表 9.6　霜冻指数，冻结概率和特定期间预期的上冻数量的值

霜冻指数	冻结概率	特定期间预期的上冻数量
F_2	50%	2 年内 1 次
F_5	20%	5 年内 1 次
F_{10}	10%	10 年内 1 次
F_{100}	1%	100 年内 1 次

9.11.2　冻土地基的厚度

为了使路基免于冻土膨胀，可以在道砟（或者底砟）下面铺设一种材料或者混合材料层。防冻地基就是由几种防止冰冻膨胀的材料组成的。

各种材料，如砾石、煤渣等都可以用于防地基的材料。图 9.8 给出了霜冻指数有关的道砟下霜冻层的合适厚度，图 9.9 给出了使用泡沫作为绝缘层时的合适厚度。

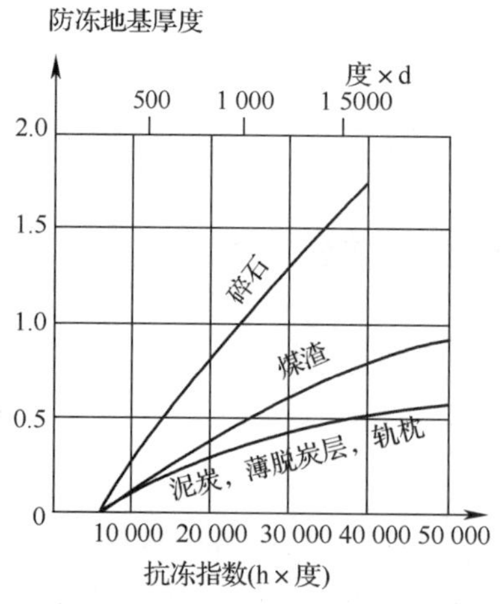

图 9.8　35 cm 道砟层下霜冻基础层的厚度 z_{fr}

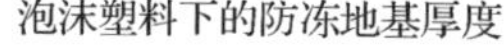

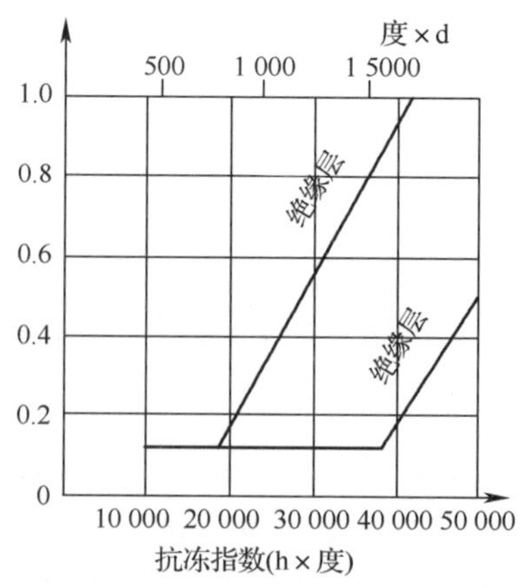

图 9.9　使用泡沫塑料作为绝缘层时，25 cm 道砟层下霜冻基础层的厚度 z_{fr}

9.11.3 现有轨道的防冻策略

对于既有的穿过冬季经常上冻区域的轨道,有很多方法可以改善路基,以便保护轨道(图 9.10 ~ 9.13)。

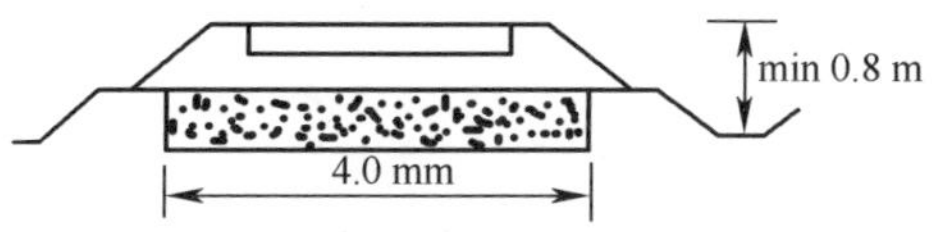

图 9.10 砾石或者煤渣防冻地基

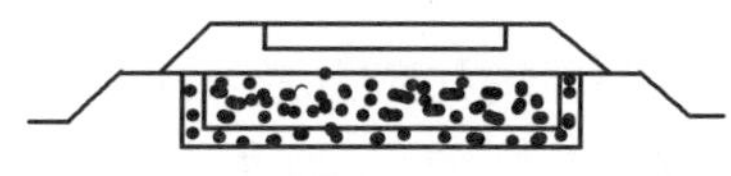

图 9.11 含泥炭过滤器的石头防冻地基

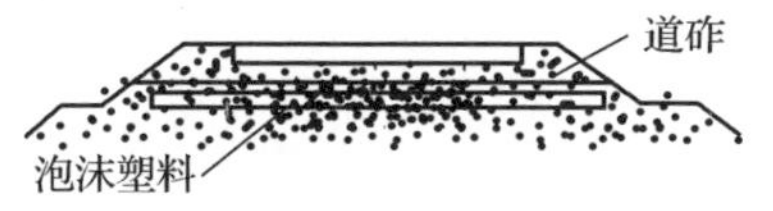

图 9.12 使用泡沫塑料进行防冻保护

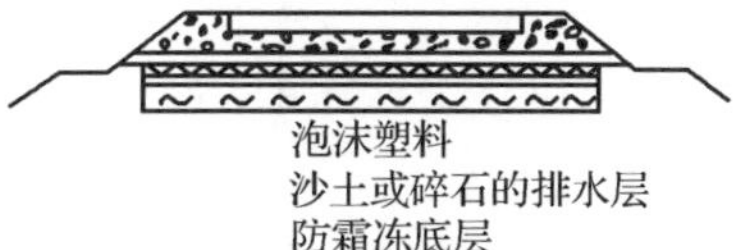

图 9.13 绝缘材料和防冻储存底层组合

9.12 路堑和路堤的路基——坡度

9.12.1 路堑路基

为了尽可能小的干扰地质结构的平衡,在任何路堑开挖时特别要注意研究其地质结构(特别是在 diaclases)。设计路堑时,要考虑安全、成本、对周边环境美学(非其他周边交通)的适应等要素。

路堑的坡度根据地质研究的结果来确定,通常值如下[180]:

粉沙土 1/(2.5 ~3) 泥质沙土 1/(2 ~3) 砾石 1/(1.5 ~2) 稳定黏土 1/(1 ~1.5)。

通常,要在斜坡上种植灌木或者树木以保护斜坡,同时要和周边景观融合。为了防止软化,也需要注意沿斜坡的地表排水。

9.12.2 路堤路基

对于路堤,计划建设区域的地质结构质量也要考虑[180]。通常的坡度值为:

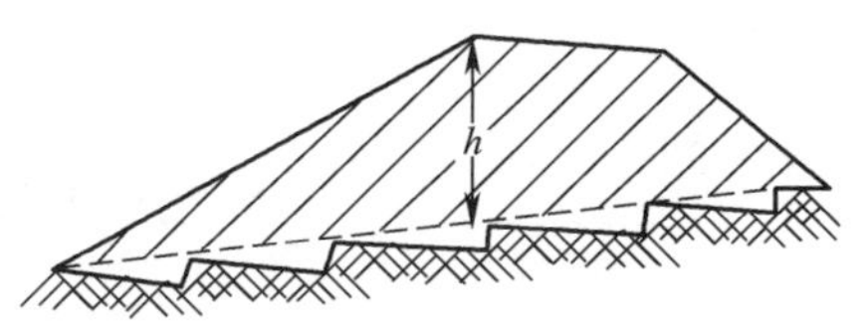

图 9.14 陡坡上路堤的阶梯结构

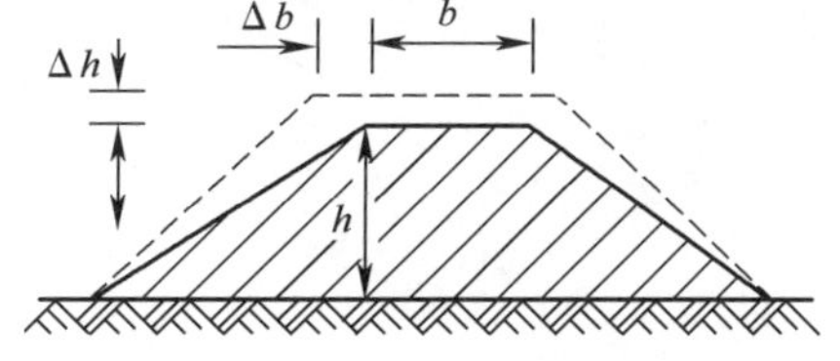

图 9.15 由于压实导致预期尺寸的减少,路堤的最初宽度和高度的增加

一般土壤 1/(1.5 ~ 2)、砾石和沙子 1/2、易冲刷型土壤 1/2。

如果路面坡度大于 1∶10,建议为了路堤基础安全,采用如图 9.14 所示的类似阶梯的结构。

由于路堤的后续压实,其原始尺寸的宽和高都应该加大尺寸(图 9.15)

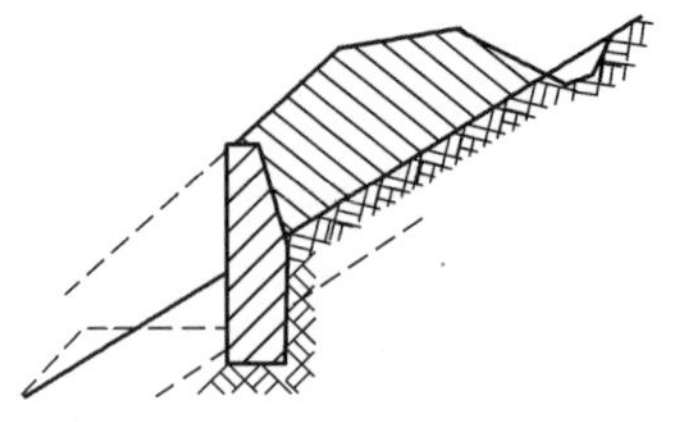

图 9.16　单边路堤很高时的挡土墙

最后,如果路堤的一边非常高,那么需要设置挡土墙或者通过加固土壤来支撑土壤的压力和列车的荷载(图 9.16)。

9.13　土壤加固技术

很多时候,土壤加固是一项灵活技术,能够替代挡土墙。土壤加固包含以下内容(图 9.17)。

① 路堤边缘;

② 较好质量的土壤材料;

③ 金属杆;

④ 混凝土保护层。

土壤加固技术特别适合中级和较差级别的路基(S_1,S_0)。特别需要注意的是,需要将金属棒放入土壤作为锚。法车铁路项目(图 9.18)对建设成本的比较分析显示土壤加固技术和挡土墙比较,无论经济上和技术上都占优势,特别是对于高度在 3 m ~ 12 m 之间的路堤。但是土壤加固技术不能用于电气化线路上,因为电流会穿透金属棒从而导致故障。

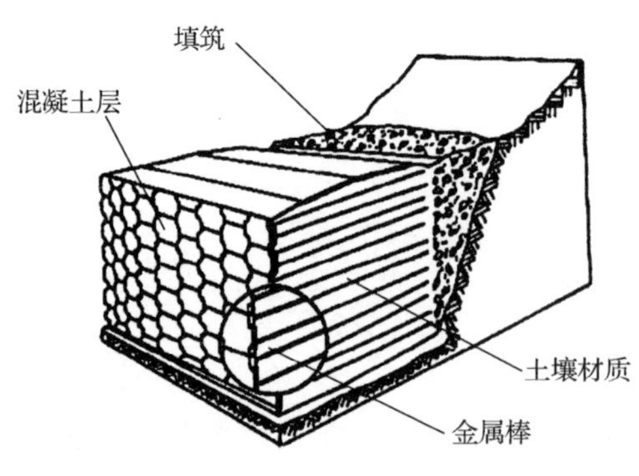

图 9.17　土壤加固技术

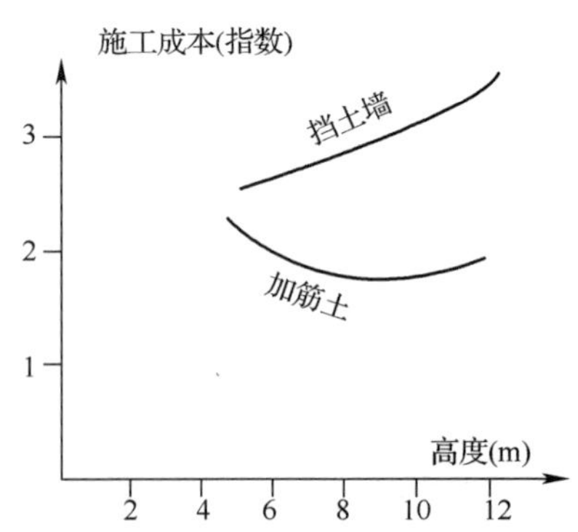

图 9.18　法国铁路项目挡土墙和土壤加固技术建设成本比较

9.14　水工分析和流量计算

9.14.1　地下水位

路基的机械特性和轨道的稳定性受地下水的影响很大,地下水位至少应比路基的顶层低 80 cm[186]。如果无法达到这一标准,就必须通过排水沟或者深层排水系统来降低地下水位[195]。

9.14.2　径流流量计算

任何可能渗透到路基的雨水都必须马上排干。路基的顶层应该设置一个排水设施方向的合理坡度(3% ~5%),轨道的横向和纵向都应该设置相应的排水设施。

水工设施的设计以部分经验方程式为依据,尽量计算出暴风雨期间的以下两个径流量。

① 轨道和路堑的径流流量,通常用下列方程式计算:

$$Q_P = k^{\frac{1}{u}} \cdot i^{\frac{v}{u}} \cdot c^{\frac{1}{u} \cdot \frac{w}{u}} \cdot A \tag{9.10}$$

式中　i——最长流径的坡度;

c——路基的径流系数,路堤斜坡的系数等于 0.3 或者 0.4,轨道的等于 0.85;

A——集水区域的表面积;

k、u、v、w——暴风雨的强度系数(10 年一遇,50 年一遇,100 年一遇)。

② 集水区域的溢流量,它和有效集水区域 A、集水区域的平均斜率 i、集水区域的平均径流系数 c 有关。c 的一般值:防透层为 0.9 ~ 1.1;耕作土壤为 0.4 ~0.8;沙质土壤为 0.3,木质区域为 0.2[186]。

各种方法和方程式中,值得一提的是美国土壤保持法,它以 Fuller 方程式为依据,对最大径流量 Q_{max}进行计算。

$$Q_{max} = Q_1 \cdot (1 + 0.8\log T) \cdot \left(1 + \frac{2.66}{A^{0.3}}\right) \tag{9.11}$$

式中　Q_1——T 年回程周期的最大流量(以 m^3/s 计),$Q_1 = c \cdot A^{0.8}$,$c = 1.8$;

A——集水区域(以平方公里计算)。

举例来说,假如集水区域 A 为 10 km^2,回程周期 T 为 10 年,那么:Q_1 = 11.63 m^3/s,Q_{max} = 47.70 m^3/s。如果 A = 15 km^2,回程周期 T 为 20 年,那么:Q_1 = 15.71 m^3/s,Q_{max} = 69.90 m^3/s。

因为上述方程式是以经验为依据的,应该用实际数据来验证,否则会导致评估出现偏颇。例如,当研究新高速轨道“TGV 地中海线路”的水工时,按照降雨量测量和分析方程式得出,100 年时期内的最大流量值为 1 ~ 5 $m^3 \cdot km^2/s$,而观察到的流量极限值大约是 10 $m^3 \cdot km^2/s$。因此,分析法与实际观察相差不多,轨道下水工设备的最小半径为 1 m[182]。

9.15　路基中的土工布

9.15.1　土工布的特性、类型和属性

中级、差级和更差等级的路基可以通过使用土工布改善其质量。土工布是由合成聚丙烯或者涤纶纤维构成的透水层。厚0.4 ~3 mm,重 70 ~350 g/m。有两大类型土工布[190,197]。

① 机织土工布,由两层交织垂纤维组成,很不均匀;

② 非机织土工布,特性均匀,纤维随机布置。

土工布有较大的可变形性,常被用于:

① 分离颗粒状材料的两个连续层;

② 加固机械强度不充分的土壤层;

③ 作为过滤装置;

④ 用于排水。

9.15.2　土工布在铁路路基中的应用

土工布在铁路上得到广泛使用。主要用于底砟下(而非道砟下),以便:

(1)方便路基道床的铺设。路基顶层的土工布可以防止细颗粒侵入砾石底砟表面,在路基表面形成一个合适的横向坡度(3% ~5%)。图 9.19 给出了某种黏土的可塑特性,这种情况下可以看到细颗粒渗入重叠的砾石层[202]。

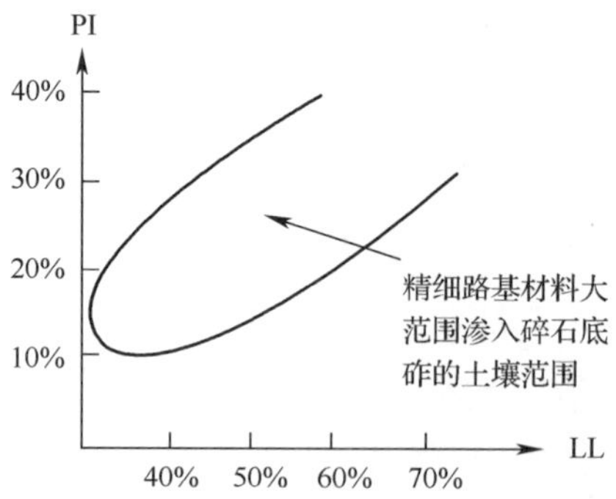

图 9.19　在塑性指数(PI)和液态极限(LL)综合影响下精细道砟材料很大程度上渗入碎石底砟

(2)增加道床结构的机械阻力。但是使用土工布并不能减少道砟和底砟的厚度,因为这会导致路基应力增加[196]。土工布并不能代替道砟和砾石来分布垂直载荷。某些铁路因为使用土工布,便未使用底砟并减小了道砟的厚度,结构效果很不理想(道砟穿透了土工布,造成横向斜坡的损坏)。很多方法,如有限元分析,可以计算出土工布的加固效果[183,192]。图 9.20 给出使用土工布,对增强路基机械应力评估的网格图。对板式轨道的研究和二维分析结果都比较令人满意[185]。已经计算得出使用土工布能够使路基顶部的应力减少 10% [183]。

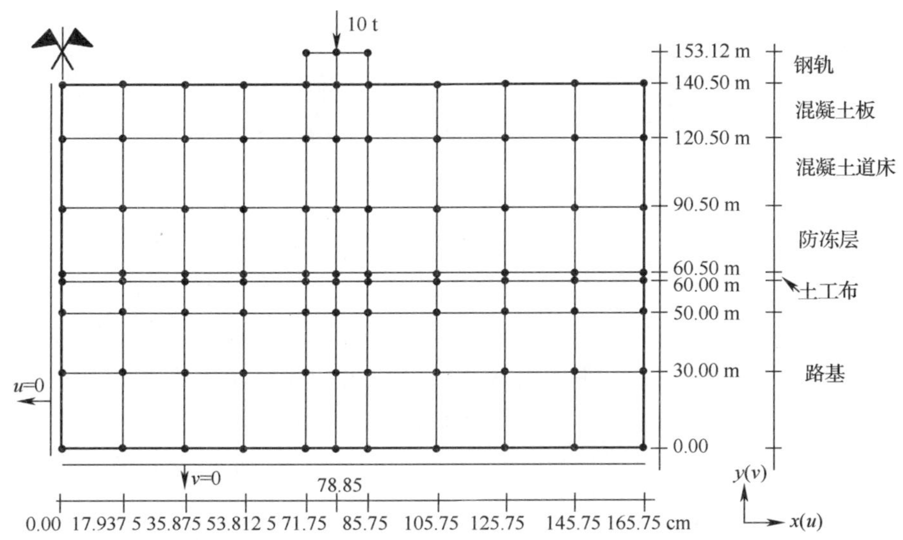

图 9.20 评估土工布加强效果的有限无模型网格

(3)用于过滤或者排水。这种情况下,土工布类型的选择根据下列方程式确定:

① 对于非黏性土壤: $$k_g \geqslant \frac{t_g \cdot k_s}{5d_{50}} \tag{9.12}$$

② 对于黏性土壤: $$k_g > 100k_s \tag{9.13}$$

式中 k_g——必须的土工布渗透率(cm/s);

t_g——土工布厚度(mm);

k_s——土壤渗透率(cm/s);

d_{50}——允许 50% 的土壤材料通过的筛半径(mm)。

土工布可以用来保护路基免于霜冻侵蚀。在使用之前,必须确定土工布能达到机械强度的要求,包括断裂强度、断裂伸长度、穿透力、抗压强度、透水性能、细颗粒土壤材料的渗透能力等。这些机械属性的值通过相关规范里的不同测试方法来确定。

沿着铁路路基使用土工布通常能够实现以上所有目的。但是,土工布通常只是被用来简单地把砾石底砟和路基土壤材料隔开。

土工布的使用可以大大减少轨道养护成本，这样土工布的使用成本也很快就可以收回。

9.16 路基和道砟上的植被

9.16.1 轨道上的植被和除草剂

因为大部分铁路线路都位于农村地区，路基和道砟上一定会出现植被。铁路一直努力通过机械或者化学（除草剂）方法来控制这些植被，后者证明更加有效。但是，底砟层合理的排水设施和维护较好的路基是不利植被生长的重要前提。

通过专门的铁路机械在轨道两边喷洒除草剂，可以一年一次（在 9 ~10 月间）或者两次（在秋天和春天）。最常用的除草剂是氯酸盐，线路两边的工作人员必须穿特制的服装，每年都进行体检。除草剂必须经过测试，并且得到相关部门的批准。在城区和需要水面保护的区域除草剂的使用必须规定额外的限制条件。人们对环境敏感度的增强要求铁路当局尽可能少的使用除草剂，并选择合适的天气条件使用除草剂（尽可能在白天，而非风天和雨天工作[188]）。

也可以通过在道砟下面和轨道两边铺设沥青层来减少轨道沿线植被的生长。

除了机械和化学方法外，最近也出现了一些其他方法，例如红外、电磁或者微波辐射，但这些技术都不适用于铁路轨道，应用较少，会干扰列车运行，而且每年需要进行 2 ~3 次[188]。

9.16.2 除草剂的使用标准和剂量

轨道的上部结构和基础设施均需控制植被生长（图 9.21）。对植被生长的化学控制应该限制在检查人行道（D_1）、道砟肩（C_1+C_2）、道砟（B）和轨道间区域（A）。以上提到的每一个部分都必须使用不同类型和剂量的除草剂。但是，道砟（B）、道砟肩的水平区域（C_1）和轨道间的区域（A）只有在非常必要时才使用除草剂[188]。

除草剂必须不含防腐剂、不可燃或者非易燃，不能导电。除草剂的效果应该适应轨道的类型，剂量应该适用于现有植被。

短期内需要改造的轨道不应该进行化学处理。新铺道砟开始几年如果植被比较稀少，也不应进行处理。在平交道口、桥梁和隧道内，一般是无需进行除草处理的。

环保意识的增强使得除草剂使用有严格的限制。除草剂的使用应该受到限

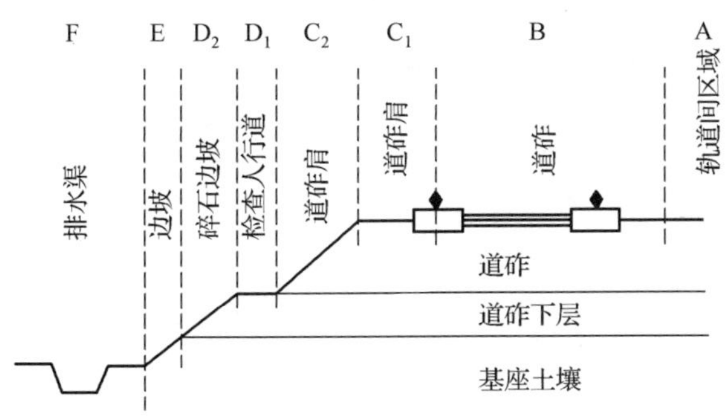

图 9.21 轨道的不同部位及除草剂的使用

制，所谓的分布指数（分布指数为：$\frac{K_d}{c(\%)}\times 100$，式中 K_d：除草剂中活性物质的数量，它是每克土壤水所吸收的微克量，每毫升水含 1 微克活性物质是一个平衡点，c：土壤的有机碳含量百分比——原注）必须大于 150。除草剂的持久效力（例如除草剂被转化所需的时间）不能超过 9 ~ 12 个月。它们的急性毒性使用 LD50 指数（LD50（50% 的致死剂量）指数是衡量除草剂急性毒性的，用暴露在除草剂中动物体重每千克所含活性物质的微克数计算。）进行衡量。由于动物会接触除草剂，一般为了防止入口吸收 LD50 必须大于 500，为了防止皮肤吸收必须大于 2000[188]。

9.17 地震与轨道及路基的性能

世界上很多地方都经常遭受地震灾害，这一关键的问题有两个方面需要考虑。

① 结构（桥梁、隧道、建筑物）、轨道和路基的设计和尺寸。结构设计必须考虑最大地震加速度（可以达到 3 m/s^2），这个值与各地区和国家的地震活跃性相关。所有的结构都必须具备充足的机械强度，这样可以应对震级最高的灾害。在地震活动比较活跃的地区，最有效的方法就是让桥梁完全独立，可以通过在桥梁和其支撑物之间安装减震器来减小地震影响（见 9.22 节）。

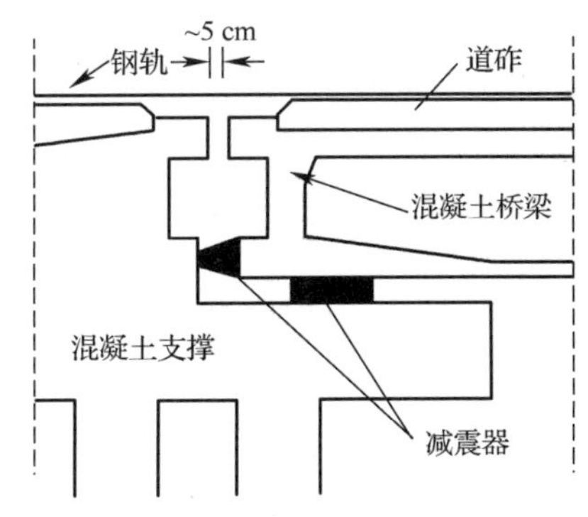

图 9.22 地震活跃地区的铁路混凝土桥梁完全独立

② 地震期间保证列车运输，可以通过沿着轨道安装一系列的地震传感器来实现，每个传感器都和报警中心相连，均包

含一个加速器,安装在机械保护盒里。如果加速度水平大于 0.65 m/s^2,必须立即停止列车运行。如果加速度值在 0.40 ~0.65 m/s^2 之间,建议减小列车最高运行速度。如果三个连续传感器在 5 s 之内发出报警信号,需要发出警报指令。所有的系统都必须保证高度可靠性:每 30 年出现一次错误报警才是可以接受的范围[181]。

10 钢　　轨

10.1　钢轨类型

钢轨是用来支撑和引导列车车轮前进的。自铁路诞生以来，钢轨轮廓一直在不断地改进。

第一种钢轨类型，也是迄今唯一还在使用的是槽形钢轨（图 10.1），轨顶与路面平行。槽形钢轨主要应用于有轨电车轨道、平交道口和港口轨道。

双头钢轨或者叫做圆头钢轨（图 10.2）在 19 世纪得到广泛应用，当时的设想是如果钢轨上部磨损，则可以翻过来继续使用。但是事实上这一设想并未能实现，尽管许多铁路和地铁仍然在使用（例如英国以及其他一些国家和地区），20 世纪初很多国家都不再使用双头钢轨。

现在普遍使用的是有座钢轨（图 10.3），也叫做平底钢轨，或者 Vignoles 轨（丁字轨），以它的设计者澳大利亚工程师的名字命名。这种钢轨由轨头、轨腰和轨底组成（图 10.3）。其横截面特征量是单位长度的重量 w 和惯矩 I。w 的任何增加都要求 I 成比例增加，以确保 I/m 比率比 w 增加的快。这必然导致钢轨高度不断增加。

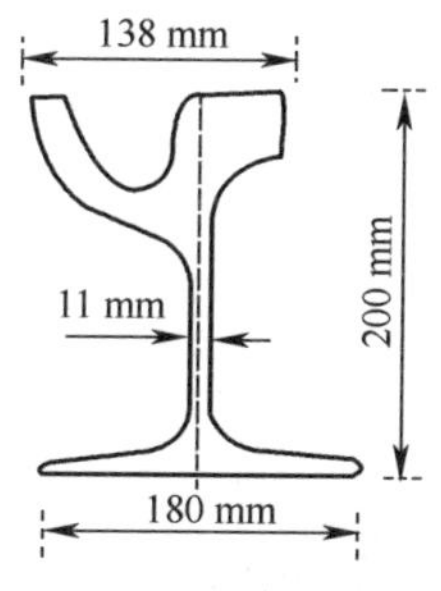

图 10.1　槽形钢轨

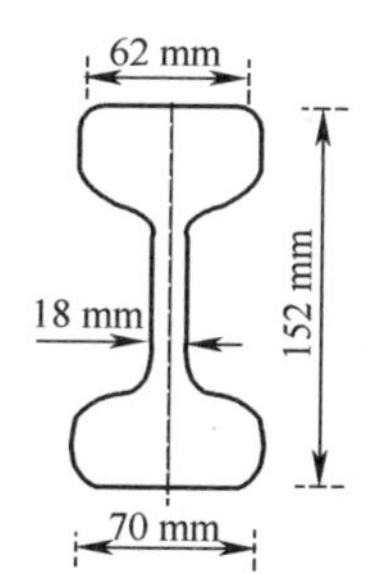

图 10.2　双头钢轨（圆头钢轨）

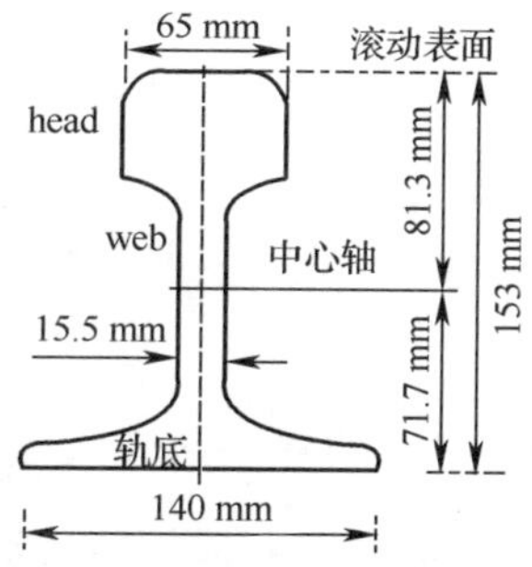

图 10.3　平底或者丁字轨；U36 截面（重 50 kg/m）

平底轨或者丁字轨的横断面设计主要是为了把钢轨连在一起，这点可以通过使用扁轨连结板来实现（见本书 10.12）。但是，无缝线路（见本书 10.13）的广泛应用可能导致将来轨道的外形发生变化。

轴重和列车速度的增加导致钢轨载荷的增加。UIC 针对标轨的钢轨断面进行了分类，主要类型有 UIC 50（重 50.18 kg/m）、UIC 54（重 54.43 kg/m）、UIC 60

(重 60.34 kg/m)和 UIC 71(重 71.19 kg/m)。本书 10.4 列出了 UIC 50、UIC 54 和 UIC 71 型钢轨的横断面图。

但欧洲标准已经对 UIC 的钢轨标准分类提出了修改建议。因此,钢轨类型使用每米重量,后面加一个字母 E 和一个系列号来表示。例如,UIC 50 型钢轨按照欧洲标准分类就是 50 E1。

10.2　钢轨钢的生产

钢厂制造钢轨钢时采用氧处理技术或者电弧炉技术。过去,也采用过铸锭技术。

近年来开始使用连续浇铸(图 10.4)技术,它能保证生产的钢轨相比之前质地更加均匀[157]。

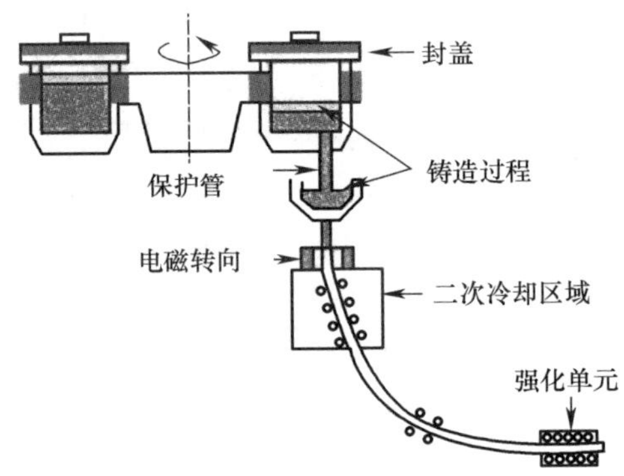

图 10.4　制造钢轨的连续浇铸机

许多钢厂使用钢轨连续检测设备,通过傅科电流来探测钢轨表面缺陷。

10.3　钢轨钢的机械强度和化学成分

10.3.1　机械强度

列车速度和轴重的增加要求钢轨钢的机械强度也要相应增加。1882 年的钢轨最大抗拉强度为 50 kg/mm^2,而目前已经达到 70 ~ 120 kg/mm^2。但是,钢轨机械强度的较大增加可能导致钢轨脆化,因此不建议继续增加强度。

钢轨钢按质量分作以下两类。

① 普通钢质量,最大抗拉强度为 70 ~ 90 kg/mm^2;

② 硬化钢质量,主要用在曲线、平交道口等地方,最大抗拉强度为90 ~ 120 kg/mm^2。

10.3.2　化学成分

钢轨包含多种化学成分[213]。

10.3.2.1　碳

含碳量增加，硬度和耐磨性也随之增加，但同时韧性会受到影响。通常钢轨的含碳量在 0.4% ~0.75% 之间。

10.3.2.2　锰

所有的商业钢轨都含少量的锰（1.0% ~1.5%），过量的锰会导致硬度较高。增加锰并减少碳能保证抗拉强度不变，但能提高钢轨韧性。

10.3.2.3　铬和硅

铬能增加硬度和耐磨性。含铬 2.0% ~2.5% 和碳 0.3% ~1.5% 的钢硬度较高，具有较高的抗拉强度和一定程度的硬度和耐磨性。钢轨的铬含量一般不超过 1%。硅会降低回弹性，钢轨的中度含硅量约 0.25%。

10.3.2.4　铬—锰

可以通过增加锰和铬的含量来缓和增加碳含量对钢轨疲劳度的不利影响。

10.3.2.5　碳当量百分比

碳、锰和铬的各个效应可以综合考虑，生成一个碳当量百分比，如下式所示

$$\text{碳当量} = C\% + \frac{Mn\%}{3} + \frac{Cr\%}{3} \tag{10.1}$$

碳当量每增加 0.1%，抗拉强度提高 7 kg/mm^2[148]。

至于碳、锰和铬的含量与耐磨性的关系，记录显示碳当量增加 0.1%，垂直轨头磨损减少 4.5% ~7.5%[213]。

10.3.3　钢轨等级

钢铁行业的钢轨产品多种多样，钢轨轮廓也各不相同，可以按照 UIC 标准（基于抗拉强度）或欧洲标准（基于硬度）进行分类。

20 年来 UIC 700 型的钢轨得到广泛使用，其最小抗拉强度为 70 kg/mm^2。UIC 900A 型（按欧洲标准是 260 等级）钢轨最小抗拉强度为 88 kg/mm^2，硬度为 300 布里涅耳（HB）。UIC 900A 的一个变型 UIC 900B（按欧洲标准是 260Mn 等级）的最大抗拉强度为 103 kg/mm^2。此外还有 UIC 1100 型钢轨，其最大抗拉强度为 108 kg/mm^2。表 10.1 列明了按 UIC 标准（700、900A、900B、1100）分类的各钢轨等级的化学成分和机械特性。

美国铁路使用的钢轨最小抗拉强度为 90 kg/mm^2，硬度为 250 HB。

对于需要支撑高强度荷载的钢轨，必须使用抗拉强度（100 ~ 120 kg/mm^2）和硬度较高（340 ~ 380HB）的钢轨等级，需要进行热处理工艺进行钢轨硬化。

表 10.1　按 UIC 标准分类的各钢轨等级的化学成分和机械特性

特性	化学构成						抗拉强度（kg/mm²）	迸裂后钢轨伸长率（初始长度的%）
	C %	Mn %	Si %	Cr %	P_{max} %	S_{max} %		
Grade 700	0.40～0.60	0.80～1.25	0.05～0.35		0.05	0.05	68～83	≥14
Grade 900A	0.60～0.80	0.80～1.30	0.10～0.50		0.04	0.04	88 min	≥10
Grade 900B	0.55～0.75	1.30～1.70	0.10～0.50		0.04	0.04	≤103	
Grade 1000	0.60～0.82	0.30～0.90	0.90～1.30	0.90～1.30		0.03	≥108	≥9

10.4　钢轨轮廓的选择

10.4.1　标轨轨道

钢轨轮廓的选择主要取决于运输载荷和期望寿命。对于标轨，运输荷载较低的情况下一般使用 UIC 54 型钢轨，中和高等级运输荷载使用 UIC 60 型钢轨。近年来也引进 UIC 70 型钢轨，但是直到今天也没有广泛应用（图 10.5）。

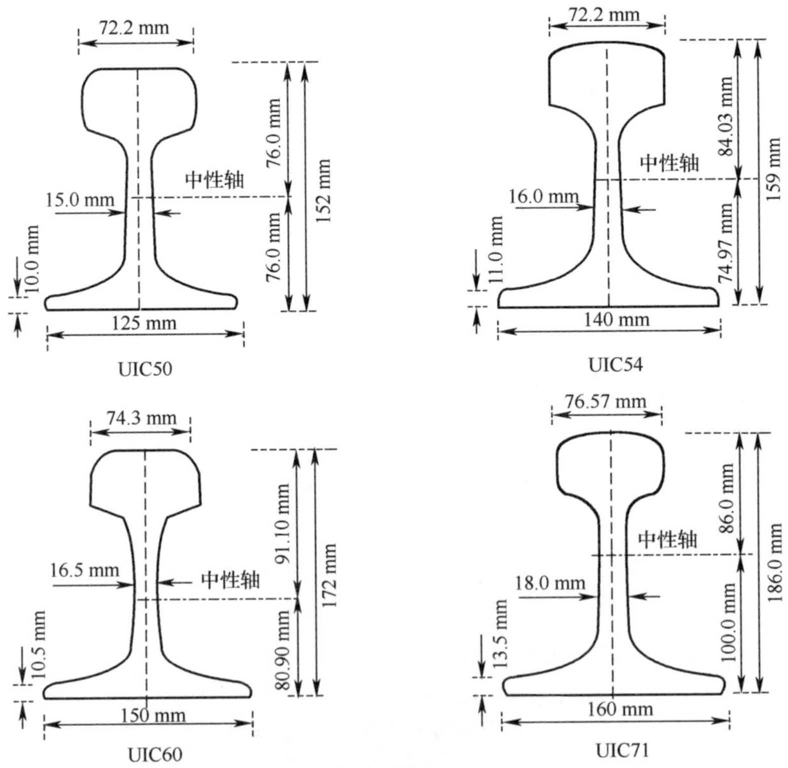

图 10.5　标轨轨道使用的钢轨类型 UIC 50（50 E1）、UIC 54（54 E1）、UIC 60（60 E1）和 UIC 71（71 E1）

钢轨类型的选择考虑以下参数:速度、轴重、轨道运量、轨枕间距、寿命和再利用情况。但是,铁路当局制订了一套简单实用的方针。因此,在欧洲,对于标轨,一般运输荷载(日运输荷载不超过 25 000 t)使用 54 kg/m 的钢轨,高运输荷载(大于 35 000 t)的线路使用 60 kg/m 的钢轨。对于日运输荷载 25 000 t 到 35 000 t之间的,如果使用的是木枕,那 54 kg/m 的钢轨就已足够;如果使用的混凝土枕,那么建议使用 60 kg/m 的钢轨。

10.4.2 米轨轨道

用于米轨轨道的钢轨类型范围从 30 kg/m 钢轨到 60 kg/m 钢轨。用于中高运量的最普遍的是 S49 型钢轨(重 49.05 kg/m,图 10.6),而用于低运量的是 S33 型钢轨(重 33.47 kg/m)。

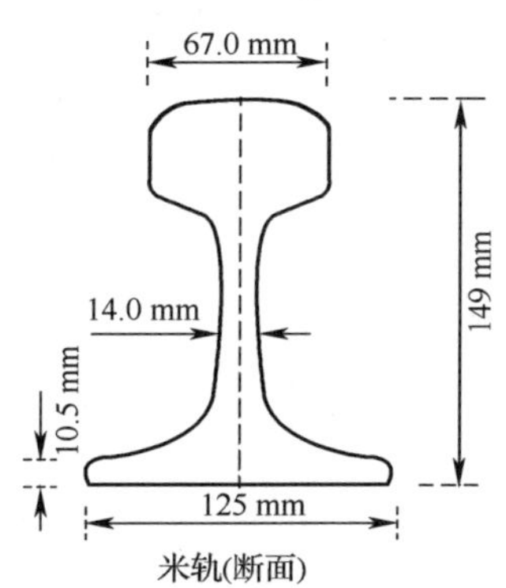

米轨(断面)

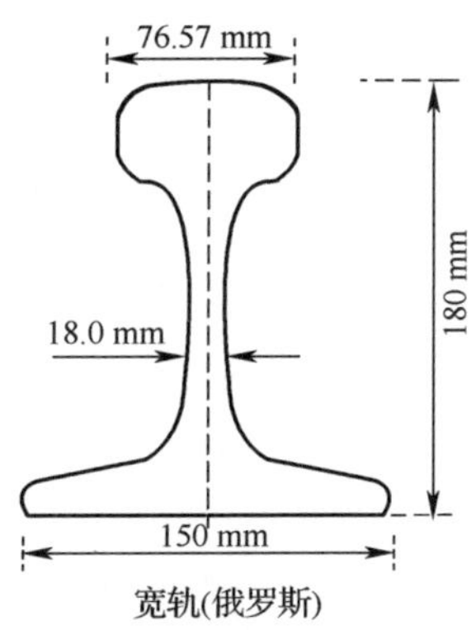

宽轨(俄罗斯)

图 10.6 米轨轨道和宽轨轨道使用的钢轨类型

为米轨轨道选择合适的钢轨需要考虑速度和轴重。表 10.2 列出了推荐的用于米轨轨道的 UIC 钢轨类型[138]。

表 10.2 米轨轨道钢轨类型的选择

v_{max}	160 km/h	120 km/h	80 km/h	100 km/h	60 km/h
轴重	13 t	16 t	25 ~ 30 t	20 t	16 t
运输类型	客运	混和	货运	混合	主要货运
建议钢轨重量	50 ~ 60 kg/m	50 ~ 60 kg/m	60 ~ 68 kg/m	>40 kg/m	>30 kg/m

10.4.3 宽轨轨道

相对于标轨轨道,宽轨轨道通常能够支撑较大的轴重。因此,宽轨使用的钢轨质量较重,图 10.6 列出了俄罗斯广泛使用的钢轨类型(重 65 kg/m)。

10.4.4 各类钢轨的几何特性

表 10.3 列出了全世界各地各铁路网用于标轨轨道的各类钢轨数据。

表 10.3　各类钢轨的几何特性[204]

部件	钢轨	钢轨高度 H(mm)	轨底宽度 B(mm)	轨头宽度 C_1(mm)	轨头宽度 C_2(mm)	轨腰厚度 S(mm)	轨头高度 K(mm)	轨底厚度 D(mm)	断面 A(mm^2)	重量 G(kg/m)	中性轴 X_H(mm)	惯性力矩 I_X(cm^4)
UIC部件	152. 00	125. 00	70. 00	72. 20	15. 00	49. 40	10. 00	6. 392	50. 18	76. 00	1 940	
	UIC 54(54E1)	159. 00	140. 00	70. 00	72. 20	16. 00	49. 40	11. 00	6 934	54. 43	74. 97	2 127
	UIC 54E(54E2)	161. 00	125. 00	67. 00	69. 50	16. 00	51. 40	12. 00	6 855	53. 81	69. 47	2 308
	UIC 60(60E1)	172. 00	150. 00	72. 00	74. 30	16. 50	51. 00	11. 50	7 687	60. 34	80. 90	3 055
英国部件	BS 60R	114. 30	109. 54	57. 20	57. 20	11. 11	35. 70	7. 60	3. 792	29. 77	55. 70	677
	BS 70A	123. 80	111. 10	60. 30	60. 30	12 – 30	39. 70	7. 90	4 438	34. 84	61. 30	912
	Bs 80A	133. 40	117. 50	63. 50	65. 40	13. 10	42. 50	8. 70	5 071	39. 80	65. 60	1 209
	BS 90 R	142. 90	136. 50	66. 70	66. 70	13. 90	43. 70	9. 30	5. 684	44. 62	68. 00	1 600
	BS 90 A	142. 90	127. 00	66. 70	68. 75	13. 90	46. 00	9. 10	5 735	45. 02	70. 00	1 558
	BS 113A(56E11)	158. 75	139. 70	69. 85	72. 06	20. 00	49. 21	11. 11	7 183	56. 39	84. 32	2 349
德国部件	SMR29	115. 00	90. 00	47. 00	55. 00	12. 00	40. 00	10. 00	3. 794	29. 78	55. 00	624
	SMR 32	125. 00	70. 00	47. 00	57. 58	12. 00	50. 00	11. 00	4 109	32. 25	66. 40	716
	S 30	108. 00	108. 00	60. 30	60. 30	12. 30	31. 00	7. 00	3 825	30. 03	52. 14	606
	S 33	134. 00	105. 00	58. 00	58. 00	11. 00	39. 00	9. 50	4 264	33. 47	67. 33	1 040
	S 41. 10R	138. 00	125. 00	67. 00	67. 00	12. 00	43. 00	9. 50	5 271	41. 38	68. 23	1 368
	S 41. 14R	138. 00	125. 00	67. 00	67. 00	12. 00	43. 00	9. 50	5 216	40. 95	68. 23	1 368
	S49(49E1)	149. 00	125. 00	67. 00	70. 00	14. 00	51. 50	10. 50	6 297	49. 34	73. 30	1 819
	S49b(49E3)	146. 00	125. 00	67. 00	70. 00	14. 00	48. 50	10. 50	6 083	47. 80	70. 95	1 705
	S54(54E3)	154. 00	125. 00	67. 00	70. 00	16. 00	55. 00	12. 00	6 948	54. 54	75. 00	2 073

续上表

		钢轨高度 H(mm)	轨底宽度 B(mm)	轨头宽度		轨腰厚度 S(mm)	轨头高度 K(mm)	轨底厚度 D(mm)	断面 $A(mm^2)$	重量 G(kg/m)	中性轴 X_H(mm)	惯性力矩 $I_X(cm^4)$
				C_1(mm)	C_2(mm)							
美国部件	ASCE 60	107.95	107.95	60.33	60.33	12.30	30.96	6.99	3.825	30.03	52.07	606
	ASCE 75	122.20	122.20	62.70	72.20	13.50	36.10	7.30	4.727	37.11	58.40	952
	ASCE 80	127.00	127.00	63.50	63.50	13.90	38.10	7.60	5.070	39.80	61.20	1.098
	ASCE 90	142.90	130.20	61.50	65.10	14.30	37.30	9.10	5.686	44.64	64.50	1.610
	ASCE 100	152.40	136.50	65.30	68.30	14.30	42.10	9.90	6.414	50.35	75.40	2.040
	AsCE 115	168.27	139.70	69.06	69.06	15.87	42.86	11.10	7.236	56.80	75.69	2.730
	ASCE 132	180.98	152.40	74.45	76.20	16.67	44.45	11.11	7.633	65.53	81.28	3.671
	ASCE 133	179.39	152.40	71.10	76.20	17.46	49.21	11.60	8.429	66.17	81.28	3.576
	ASCE 136	185.74	152.40	72.62	74.61	17.46	49.21	11.11	8.606	67.56	85.01	3.949
	CB 122	172.21	152.40	71.14	74.68	16.51	49.02	11.43	7.743	60.78	80.77	3.080
各种部件	U 33	145.00	134.00	62.00	64.30	15.00	47.00	10.50	5.898	46.30	67.20	1.588
	印度 IRS 52	156.00	136.00	67.00	67.00	15.00	51.00	9.00	6.610	51.89	79.00	2.105
	荷兰 SA 42	80.00	80.00	70.00	72.20	40.00	46.90	25.00	5.352	42.01	38.20	1.606
	荷兰 NP (46 146 E3)*	142.00	120.00	74.00	76.00	14.00	42.50	10.00	5.930	46.55	70.36	1.605
	丹麦 V	141.00	126.00	69.30	71.30	13.80	43.00	8.30	5.791	45.46	68.00	1.520
	丹麦 Ⅷ	172.00	150.00	72.00	74.30	16.50	51.00	11.50	7.687	60.34	80.90	3.055
	瑞士 SBBI	145.00	125.00	65.00	65.00	14.00	45.00	9.40	5.880	46.16	69.47	1.631
	Turkey 145/46.303	145.00	134.00	62.00	64.30	15.00	47.00	10.50	5.898	46.30	67.20	1.588
	南非 SAR 48	150.00	127.00	68.00	68.00	14.00	43.00	11.00	6.114	48.00	72.20	1.822
	中国 VRC 43	140.00	114.00	70.00	70.00	14.50	42.00	1 1.00	5.688	44.65	68.80	1.489
	中国 VRC 50	152.00	132.00	70.00	70.00	15.50	42.00	10.50	6.562	51.51	70.90	2.037

10.5　钢轨的运输

在将钢轨运输到最终目的地的过程中,要采取各种措施来减少它的垂直翘曲。图 10.7 显示出一根 36 m 长的钢轨运输期间的各个悬挂点。

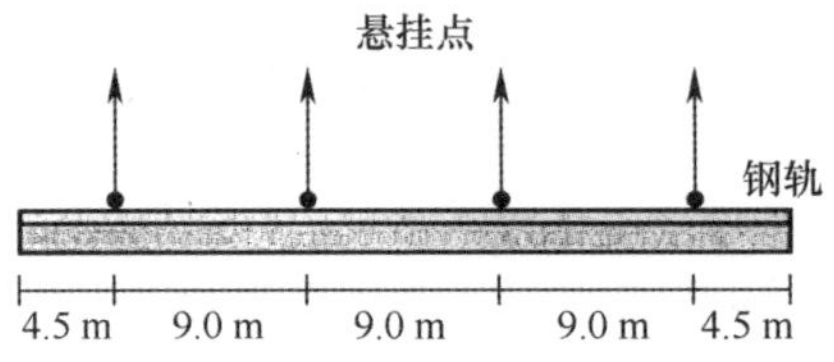

图 10.7　36 m 长钢轨的运输

10.6　钢轨的应力分析

钢轨承受的总应力是以下各个力的和。

① 轮轨接触应力(也叫做赫兹[Hertz]应力);

② 道砟上钢轨弯曲产生的应力;

③ 轨腰上轨头弯曲产生的应力;

④ 热效应产生的应力;

⑤ 塑性应力,外部负载消失后依然保留在轨道内部的应力。

除最后一项外,所有其他应力都基于弹性性能的假设计算。本书 8.4.4.2 节已经讨论过理论和实验都显示在大多数情况下,钢轨具备弹性性能。

10.6.1　轮轨接触应力

Dang Van 研究过轮轨接触应力这一问题,按照赫兹(Hertz)的假设,两个弯曲弹性体(轮—轨,见图 10.8)之间的接触面是椭圆形的,沿着接触面的应力分布是半椭圆形的。但是,很多测试显示,对于轮半径在 60 ~ 120 cm 之间的轮轨接解应力问题,下列二维简化模拟能得出满意的结果(Eisenmann 理论)。

假设所有的曲率半径都是无限的,轮载荷 Q 为均匀分布,根据 Eisenmann 分析,标准赫兹应力 σ_μ 可以通过下列方程式得出[222]

$$\sigma_\mu(\mathrm{Nt/mm^2}) = \sqrt{\frac{\pi E}{64(1-v^2)} \cdot \frac{Q}{Rb}} \tag{10.2}$$

设一些常见值,$E = 2.1 \times 10^6\ \mathrm{kPa/cm^2}$,$\upsilon = 0.3$,$b = 6\ \mathrm{mm}$,可以得出下列方程式

$$\sigma_\mu(\mathrm{Nt/mm^2}) = 1.374\sqrt{\frac{\mathrm{Q}}{\mathrm{R}}} \tag{10.3}$$

Eisenmann 简化模拟给出了图 10.9 带有最大值的剪切应力分布图：

$$\tau_{max} \cong 412\sqrt{\frac{Q}{R}} \tag{10.4}$$

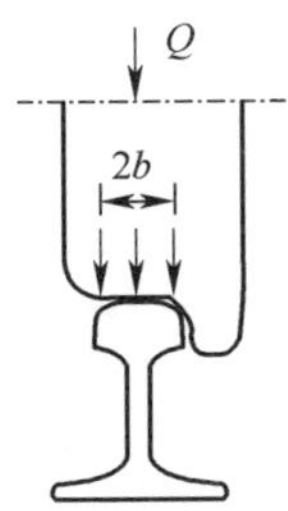

图 10.8 轮轨接触

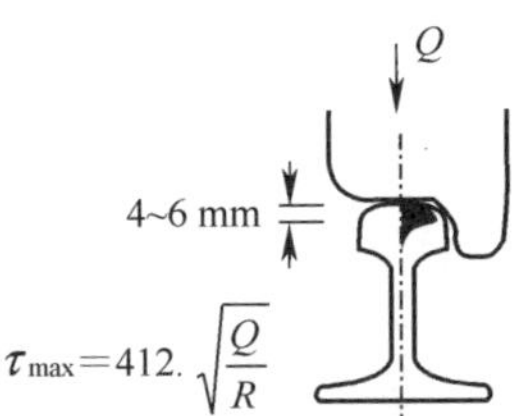

图 10.9 轮轨接触处的剪切应力

轮轨接触的最大剪切力在滚动面(车轮踏面)下 4 ~6 mm[222]。

10.6.2 道砟上钢轨的弯曲应力

可以把钢轨模拟成弹性支撑上的一根梁体[207,209]。

机械学一般方程式为

$$E \cdot I \cdot \frac{d^4 u}{dx^4} + k \cdot u = 0 \tag{10.5}$$

弯曲应力 σ_b 有下列分析方程式：

$$\sigma_b = \frac{Q(h_r - z)}{4\gamma_r \cdot I_r} e^{-\gamma_r x}(\sin \gamma_r \cdot x - \cos \gamma_r \cdot x) \tag{10.6}$$

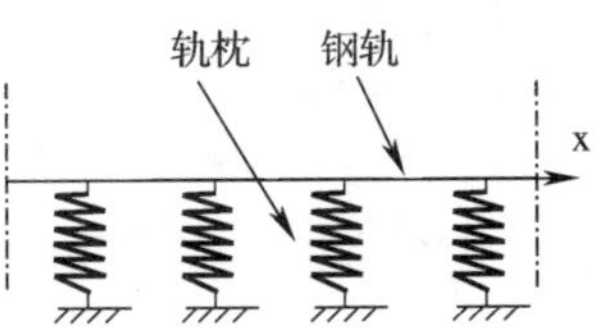

图 10.10 钢轨上弯曲应力的计算模型

式中 Q——车轮负荷；

I_r——垂直方向钢轨惯性力矩；

h_r——滚动面与钢轨中间线的距离；

k——轨道指数($=r/z$),其中 r 是理论上车轮荷载,均匀分布在钢轨上,z 是钢轨的垂直沉降；

u——位移；

γ_r——$\sqrt[4]{\frac{k}{4E \cdot I_r}}$。

10.6.3 轨腰上轨头的弯曲应力

轨头可以被模拟为弹性底座上的一根梁。

合应力 σ_h 通过下列分析方程式得出[225]：

$$\sigma_h = \frac{Q(h_c - z)}{4\gamma_c \cdot I_c} e^{-\gamma_c x}(\sin \gamma_c \cdot x - \cos \gamma_c \cdot x) \tag{10.7}$$

式中　h_c——滚动面和轨头中轴线之间的距离；

I_c——轨头惯性力矩；

γ_c——$\sqrt[4]{I_c/4}$。

10.6.4　温度变化引起的应力

温度变化引起的应力由下列方程式进行计算

$$\sigma_{th} = \alpha \cdot E \cdot \Delta\theta \tag{10.8}$$

式中　α——钢轨热扩张系数；

$\Delta\theta$——温度差异。

10.6.5　塑性应力

迄今为止，尚没有令人满意的塑性分析能够计算出钢轨内部塑性应力的具体数值结果，这主要是因为要模拟钢轨和轨枕之间的极限条件非常困难。

测量得出了图 10.11 和 10.12 所示的塑性应力分布。

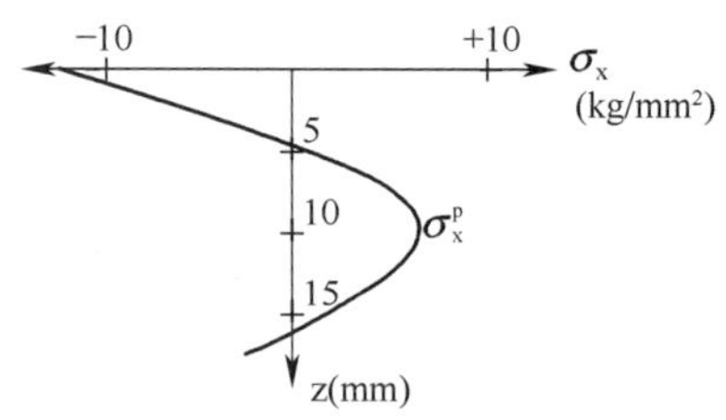

图 10.11　钢轨对称面上的纵向塑性应力 σ_x^p

日本铁路在 50T 型钢轨（重 53 kg/m）进行试验得出了图 10.13 所示的应力分布[224]。德国铁路在 S49 型钢轨（重 53 kg/m）上也得出了类似的结果。

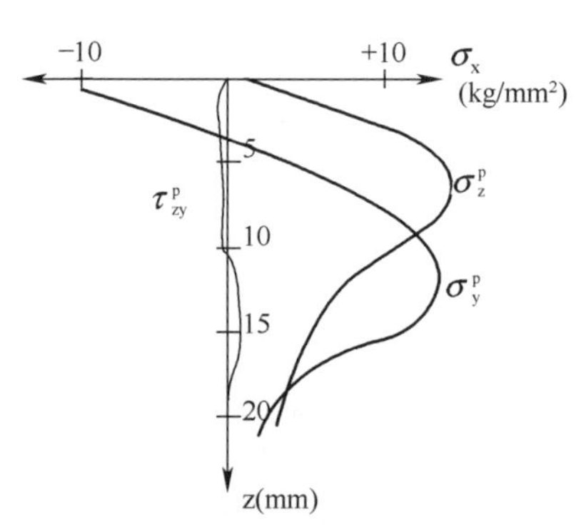

图 10.12　钢轨对称面上的横向塑性应力 σ_x^p[224]

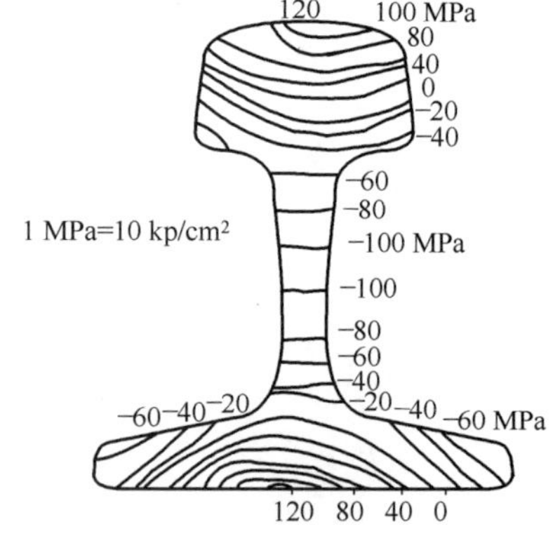

图 10.13　50T 型钢轨（重 53 kg/m）的塑性张力

10.7　通过有限元法和光弹性法对钢轨的机械性能进行分析

钢轨的机械性能可以通过有限元法来模拟[147]（图 10.14）。但是这种模拟也难以精确研究钢轨—轨枕接触的极限条件。因此，习惯上在有限元分析中把钢轨和轨枕都包括进来。

单向接触和不等式机械理论(本书 8.11 节中有说明)可以用来进行钢轨—轨枕接触的精确研究,但是这个研究并不能得出具体的数值结果[135,159]。

最后,为了调查钢轨的应力分布,也可以使用光弹性法。图 10.15 绘制了基于光弹性法的相等剪切应力曲线。

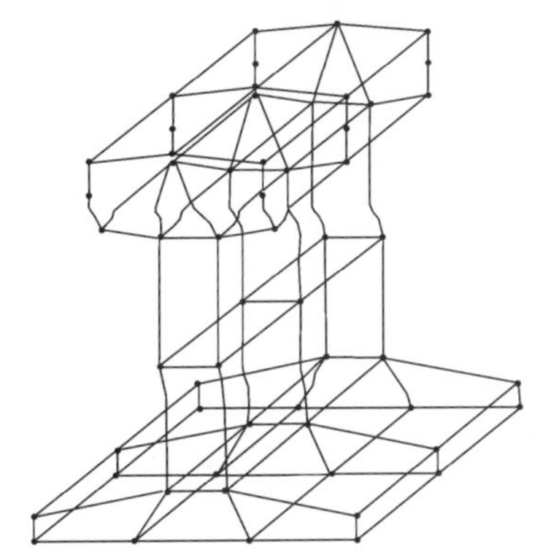

图 10.14　使用有限元法的轨道分析[147]

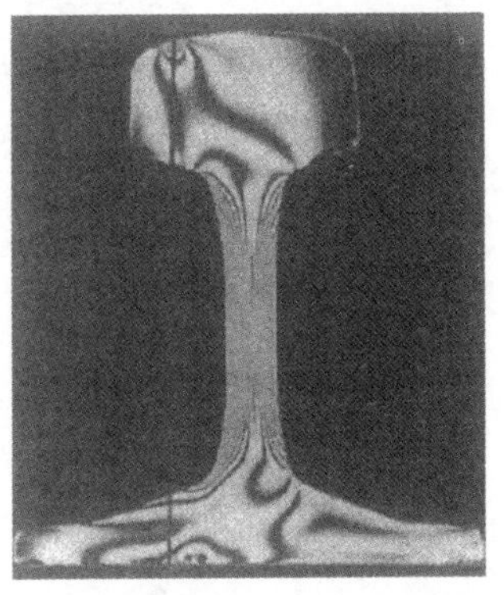

图 10.15　使用光弹性法得到的钢轨应力

10.8　钢轨疲劳

10.8.1　疲劳曲线和钢轨寿命测定

疲劳指的是某种材料在反复荷载的影响下机械强度逐渐减少,直到应力超过最小值 σ_0,也就是疲劳极限。应力低于疲劳极限时($\sigma < \sigma_0$),不会出现疲劳现象。

如果应力超过疲劳极限($\sigma > \sigma_0$),机械强度逐渐减小,当应力值低于在首个负载周期引起断裂的值时将导致材料出现断裂。

疲劳现象的理论和实验研究主要集中在两个方面:

① 疲劳曲线测定(疲劳曲线也叫做 Wohler 曲线,以首次分析轨道疲劳的德国工程师的名字命名)。当应力 $\sigma > \sigma_0$ 时会出现疲劳现象(图 10.16)。

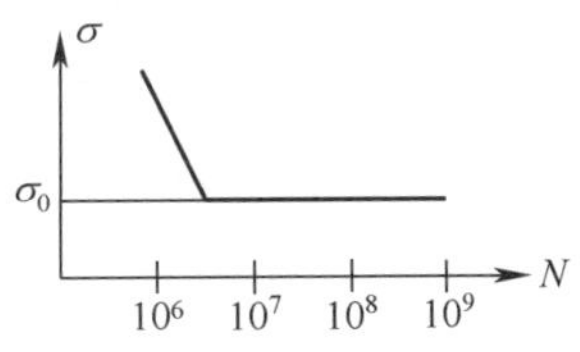

图 10.16　疲劳曲线

② 对于疲劳领域的应力发展变化,应力的测定取决于材料。设 σ_1 为负载记录,$\sigma_1 > \sigma_0$,当其寿命结束时,材料将出现故障,是 N_1 负载周期。材料是 n_1 负载周期,$n_1 < N_1$。设 σ_2 为第二个负载记录,$\sigma_2 > \sigma_0$,缺少 σ_1 负载,将得出寿命 N_2 负载周期。数字 n_2 负载周期是未知的,这将导致材料故障。Miner 规则以类似方程式给出了答案[149]:

$$\frac{n_1}{N_1}+\frac{n_2}{N_2} \tag{10.9}$$

当有更多的载荷记录时，Miner 规则可以变化为：

$$\frac{n_1}{N_1}+\frac{n_2}{N_2}+\frac{n_3}{N_3}+\cdots+\frac{n_n}{N_n} \tag{10.10}$$

金属的疲劳现象的根源是内部不连续性，这个一开始（钢材生产阶段）就有所表现。如果应力足够小，这些内部不连续不会传播，因此平衡状态得以维持。但是，当应力超过疲劳极限时，内部不连续将传播、扩张、合并，可能因为疲劳导致材料在没有任何可见变形时发生断裂[203,212]。

10.8.2 钢轨疲劳标准

为了调查由内部不连续导致不稳定开始的条件，钢轨疲劳现象在实验[221]和理论[219]层面都开展了广泛研究。研究发现内部不连续倾向于向承担外部荷载能力较差的晶体平面颗粒方向蔓延，综合考虑一系列的实验结果，Dang Van 制订了一个以自己名字命名的标准，根据这个标准，钢轨疲劳主要发生于两个阶段[219]。

① 第一个是硬化阶段，这时候应力在循环塑性应变的影响下生成，趋向于一个平衡状态，假设钢是各向同性硬性的，可以推断出局部应力 $\sigma_{ij}(t)$ 通过下列方程式与宏观应力 $\Sigma_{ij}(t)$（它由连续理论得出）相关

$$\sigma_{ij}(t)=\Sigma_{ij}(t)-\sigma_{ij}\cdot T_0 \tag{10.11}$$

式中 σ_{ij}——颗粒定向张量；

m——滑动方向；

n——滑动平面的垂线；

T_0——平均剪切，定义为 n 周期如

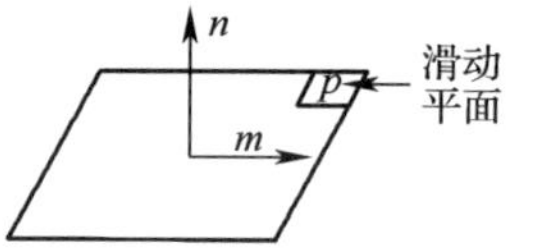

$$T_0^n=\frac{1}{2}\cdot(T_{max}^n+T_{min}^n) \tag{10.12}$$

② 在第二阶段期间，内部不连续开始以已经在塑性状态中的颗粒传播，而周边的颗粒还处于弹性状态。因为分子的数量依然是常数，内部空隙的出现导致体积的增大，因此在钢轨疲劳现象中，球面（或者流体静力）张量（$\sigma_{kk}/3$）* 的作用也要进行研究。

$$\sigma_{ij}=\frac{\sigma_{kk}}{3}\cdot\delta_{ij}+S_{ij} \tag{10.13}$$

式中 S_{ij}——偏斜张量；

* 值得一提的是，一个重复的下标意味着下标的所有可能值的总量［爱因斯坦假设］。那么［175］：$\sigma_{kk}/3=\sigma_{11}/3+\sigma_{22}/3+\sigma_{33}/3$。

δ_{ij}——Kronecker 增量（当 $i \neq j$ 时 $\delta_{ij}=0$，当 $i=j$ 时 $\delta_{ij}=1$）

宏观应力 $\Sigma_{ij}(t)$ 由连续理论得出，而实验发现确定 n、m，因而可以得出 α_{ij}。

疲劳程度最小的颗粒的局部剪切(t)是

$$\tau(t) = T(t) - T_0 \tag{10.14}$$

式中 T——宏观剪切；

T_0——平均剪切。

钢轨疲劳现象的分析显示[219]：

① 最大剪切应力出现在滚动面下 10 ~ 15 mm处（图 10.17）。应该注意到，这个结论已经得到一系列的实验室测试的验证[221,223]。

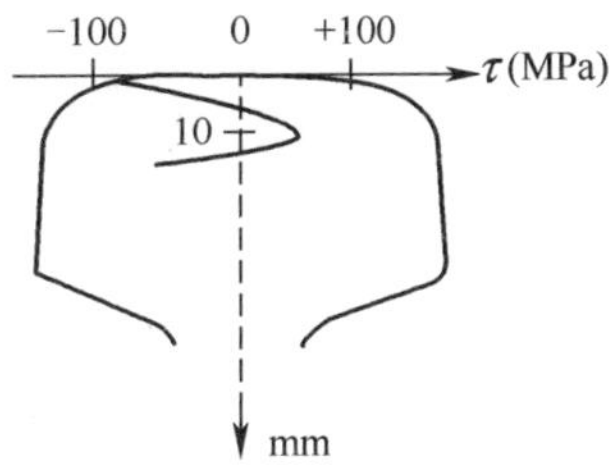

图 10.17 钢轨内的剪切应力

② 最大应力产生在和垂直方向呈30°角的平面上。

③ 车轮半径的增加将导致内部不连续的增加。

④ 内部不连续引起的疲劳与轴重 Q 成正比，使其提高 3 ~ 4，更接近 4。因此钢轨疲劳和 Q^a 相关。

10.8.3 内部不连续的演变

内部不连续的演变，形式上是椭圆形的，长轴为 2α。它是不连续间断周长得出的应力强度 $\Delta\sigma$ 的函数。对于 $\Delta\sigma < \sigma_{crit}$，间断尺寸依然不受外部荷载的影响。通过下列方程式得出区域Ⅱ（图 10.18）的间断呈现很大幅度的增加[208,220]：

$$\frac{d\alpha_c}{dN} = c \cdot \Delta\sigma^{nc} \tag{10.15}$$

式中，c 和 nc 是实验室测试得出的常数。有限元法能够计算荷载周期的数字，它使最初的不连续达到一个特定的值，作为车轮荷载周期的函数[214]。

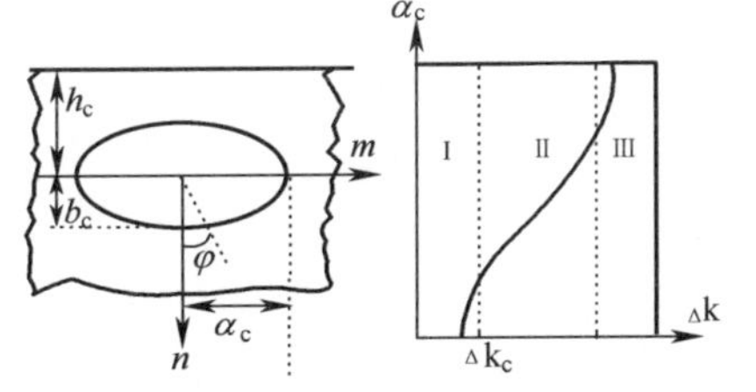

图 10.18 内部间断的特征

ORE 内部研究已经得出了一个关于线路运量 T 的函数，可以更好的表达内部不连续的变化。

$$Y = Y_0 \cdot 2^{T/5} \tag{10.16}$$

式中 Y_0——不连续间断的初始值；

T——线路的运量（以百万吨/年计）。

当内部不连续的扩展和合并达到轨头面积的 55% 以上时，钢轨将面临着严重的断裂风险[217]。

10.9　钢轨缺陷

10.9.1　钢轨缺陷的定义

钢轨的内部间断可能导致钢轨疲劳程度增加，这就叫做钢轨缺陷。由于列车通过而导致钢轨机械属性的变化也被当作缺陷。钢轨缺陷必须和轨道缺陷明确地区开来，后者被定义为按照轨道几何特征理论值的变形。轨道缺陷是列车运行的结果，是肉眼可见的，有其几何属性，通常在轨道养护中可以修复（见本书16.4节）。相反，钢轨缺陷在钢轨制作时就存在，具备机械属性和微观属性，大多数情况下是不可逆的[206]。

出现下列任何一种情况都可能导致轨道中钢轨质量的不合格[218]：

① 断轨：钢轨断裂成两三段或者钢轨出现金属块的剥落，在运行表面形成一个超过50 mm长、10 mm深的裂口。

② 裂轨：钢轨的任何区域出现一两个没有固定模式的裂口，无论明显与否，裂口的进一步蔓延能够迅速地导致钢轨断裂。

③ 残轨：钢轨既没有裂口也没有断裂，但是一般在其表面出现其他缺陷。

钢轨缺陷可能位于轨端，远离轨端或者出现在焊接区域。

10.9.2　钢轨缺陷编码

国际铁路联盟对钢轨缺陷进行了相应研究、分类和编码。断轨、裂轨和残轨就是编码的对象，编码由4位数组成[205,218]（表10.4）。

（1）第一位数表示：

① 缺陷在轨端；

② 缺陷远离轨端；

③ 缺陷由钢轨危害产生；

④ 焊接或者再抛光缺陷。

（2）第二位数表示：

① 缺陷出现在钢轨的位置；

② 焊接缺陷或者再抛光缺陷的类型。

（3）第三位数表示：

① 断轨或者裂轨的缺陷类型；

② 残轨的缺陷属性；

③ 残轨的缺陷原因。

（4）第四位数是为钢轨缺陷的进一步分类所预留的位置。

能够导致大部分轨道疲劳风险或者引起故障的主要轨道缺陷如下[216,218]：

表 10.4 使用有限元法的轨道分析[147]

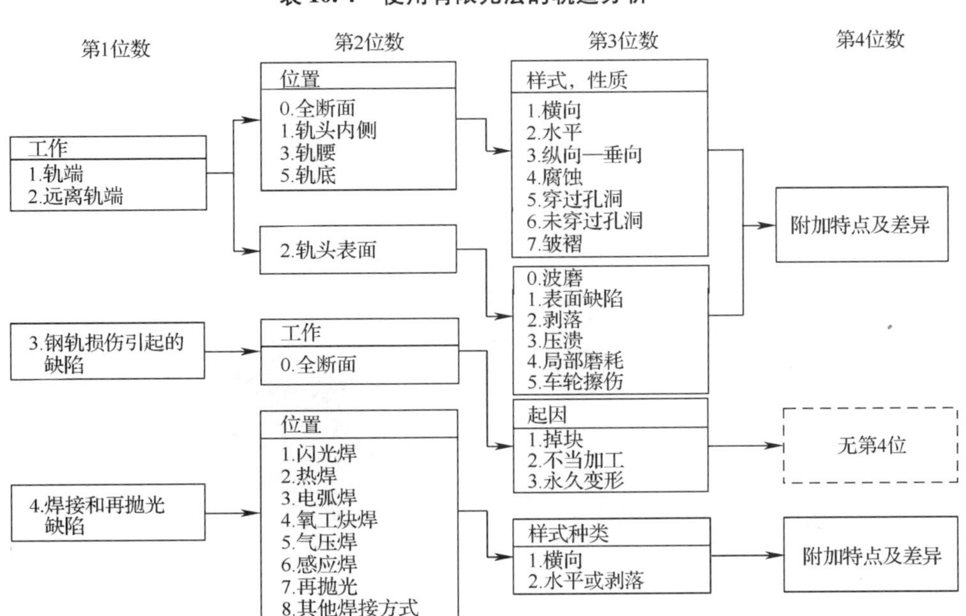

10.9.3 轨端缺陷

纵向垂直裂口(钢轨缺陷 UIC 113,图 10.19),会引起垂直裂口,并可能扩大最终使轨头裂成两半。这是钢轨制作时留下的缺陷,可以通过超声波设备检测出来,一旦发现要立即更换。

10.9.4 远离轨端的缺陷

(1)Tache ovale(钢轨缺陷 UIC 211,图 10.20),对应一个初始内部椭圆间断,是由钢轨生产过程中热效应引起的,能够扩展到钢轨表面,然后在轨腰处可见。这时钢轨随时可能断裂,这个缺陷可能是非常严重的问题,在钢轨的生产中最为常见。可以通过超声波设备探测到。大部分钢轨疲劳研究都是针对这一缺陷的。

图 10.19 纵向垂直裂口

(2)水平裂口(钢轨缺陷 UIC 212,图 10.21)指钢轨滚动面的水平开裂,在钢轨制作阶段(初始内部间断)就已经产生,可能导致钢轨表面凹陷。肉眼或者超声波设备都可以探测出来。

(3)滚动面(运行)开裂(钢轨缺陷 UIC 221,图 10.22),钢轨滚动面逐渐开裂。最早发生于冶金阶段,在轨道维护检查期间可以检查出来;有问题的钢轨可以在日常维护中进行更换。

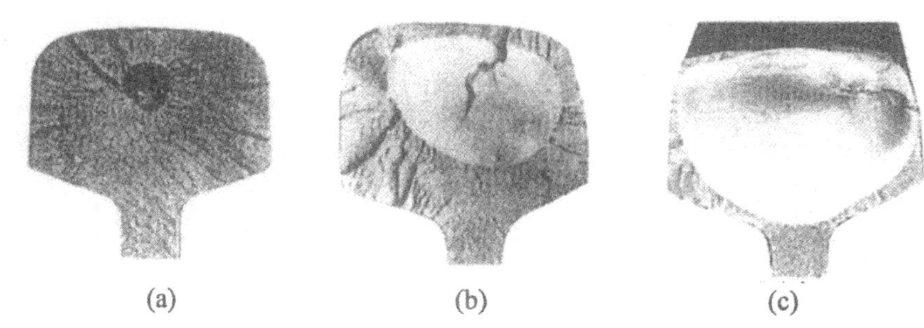

图 10.20　初始阶段内部不连续的扩展[218]

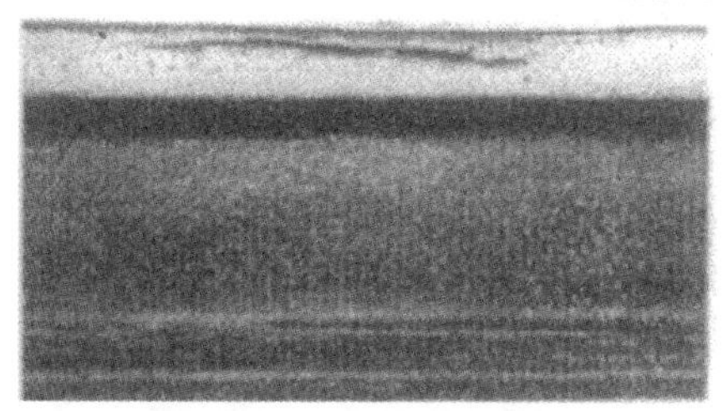

图 10.21　水平裂口[218]

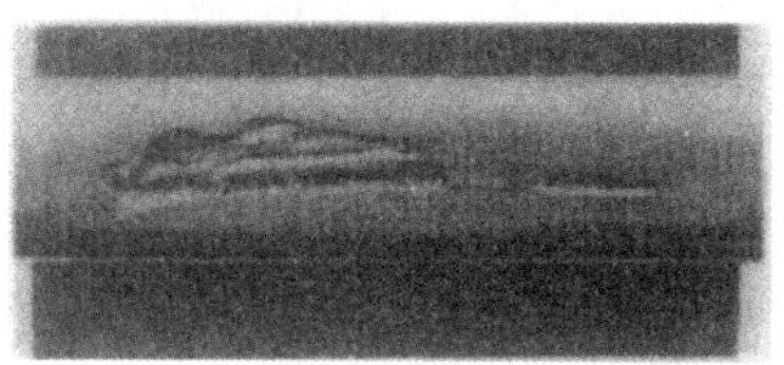

图 10.22　滚动面分开[218]

(4)短波波磨(钢轨缺陷 UIC 2201,图 10.23)。由列车运行导致,由波长为 $\lambda=3\sim8$ cm 的波纹构成,会引发很多不利影响:轨道高频振动,包括共振,较高的钢轨应力,与钢轨接触区域的混凝土轨枕疲劳,扣件松弛,衬垫和夹片加速磨损,道砟和路基过早失效,噪声水平增加 5 ~15 dB(A)。这些缺陷可以直接观察到,或者通过合适的记录装置检测出来。可以通过专门用于钢轨打磨的设备修复。

图 10.23　短波波磨

(5)长波波磨钢轨缺陷(UIC 2202)。它的波长为 $\lambda=8\sim30$ cm,主要出现在半径 600 m 及以下的曲线的内侧钢轨上。这种形式的磨损多出现在市区铁路和地铁等大运量的铁路上。其探测与修复和短波波磨相同。

(6)侧面磨损(钢轨缺陷 UIC 2203,图 10.24)。会影响曲线外侧钢轨,来自车辆应力。有一个最小值的正弦形式,和扁轨连接板呈直角。侧面磨损超过某个极限时,将变得很危险,因为会影响到轨距。各铁路网都规定了轨头侧面磨损的限值。

(7)运行面剥落(钢轨缺陷 UIC 2221)。在剥落形成前,可以看到运行面不规则的变形,在金属上有几毫米深。这些剥落的截面极其多变。脱壳并非一个

图 10.24　侧面磨损

独立的缺陷，总是大范围的发生。探测可以通过肉眼，也可以通过超声测测试。

图 10.25　轨角剥落

(8)轨角剥落(钢轨缺陷 UIC 2222，图 10.25)。首先，钢轨轨头的轨角处出现随机的长黑点。这些点就是金属分裂的早期信号，经过一段时间的发展，开始在侧面出现唇状裂口。通过肉眼观察就可以看出来。

10.9.5　钢轨损伤导致的缺陷

(1)压痕(钢轨缺陷 UIC 301，图 10.26)。这个缺陷应归因于运输荷载，可能是以下各种情况的结果：脱轨、部分拽引、轮胎损坏、装卸作业、电弧作用、工具使用不当。裂口和断裂的钢轨必须尽早的更换。

(2)不当加工(钢轨缺陷 UIC 302，图 10.27)。它归因于运输载荷，可能有下列原因：对轨头或者轨腰内侧钻孔不合理，错误切割等。可以通过肉眼观测

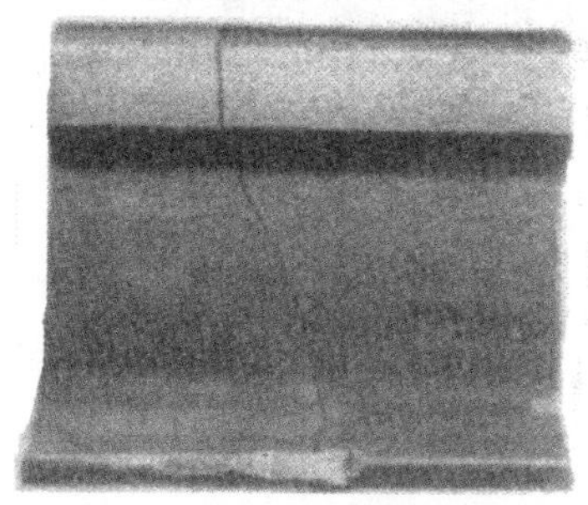

图 10.26　压痕

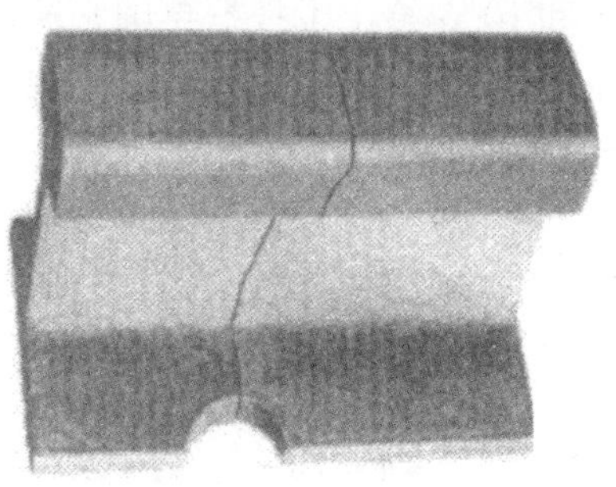

图 10.27　不当加工

到,可能导致钢轨裂口和断裂,一旦出现问题需尽快更换。

10.9.6 焊接和打磨缺陷

(1)闪光焊 (横向和水平裂口)缺陷。闪光焊可能导致横向裂口(缺陷 UIC 411),也可能出现水平裂口(缺陷 UIC 412)。横向裂口可能导致轨头内部缺陷(图 10.28),也可能导致轨底缺陷(图 10.29)。水平裂口在轨腰出现一个弯曲形状。横向和水平裂口都可以通过眼睛观察到(使用超声波设备检查),可能导致钢轨完全断裂。紧急时应该使用扁轨连接板,缺陷钢轨应该更换。

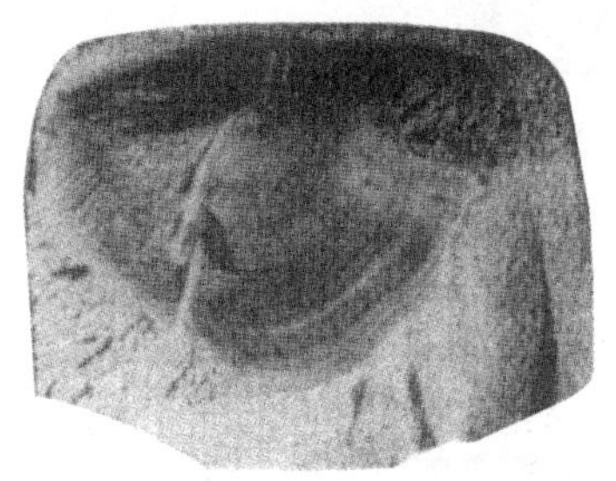

图 10.28 由于焊接缺陷导致轨头横向裂口[218]

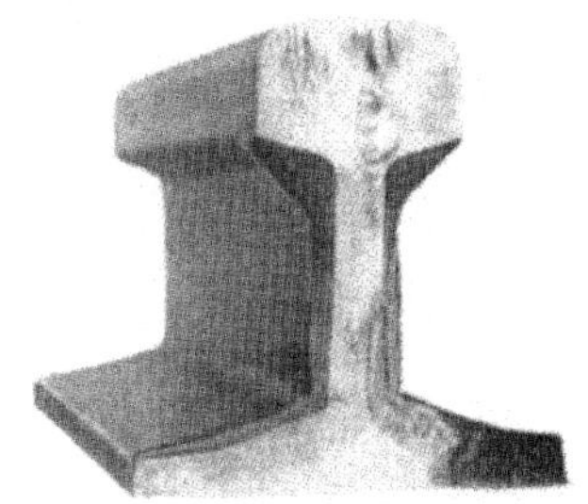

图 10.29 由于焊接缺陷导致轨底横向裂口[218]

(2)铝热焊(横向和水平裂口)缺陷和电弧焊(横向和水平裂口)缺陷。铝热焊导致的缺陷(轨腰横向裂口,缺陷 UIC 421;轨腰水平裂口,缺陷 UIC 422),无论是特性还是处理方式都和闪光焊缺陷类似。电弧焊导致的缺陷(轨腰横向裂口,缺陷 UIC 431;轨腰水平裂口,缺陷 UIC 432)和其他焊接缺陷也类似。

10.10 允许轨道磨损

10.10.1 垂直磨损

钢轨的最大允许垂直磨损是有关最大列车速度和运输荷载的函数。表 10.5 和 10.6 给出了根据英国和德国规范的最大轨头允许磨损值[213]。

应该注意的是,机车车轮导致的钢轨磨损是其牵引的车辆导致的磨损的 6 倍多。

表 10.5 按照英国规范的钢轨(159 mm 高)最大允许垂直磨损[213]

最高速度	允许的最大轨头垂向磨损
>160	9
120~160	12
80~120	15
<80	18

表 10.6　按照德国规范的钢轨(154 mm 高)最大允许垂直磨损[213]

线　路　分　类	允许的最大轨头垂向磨损
年均运量超过 1 900 万 t 或日运量超过 25 000 t 或速度超过 140 km/h 或日开行列车超过 120 列的线路	12
年运量超过 750 万 t 或日运量在 20 000 到 25 000 t 之间的线路	20
年运量超过 175 万 t 的线路	26

10.10.2　侧面磨损

英国规范里最大允许磨损是以轨头最低点以上 3 mm 处为参考点,其与钢轨轴线的夹角为 26°(图 10.30)。

德国规范的磨损是按照截面上一条与轨肩中心呈 45°角的直线来测量的(图 10.31)。使用 UIC 60 型钢轨的正线上,侧面磨损不应超过 16 ~ 18 mm。但是,轨头垂直和侧面磨损的总和不应该超过 25 mm。[213]。

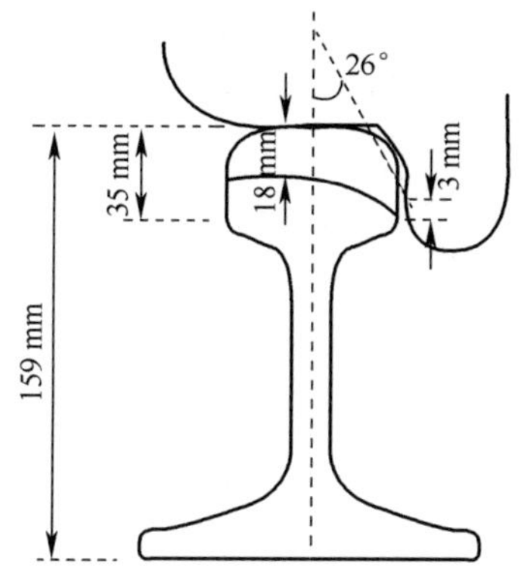

图 10.30　英国规范里的轨道最大允许侧面磨损

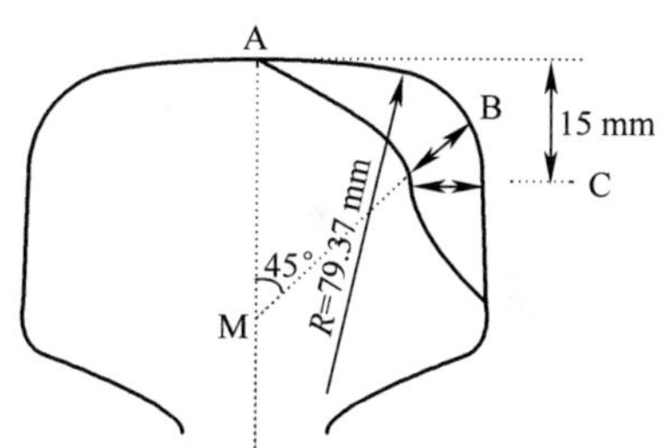

图 10.31　德国规范中的轨道最大允许侧面磨损

10.11　钢轨的最佳寿命

钢轨最佳寿命的确定不单是一个技术问题,也要考虑经济方面的因素。钢轨超期服役,其总成本将急速增加(图 10.32)。因此,建议在其钢轨的技术强度全部消耗完前就进行更换。最佳钢轨寿命由点 *K* 决定(图 10.32),使得总成本最小[215]。但是,从干线上更换下来的钢轨还能在支线上使用一段时间。

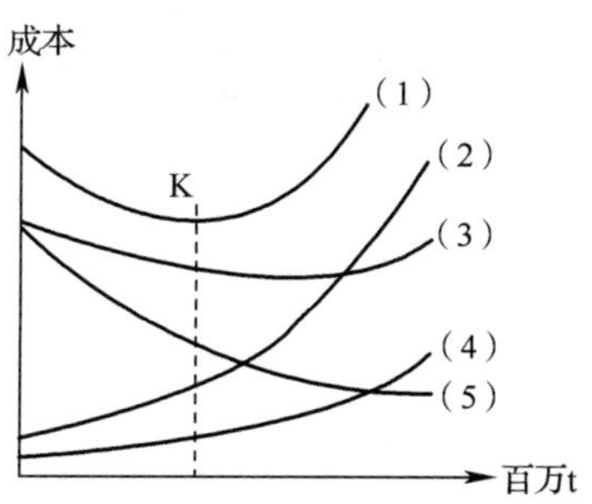

图 10.32　钢轨最佳寿命计算

对 UIC 60 型钢轨,德国铁路规定其在干线的服务寿命大约为 40 年,在支线上约为 80 ~ 100 年[143]。

法国铁路规定钢轨平均寿命为 50 ~ 60 年,英国铁路为 45 年。状况好的钢轨修复焊接后可以再度用在级别较低的线路上。

10.12 扁轨连接板

直到四五十年前,所有铁路网(一些还在使用)都还在连续的钢轨之间预留一处缝隙,然后通过扁轨连接板把两根钢轨连接起来(图 10.33)。预留这个缝隙的基本目的就是应对由于温度变化而引起的钢轨长度变化。

扁轨连接板技术在以下几个方面对铁路运输会产生不利影响。

① 极大地降低了乘客的舒适度;

② 导致相当程度的轮轨疲劳和磨损;

③ 大大地增加了维护成本,一方面需要必要的检查以确保所有的扁轨连接板都处于合理状态,另一方面因为扁轨连接板会导致钢轨高低不平。

图 10.33 连接钢轨的扁轨连接板

在标轨轨道中,扁轨连接板通常每隔 36 ~ 54 m 安装一个,18 m 长的钢轨 2 个一组或者 3 个一组焊接起来。扁轨连接板连接钢轨的一个特征就是依赖温度波动有限的收缩—扩张性能有限。每种钢轨类型都配备有相应类型的扁轨连接板和特定的螺栓。

10.13 连续焊接钢轨①

10.13.1 连续焊接技术

铁路自诞生之初就一直努力增加钢轨的长度,最终目的就是建成一条连续的轨道。连续焊接钢轨(cwr)就是把从工厂里出来的各种长度的钢轨焊接在一起,标轨轨道使用的钢轨一般长 18 m、24 m、30 m 或者 36 m。今天,钢轨通常的最大长度是 36 m(英国、法国、意大利等),但是一些国家也使用更长的钢轨(德国的 60 m,奥地利的达到 108 m,其他国家和地区的甚至达到 120 m)[157]。和扁轨连接板钢轨相比,连续焊接钢轨不存在温度诱发的长度变化。连续焊接舍弃了扁轨连接板,这有明显优势。

① 也称做无缝钢轨。——译注

尽管连续焊接技术上是一个简单的概念，但是要在铁路上获得应用却需要耗费很长的时间，主要出于以下几方面[139,210]原因：

① 前面提到过，连续焊接钢轨是没有长度变化的。这是轨枕与道砟、钢轨与轨枕之间摩擦力的结果。但是除非钢轨—轨枕的连接是稳定的，这些力才能得以保证。最近 40 年来，通过使用弹性扣件才得以实现这一点（见本书 11.9.2.2 节）。

② 由于列车通过反复应力作用导致的焊接疲劳性能了解还不充分，对焊接的研究放在这方面后，才使相关问题逐渐明晰。

③ 最后，因为连续焊接钢轨很长，也要考虑扭曲的风险。对道砟机械阻力——对抗钢轨扭曲——的研究，加上轨道重量的增加，对这个问题给出了一个满意的答案。

对于有轨电车线路，由于线路完全嵌入路面，因此不存在纵向力的问题，可以使用较长的钢轨。

10.13.2　连续焊接钢轨的机械性能

10.13.2.1　假设

非线性构造规律、数值法和疲劳机械学近些年的发展，能够为连续焊接钢轨机械性能的研究提供更精确的方法，但同时成本更高，计算更复杂、更耗时[203]。因此，铁路仍然使用简单分析，除了得出安全相关分析结果外也能对整体性能进行令人满意的分析[210]。

10.13.2.2　连续焊接钢轨的简化机械分析

假设所有材料的性能都是弹性的，道砟阻力均匀而且保持不变。

以一根长 L、截面积 S 的棒来模拟连续焊接钢轨（图 10.34）。在温度变量 $\Delta\theta$ 的影响下，棒的长度变化为

$$\Delta l^{\Delta\theta} = \alpha \cdot L \cdot \Delta\theta \tag{10.17}$$

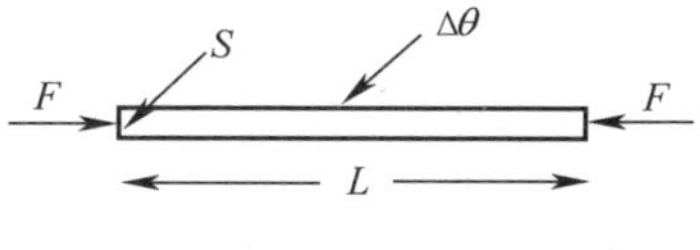

图 10.34　连续焊接钢轨的简化模拟

式中，α 是钢材的热膨胀系数。

道砟通过力 F 阻止长度的变化（由温度变化导致）。关于 F 的长度变化函数为

$$\Delta l^{F} = \frac{F \cdot L}{E \cdot S} \tag{10.18}$$

总应力和应变力将由前面提到过的两个力（方向相对）效果的叠加得出，因此

$$\Delta l^{tot} = \alpha \cdot L \cdot \Delta\theta - \frac{F \cdot L}{E \cdot S} \tag{10.19}$$

要找出长度变化 Δl^{tot} 为 0 时 F 的值。由方程式(10.19)可以得出

$$F = \alpha \cdot E \cdot S \cdot \Delta\theta \tag{10.20}$$

可以看出 F 和钢轨长度无关,但是和横截面呈比例,因此由钢轨类型决定。

从前面提到的方程式可以算出,UIC 60 型钢轨每℃产生的力为 1.85 t,UIC54 型钢轨的为 1.60 t。

10.13.2.3 沿着连续焊接钢轨的力的分布

由于温度变化沿着连续焊接钢轨产生的力被扣件和轨枕传递到了道砟上。设 r 表示道砟阻力,其范围为 0.5 ~ 1.0 t/轨道米。显然,这个阻力在连续焊接钢轨段为 0,长度 l_A 累加产生的力(图 10.35)刚好等于 F。根据方程式(10.20),得出

$$r \cdot l_A = F = \alpha \cdot E \cdot S \cdot \Delta\theta \tag{10.21}$$

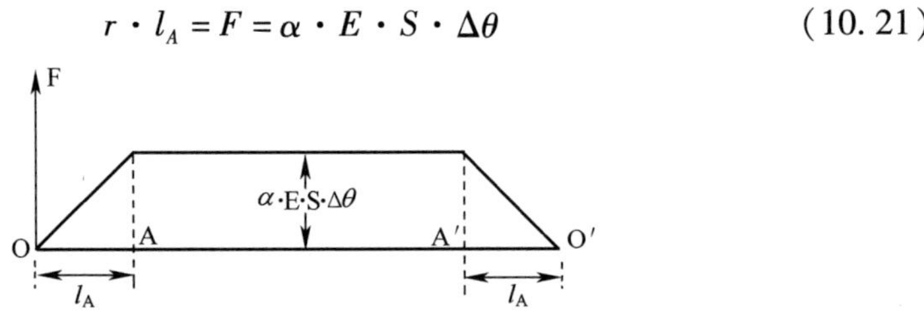

图 10.35 连续焊接钢轨内产生的力

方程式(10.21)得出

$$l_A = \frac{\alpha \cdot E \cdot S \cdot \Delta\theta}{r} \tag{10.22}$$

长度 l_A 对应于膨胀区。超过这个长度,道砟阻力生成的力刚好等于连续焊接钢轨温度变化产生的力。因此,超过长度,就不会再有变化发生。

设道砟阻力的平均值 $r = 0.75$ t/m,UIC 60 型钢轨($S = 76.87\ \text{cm}^2$),得出 $\Delta\theta = 35$ ℃时

$$l_A = 85.3\ \text{m} \tag{10.23}$$

150 m 时,超过极限值。

因为连续焊接钢轨的长度不小于 $2l_A$(因为如果小于这个值,那么连续焊接钢轨的每个点在温度变化期间不再固定),那么其最小长度大约是 2 × 150 m = 300 m。

10.13.2.4 膨胀区域的长度变化

连续焊接钢轨只有在膨胀区 l_A 才会随温度变化而变化,这个区域之外连续焊接钢轨的每个点都是固定的。点 0 的位移(图 10.35)是由温度变化和道砟阻力产生的张力导致的,可以按照下列方法计算:

① 由于温度变化 $\Delta\theta$,长度 $\Delta l_{1_A}^{\Delta\theta}$ 将变化为:

$$\Delta l_{l_A}^{\Delta\theta}=\alpha\cdot l_A\cdot\Delta\theta=\alpha\cdot\Delta\theta\cdot\frac{\alpha\cdot E\cdot S\cdot\Delta\theta}{r}=\frac{\alpha^2\cdot E\cdot S\cdot\Delta\theta^2}{r}\quad(10.24)$$

② 由于道砟阻力在点 O 的值为0,在点 A 处为 $r\cdot A$,将会发生 $\Delta l_{l_A}^{r}$ 的长度变化。假设其呈线性分布,将会产生等于 $rl_A/2$ 的合力,生成一个位移

$$\Delta l_{l_A}^{r}=\frac{r\cdot l_A}{2}\cdot\frac{l_A}{E\cdot S}=\frac{r}{2\cdot E\cdot S}l_A^2=\frac{r}{2\cdot E\cdot S}\left(\frac{\alpha\cdot E\cdot S\cdot\Delta\theta}{r}\right)^2=\frac{\alpha^2\cdot E\cdot S\cdot\Delta\theta^2}{2\cdot r}\quad(10.25)$$

③组合方程式(10.24)和(10.25),得出

$$\Delta l_{l_A}^{\text{tot}}=(\Delta l_{l_A}^{\Delta\theta})+(\Delta l_{l_A}^{r})=\left(\frac{\alpha^2\cdot E\cdot S\cdot\Delta\theta^2}{r}\right)+\left(-\frac{\alpha^2\cdot E\cdot S\cdot\Delta\theta^2}{2\cdot r}\right)=$$

$$=\frac{\alpha^2\cdot E\cdot S\cdot\Delta\theta^2}{r}-\frac{\alpha^2\cdot E\cdot S\cdot\Delta\theta^2}{2\cdot r}\Rightarrow\Delta l_{l_A}^{\text{tot}}=\frac{\alpha^2\cdot E\cdot S\cdot\Delta\theta^2}{2\cdot r}=k\cdot\Delta\theta^2\quad(10.26)$$

式中,$k=\dfrac{\alpha^2\cdot E\cdot S}{2r}$是特定质量道砟的常数。

10.13.2.5　钢轨焊接

钢轨焊接通常采用闪光焊和电弧焊技术,一般在仓库里先行焊接后到现场使用铝热焊法焊接到轨道上。

(1)电弧对接焊闪光焊

闪光焊是通过产生的热将金属焊接在一起的一种方法,焊接所需的热量来源于钢轨对通过电流的电阻。与铝热焊不同闪光焊不需要使用额外的化学材料或者金属,母材在焊接周期中消耗,因此会在轨端闪光焊工艺产生必要的热来完成熔化和焊接操作。根据钢轨断面每次焊接大约需要消耗掉25~35 mm钢轨。

闪光焊可以在下列处所进行。

① 固定现场车间;

② 移动车间;

③ 轨道上。

(2)铝热焊

铝热焊是通过铝来减少氧化物中重金属的含量。这种反应会产生强烈的放热现象,因为会产生大量的热,它是因为铝对氧有很大的吸引作用。

许多欧洲铁路采用德国铝热焊接工艺,叫做SKV,是一种预热时间很短的焊接工艺。

每种焊接工艺中,焊缝的恰当处理对于cwr钢轨寿命而言最为重要。

(3)电弧焊

电弧焊(使用电极)只应用于无法使用铝热焊接工艺的情况。

10.13.2.6　连续焊接钢轨的去应力

为了让连续焊接钢轨承受的应力最小化,最好焊接和铺设都在温度极限范

围内进行。

但是,不管线路的铺设温度如何,需要研究温度变化生成的应力如何减少。这是连续焊接钢轨去应力的结果,只在自由膨胀(或者收缩)条件下实现。去应力发生在连续焊接钢轨铺设过一段时间之后,取决于必要的稳定轨道的运输荷载。木枕上荷载通常为 100 000 t,混凝土枕为 2 000 t。

去应力应该在 800 ~ 1 000 m 长轨道上进行,也有在 1 200 m 长的轨道上进行的。焊接中,应进行以下操作[210]:

① 如果连续焊接钢轨超过 1 200 m,去应力则分区间进行。钢轨在各区间末端切断,可以随意改变钢轨长度,末端转向自由轨长变化。

② 扣件松开。

③ 钢轨被放在滚轴上(直径为 20 mm,每 10 ~ 20 根轨枕放置一个),以便尽可能的减小摩擦。

④ 通过使用木制或者塑料的大锤子沿着钢轨侧击,以便进一步减小摩擦。

⑤ 如果在去应力期间,需钢轨温度低于该区域的平均温度;为了在极端温度条件下尽量让应力最小化,钢轨需要加热,达到最优化平均温度。显然,如果钢轨温度超过了平均温度,就不再需要额外的加热设备。

⑥ 滚轴被挪开,扣件紧固。

⑦ 去应力应两侧的钢轨同时进行。每个线路区间内的去应力操作应该在运输空闲间隔时进行。

10.13.3　膨胀装置

本书 10.13.2.4 节中可以计算出连续焊接钢轨端的长度变化。为了确保这个长度变化在轨道某些敏感点(例如钢铁桥梁的末端、车站的进出口)不会出现过度的应力,这些点要安装膨胀装置。

图 10.36 显示了 UIC54 型钢轨膨胀的详情。铁路应用的膨胀设备有很多种类。

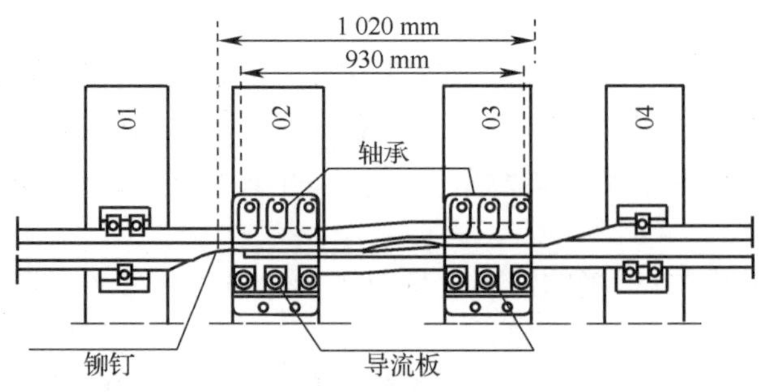

图 10.36　UIC54 型钢轨膨胀装置

膨胀装置不应该使用于下列情况中。

① 直线和曲线轨道的过渡曲线上；

② 小半径（不到 800 m）曲线上；

③ 大型桥梁的无砟轨道上；

a. 如果桥梁长度超过 30 m，两端都需要加装膨胀装置；

b. 如果桥梁长度不到 30 m 长，可以不用安装膨胀装置直接铺设连续焊接钢轨。

10.13.4　连续焊接钢轨的优点

尽管安装连续焊接钢轨的成本比扁轨连接板钢轨的成本要高，但是这些初始投资可以获得足够的回报，包括降低轨道维护成本、提高轨道的稳定性、提高运行速度、降低电力消耗和提高乘客的舒适度。特别是：

① 连续焊接钢轨提高了乘客舒适度；

② 轨道各部件的疲劳损伤更小；

③ 车轮和车辆产生的应力减小。

11　轨枕—扣件

11.1　轨枕分类及功能

轨枕是置于钢轨和道砟之间的部件。最早的铁路钢轨是固定在直接铺在地面的木块上。为了更好的分布荷载，才增加了轨枕和道砟。

轨枕必须确保以下功能：

① 将荷载从钢轨适当地传输和分布在道砟上；

② 按照轨距保持钢轨间距；

③ 保证钢轨以 1/20 或 1/40 的斜度固定于轨枕上；

④ 在垂直和水平方向保证足够的机械强度。

在电气化线路上，轨枕还应该保证（通过轨枕本身，或者添加的附件）两根钢轨绝缘。

最初的轨枕材料是木头。由于木制轨枕的供应不足且比较敏感，1880 年左右引进钢制轨枕，并且在很长一段时间内得到了广泛的使用。1950 年以来，混凝土技术的进步促进了混凝土轨枕的应用，分作以下两种：

① 双块式增强混凝土轨枕；

② 单块式预应力混凝土轨枕。

现在，铺设新线和检修既有线时大部分使用的是混凝土轨枕，很多时候也使用木制轨枕。线路改造时通常不再使用钢制轨枕，而用混凝土或木制轨枕进行更换。

选择最合适的轨枕类型需要进行可行性分析，对经济和技术要素进行评估：

（1）经济方面

① 轨枕的施工和采购成本；

② 扣件及其他必须的轨枕附件的采购成本；

③ 轨枕寿命；

④ 维护成本；

⑤ 轨枕到达使用寿命时可能的残余价值。

（2）技术方面

① 轨枕重量，会对横向轨道阻力产生影响，进而影响轨道能够安全支撑的速度和轴重；

② 列车荷载的分布；

③ 不使用另外的绝缘技术时，轨枕是否能够保证两条钢轨之间绝缘。

11.2　钢制轨枕

11.2.1　外形和特性

钢制轨枕是一种制造简单的工业产品。轮廓为倒 U 型。两端可以锚定在道砟内，以便保证轨道的横向稳定（图 11.1）。

钢轨通过钢轨道钉（起重吊钩）固定在钢制轨枕上，道钉的螺栓穿过轨枕顶部的一个孔。也有使用弹性扣件固定钢轨的。

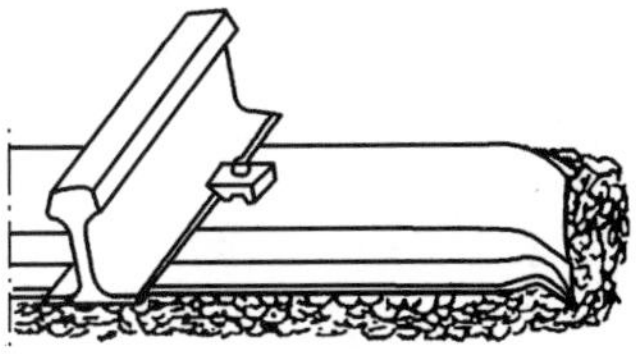

图 11.1　钢制轨枕

11.2.2　生产、尺寸和重量

生产钢制轨枕采用的是极限抗拉强度为 40～50 kg/mm^2 的低碳钢。通常精密钢不会用来生产钢制轨枕，因此，它的屈服强度接近极限强度的 50%。按照英国规范，钢制轨枕的化学成分为：碳 0.15%～0.19%、锰 0.55%～0.75%、硅 0.20%～0.30%、硫 0%～0.035%、磷 0%～0.035%[238]。

最近几年，有限元和其他计算机软件的使用进一步的优化了钢制轨枕的横断面，增加了它的惯性距。图 11.2 说明了钢制轨枕（用在低速轨道上的，v < 120 km/h）的几何特性，其重量为 70～80 kg。在钢轨连接处需要较大的阻力，就要用到双型钢制轨枕，其重量为 130～140 kg。

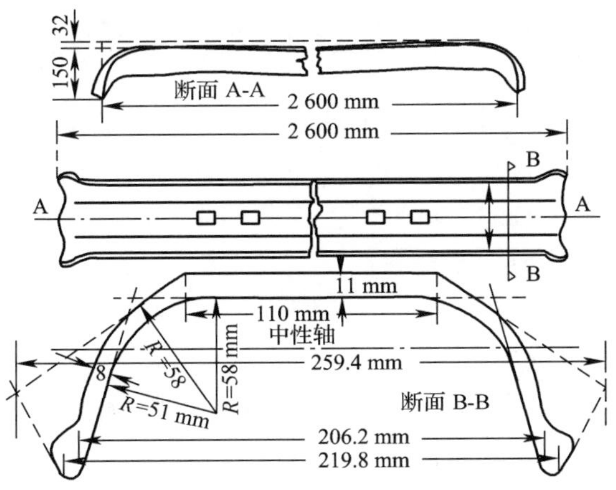

图 11.2　钢制轨枕的几何特征

11.2.3 优点和不足

钢制轨枕易于生产、安装和维护，并且能在很长时间内保持轨距足够稳定。因为现在钢制轨枕已经不再生产，因此没有最新的成本数据。钢制轨枕寿命相当长，即便是更换下来后，作为废铁处理也还有一定的价值。

但是，钢制轨枕也有很多不足，他们的横向阻力很低（见本书 13.5 节），因此钢制轨枕的轨道没法进行提速。且外型导致纵向和横向轨道定位很难。钢制轨枕轨道噪声很大，信号传送需要专门的绝缘设备，维护起来也很困难。此外，钢制轨枕对化学侵蚀非常敏感，在靠近工业区和沿海地区更加容易受到侵蚀。以上这些缺点，导致钢制轨枕的经济评价很低，因此不再获得应用，尤其是欧洲铁路。

11.2.4 寿　命

钢制轨枕的寿命在 30 ~ 60 年之间，平均值为 50 年[238]。

11.3 木制轨枕

11.3.1 外形、性能和木材种类

传统上，工程师都尽量使用靠近在建工程所在地的原材料。而对于轨枕而言显然最佳选择就是木材，100 多年的时间里，木材（钢材）都是世界上主要使用的钢轨支撑材料。

木制轨枕比其他类型的轨枕能够更好地分布荷载。因此，无论材料的路基质量如何，都推荐使用木制轨枕，而混凝土轨枕要求道砟层较厚。因为木制轨道相对成本高、寿命短，欧洲只在一些无法使用混凝土轨枕的地方使用。但是，北美依然广泛地使用木制轨枕。

现在用来制作木制轨枕的欧洲有山毛榉树木和橡树木，还有来自热带地区的红铁木（azobe）。过去也用过松树木。今天各铁路使用的木制轨枕主要是红铁木，湿度更高更耐用。在地铁隧道中，澳大利亚红柳桉树木得到广泛使用。

木制轨枕易受到下列因素损害。

① 暴露在干湿交替、热和尘土环境中，木材出现化学和物理分解；

② 多真菌和昆虫侵袭。

几种处理木制轨枕的方法中，最普遍的是木材防腐。这种方法使用的特质主要有：

① 100% 的杂酚油；

② 各种比例混合的杂酚油和窑炉油；

③ 一种或者多种成分混合的化学物质。

为了防止木制轨枕在道砟上开裂和打滑，必须使木头陷入道砟。这点可以通过在轨枕两头作适当的处理来实现，可以在轨枕两头包一个钢捆扎带，或者在其垂直面打入一个金属板。

木制轨枕特别敏感，它们的强度随着时间的推移而减小，这是以下各方面的结果。

① 机械性能退化；

② 化学属性的影响；

③ 生物属性的影响。

11.3.2　几何形态

UIC 针对木制轨枕的几何形态[239]制订了相应规范标轨使用的木制轨枕的标准尺寸如图 11.3 所示[239]。且下列容限是可以接受。

长：+40 mm，-30 mm；宽：-10 mm；高：-5 mm

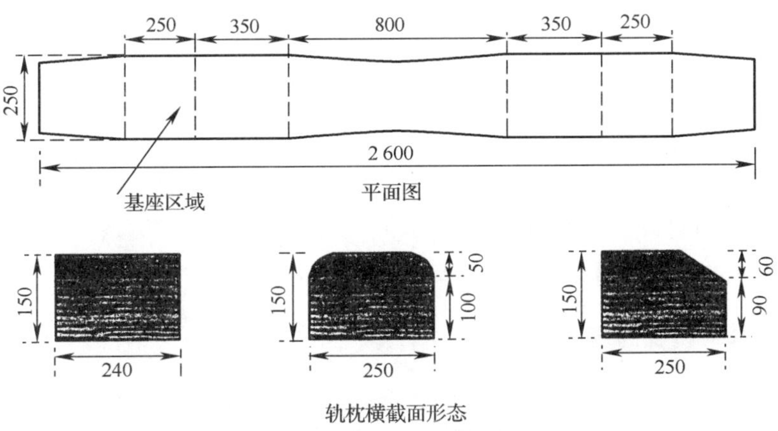

图 11.3　标轨轨道中木制轨枕的几何特征[239]（单位：mm）

在米轨轨道中，木制轨枕的允许容限如图 11.4 所示[239]。其允许容限和标轨轨道的容限成比例。

11.3.3　优点和不足

木制轨枕的主要优点就是灵活，有较好的荷载分布。因此，推荐在路基质量较差的地方（S_1 级别路基）使用。此外，木制轨枕能够提供较好的绝缘性。不需要为信号和电力牵引提供专门设备。最后，和混凝土轨枕相比，木制轨枕相对尺寸更短。

木制轨枕的缺点主要是寿命较短、成本较高（在欧洲是如此，在世界其他地方情况可能相反）以及横向阻力较低（重量轻导致），因此无法在铺设木制轨枕的轨道上运行高速列车。

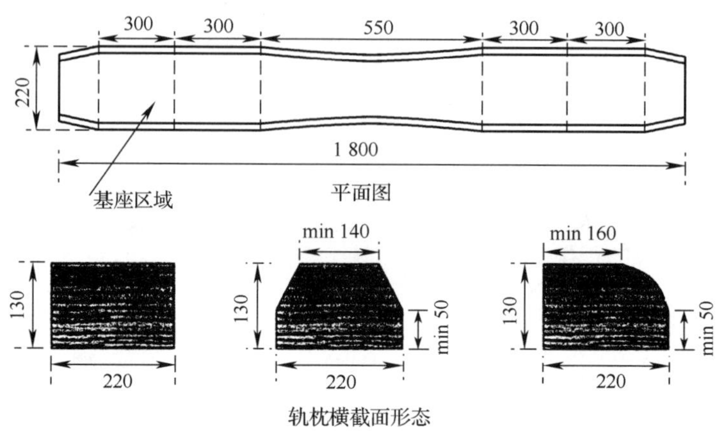

图 11.4　米轨轨道中木制轨枕的几何形态(单位:mm)[239]

11.3.4　寿　　命

木制轨枕的寿命取决于木材类型,分别是:

① 橡树木,25 年(浸渍过);

② 山毛榉树木,30 年(浸渍过);

③ 热带红铁树木,40 年(未浸渍过);

④ 热带红铁树木,45 年(浸渍过);

⑤ 隧道中用的红柳桉树木或者类似的硬木,50 年。

11.3.5　木制轨枕的变形

在本书前面 8.4.9 和图 8.12 中,有限元分析已经进行了各种路基质量的木制轨枕变形的精确计算。可以发现,路基土壤质量越差,木制轨枕的沉降越均匀[228]。

11.4　混凝土轨枕

11.4.1　混凝土轨枕的固有缺点

在最初使用单块式增强混凝土轨枕时,其呈现出以下严重的固有弱点。

① 在动态列车荷载作用下有脆裂倾向,裂口扩大,导致故障;

② 很小的疲劳阻力就会导致轨枕中部出现较大的拉伸应力,如果这个拉伸强度过大,将导致钢筋打滑。

为了克服以上两个弱点,需要:

① 铺设钢轨时避免其与轨枕直接接触,在二者中间插入一个吸收材料来钝

化荷载影响。这种材料包括橡胶垫,其次是使用弹性扣件。

② 使用和混凝土寿命相同的钢筋。

11.4.2 两种类型的混凝土轨枕

通过钢筋混凝土技术和预应力混凝土技术开发出两种混凝土轨枕:

① 双块式增强混凝土轨枕,使用一个连接杆将两个梯形的增强混凝土部分连接起来(图 11.5)。

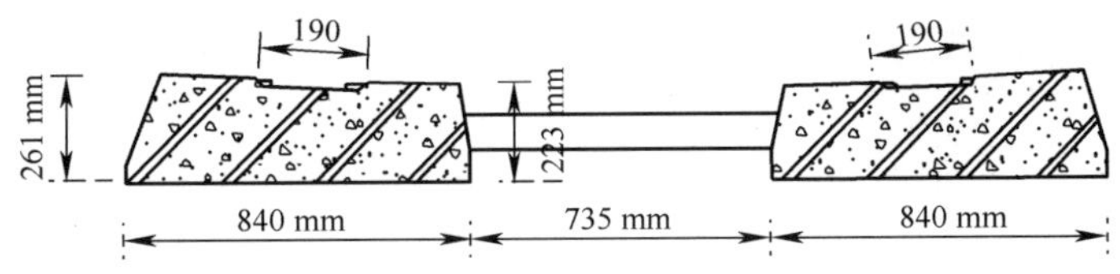

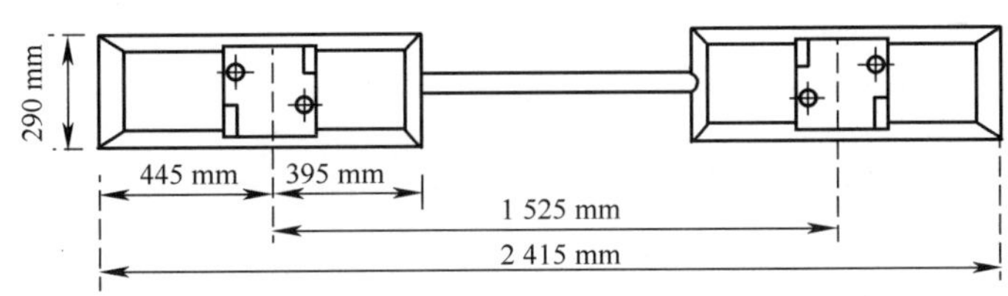

图 11.5 法国铁路双块式增强混凝土轨枕 U41[232]

(供 UIC1 和 2 型钢轨使用,速度为 300 km/h)

② 单块式预应力混凝土轨枕,可以预拉伸,也可以之后再拉伸(图 11.6 和图 11.7)。

因为轨枕下(见本书 11.8)的荷载分布在中间部分较小,所以轨枕的这部分仅需较少的材料就能保证安全。这样,双块式增强混凝土轨枕的中间部分就需要一根连接杆(其主要作用是用来保持轨距)替代混凝土,而单块式预应力混凝土轨枕(不能使用以上方案)的中间部分横截面也随之减小。

双块式增强混凝土轨枕由法国开发,主要应用于阿尔及利亚、比利时、巴西、丹麦、希腊、墨西哥、荷兰、葡萄牙、西班牙、突尼斯等国家。

单块式预应力混凝土轨枕由英国开发,主要应用于澳大利亚、加拿大、匈牙利、伊拉克、日本、挪威、波兰、南非、瑞典、美国、俄国等国家。

单块式后拉伸轨枕由德国开发,主要应用于奥地利、芬兰、印度、意大利、希腊、墨西哥、土耳其等国家。

所有新形混凝土轨枕中,双块式占 20% ,单块式占 80% [233]。

混凝土轨枕在曲线上的应用一直存在争议,在米轨轨道上,南非不在半径小于 300 m 的曲线上使用混凝土轨枕。而相反,经常遭遇极端温度(-40 ℃ ~ +30 ℃)的加拿大铁路却在所有半径小于 870 m,包括一些半径不到 200 m 的

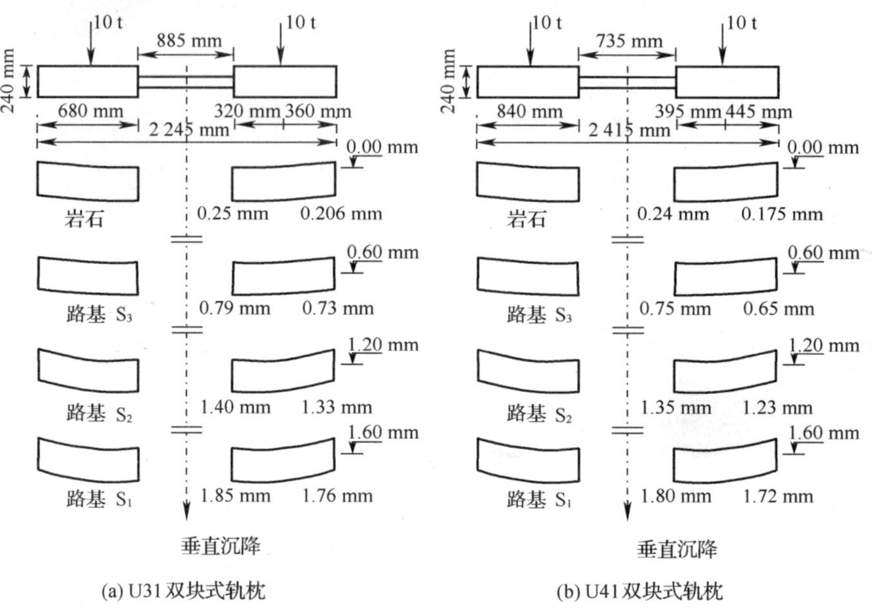

(a) U31 双块式轨枕　　(b) U41 双块式轨枕

图 11.6　英国铁路的单块式轨枕

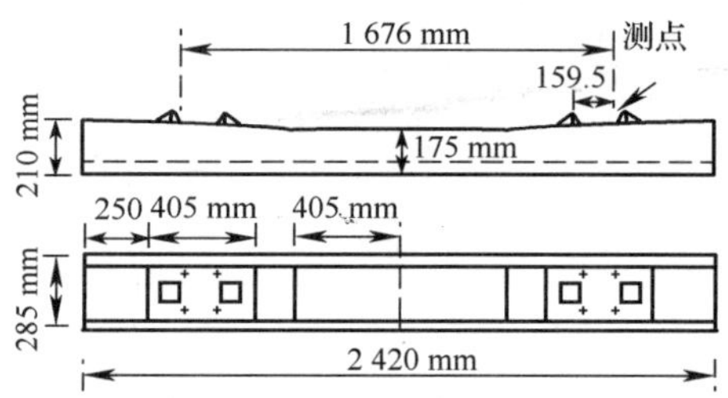

图 11.7　德国铁路的单块式轨枕

曲线上使用混凝土轨枕，也在连续焊接钢轨上使用，并且没有扩展轨距。扣件的不足会引起使用策略的不同。

11.5　双块式增强混凝土轨枕

11.5.1　几何特征和机械强度

图 11.5 显示了法国铁路的双块式增强混凝图轨枕 U41 和几何特征，其重量为 260 kg，应用在 TGV 的轨道上，运行速度为 300 km/h[232]。轨枕 U41 适合较大运输载荷（UIC1、2 级）和高速轨道。连接杆有一个 Y 型或者 L 型的截面。中强度运输荷载（UIC3、4 级）和速度低于 200 km/h 的轨道可以使用一种较短的轨枕（U31），长为 2. 245 m，重 180 kg（图 11. 8a）。

双块式轨枕要求的道砟厚度和强度都比木制轨枕要求的高。一旦达到这个要求，铺设双块式轨枕的轨道会比较令人满意。

当路基质量较差时，需要进行一些特别处理。这种情况下，应该进一步增加道砟厚度。

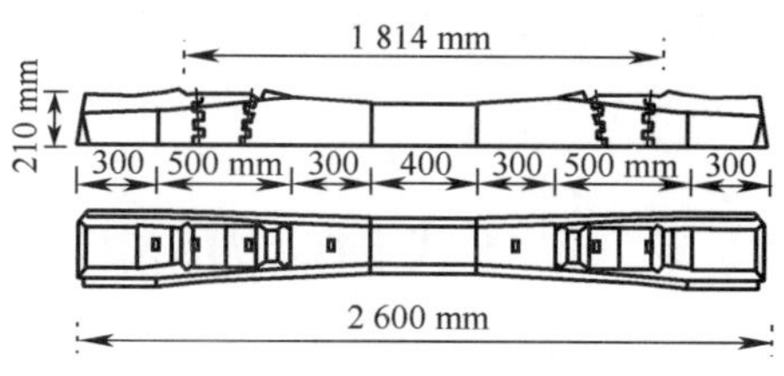

图 11.8 各种路基质量条件下两种类型双块式轨枕的变形

因为连接杆易弯曲，双块式轨枕需要额外的养护，保证两部分不会出现不同程度的翘曲和松动。

根据欧洲标准对双块式增强混凝土轨枕的规定[229]，连接杆必须达到以下要求：

① 化学成分：$0.28\% < C < 0.80\%$；$0.45\% < M_n < 1.40\%$；$P < 0.08\%$；$S < 0.08\%$；$S_i < 0.50\%$。

② 机械特征：抗拉强度在 500～1 030 MPa 之间。当钢材的屈服强度≥400 MPa，最小延伸率≥8%；而当屈服强度在 350～400 MPa 之间，最小延伸率≥14%。

③ 布氏硬度（Brinell Hardness）必须在 160～300 之间。

11.5.2 优点和不足

因为双块式轨枕重量较大，所以能够提供满意的横向轨道阻力，允许列车的高速运行。它能使轨距保持在一个满意的范围，寿命较长。任何国家都可以制造，在一些国家，成本相比木制轨枕低廉。

如果道砟无法提供合理厚度和机械特性时，则双块式轨枕的性能会不尽如人意。和木制轨枕及单块式轨枕相比，双块式轨枕的荷载分布和灵活度相比要逊色。此外，因为重量较大，所以需要加装弹性扣件，而且操作也比较困难。为了给通信和电力牵引提供必要的绝缘，双块式轨枕还（和木制轨枕相比）需要配备其他附加设备。特别需要注意的是连接杆的性能。如果连接杆没有置于合适的位置并合理固定，则可能对轨道上实际养护作业的工人造成危险。

11.5.3 寿　　命

双块式轨枕的寿命约为 50 年。

11.5.4 双块式轨枕的变形

图 11.6 显示了 U31 型和 U41 型双块式轨枕的各种路基级别（S_1，S_2，S_3，R）上的变形。可以看到，双块式轨枕的变形比木制轨枕的变形程度小。

因此，如果路基质量较差，使用双块式轨枕需要增加道砟厚度，以获得足够的机械强度。

11.6 单块式预应力混凝土轨枕

11.6.1 几何特征和机械强度

单块式轨枕有以下特征[240]。

① 因为混凝土上的应力总是压缩应力，所以能更好的经受住交变应力；

② 无需像增强混凝土那样使用钢筋，因此轨枕中央高度降低，尽可能地远离中轴线；

③ 和双块式轨枕相比，钢材用量减少；

④ 和双块式轨枕相比一般较轻。但是，事实上相应的横向阻力也随之减小。

单块式轨枕有很多几何特征。但是，所有的共同特征都是中央部分截面减小。图 11.6 显示了英国铁路使用的单块式轨枕的几何特征（初始预应力为 38.9 t，残余预应力为 32.1 t），图 11.7 显示了德国铁路使用的单块式轨枕的几何特征（重 280 kg），初始预应力为 32.5 t，残余预应力为 27.0 t）[236]。表 11.1 列出目前世界上主要铁路网使用的单块式轨枕的几何特征，表 11.2 列出了铁路单块式轨枕的机械特征[233]。单块式轨枕设计中的关键元素就是轨枕能够耐受的临界矩 M_{cr}的比率 λ，到轨枕产生的最大力矩 M_{max}。λ 的值在 0.7 到 1.8 之间。不同的 λ 值反映各铁路的不同要求。由各国铁路轨道和车辆条件以及不同的安全政策决定。

混凝土的最低品质为 C50/50，也就是 50 MPa50 d 的压力强度[230]。

钢材的最小抗拉强度必须是 1 600 MPa，漏出极限为 1 400 MPa，1 000 h 内的舒张不超过 3%。

通常，单块式轨枕的弯矩容量是所有损失（20%～25%，这是由于弹性缩短、收缩、蠕变和松弛导致的）后的预应力。容许混凝土抗拉应力为 2～3 Nt/mm^2（其极限值为 0 和 6～9 Nt/mm^2），容许混凝土抗压应力为 20～30 Nt/mm^2[230]。

因为轨枕在整个寿命期间是循环负载的，所以特别要考虑其所有使用材料的耐疲劳性，包括预应力钢材。工程师应该追求无裂痕轨枕，因为弯矩引起的混凝土裂口会导致预应力钢的应力值大幅增加，最终导致疲劳事故。高质量的预应力金属丝能耐受其终极强度 5%～10% 变化的应力，大部分铁路都很保守，只是把混凝土的抗拉强度作为力矩水平的依据，甚至有些根本不考虑抗拉应力[233]。

表 11.1 各铁路网使用的单块式轨枕的几何特征[233]

国家	轨距(mm)	轨枕长度(mm)	截面尺寸(mm) W_T W_B H					
			轨 座			中 跨		
			H	W_B	W_T	H	W_B	W_T
澳大利亚	1 435	2 500	212	250	200	165	250	200
加拿大	1 434	2 542	203	264	216	159	264	226
中 国	1 435	2 500	203	280	170	203	250	161
德 国	1 435	2 600	214	300	170	175	220	150
英 国	1 432	2 515	203	264	216	165	264	230
意大利	1 435	2 300	172	284	222	150	240	190
日 本	1 435	2 400	220	310	190	195	236	180
瑞 典	1 435	2 500	220	294	164	185	230	150
美 国	1 435	2 591	241	279	241	178	279	250
南 非	1 065	2 057	221	245	140	197	203	140
印 度	1 673	2 750	210	250	variable	180	220	variable
俄罗斯	1 520	2 700	193	274	177	135	245	182

表 11.2 各铁路网使用的单块式轨枕的机械特征[233]

国家	轨枕间距(mm)	钢轨类型	最高速度(km/h)	最大曲线半径(m)	最大轴重(tn)	轨枕最大力矩 M_{max}(tm)	允许应力(kg/cm^2)	允许力矩 M_{cr}(tm)	系数 $\lambda=\frac{M_{cr}}{M_{max}}$
澳大利亚	550～600	53/60 kg/m	160	200	24.5	1.62	23	2.38	1.5
加拿大	610	132RE/136RE	130	194	29.5	2.01	33	3.06	1.5
中 国	550	50 kg/m	120	350	24.5	1.62	26	1.34	0.8
德 国	600～650	S54/UIC 60	250	100	22.1	1.60	30	1.84	1.2
英 国	650,700	BS113A	200	400	24.5	1.65	45	2.50	1.5
意大利	600	UIC 60	180	485	22.1	1.19	47	1.50	1.3
日 本	590	50.4/60.8 kg/m	210	1 200	16.4	0.96	n. a.	1.73	1.8
瑞 典	600,650	SJ50	130	300	22.2	1.47	30	1.50	1.0
美 国	610	65/69 kg/m	200	610	32.1	2.33	50	4.24	1.8
南 非	700	48/47 kg/m	160	150	22.1	1.38	28	1.12	0.8
印 度	650	UIC 60	130	550	22.0	1.49	20	2.43	1.6
俄罗斯	500～643	R50/R65/R70	200	350	26.5	1.95	20	1.35	0.7

11.6.2 优点和不足

单块式轨枕具备和双块式轨枕类似的性能。二者都能较好的保持轨距,使用寿命也很长,都需要弹性扣件,需要为通信配备专门配件。

但是,单块式轨枕的载荷分布相比双块式要好,但不如木制轨枕。单块式轨枕的横向阻力比双块式的低,但比木制轨枕的高。单块式轨枕能够给轨道养护工人提供一个良好的表面。

11.6.3 寿　　命

单块式轨枕的寿命约为 50 年。

11.6.4 单块式轨枕的变形

图 11.9 显示了各种路基级别(S_1,S_2,S_3,R)下单块式轨枕的变形情况[228]。可以看出,单块式轨枕的变形和木制轨枕很相似,但是翘度小些。因此,单块式轨枕要铺设在合理厚度和机械强度的道砟上。

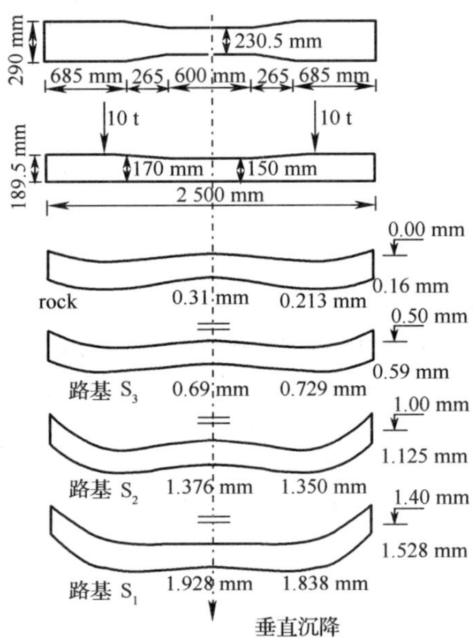

图 11.9　各种路基级别上单块式轨枕的变形

11.7 混凝土轨枕的生产、质量控制和测试

双块式和单块式轨枕的生产都有以下特殊要求[233]。

① 要求容限,标准的总尺寸和增强位置是 ±3 mm,嵌入扣件的位置是 ±0.8mm ;

② 对于预应力轨枕,早期(14 ~15 h)30 ~ 40 MPa 的高强度开发;

③ 使用耐久性能高的混凝土。

生产方法可以分为三类[233]:

① 长线,适用预应力、全胶结单块式轨枕;

② 短线,适用预应力、全胶结和两端锚定的单块式轨枕;

③ 瞬时脱模,适用双块式增强混凝土轨枕和后拉伸单块式轨枕。

水泥应该具备高质量,耐久性能卓越。

任何生产的一个固有问题就是要确保达到指定的质量和强度。而对于混凝土轨枕,需要一个从原料的选择和控制、生产到发货全程的监控和测试过程[227]。

混凝土材料的测试包括三步:确保基本设计合格;材料测试;成品是否合格的最后测试。

欧洲规范对混凝土轨枕的生产步骤作了详细说明:测试安排和流程;验收标准;设计审批测试;常规试验。

单块式混凝轨枕的生产规范包括:

① 水/水泥的比例(和容限);

② 各部件的重量(和容限);

③ 各骨料的等级曲线;

④ 7~28 d 后混凝土样品的抗压和抗拉强度;

⑤ 1 000 h 后预应力腱的最大松弛;

⑥ 预应力系统说明,包括各腱的预应力和容限;

⑦ 混凝土振动方法;

⑧ 固化时间和温度循环;

⑨ 释放预应力的方法;

⑩ 生产后的贮存和堆放规定;

⑪ 释放预应力腱前的最小混凝土抗压强度;

⑫ 预应力腱矩心的位置应该在相对 Vail seat 理论位置的 3 mm 以内,每个预应力腱应该在 ±6 mm 的位置。预应力的容限应该在规定力的 5% 以内。

双块式混凝土轨枕的生产规定包括[229]:

① 水/水泥的比例(和容限);

② 混凝土各部件的重量(和容限);

③ 各集料的等级曲线;

④ 抗压特征和拉伸混凝土强度;

⑤ 混凝土振动方法;

⑥ 脱模和固化方法;

⑦ 生产后的贮存和堆放规定。

11.8 轨枕下的应力

轨枕下的应力可以通过图 11.10 的简单模拟来进行研究。其中:

① 轨枕被模拟成一根两端突出的梁体;

② 假设车轮荷载作用于一个点;

③ 道砟和轨枕之间的应力被认为均匀地分布在每根钢轨下 2 l_{exc} 的长度上。

但是,最后这个假设并不准确。轨枕—道砟接触面之间的力的分析极为复杂,属于机械学中单向接触问题,目前还没有获得相关分析结果[159,234]。

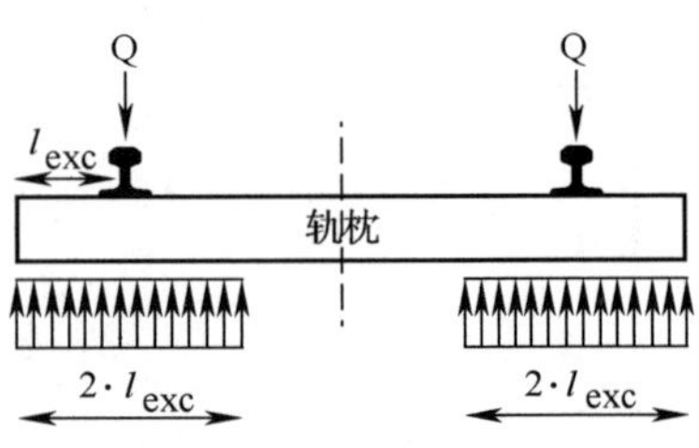

图 11.10　简化轨枕模型

轨枕下的现场应力测量得出了如图 11.11 所示的应力分布,通过经验方程式计算出最大应力 σ[241,232]

$$\sigma = \frac{P}{\alpha \cdot \left(\frac{L}{2} + \frac{3l_{exc}}{2}\right)} \tag{11.1}$$

式中　σ——轨枕宽度;

L——轨枕长度;

l_{exc}——轨枕端和车载荷载施加位置的距离;

P——轴重,$P=2Q$。

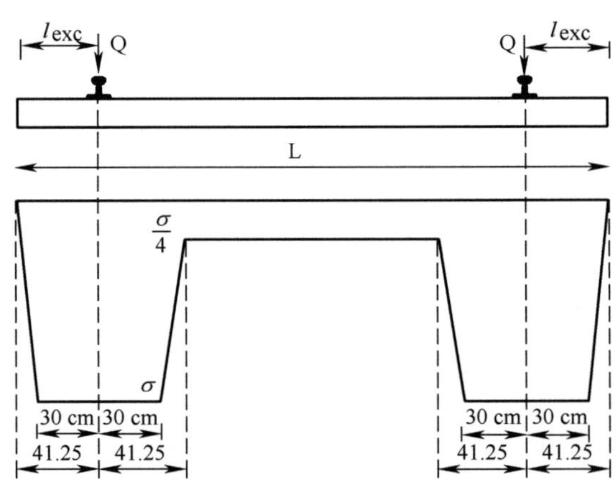

图 11.11　轨枕下的应力分布

11.9　扣　　件

11.9.1　功能特性

因为扣件是用来确保钢轨—轨枕连接的,因此必须具有下列属性。

① 保持轨距和横向钢轨轨枕倾角不变;

② 将来自钢轨的荷载传递至轨枕;

③ 减弱列车运行引起的振动;

④ 易于安装和维护；
⑤ 绝缘；
⑥ 回弹和足够的偏角；
⑦ 避免部件之间和过应力导致的擦伤；
⑧ 足够的抗腐蚀性；
⑨ 和轨枕相适应的合理成本和寿命；
⑩ 抗破坏性。

11.9.2　扣件的类型

扣件可以分作刚性扣件和弹性扣件。

11.9.2.1　刚性扣件

刚性扣件只用于木制轨枕和钢制轨枕上。钢轨通过螺栓或者道钉和轨枕相连。列车通过期间，钢轨对轨枕施压，其中部分张力是弹性的（例如，荷载消失时不会消失），导致钢轨和钉头之间形成一个空隙。随着连续的列车通过，这个空隙不断扩大，引起扣件松弛，影响安全并可能导致脱轨。除了弹性张力外，车辆运行引起的高频振动也会加宽空隙，导致扣件松弛。

安装刚性扣件时可以加装一个座垫（图 11.12），虽然并非必须（图 11.13），但加装会使整体性能更好。

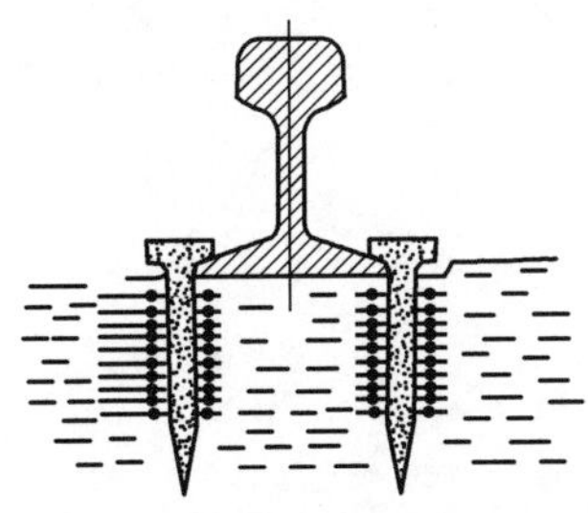

图 11.12　无座垫的刚性扣件

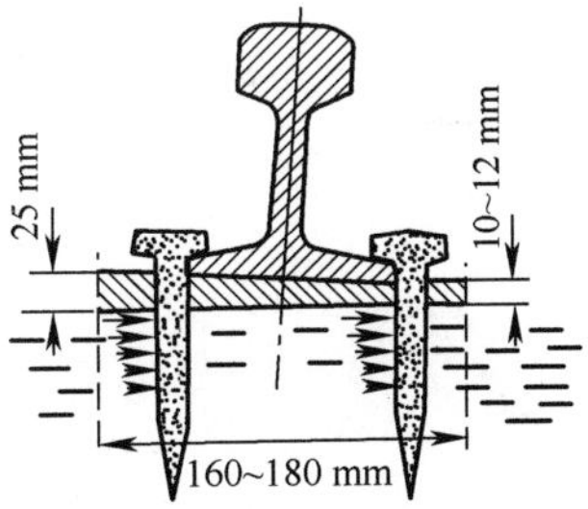

25 mm
10~12 mm
160~180 mm

图 11.13　有座垫的刚性扣件

11.9.2.2　弹性扣件

混凝土轨枕必须使用弹性扣件，木制轨枕和钢制轨枕可用也可不用。弹性扣件可以分成两种：

（1）螺丝型弹性扣件（图 11.14）。优点是较高的扣件强度和易于维护和更换，不足是能否正确安装受当地条件影响。螺丝型扣件包括 RN、Vossloh、Nabla 和其他扣件（图 11.15 和图 11.16）[226]。

这些扣件包含以下共同部分（图 11.14）：

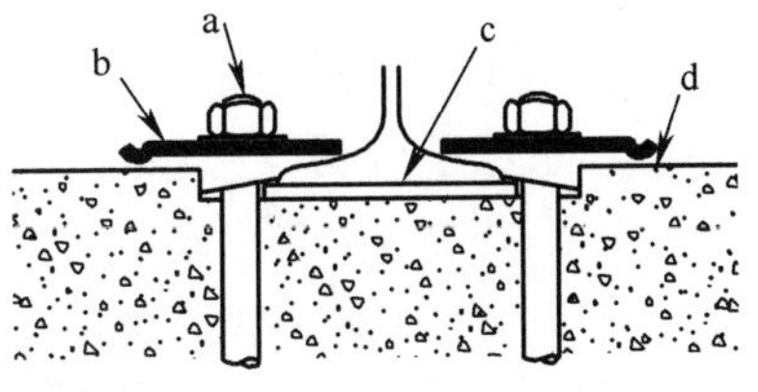

图 11.14　螺丝型弹性扣件

图 11.15　Vossloh 扣件[226]

图 11.16　Nabla 扣件

① 螺丝(a),用来把力作用到弹性钢上,不接触轨枕;

② 弹性钢(b),可以是一根杆,也可以是一个板;

③ 钢轨和轨枕之间缓解振动的衬垫(c),在钢轨和轨枕之间提供一个合适的夹层,也有绝缘的作用;

④ 绝缘部件(d),将来自钢轨的电与轨枕隔离。

(2)弹簧型弹性扣件(图 11.17)。通用度不及螺丝型扣件,但很少受安装条件影响,任何异常都可以通过目测发现。Pandro(图 11.18)、Lineloc 等扣件都属于弹簧型扣件。弹簧型扣件的一般组成(无需要任何后期维护)包括(图 11.17):

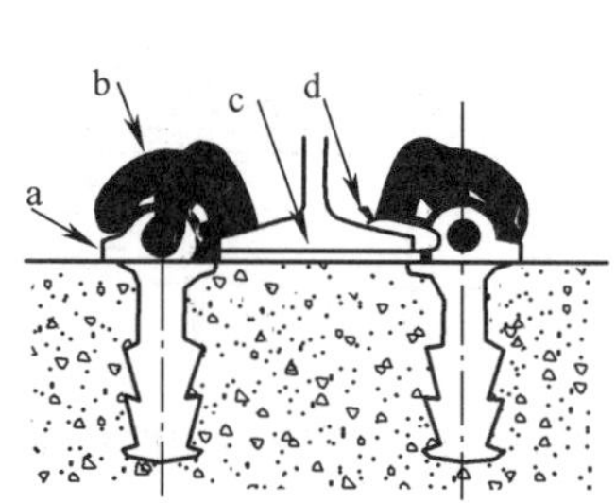

图 11.17　弹簧型弹性扣件

图 11.18　Pandrol 扣件[226]

① 某种安装在轨枕里的锚固座(a),一般在轨枕生产时就已经安装完成;

② 弹性钢制部件(b),对轨脚产生钳力;

③ 钢轨和轨枕之间减轻应力的钢轨衬垫(c),同时满足信号系统的绝缘要求;

④ 绝缘子或者绝缘材料层(d),满足钢轨和任何金属路径如(a)、(b)的绝缘要求。

11.9.2.3　弹性扣件的类型

弹性扣件的类型多种多样,如 Nabla、Vossloh、Pandrol。有些弹性扣件有座垫,有些没有。弹性扣件可以分作:

① 无座垫直接固定的扣件；

② 无座垫间接固定的扣件；

③ 有座垫直接固定的扣件；

④ 有座垫直接固定的扣件。

11.9.2.4　弹性扣件的安装原则

安装期间，弹性扣件必须确保如下原则[235]：

① 钢轨—轨枕的扣件力必须足够使钢轨—轨枕的滑行阻力明显大于完全稳定的道砟上的轨枕纵向移动阻力。

② 扣件的共振频率应该比钢轨的共振频率高很多。

③ 多年后扣件依然能够保持足够的钳力。

④ 无需拆装就可以很容易地检查轨道上扣件的紧固程度。

⑤ 安装后很长时间依然可以保持弹性。

⑥ 扣件效率（既作用在钢轨上的力和扣件传递给轨枕的力的比率）应该尽可能的高。

11.9.3　刚性扣件和弹性扣件的力和应力

从作为时间函数的扣件张力图中可以清楚地看出刚性扣件和弹性扣件的差别（图11.19）。因此，弹性扣件性能更好。图11.20和图11.21分别给出了螺

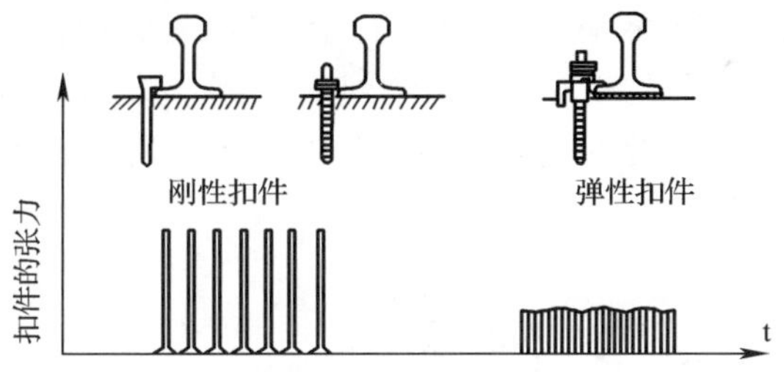

图 11.19　作为时间函数的刚性扣件和弹性扣件生产的力

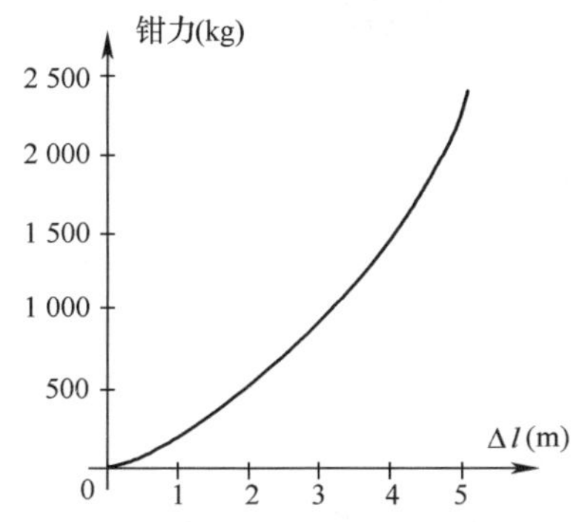

图 11.20　螺丝型扣件力—拉伸曲线[226]

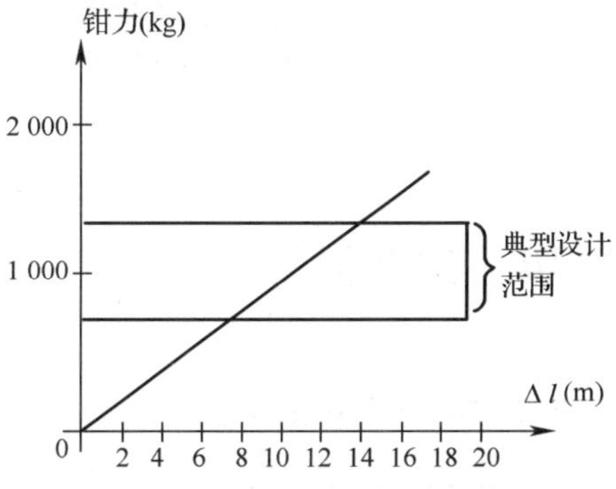

图 11.21　弹簧型扣件力—拉伸曲线[226]

丝型扣件和弹簧型扣件的力—拉伸曲线。

11.9.4 扣件的设计标准、锚固座和绝缘

根据不同的扣件系统(图 11.20 和 11.21)和铁路当局需求,钳力也有所不同。大部分扣件系统的钳力都在 750 ~ 1 250 kg 之间,对应的拉长量为 5 ~ 15 mm。弹簧型扣件与螺丝型扣件相比有一个更大的拉长量(相同的钳力时)。但是,弹簧有一个比它的工作范围更大的载荷容量,因为这能增加扣件的预期寿命。钢轨钳力的计算要考虑钢轨型号、允许速度、车辆重量、轨道硬度、曲线半径和外部温度等因素。

需要特别注意的是,扣件需要合适的锚固座。螺丝型扣件的锚固座是由尼龙或者聚丙烯塑料制成。弹簧型扣件的锚固座是由铸铁或者锻钢制成。除了垂直力外,锚固座的设计应该在混凝土上安全传递的侧向力[235]。

在使用轨道作为通信电路的区间,绝缘是对扣件的一个重要要求。轨道绝缘的需求取决于使用的信号系统特征。干型装置应该有无限大的电阻,而湿型不超过 20 000 Ω。绝缘子必须耐磨、经受得住紫外线的照射并能抵制来自轨道化学制品的侵蚀[235]。

11.9.5 钢轨爬行和防爬器

在扁轨连接板轨道(不是连续焊接的)上,可以看到钢轨(甚至整个轨道)纵向爬行。但是,在高等级的轨道上,无论列车朝哪个方向运行,钢轨朝下移动。为了防止这种滑行,需要沿着轨道安装专门的设备,即防爬设备或者防爬器(图 11.22)。

图 11.22 钢轨防爬设备

11.10 弹性衬垫

11.10.1 钢轨座和基座垫

本书 7.2 节(图 7.2)中提到,弹性垫是用于钢轨和轨枕或者钢轨和混凝土板之间。当使用基座垫时(有砟轨道或无砟轨道上),用在基座和轨枕之间或者

基座和混凝土板之间的衬垫就叫做基座垫。

11.10.2　衬垫的功能和性能

衬垫必须具有以下功能和性能[231,237]。

① 分布载荷。衬垫应该能够在轨脚和轨枕之间均匀分布载荷,以应对两个部件的不平顺。

② 缓解振动。衬垫能够吸收来自整个轮轨接触导致的振动。

③ 回弹力。衬垫应该设计成具有与弹性钢轨扣件系统兼容的最佳倾角,这样扣件任何时候都能够为钢轨提供纵向和侧向必要的阻力。在列车通过期间,衬垫的弹性恢复应该要求工作荷载上硬度足够令人满意。

④ 防爬性。衬垫和钢轨扣件系统应该具有足够的防爬能力,而且不会因为时间和通过运量不同而产生较大变化。

⑤ 绝缘。衬垫应该有良好的电绝缘性能,从而把钢轨和轨枕隔离开来,以便轨道电路可以用于信号系统和控制。

⑥ 耐用性。衬垫的服务寿命至少应该和钢轨相同。理想条件是在更换钢轨时安装衬垫。此外,衬垫应该有抵制垃圾、水、油和化学物质污染的能力,任何环境温度和气候条件下都保持稳定性能。日本铁路根据新干线高速列车 10 年的运行经验,将衬垫的硬度增加了 66% [237]。

11.10.3　尺寸、材料和设计

衬垫的厚度(5 ~ 10 mm)由其安装环境决定,取决于以下几个要素。

① 平底轨脚的宽度;

② 所有弹性扣件的类型;

③ 轨枕和基座(如果有)的尺寸;

④ 运输类型,例如低速重载货运或者高速客运。

以下为用作衬垫的主要三种材料。

① 橡胶(包括天然与合成橡胶);

② 塑料;

③ 橡胶胶结软木垫。

法国铁路使用橡胶衬垫,德国铁路使用较硬的塑料衬垫。部分衬垫表面粗糙,以便更有效地吸收列车载荷产生的振动和动力学影响。

11.10.4　力—延长曲线

图 11.23 绘制了厚 7 mm 的聚氨酯泡沫衬垫的力—延长曲线。

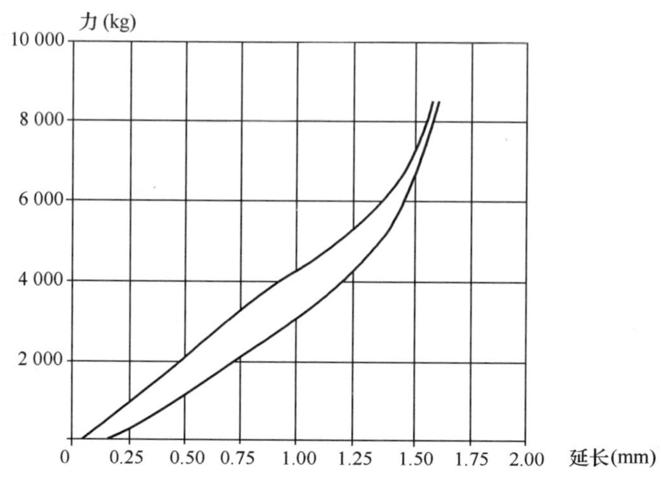

图 11.23　厚 7 mm 的聚氨酯泡沫衬垫的延长曲线

11.11　各轨道部件尺寸的数值应用

一条使用连续焊接钢轨的标轨轨道日运量为 30 000 t,最大轴重为 20 t,最大速度为 140 km/h,铺设在中级质量的路基(S_2)上。将选择:

① 最合适的钢轨类型;

② 最合适的轨枕类型。考虑木制轨枕、双块或轨枕和单块式轨枕。

最后研究:

① 最合适的扣件类型;

② 轨枕下的应力分布。

a. 钢轨的选择以日均运量 30 000 t 为依据,根据本书 10.4.1 中的分析,如果使用木制轨枕则选择 UIC 54 型钢轨,而如果使用双块式或者单块式轨枕时选择 UIC 60 型钢轨。

b. 因为是标轨轨道,木制轨枕则具备图 11.3 所示的几何尺寸。如果选择双块式混凝土轨枕,则是 UIC 4 中运量线路,最大速度相对较低,可以选择如图 11.6a 所示的几何尺寸。但是,如果线路有较高的运输载荷(UIC 组 1.2)和较高的运行速度($v > 200$ km/h),应选择如图 11.5 所示几何尺寸的双块式轨枕。对于单块式轨枕。几何尺寸的选择可以表 11.1、表 11.2 和图 11.7、图 11.8 为依据。

c. 轨枕下的应力分布如图 11.11 所示,计算 2.60 m 长、0.15 m 宽的木制轨枕(图 11.3)的最大应力。为了把动力学效应(见本书 8.7 节)考虑在内,额定静态轴重将乘以一个动态影响固数 1.3,从图 8.15 中 $v = 140$ km/h 情况推算而来。轨枕只承担 40% 的轴重(见本书 8.4.8 节),施加在轨枕上的实际总荷载为

$$20\ \text{t} \times 1.3 \times 0.4 = 10.4\ \text{t}$$

由方程式(11. 1)(见本书 11. 8 节)得出

$$\sigma = \frac{10.4}{0.15\left(\frac{2.60}{2} + \frac{3 \times (2.60 - 1.50)/2}{2}\right)} = 32.62\ \text{t/m}^2 = 3.3\ \text{kPa/cm}^2$$

应力 σ 的值也可以由图 7. 3(见本书 7. 3 节)给出的值确认。

d. 如果是木制轨枕,选择刚性扣件和弹性扣件都可以,如果是双块式和单块式轨枕,则必须选择弹性扣件。每种轨枕通常都相应有一个较合适的扣件类型。双块式轨枕需要选择 Nabla 扣件,而单块式则选择 Vossloh 或者 Pandrol,或者其他与轨枕特征兼容的扣件。

12 道　　砟

12.1 道砟和底砟的功能

12.1.1 道砟的功能

道砟指的是用来铺设轨枕的碎石(或者砾石)。此外,轨枕两端一些距离范围内也会铺设道砟(叫做道砟肩)。

铁路道砟(见本书 7.2 节,图 7.1)有以下功能。

① 进一步分散轨枕传递过来的应力;

② 大范围缓解列车振动;

③ 阻止轨道滑动(横向和纵向);

④ 利于排水;

⑤ 恢复轨道几何形状。修正轨道缺陷(使用轨道养护设备,见本书 16.8 节)。

显然以上功能在某些方面是矛盾的,因此道砟不可能全部实现这些功能。为了获得良好的载荷承担特性并提高轨道稳定性,道砟需要较好的等级和密度,但是这样将不利于排水,同时轨道的维护也变得比较困难。因此,道砟必须在各个功能之间实现一个平衡。

12.1.2 底砟的功能

道砟层下面铺设的是砾石底砟,具有如下功能:

① 保护路基的顶层不被道砟的石块刺入;

② 进一步分散应力;

③ 进一步方便雨水排泄;

④ 在路基顶层形成一个横向斜坡(通常是 3% ~5%),方便排水。

砾石底砟层的一般厚度为 15 cm。但是,一些铁路并不使用底砟层,而只是简单地增加路基上基床的厚度。

12.2 道砟的几何特征

12.2.1 粒度构成

为了实现以上功能,道砟采用的石头必须质地良好坚硬,棱角分明且棱角具有足够的硬度,(立方的或者多面的)。砟石还应尺寸均匀且材料清洁。

道砟由不同尺寸砟石混合组成,通过重量的百分比表示,各级碎石均匀分布。

图 12.1 根据法国规定给出了的标准道砟的粒度构成。尺寸大于 63 mm 的碎石含量不得超过限值 3%,小于 16 mm 的碎石含量不得超过限值 2%。英国铁路的道砟粒度构成(14 ~ 50 mm)见表 12.1。

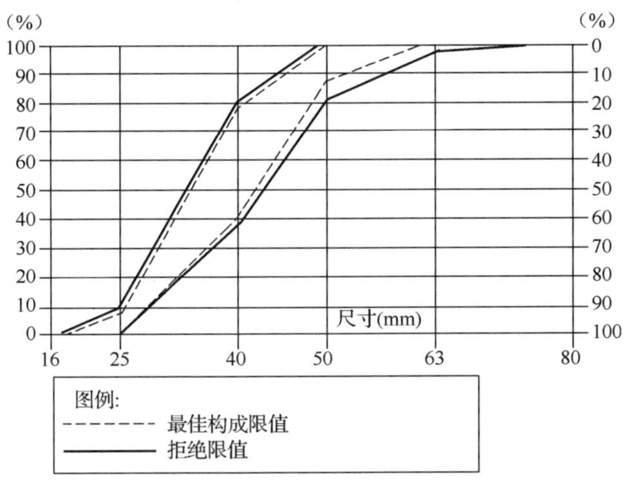

图 12.1 根据法国规定的一般道砟的粒度构成标准图

表 12.1 英国标准的道砟尺寸

尺寸 D(mm)	接受比例	尺寸 D(mm)	接受比例
63 mm	100%	14 mm	0% ~2%
50 mm	97% ~100%	1.18 mm	0% ~0.8%
28 mm	0% ~20%		

根据欧洲铁路道砟标准[244],道砟有两个筛分尺寸,31.5 mm 为极限低值,50 mm 或者 63 mm 为极限高值[244](表 12.2)。

表 12.2 欧洲标准的道砟颗粒构成

尺寸(mm)	铁路道砟尺寸 31.5 mm ~ 50 mm			铁路道砟尺寸 31.5 mm ~ 63 mm		
	比 例					
	分 类					
	A	B	C	D	E	F
80	100	100	100	100	100	100
63	100	97 ~ 100	95 ~ 100	97 ~ 99	95 ~ 99	93 ~ 99
50	70 ~ 99	70 ~ 99	70 ~ 99	65 ~ 99	55 ~ 99	45 ~ 70
40	30 ~ 65	30 ~ 70	25 ~ 70	30 ~ 65	25 ~ 75	15 ~ 45
31.5	1 ~ 25	1 ~ 25	1 ~ 25	1 ~ 25	1 ~ 25	0 ~ 7
22.4	0 ~ 3	0 ~ 3	0 ~ 3	0 ~ 3	0 ~ 3	0 ~ 7
31.5 ~ 50	≥50	≥50	≥50	—	—	—
31.5 ~ 63	—	—	—	≥50	≥50	≥85

12.2.2 精细颗粒

按照欧洲标准[244]，精细颗粒是指能通过0.5 mm筛孔的颗粒。据此道砟可以分成各种型号[244]（表12.3）。

表12.3 根据欧洲标准精细颗粒含量的道砟分类

能通过0.5 mm筛孔的道砟最大比例按质量			
精细颗粒分类			
A	B	Declared	C
0.6%	1.0%	>1.0%	无需求

12.2.3 良好颗粒

按照欧洲标准[244]，良好颗粒是指能通过0.063 mm筛孔的。据此可以划分各种道砟型号[244]（表12.4）。

表12.4 根据欧洲标准良好颗粒含量的道砟分类

能通过0.063 mm筛孔的道砟最大比例（质量）				
精细颗粒分类				
A	B	C	Declared	D
0.5%	1.0%	1.5%	>1.5%	无要求

12.2.4 颗粒形状

12.2.4.1 片状指数

粗糙铁路道砟的形状确定涉及片状指数。基于这个指数值，可以对道砟进行如表12.5所示的分类[244]。

表12.5 根据欧洲标准按照片状指数的道砟分类

片状指数	铁路道砟分类	片状指数	铁路道砟分类
≤15	FI_{15}	≤35	FI_{35}
≤20	FI_{20}	>35	$FI_{declared}$

12.2.4.2 形状指数

粗糙铁路道砟的形状确定还涉及形状指数。基于这个形状指数的值，也可以把道砟进行如表12.6所示的各类[244]。

表12.6 根据欧洲标准按照形状指数的道砟分类

形状指数	铁路道砟分类	形状指数	铁路道砟分类
≤10	SI_{10}	5~35	$FI_{5\sim30}$
≤20	SI_{20}	>30	$FI_{declared}$
≤30	SI_{30}		

12.2.4.3　颗粒长度

基于颗粒长度,可以把道砟分成如表 12.7 所示的以下种类[244](表 12.7)。

表 12.7　根据欧洲标准按照颗粒长度的道砟分类

40 kg 样品中长度小于 100 mm 的比例					
颗粒长度分类					
A	B	C	D	Declared	E
4%	6%	8%	12%	>1.2%	无要求

12.3　道砟的机械性能

12.3.1　应力—应变关系

列车载荷通过时对沉降和应力现场测量显示道砟是弹塑性的,符合 Drucker – Prager 标准[149,173](见本书 8.4.4.1 节)。

12.3.2　疲劳性能

12.3.2.1　道　　砟

实验室测试和测量都显示道砟在初次负载时发生了较大的永久(塑性)变形。考虑到其特别的粒度构成,导致这种现象的可能原因是道砟为了达到一个平衡状态而重新排列[249]。在后续的负载中,塑性成分对总变形影响很小。因此,三轴测试显示道砟的可塑变 ε_P^N在 $n-th$ 负载周期处可以用首个负载周期 ε_P^1 处塑性变形函数表示,其方程式为[253,256]:

$$\varepsilon_P^N = \varepsilon_P^1 \cdot (1 + c\log N) \qquad (12.1)$$

ORE 和英国铁路的研究提出 c 的值为 0.2[256,257]。但是,美国铁路研究提出 c 的值在 0.25 到 0.40 之间[251,254]。

大部分实验室得出的方程式(12.1)是线性的。但是,也有少数几个测试得出道砟的塑性变形的变化是非线性的[251]。

根据方程式(12.1)和前面提到的 c 的值,100 000 到 300 000 个载荷周期将使首次载荷周期引起的塑性应变翻一倍。

英国铁路在稳定应力下的实验室测试认为 N 个负载周期后道砟的塑性变形 ε_P^N有下面的公式关系式[256]

$$\varepsilon_P^N = 0.082(100n - 38.2)(\alpha_1 - \alpha_3)^{\alpha}(1 + 0.2\log N) \qquad (12.2)$$

式中　n——道砟空隙度;

α——由作用应力水平决定的系数。低应力情况下该值在 1 到 2 之间,但是高应力时该值可能达到 3。

12.3.2.2 底砟

对于砾石底砟，N 个负载周期后，其总变形可由下列方程式计算

$$\varepsilon_{tot}^{N}=\varepsilon_{tot}^{1}\cdot N^{\alpha} \tag{12.3}$$

式中 α——砾石塑性决定的参数。

12.3.3 弹性模量

12.3.3.1 道砟

关于弹性模量，三轴测试显示其在首个1 000负载周期内发生改变，之后一直保持为常数(图12.2)。这可以解释为在首个负载周期内出现了重要的塑性应变。在1 000负载周期处弹性模数大约是首个周期的2倍 $E_{1\,000}\cong 2E$[149,255]。

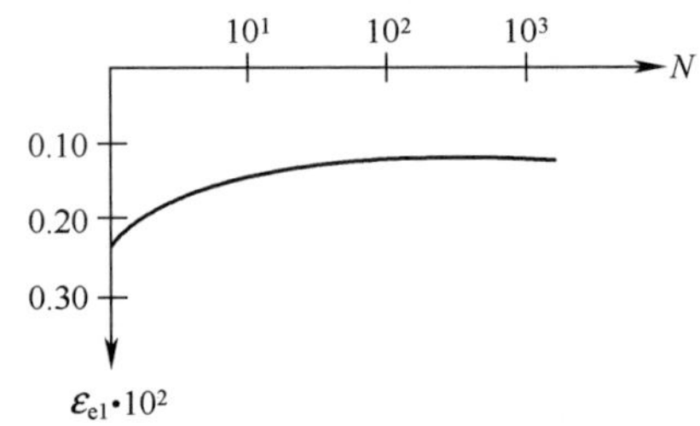

图12.2 道砟弹性变形与荷载周期数量的关系

12.3.3.2 底砟

对于砾石底碴，一系列的试验显示弹性模量不会变化，和负载周期的数字无关。

12.4 道砟硬度

道砟必须具备足够的硬度，否则就会开裂而无法实现其功能。道砟硬度由Deval、Los Angeles和Microdeval实验测试确定[243,248]。

12.4.1 Deval测试

这是目前使用时间最长的方法，于1896年设计，当时公路上都是包着钢箍(轮胎)车轮的马车。

测试样品(尽可能的呈立方形)重5 kg。在Deval标准测试中，也叫做Deval干测，样品称重前先洗净烘干。之后，样品被放进Deval机的一个圆柱体内，这个圆柱体内径20 cm、里长34 cm，倾角30°，被连接在一根水平轴上(图12.3)。然后开动机器(每小时回转2 000次)，整个测试耗时大约5 h(总共回转10 000次)。

设 A 为样品最初的重量，B 为测试后用直径 d(mm)的筛子筛过后剩下的样

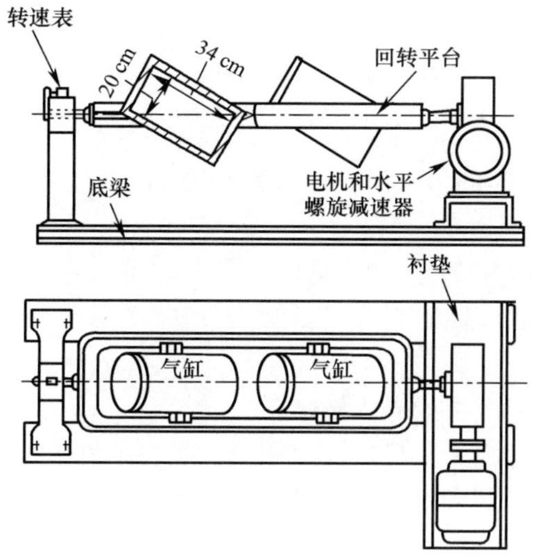

图 12.3

品重量。法国铁路中 d 的值为 1.6 mm,英国铁路的为 2.36 mm[250,252]。因此,磨损百分比为

$$W_D = \frac{A - B}{A} \times 100 \tag{12.4}$$

通常用的 Deval 系数 Q 由下列方程式得出

$$Q = \frac{40}{W_D} \times 100 \tag{12.5}$$

一些规范要求如果道砟采用的是硬岩,其 Deval 系数大于 14;是灰岩的话大于 12。但是,其他一些规范对道砟硬度要求更高,其 Deval 系数要求大于 16。如果采用这个值,灰岩道砟就无法满足要求,应该采用花岗岩道砟。

Deval 测试(测试结束时样品完成了 10 000 次回转)期间的磨损行为比振动行为强得多,因此,只有硬度非常低的岩石才会碎得很厉害。有尖角的样品尖角会被磨平。

Deval 标准测试的另外一种方法是整个过程都在水中完成,结果被称为Deval系数。

12.4.2 Los Angeles 测试

这种测试法比 Devel 测试法出现的晚(1926 年出现)。测试设备包括一个内径 71.1 cm、里程长 50.8 cm 的圆柱体。将一个重 5 kg 的样品和 12 个各重 420 g 的钢球放进圆柱体内,然后圆柱体开始旋转(每分钟 30 ~ 33 转),直到完成 500 次回转(整个测试大约 15 min)。

设 A 为样品最初的重量,B 为测试后用直径 d(mm)的筛子筛过后剩下的重量。d 的值按照法国规定为 $d=1.6$ mm,英国规定 $d=2.36$ mm。磨损百分比叫做 Los Anbeles 系数

$$W_{LA}=\frac{A-B}{A}\times 100 \tag{12.6}$$

许多规定要求道砟的 Los Angele 系数必须小于 25。

Los Angele 测试具有如下优点。

① 对惰性材料研究充分,能把其所有弱点暴露出来;

② 非常适合测试惰性物料、碎岩和砾石;

③ 测试耗时短;

④ 大大地减小测试中的人为影响;

⑤ 测试结果和各施工项目中碎岩和惰性物料的性能非常相符。

前面提到过,目前最流行的技术规范使用的是 Los Angele 测试。Los Angele 测试有几种变形测试也在使用。

根据欧洲道砟标准,Los Angele 测试法是判断道砟强度的参考测试[244]方法。

根据 Los Angele 系数的值,可以把道砟分成如表 12.8 所示的各类。

但是,应该强调的是根据欧洲标准,Los Angele 测试中的样品是 10 kg,机器以每分钟 31~33 转的速度回转 1 000 次。

表 12.8　根据欧洲标准,按照 Los Angeles 系数的道砟分类

洛杉矶系数	按照洛杉矶系数的道砟分类	洛杉矶系数	按照洛杉矶系数的道砟分类
≤12	LA_{bal21}	≤20	LA_{bal20}
≤14	LA_{bal14}	≤24	LA_{bal24}
≤16	LA_{bal16}	>24	无此分类

12.4.3　Microdeval 测试

Microdeval 测试主要用来判定砾石底砟的硬度。测试设备包括一个内径 200 mm、里长 154 mm 的圆柱体。样品由 500 g 筛径在 10 mm 到 14 mm 之间的砾石组成。和样品一起放进圆柱体的还有一个重 5 kg 的钢球和 2.5 L 水。圆柱体以 100 r/min 的速度回转 12 000 次。设 m 为测试后,小于 1.6 mm 筛径的砾石的重量(g)。Microdeval 系数 MDE 为

$$\mathrm{MDE}=100\times\frac{\mathrm{m}}{500} \tag{12.7}$$

欧洲标准建议使用 Microdeval 测试。基于 Microdeval 测试值,可以把道砟分成如表 12.9 所示的各类[244]。

表 12.9　欧洲标准根据 Microdeval 系数制定的道砟分类

系　数	道砟分类	系　数	道砟分类
≤5	MDE_{bal5}	≤15	MDE_{bal15}
≤7	MDE_{bal7}	>15	无此分类
≤11	MDE_{bal11}		

但是，应该说明的是按照欧洲标准，Microdeval 测试所用的样品应该是 10 kg，机器回转 14 000 次。

12.4.4　所需道砟强度和硬度

所需道砟强度和硬度由线路运量、更新频率（通常 15 ~ 20 年一次）、碎石材料等决定。法国规范要求 Los Angele 和 Deval 系数在位于图 12.4 规定区间内的点上[252]。

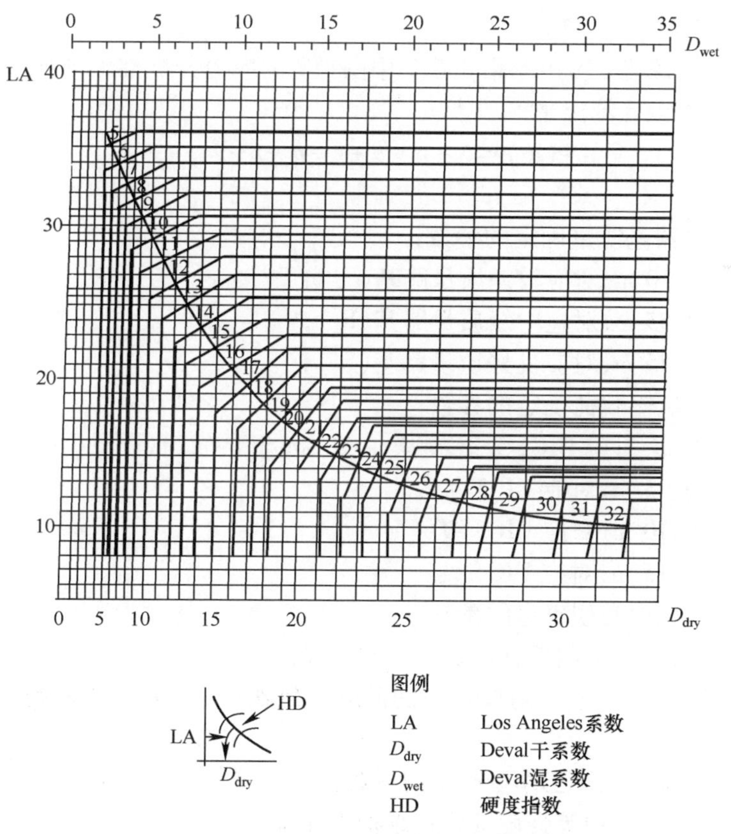

图 12.4　根据法国规范道砟的 Los Angele 系数和 Deval 系数组合

12.5　道砟合理厚度的确定

12.5.1　道床合理厚度的确定

直到 20 世纪 80 年代中期,道砟厚度的计算都是基于 Boussinesq 方程式进行。但是,通过使用有限元法,一种更精确的分析方法,对道砟尺寸相关的所有铁路参数进行分析。

① 土壤质量和路基的承载力;

② 轨枕类型;

③ 运输特征(运输负载和轴重);

④ 养护工作量;

⑤ 列车速度;

⑥ 是否使用了土工布。

道床结构的厚度 e 可由本书 8.4.7 中图 8.7 的应力分析推出,通过下列 UIC 建议的方程式可以计算出来[147,186]

$$e(\mathrm{m}) = N + a + b + c + d + f + g \tag{12.8}$$

式中:

- N——由路基质量确定的参数:
  - 0.70 m,对应较差质量路基(S_1),
  - 0.55 m,对应中级质量路基(S_2),
  - 0.45 m,对应良好质量路基(S_1),
- a——由运输载荷确定的参数:
  - 0 m,对应 UIC1、2 级或者 $v > 60$ km/h 的轨道(不论 UIC 级别),
  - 0.05 m,对应 UIC3、4 级,
  - 0.10 m,对应 UIC5 级,
  - 0.15 m,对应 UIC6 级。
- b——由轨枕类型确定的参数:
  - 0,对应木制轨枕(长 $L = 2.60$ m),
  - $(2.5 - L)/2$,对应长 L 的混凝土轨枕(当 $L > 2.50$ m 时 b 可以忽略不计)。
- c——由轨道维护工作量确定的参数:
  - 0,对应中等强度的轨道维护工作量,
  - −0.10 m,对应高强度轨道维护工作量和 UIC1 ~ 5 级,
  - −0.05 m,对应高强度轨道维护工作量和 UIC6 级。
- d——由轴负荷 Q 的值确定的参数:

- 0,对应 $Q=20.0$ t,
- 0.05 m,对应 $Q=22.5$ t,
- 0.12 m,对应 $Q=25.0$ t,
- 0.25 m,对应 $Q=30.0$ t。

• f——由列车速度确定的参数:
- 0,对应 $v<160$ km/h,路基质量 S_1、S_2,
- 0,对应路基质量 S_3 上的高速轨道,
- 0.05 m,对应路基质量 S_2 上的高速轨道,
- 0.10 m,对应路基质量 S_1 上的高速轨道。

• g——由使用的土工布确定的参数:
- 土工布厚度。土工布主要用在路基质量 S_1 和 S_2 上,
- 0,对应不使用土工布。

12.5.2 防止冻渗的道床(道砟+底砟)需求厚度

从理论和实验研究,图 12.5 得出道砟+底砟厚度和霜冻穿透计算结论,以便防止路基冻渗。图 12.5 中的阴影面积代表北欧或者一些地区经历的漫长严酷的冬季条件。

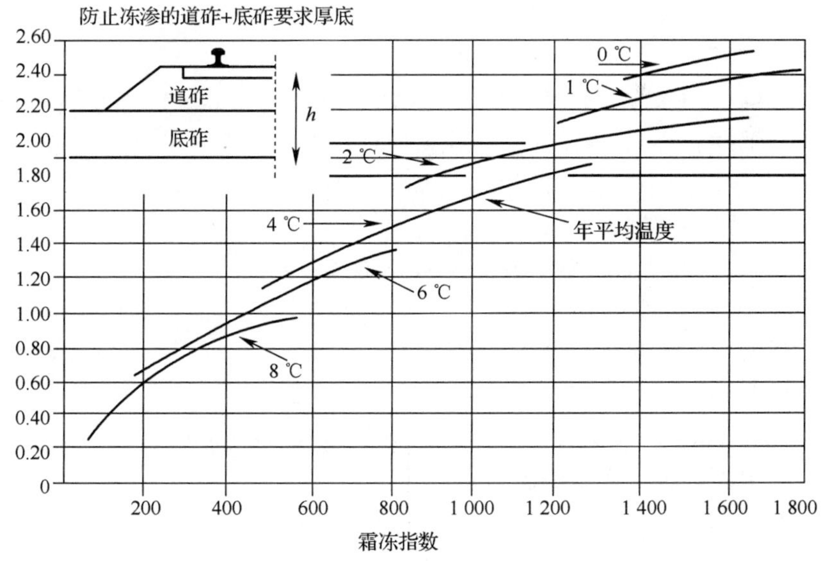

图 12.5　防止路基冻渗的道砟+底砟所需厚度

12.5.3 道砟和底砟厚度

砾石道砟通常的厚度为 15 cm,等级良好,并具有以下机械特征。

① Microdeval 系数 <15 或 20;

② Los Angele 系数 <20 或 25。

这由线路的重要性决定。

但是，有些铁路，特别是新线，要求砾石底砟含 30% 的碎石[186]。

道砟厚度是道床厚度扣除底砟厚度（通常为 15 cm）得出的，正如前面计算过的一样。

12.5.4 根据英国规范的道砟厚度计算

根据英国规范，道砟厚度的计算和线路的速度和运量相关，如表 12.10 所示。

表 12.10 英国标准下的道砟厚度[139,250]

线路速度	年运量（百万 t）	道砟厚度（m）	线路速度	年运量（百万 t）	道砟厚度（m）
160～200	All	0.38	80～120	<12 t	0.23
120～160	>12 t	0.38	<80	>2 t	0.38
120～160	2～12 t	0.30	<80	<2 t（混凝土轨枕）	0.20
120～160	<2 t	0.23	<80	<2 t（木制轨枕）	0.15
80～120	>12 t	0.30			

12.5.5 数值应用

假设有一条 UIC4 级轨道，日运量在 20 000 t 到 40 000 t 之间，这个参数可以代表全世界的大部分铁路线路。轨道使用长 $L=2.60$ m 单块式预应力混凝土轨枕。路基土壤为中级，轴重为 20 t，养护工作量也是中级。最大列车速度为 200 km/h，路基顶部铺设 5 mm 厚的土工布。

道床结构的厚度 e 将根据方程式 12.8 计算。

其中各参数按照下列值计：

$N=0.55$ m（路基质量：S_2）；

$a=-0.05$ m（UIC 4 级轨道）；

$b=(2.50\text{ m}-2.60\text{ m})/2=-0.05$ m（轨枕长 $L=2.60$ m）；

$c=0$（中等维护工作量的轨道）；

$d=0$（轴重：20 t）；

$f=0.05$ m（路基质量 S_2 上的高速轨道）；

$g=0.005$ m（土工布的厚度）。

在以上方程式中代入这些值，可以计算出道床的厚度 e（道砟 + 底砟）：

$$e(m)=0.55-0.05-0.05+0.0+0.0+0.05+0.005=0.505\text{ m}$$

底砟减去通常的厚度 0.15 m，那么道砟的厚度将是：$e-0.15\text{ m}=0.355$ m。

应该注意到道砟厚度（根据方程式（12.8）计算出来的）值和英国规范给出

的值(0.38 m)非常接近。

如果轨道铺设在寒冷地区,道床的厚度应该增加,以防路基被霜冻冻透。假设年平均温度为6 ℃,每年有100天时间温度为 -3 ℃。那么,霜冻指数为:100 ×3 =300 即温度 × 天数。

从图12.5可以推断出为了防止霜冻冻透路基,厚度 e(道砟 + 底砟)为0.80 m,远比根据轨道机械需求计算出来的值要大。显然,较大的道砟 + 底砟厚度值最终要作为道床的尺寸。

12.5.6 米轨轨道合理的道砟厚度

对于米轨轨道,根据UIC,表12.11给出合理的道砟建议厚度[138]。

表12.11 米轨轨道合理的道砟厚度

v_{max}	160 km/h	120 km/h	80 km/h	100 km/h	60 km/h
轴重	13 t	16 t	25 ~ 30 t	20 t	16 t
运输类型	反客运	混合运输	反货运	混合运输	主要货运
合理道砟厚度	25 ~ 30 cm	20 ~ 25 cm	25 ~ 30 cm	20 ~ 25 cm	10 ~ 15 cm

12.6 轨道横截面

前面的章节分析了怎么计算轨道各部件的尺寸和机械特征。所有的这些分析通常都反映到轨道横截面上,它能说明轨道系统所有部件的尺寸。

轨道横截面的设计由以下因素决定。

① 轨道是单线还是复线。

② 由列车速度决定的两条轨道之间的距离。本书7.10.3中已经说明,$v <$ 200 km/h时 b 在3.60 m到4.00 m之间,当速度 v = 200 ~ 300 km/h时,b 在4.00 m到4.70 m之间,当 v = 350 km/h时,b = 4.80 m。从下面(图12.6 ~ 12.14)显示的数字,我们可以看出对同样的 b 值,各铁路允许的最大速度各不相同。这主要和轨道是否存在大量隧道有关。

③ 道砟肩长。

④ 道砟肩是否存在超高。

⑤ 轨道是否电气化。

⑥ 信号系统线路是否安装在轨道内。

⑦ 车辆的宽度。

一些代表性的轨道截面如下所示:

① 使用钢制或者木制轨枕的单线轨道(图12.6)。

② 使用双块式增强混凝土轨枕的单线轨道(图12.7)。

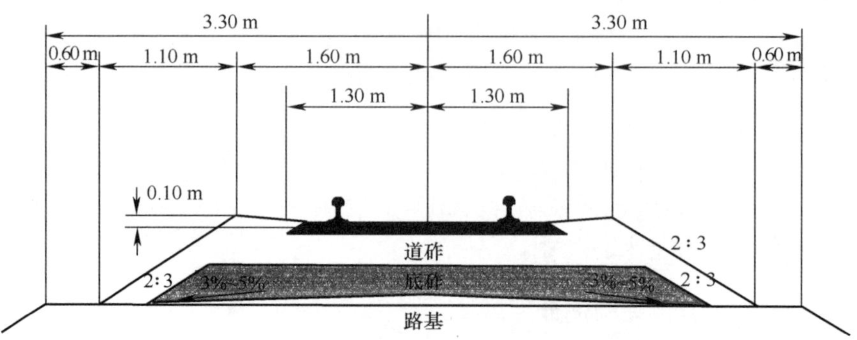

图 12.6　钢制轨枕的单线轨道横截面

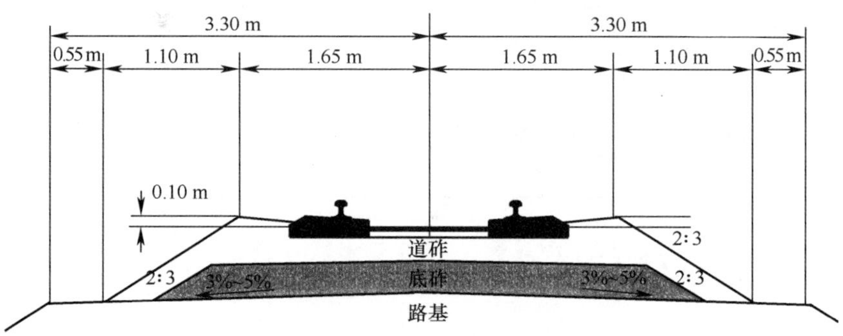

图 12.7　双块式轨枕的单线轨道横截面

③ 使用单块式预应力混凝土轨枕，轨道之间距离 $b=4.20$ m（轨道适合的速度为 250 km/h）的复线轨道。包括直轨（图 12.8）和曲轨（图 12.9）。

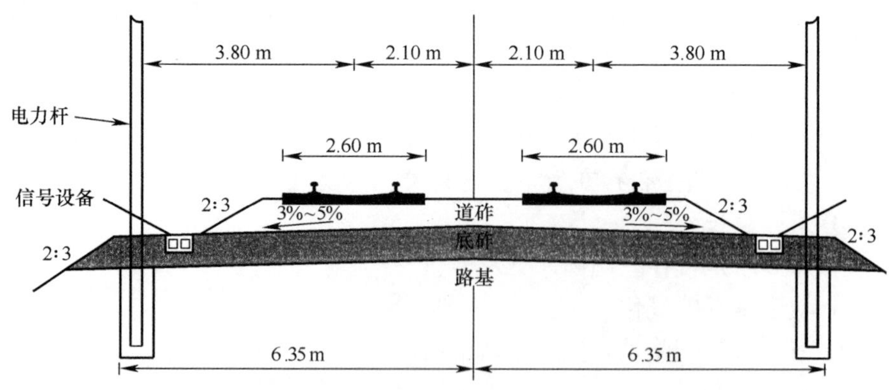

图 12.8　单块式预应力混凝土轨枕的复线轨道横截面，($v_{max}=250$ km/h，直轨)

④ 法国巴黎—里昂高速铁路轨道（$v_{max}=300$ km/h，图 12.10）。

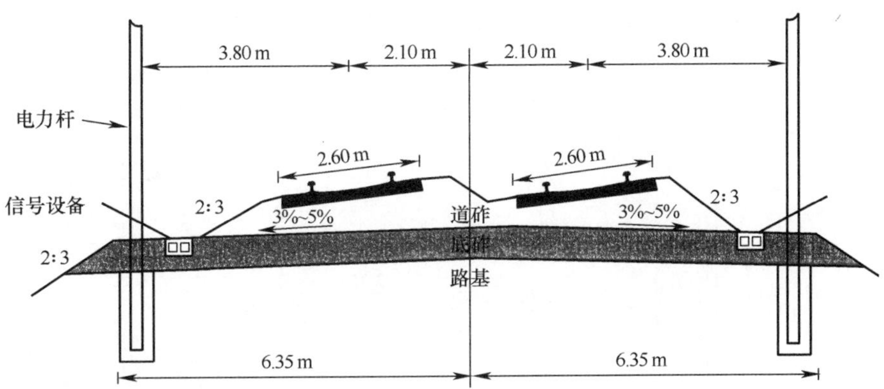

图 12.9　单块式预应力混凝土轨枕的复线轨道横截面，(v_{max} = 250 km/h，曲轨)

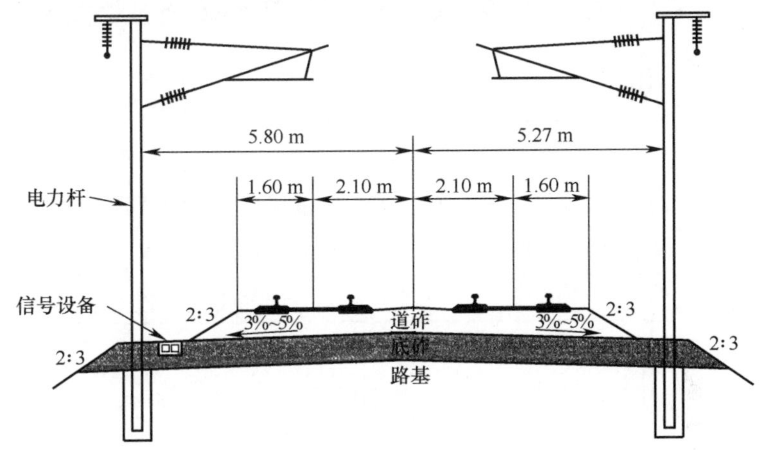

图 12.10　法国巴黎—里昂高速铁路轨道横截面(v_{max} = 300 km/h)

⑤ 法国巴黎—马赛高速铁路轨道(v_{max} = 350 km/h，图 12.11)。

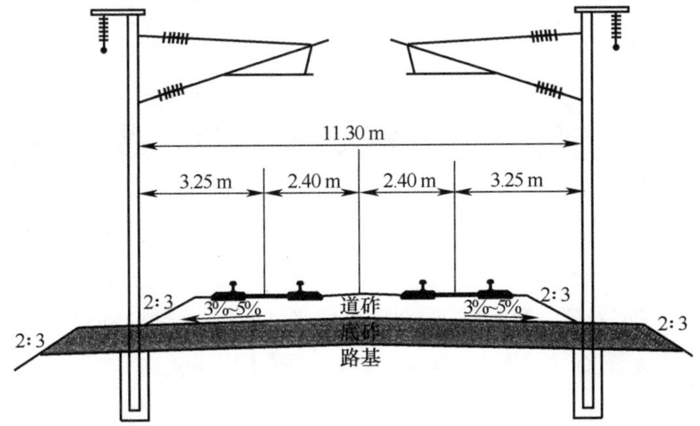

图 12.11　法国巴黎—马赛高速铁路轨道横截面(v_{max} = 350 km/h)

⑥ 德国高速铁路轨道(v_{max} = 300 km/h,图 12.12)。

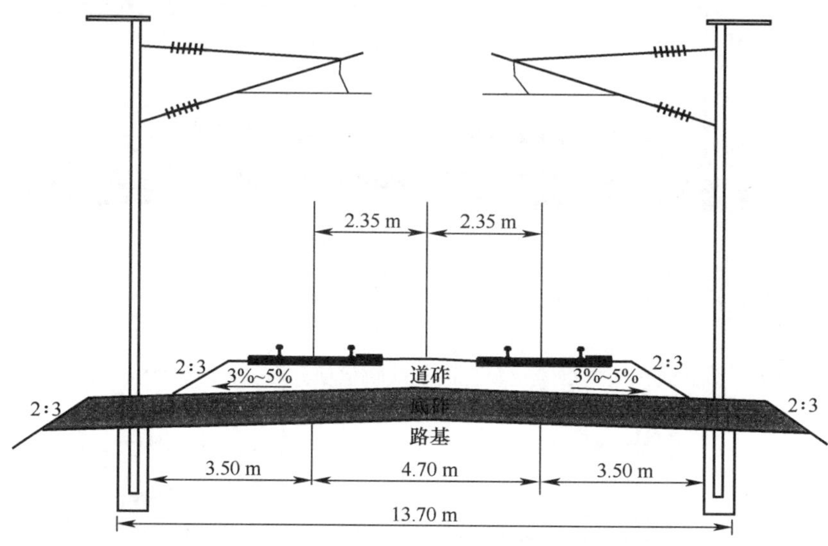

图 12.12　德国高速铁路轨道横截面(v_{max} = 300 km/h)

⑦ 意大利高速铁路轨道(v_{max} = 250 km/h,图 12.13)。

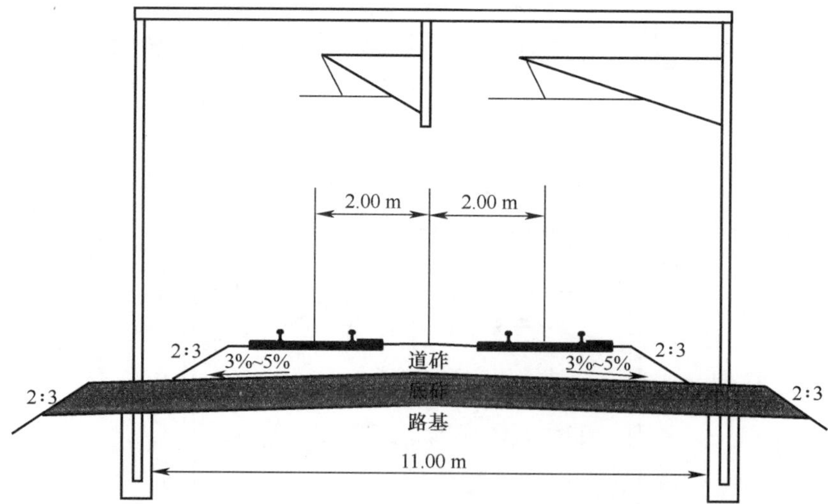

图 12.13　意大利高速铁路轨道横截面(v_{max} = 250 km/h)

⑧ 日本高速铁路轨道(v_{max} = 300 km/h,图 12.14)。

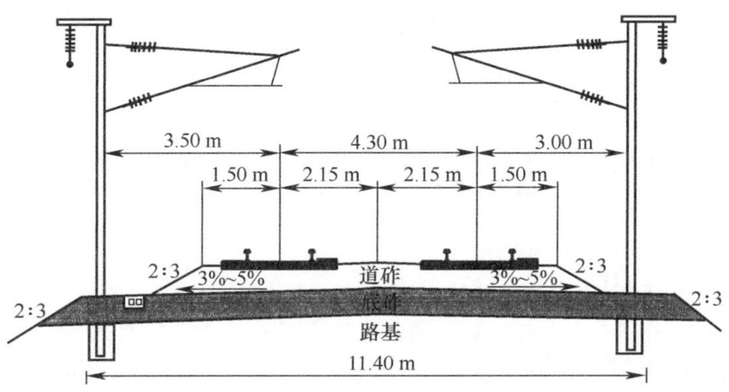

图 12.14　日本高速铁路轨道横截面

12.7　道砟的寿命和再利用

建议道砟、轨枕和钢轨的寿命应该综合考虑，以便在轨道更新时同时更换。高速轨道上，道砟每 15 ~ 20 年更新一次，而混凝土轨枕和钢轨的寿命大约是 50 年。

但是，由于疲劳问题，道砟在高密度受力时，道砟只能支持一个有限的维程，在有限的几次养护之后就会需要更换。

通过使用硬度较大的石头，增加道砟层的宽度和实现道砟层更均匀的受力，可以延长道砟的寿命。瑞士通过这些措施把养护间隔增加到了 4 ~ 7 年，10 年内的维护成本减少 40%[246,247]。

养护期间从轨道上更换下来的道砟属于受污染物料（特别是铺设在那些使用特殊液体浸渍过的木制轨枕间的道砟），其质量是 1.7 t/m^3，而不是新道砟的 1.5 t/m^3。如果这些道砟还具备足够的残余机械力，那么清洗过后还可以用在支线上用于底砟或者基床。

如果道砟的残余阻力依然很高，那么经过机械处理和清洁后，可以用作支线（$v<140$ km/h）道砟。在法国、德国和其他一些国家地区，很大一部分道砟（在法国每年的养护都从轨道上更换下来 90 万 t 道砟）是以这种方式重复利用的[246]。

道砟的再利用不是一个单纯的技术问题，也应该考虑经济方面因素。道砟的再利用成本要和新道砟的使用成本（在西欧是 5 ~ 10 欧元/t）进行比较，还要比较新道砟和再利用道砟运到使用目的地的运输成本。

13　横向效应——脱轨

13.1　横向效应

车辆在轨道上运行时，会对轨道系统产生垂直、横向和纵向的力（见本书7.11.1节）。本章之前，我们都在关注垂向力的影响，垂向力决定了轨道及路基系统各部件的尺寸。横向力既影响乘客舒适度，也影响列车安全。超过横向轨道阻力极限可能导致列车滑行，甚至脱轨。脱轨也可能是车轮在钢轨上爬行或者车辆翻转的结果[261]。近些年的铁路提速要求采取另外的严格保护措施来确保安全。应该强调的是，和其他运输方式相比，铁路是最安全的运输模式（见本书1.2.3节）。

13.2　横向轨道力

首先研究一下列车作为一个整体在轨道上移动时横向力的作用。横向力由一个静态力和一个动态力组成。

13.2.1　横向静态力

由在曲线上运行时不平衡的离心加速度产生的。静态力 $H_s(t)$ 通过下列半经验方程式计算得出[269]

$$H_s(t)=\frac{P\cdot NT}{1\ 500} \tag{13.1}$$

式中　P——轴重，t；

NT——如果列车在直线轨道上运行，则为横向缺陷，单位mm（见本书16.4.2）；如果列车在曲线轨道上运行，则为倾斜缺陷 $h_{d\max}$，单位mm（见本书14.2.2）。

13.2.2　横向动态力

由各种形式的轨道缺陷和车辆缺陷产生的力。横向动态力 $H_d(t)$ 将通过下列半经验方程式计算得出

$$H_s(t)=\frac{P\cdot v}{1\ 000} \tag{13.2}$$

式中：P——轴重，t；

v——列车速度，km/h。

13.3　横向轨道阻力

轨道的横向阻力由轨枕类型和轨道养护情况决定。按最坏的条件考虑，例如，轨道进行养护后马上又运行不稳定。在轨道运输的影响下，道砟被压实导致横向阻力增加。

在使用木制轨枕、非机械（人工）方式维护的轨道上，可以通过下列方程式计算其横向阻力[267]

$$L(\mathrm{t})=0.85\left(1+\frac{P}{3}\right) \tag{13.3}$$

在使用木制轨枕、机械维护的轨道上，可以通过下列方程式计算其横向阻力

$$L(\mathrm{t})=1+\frac{P}{3} \tag{13.4}$$

在使用双块式增强混凝土轨枕、机械维护的轨道上，其横向轨道阻力为

$$L(\mathrm{t})=1.5+\frac{P}{3} \tag{13.5}$$

对使用单块式预应力轨枕的轨道，没有类似的方程式，但是，测试显示方程式(13.4)和(13.5)用在单块式预应力混凝土轨枕轨道上时，其常数项值为1.0和1.5[269]。

以上方程式是半经验式的，由法国和德国铁路一系列的测试总结而来[267,269]。目前，大部分铁路网都采用这些方程式，还没有出现异议或者保留意见。

速度对横向轨道阻力影响的研究显示速度增加并不构成影响[267]。

上面的方程式适用附加动态载荷（见本书8.6节）不超过额定静态载荷20%的情况。但是，如果附加动态载荷超过静态载荷的20%，以上方程式需要乘以一个0.9的修正系数。后一种情况也适用中级和质量较差的轨道[265]。

13.4　道砟特征对横向轨道阻力的影响

13.4.1　道砟横截面的几何特征的影响

横向轨道阻力是下列三方面原因的结果。

① 一方面是由轨枕底面上的摩擦产生的，和轨枕重量成比例。

② 一方面是由轨枕两端和填充在连续的轨枕之间的道砟摩擦产生的。这

个部分由轨枕之间填充的情况以及道砟的密实度确定(图 13.1)。这个侧面部分在使用木制轨枕时占总阻力的 40% ~50%,使用双块式增强混凝土轨枕时占 15% ~25%,使用单块式预应力混凝土轨枕则占 30%[268]。

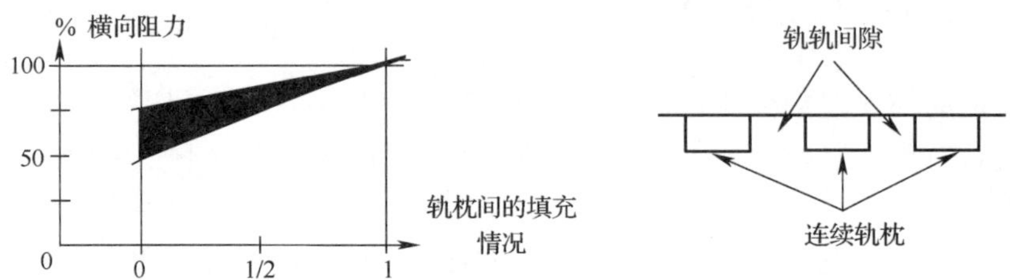

图 13.1　轨枕间充填的道砟程度对横向轨道阻力的影响[268]

③ 一部分来自轨枕的两端,由道砟肩 c 的宽度和道砟是否超高决定(图 13.2)。

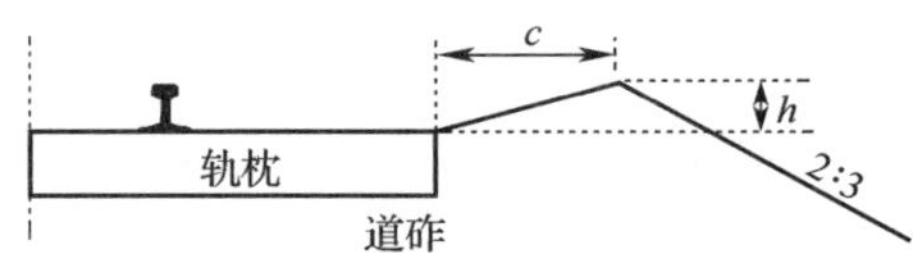

图 13.2　轨枕端,道砟肩宽 c 和道砟超高 h

图 13.3 说明道砟肩宽和道砟超高引起的横向阻力增加。因此,道砟肩加宽同时超高是一个简化的增加宽度的方法。

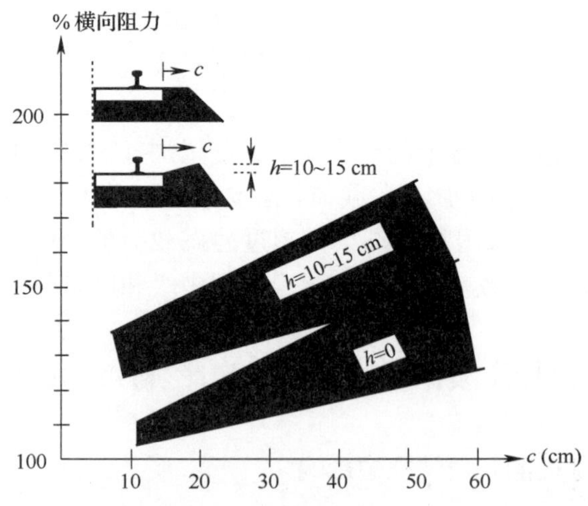

图 13.3　道砟横截面的几何特征和横向轨道阻力的关系[268]

13.4.2　道砟颗粒构成的影响

道砟的形状和尺寸、物料的颗粒构成和硬度对横向轨道阻力有相当大的影响(图13.4)。

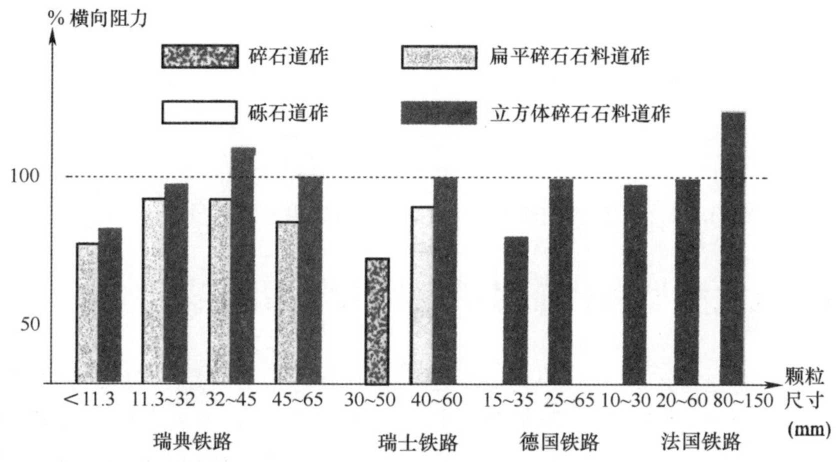

图13.4　道砟颗粒构成对横向轨道阻力的影响

13.4.3　道砟压实度的影响

随道轨道维护工作的开展①，轨道将很大程度地失去其横向阻力(图13.5)。

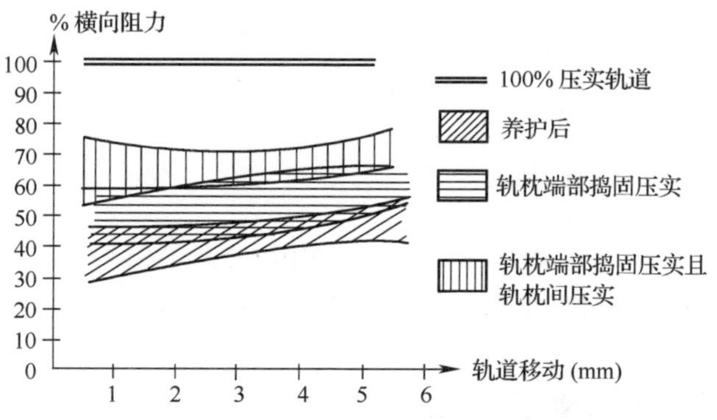

图13.5　各种压实形式的轨道稳定性[268]

线路开通后，特别是运量达到200万t后，横向轨道阻力几乎可以完全恢复

① 本书16.8节中有说明，轨道维护工作需要反复地抬高轨道或者水平移动轨道，这将导致轨道不稳定。

（图 13.6）。

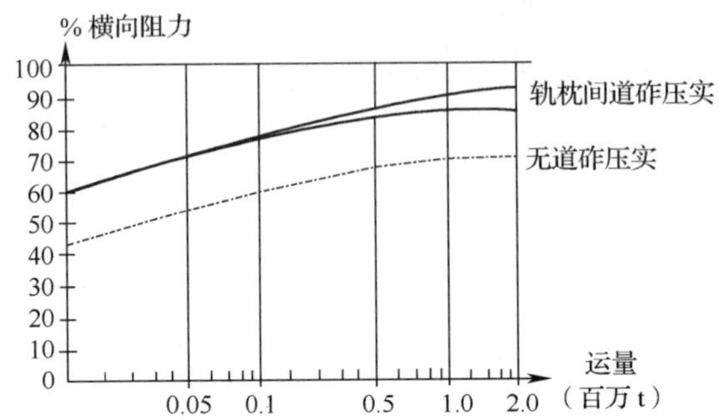

图 13.6　养护后横向轨道阻力的恢复，轨道阻力为运量的函数[261]

13.5　轨枕类型和特征对横向轨道阻力的影响

一系列的在稳定轨道上的测试显示混凝土轨枕，尤其是双块式轨枕，具有绝对的优越性[262]。图 13.7 显示了各种轨枕类型的横向阻力。阻力值变化范围较大主要是归因于生产方面因素（尺寸、重量、轨枕形式等）和道砟的质量及属性。

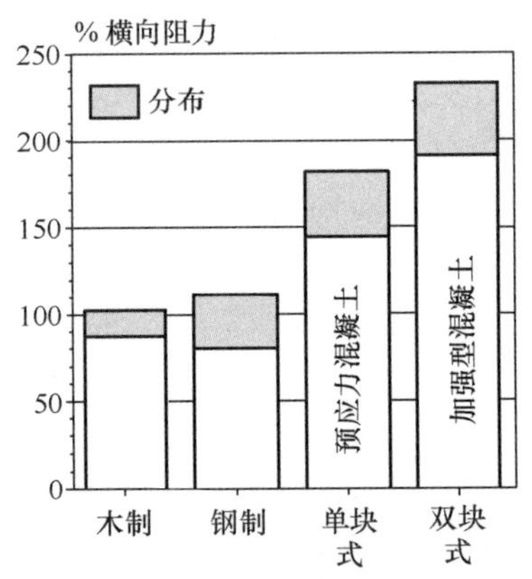

图 13.7　轨枕类型对横向轨道阻力的影响[262]

双块式轨枕的阻力较大，是木制轨枕阻力的两倍还多，这主要是由于下列两个原因。

① 双块式轨枕较重，其底面和道砟之间的摩擦较大。

② 轨枕两端产生的阻力较大。

和双块式轨枕比，单块式轨枕的横向轨道阻力小一些，但是明显高于木制轨枕的横向轨道阻力。这是由于单块式轨枕重量较大、高度较高且接触面较大。

德国铁路将轨枕长度由 2.40 m 增加到 2.60 m，横向阻力也增加了 15% ~20%[268]。

钢制轨枕产生的阻力很大程度上取决于轨枕的形状(两端弯曲,轨枕内有道砟等)。从轨枕类型来说,钢制轨枕的横向阻力和木制轨枕的相差不多。

关于木制轨枕,通过在不同质量木材之间进行比较得出下列结论。

① 硬木(例如像树木)轨枕和软木(例如松树木)轨枕之间的差别不大。铺设较长时间,表面已经因为道砟变得粗糙,特别是软木轨枕已经被压实的。其横向阻力相比新轨枕(未使用过的)要略高。

② 相反,热带木材制成的轨枕,由于其硬度较高而且表面光滑,所以横向阻力比其他材质的木头低 15% [268]。

③ 轨枕间距的减小会导致每根轨枕的阻力略微减小,但是,每公里铺设较多轨枕时情况要更好些。总的来说,轨枕间距减小时横向轨道阻力增加(图 13.8)。

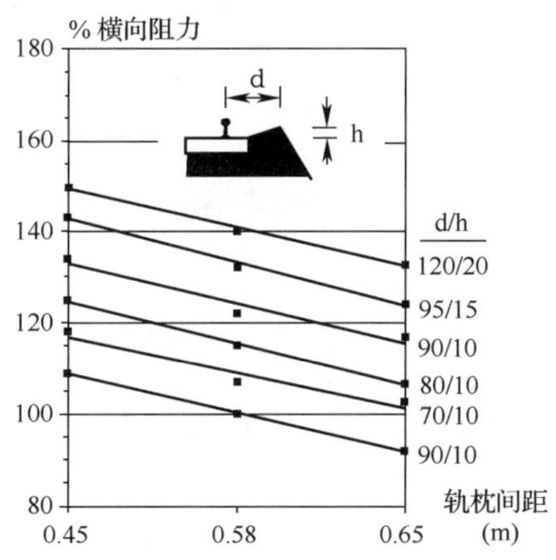

图 13.8　作为轨枕间距离函数的横向轨道阻力

13.6　用来增加横向轨道阻力的附加措施和专用设备

在某些地方(比如小半径曲线、道岔、桥梁等),有必要使用成本相对较低的附加措施来局部地增加横向轨道阻力,这些措施包括使用专门的轨枕类型、粗糙的基座表面和横向锚等。

这些方法非常实用,因为某些山区铁路轨道的曲线半径非常小,需要较高的横向轨道阻力,以应对额外的离心力和较高的钢轨内部应力。把木制轨枕的两端和底面弄粗糙只能稍微的提高下横向阻力。相反,在热带原木轨枕的底面挖凹槽能够增加横向阻力 20% ~25% [268]。但是,凹槽必须足够宽和深,以便确保轨枕很好地稳定道砟(图 13.9)。

通过所谓的横向锚,可以大大地增加(20% ~80%)横向阻力(图 13.10)。最后,可在轨枕端放置混凝土柱,可以非常大地增加(170%)横向阻力,但这种

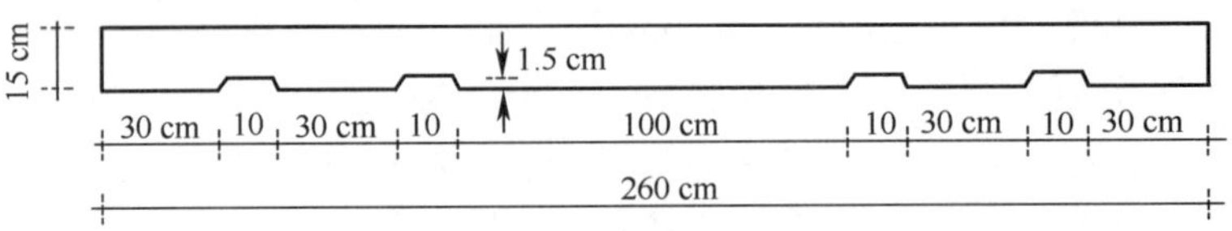

图 13.9　为了增加横向阻力,在木制轨枕的底面开凹槽

方法成本过高,不利于使用机器设备系统来维护轨道[268]。

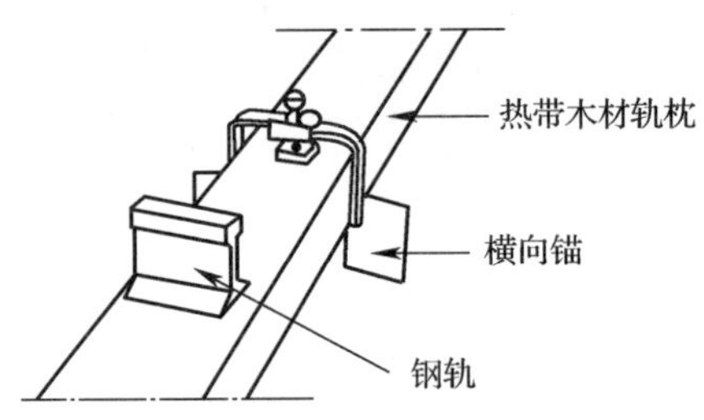

图 13.10　增加横向轨道阻力的锚

13.7　脱　　轨

轨道车辆脱轨可能是由于下列原因所导致[261,266]。

① 轨道移动;

② 车轮打滑;

③ 车辆倾覆。

下面将分别讨论各种情况。

13.7.1　轨道移动引起的脱轨

在较大的横向力的影响下,轨道整体移动并导致车辆脱轨。这种脱轨主要发生在车辆高速运行时。轨道移动导致脱轨的前提是导致轨道移动的横向力(图 13.11)超过了由方程式(13.3)~式(13.5)计算出来的横向轨道阻力(见本书 13.3 节)。

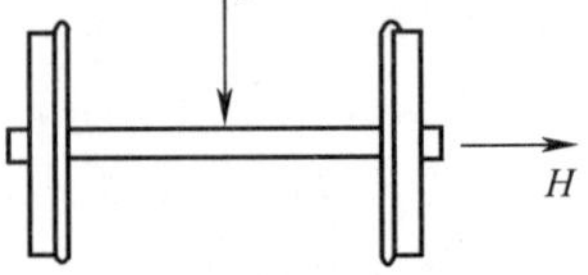

$$H > L \tag{13.6}$$

图　13.11

式中,

$$H = H_s + H_d \tag{13.7}$$

13.7.2　车轮在钢轨上打滑引起的脱轨

当车轮和钢轨产生的横向力 Y 超过某个值时,轨道上就会出现车轮打滑。

这种形式的脱轨主要发生在车辆低速运行时，Nadal 方程式给出了避免脱轨的条件（图 13.12）

$$\frac{Y}{Q} < \frac{\tan\beta - f}{1 + f \cdot \tan\beta} \tag{13.8}$$

式中　β——轮轨（突出部分）角度；

f——轮轨摩擦系数。

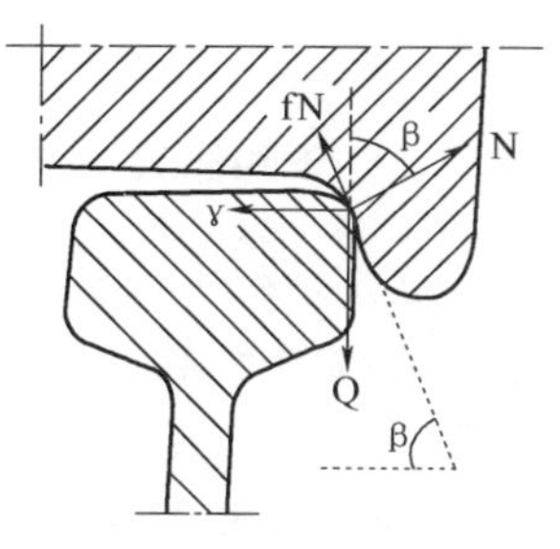

图 13.12　车轮和钢轨之间的垂直力和水平力

对各种脱轨事件的研究显示，方程式（13.8）可以简化如下[148,269]

轴上的车辆：$Y/Q < \sim 1.2$；转向架上的车辆：$Y/Q < \sim 1.3$　　(13.9)

在方程式（13.9）中，Y 和 Q 是总外力。因此，静态载荷 Q 应该加上动态载荷（见本书 7.11.2 节和 8.6 节），它可能使 Q 的额定值增加 50%。至于车轮和轨道之间的横向力 Y，具有很强的随机①性，直到今天，Y 也无法用车辆和轨道参数的函数进行表示。现在，唯一可以用来评估 Y 的方式是在钢轨上作现场测试，但是实施起来很困难，可靠性也很低；测量现场很难同时发生脱轨事故。

Y 的计算可以通过考虑两根钢轨上的力来获得。实际上，方程式（13.8）通常是针对外侧钢轨。但是，内侧钢轨的力也要考虑。这时候：

$$Y_1 = Q_1 \cdot \frac{\tan\beta_1 - f}{1 + f \cdot \tan\beta_1} \quad \text{适用外侧轨道} \tag{13.10}$$

$$Y_2 = Q_2 \cdot \frac{\tan\beta_2 + \tan\gamma_2}{1 - \tan\gamma_2 \tan\beta_2} \quad \text{适用内侧轨道} \tag{13.11}$$

$$Y_1 = Y_2 + H \quad \text{平衡方程式} \tag{13.12}$$

γ_2 为锥形踏面

方程式（13.10）（13.11）（13.12）可以用来计算外侧钢轨和内侧钢轨的力 Y_1，Y_2。

从一系列的脱轨事件得出[263,264]，当车轮和轨道的角 β（图 13.12）在 58°（如果是潮湿润滑钢轨，则 $f = 0.10 \sim 0.12$）到 70°（如果是干燥钢轨，则 $f = 0.25 \sim 0.30$）之间时，车轮在钢轨上滑行的风险较高。

但是，当车辆在一个高超高的小半径曲线、钢轨干燥缺乏润滑以及具有糟糕的高轨边磨损的线路上运行时，钢轨上车辆滑行的可能性最大。原因如下[260]：

① 由于超高过剩，在钢轨上 Q 的值通过车轮重量转移而最小化；

② 横向力 Y 和内侧钢轨上的车轮重量（因为超高过剩而最大化）以及通过

① 随机只是一个过程，只能通过统计措施例如地震得出近似值。相反，在决定性过程中，相关的因果都是可能的。在铁路上大部分已知的过程都被认为是确定的（例如弹性等），尽管结果会有所扩展。

内轨的摩擦系数有关(因为干轨和启动条件而最大化);

③ 因为缺乏润滑和启动条件,轮轨摩擦系数最大化;

④ 因为侧面磨损钢轨条件,角 β 减小。

13.7.3 车辆倾覆导致的脱轨

这种情况下,由于均衡不稳定而倾覆。对标轨轨道来说,最槽糕的情况(重心中央提升到轨道上 2.5 m 处)是当横向加速度达到 $g/3$ 时,车辆会发生倾覆[269]。

本书 14.4 节中已经提到,轨道设计的最大非补偿离心加速度在 0.5 ~ 1.0 m/s^2之间,绝不会超过最大值 1.0 m/s^2(约等于 $g/10$)。因此,避免因倾覆而脱轨的安全要素的最小值是$\frac{g}{3}/\frac{g}{10}=3.3$。

13.7.4 脱轨安全系数——数值应用

假设一列转向架列车行驶在曲线上,曲线最大超高不足 $h_d=100$ mm(见本书 14.3 节,表 14.1),速度为 120 km/h。轴重最大值为 20 t,线路铺设双块式轨枕,使用机械设备维护。轮轨摩擦系数为 $f=0.3$(在干燥钢轨的情况下)。

(1)轨道移动引起的脱轨

根据方程式(13.6),当横向轨道力大于横向轨道阻力时,例如 $H>L$ 时,轨道移动将引起脱轨。因此从方程式(13.1)和(13.2)得出 $H=H_s+H_d$,那么

$$H_s(\mathrm{t})=\frac{P\cdot h_{d\max}}{1\ 500}=\frac{20\times 100}{1\ 500}=1.33\ \mathrm{t}$$

$$H_d(\mathrm{t})=\frac{P\cdot v}{1\ 000}=\frac{20\times 120}{1\ 000}=2.4\ \mathrm{t}$$

当脱轨发生在曲线上时,方程式(13.1)的参数 NT 等于极限超高值 $H_{d\max}$(见本书 14.2.2 中方程式(14.13)和 14.4 节中表 14.1)。

横向轨道阻力通过方程式(13.5)计算

$$L(\mathrm{t})=1.5+\frac{P}{3}=1.5+\frac{20}{3}=8.16\ \mathrm{t}$$

这种特别情况下避免脱轨的安全系数为

$$\upsilon=L/H=\frac{8.16}{1.33+2.4}=2.19$$

(2)车轮在轨道上滑行引起的脱轨

根据方程式(13.9),Y/Q 的值达到 1.3 时车轮将在钢轨上滑行(车辆在转向架上)。前面(见本书 13.7.2 节)已经说明,没有作为轨道和车辆参数 Y 的函数。因此,如果某车辆特征与预防性维护期间的标定值不同,车轮在轨道上滑行才可能发生。这种形式的脱轨主要发生在低速行车时,特别

是空车运行时。

轮轨之间的角 β 的临界值由方程式(13.8)和(13.9)确定。关于横向力 Q，从图 8.15 可知也要考虑额外的动态载荷，$v=120$ km/h 时，动态影响系数为 1.2，因此

$$Q_{tot}=Q_{stat}+Q_{dyn}=Q+0.2Q=1.2Q$$

可以得出：

$$\left.\begin{aligned}&\frac{Y}{Q_{tot}}=1.3\\&Y/Q_{tot}=\frac{\tan\beta-f}{1+f\cdot\tan\beta}\end{aligned}\right\}=>\beta_{critical}=69°13'$$

这个角的脱轨安全系数是 1 。

(3)车辆倾覆引起的脱轨

这种形式的脱轨要和车辆的几何特征一起研究。任何情况下，本书 13.7.3 节中讨论的安全系数的值都大于 3.3[259,261]。

13.8 横向风力的影响

建设在横向风力较强区域的铁路线路，其车辆倾覆的风险要仔细评估。对米轨轨道而言，车辆的倾覆风险更大(多 50%)。

假设一个重 M 的车辆，在半径为 R 的曲线上运行，曲线超高为 h，标轨 G(图 13.3)。除了前面提到横向力外，车辆还受到中等横向速度 v 的风产生的横向力 F_w，它将导致在车辆和钢轨之间产生个额外的横向力 ΔQ。

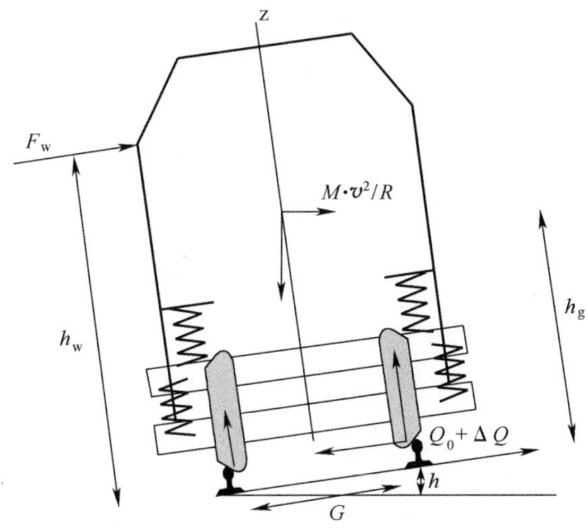

图 13.13 横向风力 F_w 导致的车辆倾覆

静态分析显示车辆的倾覆和系数 $\Delta Q/Q_0$ 相关,如下所示[258]

$$\frac{\Delta Q}{Q_0}=\frac{2}{G}\cdot\frac{1}{G}\cdot h_g+\frac{1}{G}\cdot\frac{h_w}{M\cdot g}\cdot\rho\cdot S\cdot c(v^2+u^2) \tag{13.13}$$

式中 Q_0——静态载荷$\left(\frac{Mg}{2}\right)$;

h_g——车辆重心的高度;

H_w——横向风作用点的高度;

ρ——空气质量;

S——车辆横截面表面;

c——垂直方向的空气动力学系数;

v——列车速度。

由此看出,车辆倾覆发生在[258]:

$$\frac{\Delta Q}{Q_0}<0.9 \tag{13.14}$$

根据方程式(13.13)和(13.14)、轨道地形和气象数据,能够确认横向风导致的车辆倾覆风险如下:

① 限速区域。法国巴黎—马赛的高速轨道根据风速(风速力 100 ~ 120 km/h)限速 170 km/h 或者 80 km/h[258]。

② 最高风险区域,必须沿着轨道建设物理或者技术屏障来防风。

为了评估任何可能的风险并采取相应的措施,有必要进行一系列的风力测试(速度和方向)。这些数据被导入仿真模型,任何位置的风速预报必须在列车通过某个特定点前至少 5 min 内传送过来,以便做出相应的限速(或者不限速)指示。

14 轨道布局

14.1 曲线上运行的车辆

14.1.1 在曲线上运行的效果

根据基础物理学，车辆以速度 v 在半径为 R 的曲线上运行时将产生离心加速度 $\gamma^2 = v^2/R$ 和离心力 $F = mv^2/R$，以及下列负面影响：

① 乘客舒适度降低；

② 产生可能导致脱轨的重要横向力；

③ 增加轨道和车辆的横向载荷，导致磨损加剧；

④ 增加振动。

为了减小上述不利影响，可以采取下列措施：

① 使用尽可能大的曲线半径。但是，这种措施不容易实施，因为出于地形限制，导致使用大半径曲线的土木工程项目（桥梁、隧道、高路堤或者路堑）成本过高。

② 相对内侧轨道的外侧轨道横向超高，以抵消离心力。超高能够显著地减小离心力，但是大多时候无法完全抵消横向影响，因为超高不能超过某个限值，否则车辆和轨道磨损就无法避免。

③ 降低列车速度，这是最后考虑的解决方案，因为现在的主流趋势是提速。

14.1.2 过渡曲线——三次抛物线或者回旋曲线

在直线上，曲率为 0，而在半径为 R 的曲线上曲率是 $1/R$。因此，从直线轨道到曲线轨道，曲率由 0 突然变成 $1/R$。由于曲率的突然变化，乘客会感到车体的摇晃。

因此，为实现从直线运动向曲线运动的平稳过渡，可设置一条可变半径的过渡曲线，这条过渡曲线开始时曲率为 0，最后变成 $1/R$[274]。

作为直线和曲线之间的过渡曲线，可以使用三次抛物线或者回旋曲线（类似高速公路工程）。在铁路工程中，许多铁路当局都采用三次抛物线。但是，部分铁路（包括英国铁路）使用回旋曲线作为过渡曲线。曲率 ρ（图 14.1）为：

$$\rho = \frac{1}{R} = \frac{d^2 y}{dx^2} \tag{14.1}$$

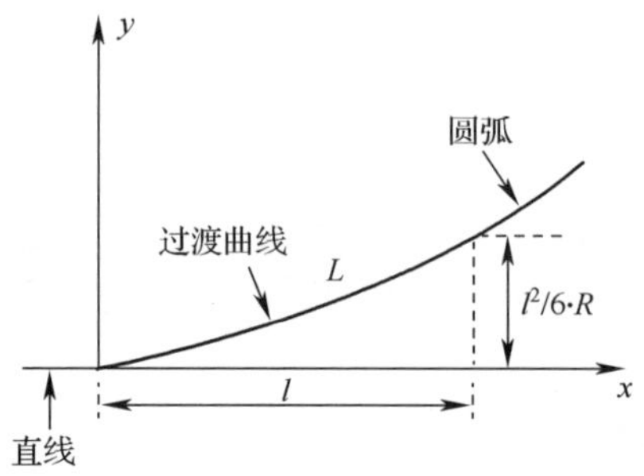

图 14.1　三次抛物线

在三次抛物线中，曲率 ρ 和 x 轴上抛物线的投影成比例

$$\frac{1}{R_{\text{cub. bar}}} = k \cdot x \tag{14.2}$$

式中，k 是一个系数。

在三次抛物线中可以假设过渡曲线的长等于它在 x 轴上的投影 l。大多数情况下，这个假设都是令人满意的。

在回旋曲线中，曲率 ρ 为：

$$\frac{1}{R_{\text{clothoid}}} = k \cdot L \tag{14.3}$$

使用前面的假设，$L = l$，发现大多数情况下使用三次抛物线和回旋曲线得出的结果基本相同。

回旋曲线和三次抛物线之间关键的不同在于，回旋曲线是一圈接着一圈，而三次抛物线则永远都不会出现超过 90°的拐弯（图 14.2）。

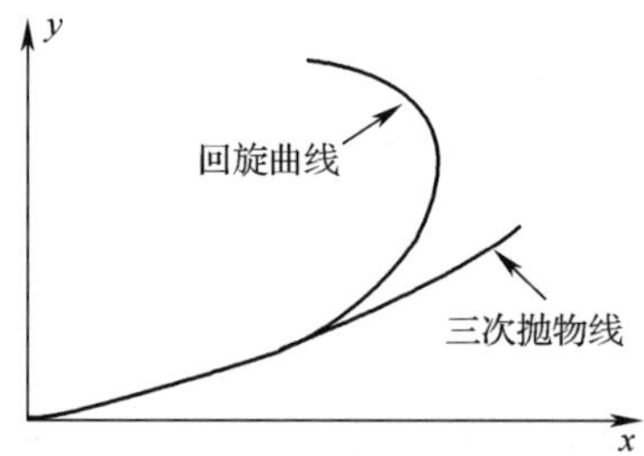

图 14.2　回旋曲线和三次抛物线比较

14.2　超高理论值和实际值——横向加速度的允许值

14.2.1　完全补偿离心力的超高理论值

假设一列车辆以速度 v（km/h）在半径 R（m）的曲线上运行。同时，外轨相

对内轨的超高完全弥补了离心力,把这个当作理论超高 h_{th}(mm)。因此,可以得出

$$B = mg \tag{14.4}$$

$$F = \frac{mv^2}{R} \tag{14.5}$$

从图 14.3,得出

$$\tan\alpha = \frac{F}{B} \tag{14.6}$$

和

$$\tan\alpha = \frac{h_{th}}{S} \tag{14.7}$$

式中,S 为两根钢轨轴线之间的距离,对标轨轨道来说,$S = 1\ 500$ mm。 (14.8)

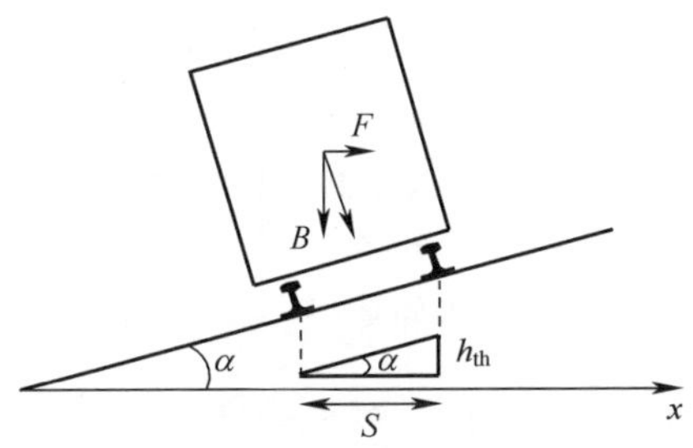

图 14.3 运行在使用理论超高值的曲线上的车辆的受力情况

根据方程式(14.4)~(14.8)和一些单位转换,得出标轨轨道理论超高为

$$h_{th}(\text{mm}) = 11.8 \times \frac{v^2}{R} \tag{14.9}$$

米轨轨道的理论超高为

$$h_{th}(\text{mm}) = 8.3 \times \frac{v^2}{R} \tag{14.10}$$

宽轨轨道的理论超高为

$$h_{th}(\text{mm}) = 12.5 \times \frac{v^2}{R} \tag{14.11}$$

14.2.2 超高值应用

方程式(14.9)显示完全补偿离心力的理论超高值和速度成正比。假设通过曲线的速度是一个常数,可以计算出来一个唯一的 h_{th} 值。但这种条件只有市区铁路和高速客运线路才具备。相反,传统铁路上都是快速(客运)列车和慢速(货运)列车混合运行的。

因此,如果在方程式(14.9)中使用客运列车的最大速度,乘客的舒适度就能有所保证。但是,对于货运列车,问题就暴露出来,车轮和轨道设备(特别是内侧轨道的轨头)都会磨损。尤其是,如果货运列车在曲线上停车,重新启动将比较困难(如果曲线半径很小时货车甚至无法启动)。

如果方程式(14.9)中使用货运列车通常的速度,那么货运列车不会有什么问题。但是,乘客的舒适度就会大大减小,钢轨的应力也将很高。

因此,只能在前面两个条件中取一个折中,采取某个既能确保乘客舒适度,又只是适度地增加车辆和轨道应力同时允许列车在曲线上停车的方法。这个超高的折中值就叫做应用超高或者通常超高(或者有些铁路叫做标准超高)。可以得出:

$$h_{th}(v_{min}) < h < h_{th}(v_{max}) \tag{14.12}$$

选择超高的应用值导致快速列车超高不足,而慢速列车则超高过剩。

最大速度的理论超高值和应用超高值之间的差叫做超高不足 h_d。

$$h_d = h_{th}(v_{max}) - h \tag{14.13}$$

应用超高值和最小速度的理论超高值之间的差叫做超高过剩 h_e。

$$H_e = h - h_{th}(v_{min}) \tag{14.14}$$

本书 14.4 种提到的超高应用值使用下列方程式计算:

$$h(\mathrm{mm}) = \frac{h_{max}}{h_{max} + h_{dmax}} \times 11.8 \times \frac{v^2}{R} \tag{14.15}$$

14.2.3　超高不足和摆式列车

为了应对无法完全补偿离心力的问题,设计了一种在小半径曲线上自动倾斜的列车。

所谓的摆式列车是通过使车体与轴相对倾斜,以此尽可能(通常都能成功地)抵消曲线上的超高不足(图 14.4)。摆式列车相比传统列车,在小半径上的速度能提高 30% 。英国、西班牙、意大利、瑞典、日本和其他国家地区采用了这种技术(在本书 19.9 节中将进一步分析摆式列车技术)。

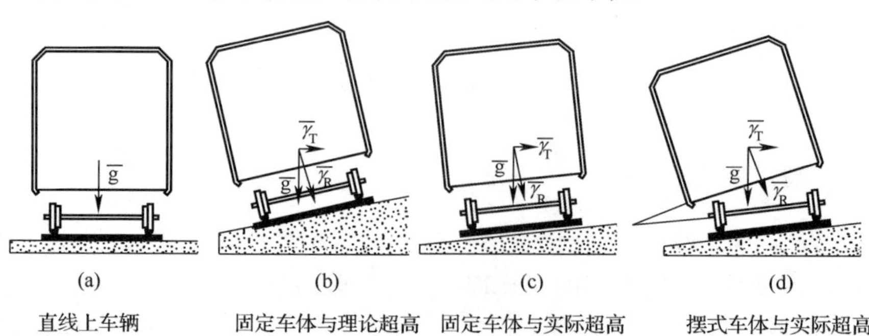

图 14.4　摆式列车产生的额外超高

14.2.4 横向加速度的允许值

在本书 7.12 节中，我们知道乘客的舒适度既取决于横向加速度的值，又取决于人体能感受的持续时间和频率。横向加速度的方向也很关键。研究发现，频率 1.5 Hz 的加速度在垂直方向人们可以容忍 5 h 30 min，在水平方向人们可容忍 3 h 30 min[148]。

因此，由人体的生理来决定横向加速度的最大值及其变化率。一般认为最大横向加速度不超过 g/10，其值为 1 m/s^2[276]。

但是，在轨道设计上，大幅降低乘客舒适度是不能接受的。因此，未补偿的离心加速度 b 不应该超过人体所能接受的最大横向加速度 γ 的某个百分比。许多铁路当局将这个值设置为[279]

$$b \leqq \frac{2}{3}\gamma \tag{14.16}$$

在市区铁路中，整个旅行持续的时间较短，因此 0.8 m/s^2 的非补偿离心加速度被认为是可以接受的。

b 值的选择会影响超高不足最大值。

14.2.5 超高不足的瞬时变量

超高不足的变量是

$$\dot{h}_d(\mathrm{mm/s}) = \frac{\Delta h_d}{\Delta t} \tag{14.17}$$

参数 h_d被作为单位长度超高不足变量的函数来表示。

$$\dot{h}_d(\mathrm{mm/s}) = \frac{\Delta h_d}{\Delta t} = \frac{\Delta h_d}{\Delta l} \cdot \frac{\Delta l}{\Delta t} = \frac{\Delta h_d}{\Delta t} \cdot \frac{v_{max}}{3.6} \tag{14.18}$$

14.3 超高和加速度的限值

一旦超高值 h 和非补偿加速度 b 确定下来，那么半径 R 的曲线上的标定速度值就能计算出来，见本书后方程式(14.36)。

UIC 规定了超高和加速度的限值[276]。线路被分成 4 等：

Ⅰ等：v_{max}为 80～120 km/h；

Ⅱ等：v_{max}为 120～200 km/h；

Ⅲ等：v_{max}为 250 km/h，混合运输，德国和瑞士铁路规定的标准；

Ⅳ等：v_{max}为 300 km/h，只行驶客运列车(例如法国的 TGV)。

表 14.1 给出了各等级线路的应用超高值、最大超高值和异常超高值、超高不足、超高过剩和非补偿横向加速度[276]。只有车辆的运行特征确定后，才能使用异常值。

表 14.1 UIC 规定的超高和加速度的限值

线路等级	Ⅰ			Ⅱ			Ⅲ				Ⅳ	
最大速度（km/h）	80～120			120～200			250 德国		250 瑞士		300 法国	
限 值	应用值	最大值	超常值	应用值	最大值	超常值	应用值	最大值	应用值	最大值	应用值	最大值
超 高（mm）	150	160	—	120	150	160	65	85	125	—	180	—
超高不足（mm）	80	100	130	100	120	150	40	60	120	—	50	100
超高过剩（mm）	50	70	90	70	90	110	50	70	100	—	—	110
超高不足随时间 h_d 的变量（mm/s）	25	70	90	25	70	—	13	—	36	—	30	70
非补偿横向加速度（m/s^2）	0.53	0.67	0.86	0.67	0.80	1.00	0.27	0.40	0.81	—	0.33	0.67

14.4 过渡曲线的计算

本书 14.2.2 中已经说明应用超高 h 的值必须位于确保慢速列车和快速列车都不会出现问题的极限值中间。表 14.1 给出极限值后。应该是

$$h_{th}(v_{max}) - h_{dmax} < h(\text{mm}) < h_{th}(v_{min}) + h_{emax} \tag{14.19}$$

在各种情况下

$$h < h_{max} \tag{14.20}$$

在方程式(14.19)的两个极限值之间的选择由特定线路上客运和货运的相对密度决定。客运较多时，这个值倾向方程式(14.19)的上限；而货运较多时，这个值接近方程式(14.19)的下限。

但是，任何情况下，最大超高 h_{max} 和最大理论超高 $h_{max} + h_{dmax}$ 的比率都应该是一个常数。理论超高应该乘以这个常数比率，得出应用超高

$$h(\text{mm}) = \frac{h_{max}}{h_{max} + h_{dmax}} \times 11.8 \times \frac{v^2}{R} \tag{14.21}$$

超高的最小值不应该产生一个大于 b_{max} 的非补偿离心加速度

$$h_{min}(\text{mm}) = 11.8 \times \frac{v^2}{R} - 152 b_{max} \tag{14.22}$$

前面方程式中得出的超高值乘以 5 mm 后舍入。

为了确保列车平稳运行，超高值应该由 0（在直轨末端）向 h（在曲线弧度的开始处）逐渐过渡。这要求超高斜坡和过渡曲线一致。

如果 L 是过渡曲线的长度，l 是过渡曲线在直线延长线上的投影（图 14.5），

那么过渡曲线的最小值可以通过下列方程式计算

当 $v \geqslant 57.5$ km/h 时，$t_{min}(\mathrm{m}) = \dfrac{h \cdot v}{144}$ (14.23a)

当 $v < 57.5$ km/h 时，$t_{min}(\mathrm{m}) = \dfrac{h}{2.5}$ (14.23b)

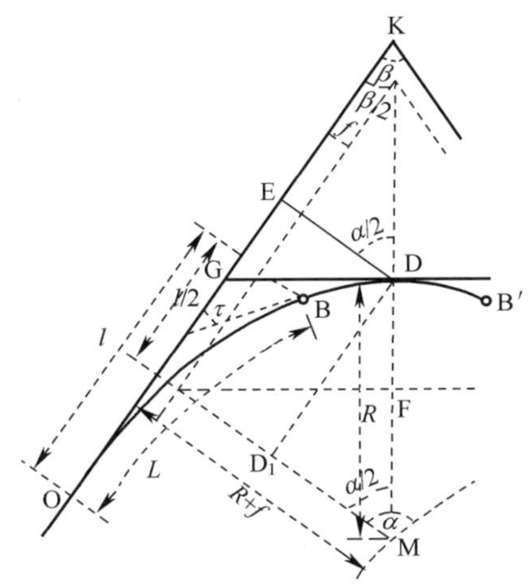

图 14.5　过渡曲线（三次抛物线，OB）和圆弧（BB′）

铁路上三次抛物线的过渡曲线的纵坐标通过下列方程式计算[279]

$$y = \frac{x^3}{6R \cdot l} \cdot \left[1 + \left(\frac{l}{2R}\right)^2\right]^{\frac{3}{2}} \tag{14.24}$$

当 $\left(\dfrac{l}{2R}\right)^2 < l$ 时，它在方程式（14.24）中可以忽略不计，这时候得出一条小长度的三次抛物线。只要 $l < \dfrac{R}{3.5}$，方程式

$$y = \frac{x^3}{6R \cdot l} \tag{14.25}$$

三次抛物线的纵坐标通常每 10 m 计算一次，或者如果需要较大密度则每 5 m计算一次。

三次抛物线的长度 L 及其在直线延长线上的投影 l 的关系见下列方程式

$$L = l + \frac{l}{10} \cdot \left(\frac{l}{2R}\right)^2 \tag{14.26}$$

一些铁路也使用更高次（三次或四次抛物线）的抛物线过渡。

如果出现下列情况时，不需要设置过渡曲线。

① 曲线半径 $R > 3\,000$ m；

② 计算出来的超高值实际为 0；

③ 在两条临近曲线间（相同的方向），加速度的变量值在 0.2 m/s^2 到

0. 3 m/s^2之间。

14. 5　圆曲线的计算

设f是直线和圆曲线之间的三次抛物线产生的移动(图 14. 3)。圆曲线的特征通过下列方程式计算[143,279]

$$OK=(R+f)\cdot \tan\frac{\alpha}{2}+\frac{l}{2} \tag{14.27}$$

$$KD=(R+f)\cdot\left[\sec\frac{\alpha}{2}-1\right]+f \tag{14.28}$$

$$OBD=\frac{l}{2}\cdot\left(R\cdot\frac{\pi\cdot\alpha}{200}+l\right) \tag{14.29}$$

式中,$\sec\frac{\alpha}{2}=\frac{1}{\cos\frac{\alpha}{2}}$是角$\frac{\alpha}{2}$(角 α 用度数表示)的正割。

移动f用下列方程式计算

$$y=\frac{l^2}{24R} \tag{14.30}$$

大多数情况下,相比较 R,长 OK 上f的影响是可以忽略不计的。

14. 6　连续同向圆曲线和反向圆曲线分析

在两条半径为 R_1 和 R_2 的同向圆曲线之间,每一条圆曲线都设置一条过渡曲线,在过渡曲线之间还有一条中间直线。对于中速轨道(v_{max} =200 km/h),这条直线一般长 30 m。

使用下列公式

$$\delta=\frac{l_2^2}{24R_2}-\frac{l_1^2}{24R_1}$$

$$\rho=\frac{R_1\cdot R_2}{R_1-R_2}$$

$$l=\sqrt{24\rho\cdot\delta}$$

临近半径为 R_1 的圆曲线的过渡曲线为

$$y=\frac{x^2}{2R_1}+\frac{\delta}{2}-\frac{1}{6l\rho}\times\left[\left(\frac{l}{2}\right)^3-\left(\frac{l}{2}-x\right)^3\right] \tag{14.31}$$

临近半径为 R_2 的圆曲线的过渡曲线为

$$y=\frac{x^2}{2R_2}+\frac{\delta}{2}-\frac{1}{6l\rho}\times\left[\left(\frac{l}{2}\right)^3-\left(\frac{l}{2}-x\right)^3\right] \tag{14.32}$$

如果插入一条中间直线区间不可行,那么除了两条过渡曲线外,可以按照下列方程式加入一条单独的过渡曲线

当 $L_2 > \frac{R_2}{3.5}$时, $$y = \frac{x^3}{6l_2 \cdot R_2 \cdot \cos^3\tau^2} \tag{14.33}$$

或者

当 $L_2 > \frac{R_2}{3.5}$时, $$y = \frac{x^3}{6l_2 \cdot R_2} \tag{14.34}$$

式中,L_1、L_2 是直线和两条圆曲线(半径分别为 R_1 和 R_2)之间过渡曲线的必要长度,τ 是直线和圆曲线开始处的正切角(图 14.5)。

在两条连续反向圆曲线之间,插入一条接近圆曲线的抛物过渡曲线和一条至少 30 m(最好是 v(km/h)/2)长的中间直线。如果不能插入直线,可以直接省略,这样两条过渡曲线就有一个相同的起点、相同的切线和相同的曲率变量(图 14.8)。

14.7 超高坡道

本书 14.4 节中已经说明,超高坡道和三次抛物线应该一致。这样可以获得超高变化图(图 14.6)。

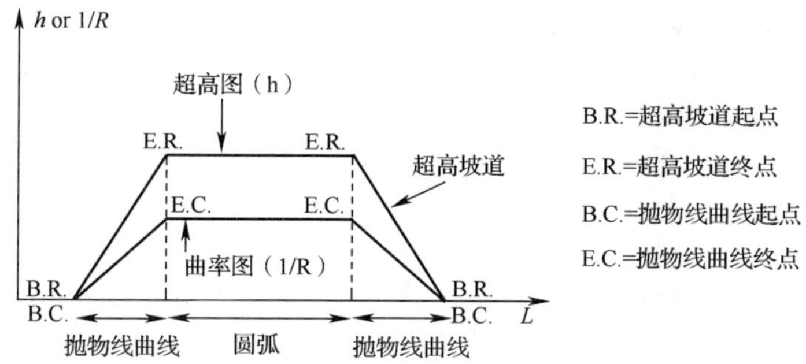

图 14.6 直线部分和圆曲线之间的超高和曲率变化图

在同向(图 14.7)和反向(图 14.8)圆曲线之间,应该使用超高的类似直线变量。

超高坡道的最大坡度 ω 不应该超过 $144/v_{max}$,即

$$\omega_{max}(\text{mm/m}) = \frac{144}{v_{max}} \tag{14.35}$$

超高坡度不应该位于道岔和膨胀设备所在地。如果必须设置于此,应该实施限速措施。

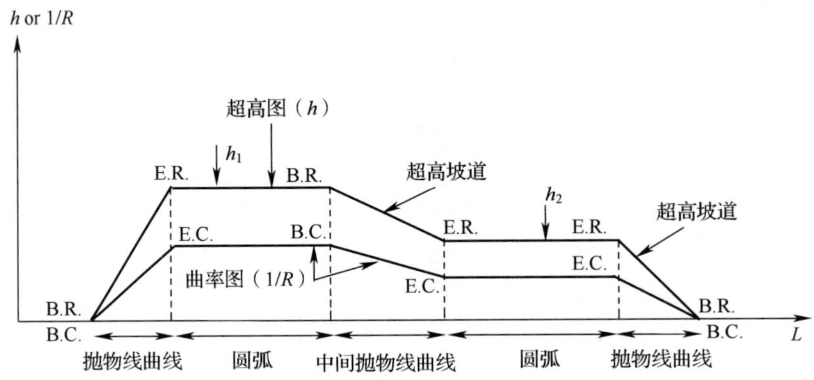

图 14.7　连续同向圆曲线之间的超高和曲率变化图

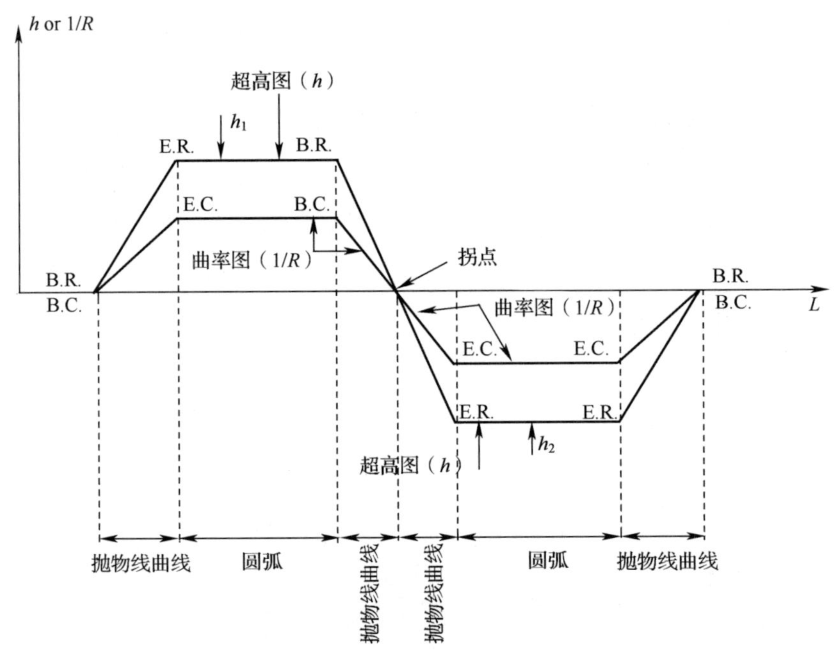

图 14.8　连续反向圆曲线之间的超高和曲率变化图

14.8　组合最大和最小速度

式(14.19)(本书 14.4 节)表明当曲线上的最大和最小列车速度差别很大时,很难找到一个既适应客车又适应于货车的应用超高。根据表 14.2 显示,客车提速必须伴随着货车提速。

表 14.2 设计的最大和最小速度

$v_{max}<100$ km/h $\rightarrow$ $v_{min}\geqslant 60$ km/h
100 km/h $<v_{max}<140$ km/h $\rightarrow$ $v_{min}\geqslant 70$ km/h
140 km/h $<v_{max}<200$ km/h $\rightarrow$ $v_{min}\geqslant 80$ km/h

对于高速线路,客货并存比较复杂。因此,一些铁路规定高速轨道只运行旅客列车。

14.9 列车速度和曲线半径的关系

现在来计算半径为 R 的曲线上的最大允许速度,或者指定速度后,曲线的最小需求半径。

显然,对于指定半径 R,当超高 h、超高不足 h_d 和超高过剩 h_e 达到限值时,速度 v 达到最高值。

从式(14.9)、(14.15)、(14.19),得出

$$\frac{11.8v_{max}^2}{R}-h_{dmax}<11.8\cdot\frac{h_{max}}{h_{max}+h_{dmax}}\cdot\frac{v_{max}^2}{R}<\frac{11.8v_{min}^2}{R}+h_{emax} \tag{14.36}$$

根据方程式(14.36),可以得出指定半径为 R 时的最大允许速度,或者指定速度为 v_{max}时最小需求半径 R。

但是,R_{min}应该确保最小速度为 v_{min}的慢速列车的最大超高过剩是可以应用的。方程式(14.36)给出

$$\frac{11.8v_{max}^2}{R}-h_{dmax}<\frac{11.8v_{min}^2}{R}+h_{emax} \tag{14.37}$$

设定 h_{dmax},h_{emax}的最大值求 R,可以得出慢速列车(v_{min})需求的最小半径。

因此,关于最小速度,方程式(14.36)和(14.37)应该同时有效,应该采用 R_{min}较大的值。

任何可能的情况下都要尽量采用较大的 R 值。至于采用较小的半径,各铁路差别很大,主要取决于所在的山区或者平面地形特征。表 14.3 给出一些欧洲铁路曲线半径在 500 m 及以下轨道的百分比。

当轨道的曲线半径较小时,轨距要增加,相比直轨部分略宽。增加应用在内轨一侧。半径 $R<400$ m 时,轨距增加到 1.455 m(适用木制轨枕和钢制轨枕)和 1.440 m(适用混凝土轨枕)。

表 14.3 一些欧洲铁路曲线半径在 500 m 及以下轨道的百分比[278](不包括地铁系统)

国 家	曲线半径小于 500 m 的比例	国 家	曲线半径小于 500 m 的比例
英国	3.0%	瑞士	15.5%
法国	9.0%	奥地利	21.6%
德国	13.0%		

14.10 坡 度

任何情况下,线路的纵剖面要遵循地形剖面。特征和高速公路的纵向坡度相比,铁路的要小很多。最大坡度值主要由车辆的特征和功率决定。在客货混合运营且速度达到 200 km/h 的干线上,通常的最大坡度值为 12‰~15‰。德国铁路干线的最大坡度为 12.5‰,法国 TGV(只运营客运)为 35‰(见本书 2.1.5,表 2.3)。由于粘着原因,最大坡度很难超过 40‰的限值。例如,一些使用 50% 电动轴车辆的轻型铁路系统的坡度能达到 40‰。超过这个,就要考虑使用齿轨铁路了。

14.11 垂直过渡曲线

不同坡度值的纵向区间之间的过渡要使用半径为 R_v 的圆曲线,其目的是:

① 限制垂直加速度,保持乘客舒适度;

② 避免货车车辆车轮减载;

③ 防止转向架内轴或者有三根及以上固定轴的机车的弹簧过压。

只要各坡度的差(同向)或者和(反向)小于 2.5‰,就不需要设置过渡曲线。例如

$$\Delta i < 2.5‰ \tag{14.38}$$

垂直过渡半径使用近似方程式计算

$$R_v(\text{m}) \cong < \frac{v^2(\text{km/h})}{2} \tag{14.39}$$

在异常情况下可以简化为

$$R_{v\min}(\text{m}) \cong < \frac{v^2(\text{km/h})}{4} \tag{14.40}$$

表 14.4 列明了作为速度函数的最小垂直过渡半径。

圆垂直过渡曲线的正切 E 使用下列方程式计算

$$E = \Delta i \frac{R_v}{2} \tag{14.41}$$

式中,Δi 是坡度差(图 14.9)。

表 14.4 作为速度函数的垂直过渡半径

	一般值	例外值
$v_{max} < 100$ km/h	5 000 m	2 500 m
100 km/h $< v_{max} <$ 140 km/h	10 000 m	5 000 m
140 km/h $< v_{max} <$ 200 km/h	20 000 m	10 000 m

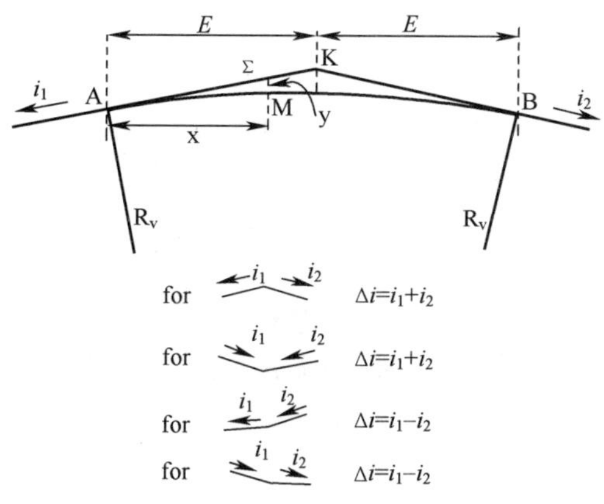

图 14.9 垂直过渡

垂直过渡圆曲线的纵坐标使用下列方程式计算

$$y=\frac{x^2}{2R_v} \tag{14.42}$$

在水平面有过渡曲线的地方,坡度不用变,因此存在超高坡道。如果类似的垂直和水平过渡不可避免,那么应该使用曲线的最大半径。

垂直过渡应在离起点或者道岔和道口终点至少 5 ~ 10 m 处。此外,在没有道砟的钢制桥梁上应该避免出现垂直过渡。

14.12 两条轨道轴线之间的距离变化时的过渡曲线

两条轨道轴线之间的距离可能由 b 变成 c(例如在车站的出站处和进站处)(图 14.10)。通过使用没有任何中间直线部分的两条反向圆曲线实现由 b 到 c 的过渡。每条圆曲线的半径 R 通过下列方程式计算[279]

$$R(\text{m})=v^2(\text{km/h}) \tag{14.43}$$

两条圆曲线的正切 T 通过下列方程式计算

$$T=\sqrt{d\cdot R} \tag{14.44}$$

圆曲线的总坐标通过下列方程计算:

$$y=\frac{x^2}{2R} \tag{14.45}$$

14.13 米轨轨道的一些考虑

前面的理论分析主要针对标轨轨道,但是对米轨轨道同样有效,下面这些因素也需考虑在内。

干线米轨上,水平最小曲线半径不小于 100 m。速度达到 100 km/h 时,垂

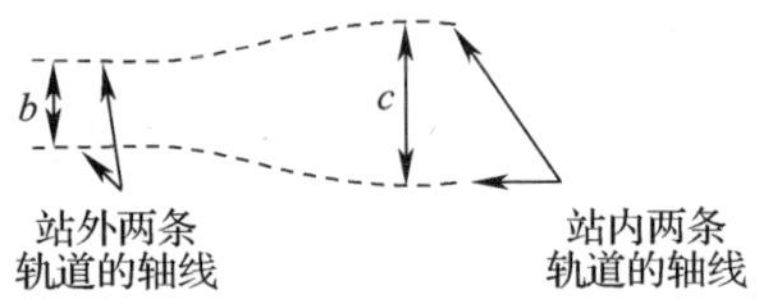

图 14.10　两条轨道轴线之间距离变化的情况

直最小曲线半径为 2 000 ~ 4 000 m。米轨轨道的最大超高为 100 ~ 110 mm，最大超高不足为 70 ~ 90 mm，最大超高过剩为 45 ~ 80 mm[138,273]。

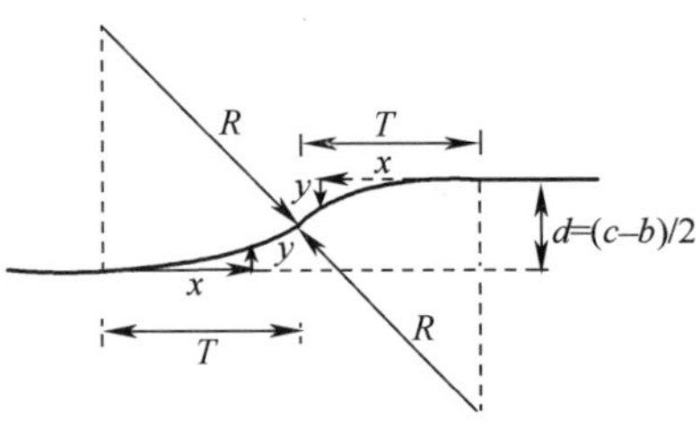

图　14.11

14.14　使用表格进行布局设计

为了方便布局设计，前面提到的大部分方程式都能以表格的形式使用。这些表格使设计人员摆脱了单调乏味的计算，瞬间可以得出结果。（计算机广泛使用之前），几乎所有的铁路当局在多年前就已都建立了这样的表格。

14.15　使用计算机进行布局设计

计算机软硬件的发展已经给铁路布局设计带来了革命性的变化。只需要地形图和布局参数的限值，几个软件（在轨道布局[水平层面、垂直层面、横截面]的几个软件中，提到了 MXRail、ODOS、INRail 等。——原注）就能进行轨道布局和设计。图 14.12 给出使用 CAD（计算机辅助设计）设计出的一条新线路的轨道布局。此外，通过计算机软件的帮助，可以轻易地调查分析更多的线路，选择

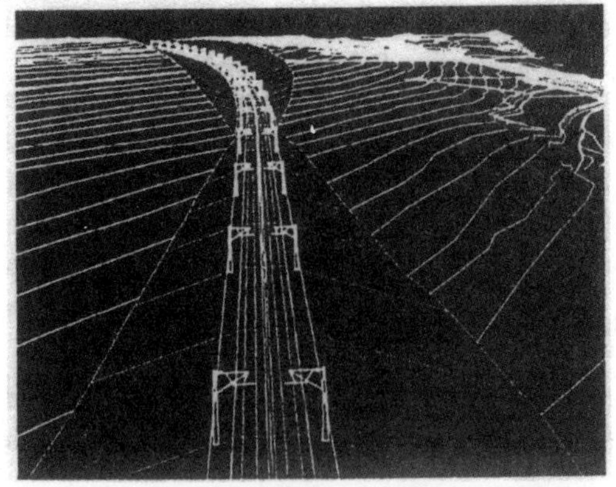

图 14.12　使用计算机辅助设计法进行轨道布局设计

方案时可以进行更细致地研究、比较,筛选出最好的方案(比如,直线最多和坡度最小,同时土工施工和成本最小)。

14.16 新建线路

14.16.1 可行性研究

铁路线路的建设决策是一系列复杂过程的结果,涉及各个方面的人员,包括政治家、管理人员、经济学家和工程师。在经过严格的选择后,可行性研究(见本书6.3节)是使项目合理化的有力工具。

一旦决定建设某一特定的铁路项目,接下来的一步就是进行技术研究(初步、框架和最终设计)。

14.16.2 初步设计

在预期需求的基础上确定合适的车辆类型。各个车辆类型按照其功率、最大速度和加速度及最大坡度等来区分。

但是,可行性研究中的旅行时间会决定线路的中速和最大速度,而这又进一步决定了最大半径(水平和垂直过渡)。

在开始初步设计之前,工程师应该尽可能多地收集数据,包括[277]:

① 1/50 000或者1/250 000的地图;

② 任何可用的航空照片(甚至来自卫星的);

③ 土地使用和城镇规划,包括农业规划;

④ 任何可用的地质、水文、气象和其他信息;

⑤ 相关研究领域之前完成的报告。

在初步设计阶段,所有合理的可能线路(2~4条)都应该进行研究,包括每条线路的水平和纵向截面。分析工程师应该选择上下变化寻找尽可能少的垂直剖面,以及反向曲线尽可能少的水平剖面。根据以上这些确定需要拆除的主要技术工程(桥梁、隧道)和公共设施以及初步的成本分析。

14.16.3 轮廓设计

初步设计完成后,应该设计一条意向的线路通道,在相对平坦的地方可能是50 m,在山区则要2 000 m甚至更宽。

轮廓设计通常在1/5 000比例的地图上进行,间隔100 m进行一次横截面勘查。这个阶段的研究应该准备两三条可选路线。

在这个阶段,应该考虑到以下各方面[275]。

① 未来运输和运营需求;

② 轴重和轨距参数；

③ 坡度、最小半径和其他布局特征；

④ 路基和排水；

⑤ 桥梁和隧道；

⑥ 施工计划。

这个阶段选择的最终方案在最终设计中要进行详细研究。

14.16.4 最终设计

研究的最后阶段通常在比例1/2 000或者1/1 000（不同地带）和1/1 000或者1/500（城区）的地图上进行。即使在这个研究阶段，也可以有几个备选方案，以便在速度、曲线、坡度和土壤机械性能方面实现一个合理的平衡。

工程师应该将将来的维护需求也考虑在内，要尽力减少养护工作量。

14.16.5 轨道布局标桩

布局计算和设计完成后，在开始布局前先要标桩。标桩按下列情况做。

① 复线上，在直线部分和曲线部分的轨道轴线上标桩；

② 单线上，直线部分在轨道的任一侧（右侧或者左侧）标桩，曲线部分在外轨一侧标桩。

曲线上，在外轨一侧标桩能够便于根据布局在外轨精确布设。外轨的定位很关键，因为外轨是导引列车移动较快的部分。在内轨合适的点指定轨距的特定值。

出于经济方面原因的考虑，复线轨道上不用在两侧标桩，只需在复线轨道的轴线上标桩即可。这时候，曲线部分的外侧轨道要特别注意，要考虑特定点的轨距值。

在过渡曲线和圆曲线上，每10 m标一次桩。如果需要密集标桩，每5 m标一次桩。在直线部分，每50 m标一次桩即可。

在和直线轨道开始处位于同一个点的抛物过渡线上，要确保直线的延长线是抛物线终端的正切。这就是抛物过渡线的打桩要扩大到4个桩（间隔10 m）沿着直线部分提供至少两个零偏转点的原因。使用勘查工具，在离铁路至少200 m远处，应该能看到4个连续的标桩的排列。

固定点的数量和需要的超高标在各个桩上。水平面上的轨道按照标桩布局。这个阶段，要以标桩位置的固定点和轨距值为依据，把两根钢轨铺设在正确的位置上。

14.17 轨道布局的环境因素

在轨道布局的初步设计阶段一开始,就是仔细考虑环境方面因素。铁路管理机构和工程师应该了解如果没有充分考虑环境,即使会设计出一条几何形态完美的线路,但是由于环境的限制线路也可能永远没法实施[270]。

由环境学家、景观建筑师、土木工程师和农业学家组成的专家团队应该对环境展开相关研究。以下是轨道布局环境方面必要的步骤[271]。

① 为了将任何来自环境原因的风险最小化要避开自然风景区;

② 尽量减少声波干扰。最好的办法就是把布局的主要部分建在路堑内。必须建在路堤上的,在临近村庄或城市的地区建设噪声墙;

③ 特别注意需要挖掘原材料的区域,减少任何可能的污染;

④ 保护各种动植物。许多线路设计会阻断一些地区,阻止动物从轨道的一边到另外一边,这时候就要沿着轨道建设专门的通道,以使青蛙、狐狸等能轻易地从轨道的一边到达另一边;

⑤ 符合环境审美。在布局的最后阶段,要仔细计算沿轨道种植的植被和树木;

⑥ 无论是建设边坡还是种植植被,都是确保土壤稳定性(包括路堑和路堤);

⑦ 采取必要的措施以保证所有的植被和树木都能获得必要的水分;

⑧ 安装监视系统,以便每五年能进行一次效率评估。

15　单开道岔和交分道岔

15.1　单开道岔和交分道岔的功能

铁路的基本特征就是车辆能够在轨道上自由移动。但是,列车必须可以从一条轨道转换到另外一条轨道上。这就要通过所谓的道岔设备(尽管有时候交分道岔指的就是单开道岔,但严格地说,前者并不包括辙叉心和护轨,不能让一条钢轨穿过另外一条钢轨,而后者可以——原注)来实现,通过道岔设备,车辆行驶不用中断即可改变方向。

道岔设备有多种形式。尽管外观上很复杂,但可以区划分成两种基本形式,第三种是前两种的结合:

① 单开道岔(图 15.1),允许一条轨道分成两条(有时候也可以三条)轨道,行驶的车辆可以改变方向;

② 交分道岔(图 15.2),两条轨道相交,但是并不改变自己的方向;

图 15.1　单开道岔

图 15.2　交分道岔

③ 综合型,综合以上两者的功能(见本书 15.3,图 15.10 和 15.11)。

因此,单开道岔和交分道岔能够让线路分支,或者让两条线路汇合起来,在一条线路上提供灵活性,以便列车可以从一条轨道转移到另外一条轨道上,最终使完成运输组织。为了有效地实现这些功能,单开道岔和交分道岔必须满足下列要求[287]。

① 最小可能的限速;

② 安装在运营需要的位置;

③ 提供最大的操作灵活性;

④ 支持需要承载的轴重;

⑤ 成本低廉、易于安装、容易操作、耐久且容易替换;

⑥ 耐磨、防腐,维护需求少。

⑦ 和信号系统要求兼容。

15.2 单开道岔的构成

在单开道岔中,需要区分(图 15.3):

干线和岔线(或者支线),也是车辆转向的轨道。

道岔的数学点(或者交叉点)0,也是两条轨道轴线交叉的地方。

辙叉角两条轨道轴线的夹角。辙叉角通常用它的正切(例如 1:9)来表示。

辙叉角由高等级的材料(通常是锰钢)制造。

基本轨,固定不动的钢轨。

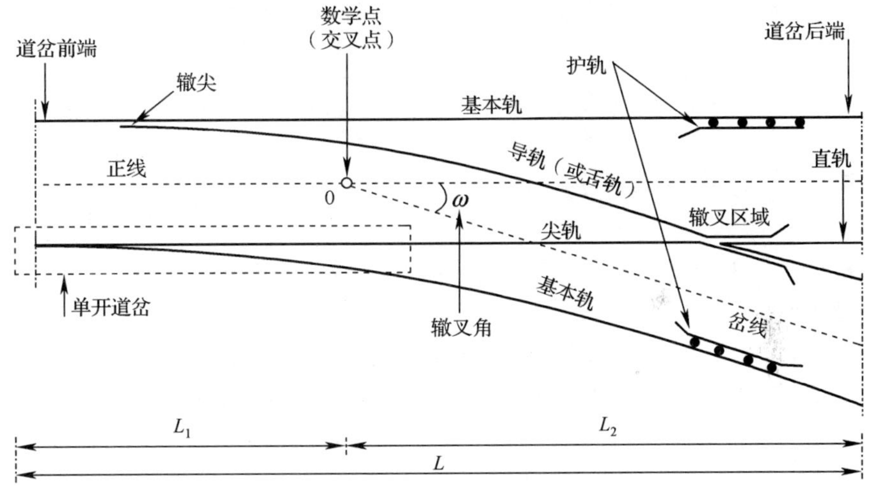

图 15.3 单开道岔的构成

导轨或者舌轨,为可动轨,能够改变车辆的方向。一个关键的参数就是导轨的曲线半径 R。根据它所在的位置,导轨可以把车辆从一股轨道转换到另一股道。

护轨,正好位于辙叉对面的一条钢轨(3~10 m 长)。在辙叉前方不远处,车轮会遇到一个钢轨空隙,必须通过安装一个护轨,给另外一个车轮提供一个导向杆,防止不规则、不可控的移动。基本轨和护轨之间的空隙是 38~46 mm。

距离 L_1(从单开道岔的起点到数学点)和 L_2(从数学点到单开道岔的终点)。

单开道岔长度 $L(L=L_1+L_2)$。

警冲距离 c,从单开道岔的起点到另外一个点之间的距离,过了这个点单开道岔一条轨道上的车辆不会干扰另一条轨道上的车辆。这个点的位置要保证标轨轨道上两条轨道之间的距离至少为 3. 52 m,米轨轨道的为 3. 00 m。

导轨的半径 R 通常在 150 ~ 500 m 之间,在岔线的允许速度为 35 ~ 65 km/h。在低速和中速轨道上,老式单开道岔辙叉角的规定值为 1∶8和 1∶10,而最近安装的单开道岔的值通常为 1∶9或者 1∶12。

道岔钢轨横截面的变化如图 15. 4 所示。

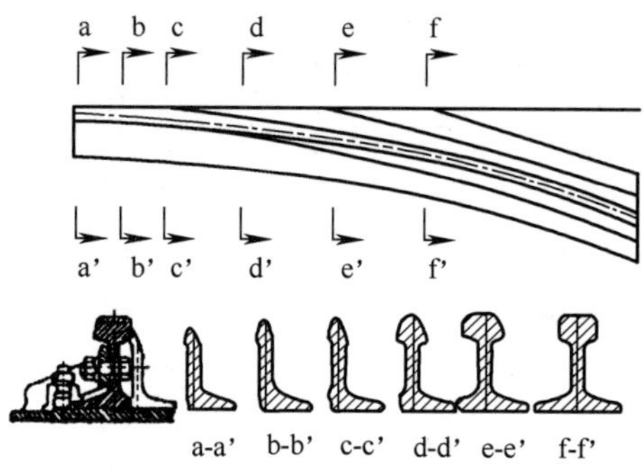

图 15. 4　道岔轨道随着离轨尖距离的增加横截面的变化

15. 3　道岔的各种形式

根据不同的目的,单开道岔和交分道岔有很多种不同的类型。以下是主要的类型。

① 标准单开道岔,一般轨道分成两股,主轨道依然为直线(图 15. 5)。

② 简单对称单开道岔,一股轨道分成两股,而且两股轨道都朝外弯曲(图 15. 6)。

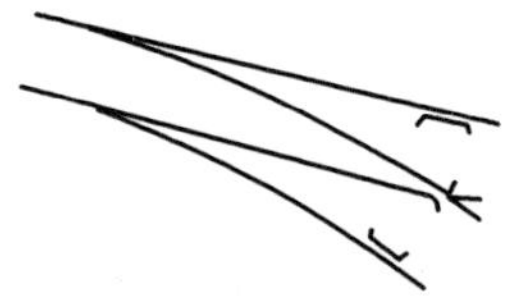

图 15. 5　标准单开道岔

图 15. 6　简单对称单开道岔

③ 单边三开道岔,一股轨道在同一边连续分成三股轨道,主轨道依然为直线(图 15. 7)。

④ 双边三开道岔,一股轨道对称地分成三股轨道,中间一股直轨,两边对称各一股轨道(图 15. 8)。

⑤ 菱形交分道岔,两股轨道相交,但都不改变方向(图 15. 9)。

⑥ 单向交分道岔,两股轨道相交,但是只有一股轨道可以转向另一股轨道(图 15. 10)。

⑦ 双向交分道岔，两股轨道相交，互相可以转向对方轨道（图 15. 11）。

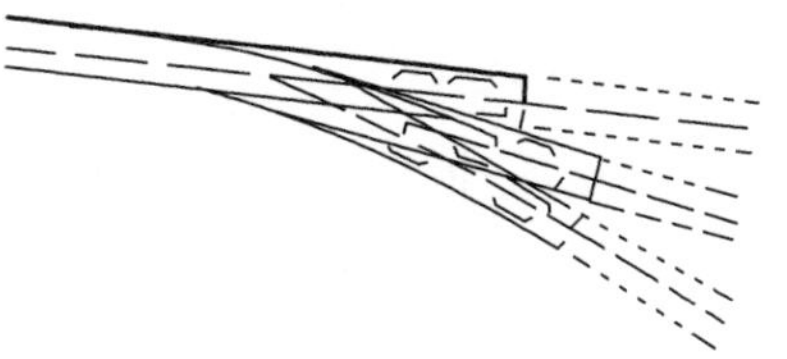

图 15. 7　单边三开道岔

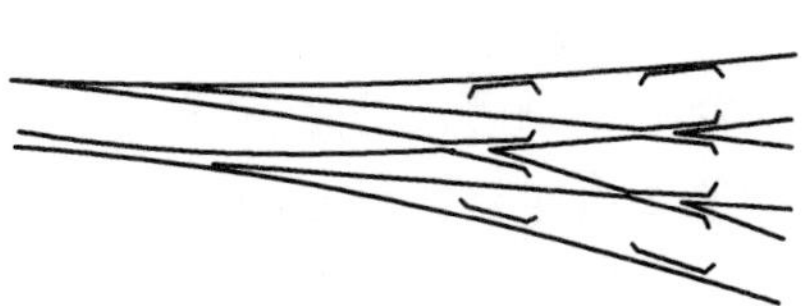

图 15. 8　双边三开道岔

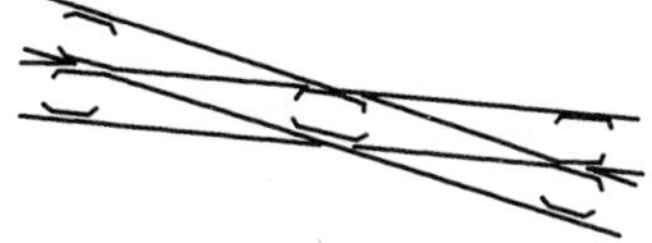

图 15. 9　菱形交分道岔

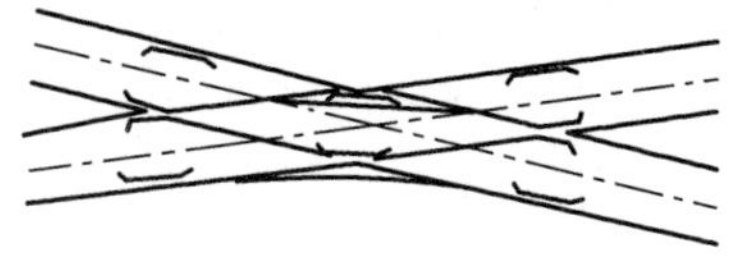

图 15. 10　单向交分道岔

⑧ 单向复式交分道岔。可以在 A 方向从（1）转到（2）（或者在 B 方向由（2）转到（1）），但是不能在 A 方各向由（2）转到（1）（图 15. 12）。

⑨ 双向复式（有时候称作"剪式道岔"）交分道岔。任何方向都既可以从（1）转到（2），也可以从（2）转到（1）（图 15. 13）。

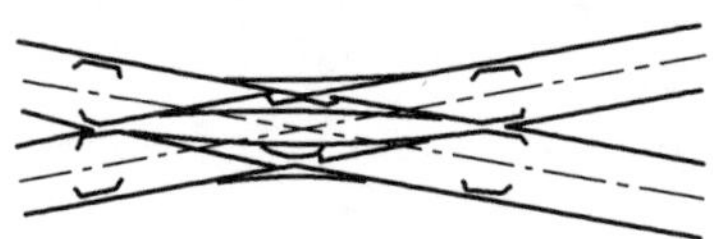

图 15. 11　双向交分道岔

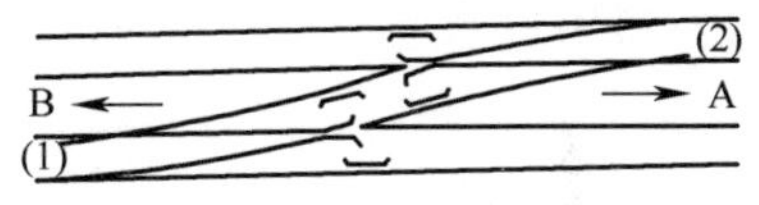

图 15. 12　单向复式交分道岔

⑩ 连续单开道岔，由一股轨道连续分成几股轨道（图 15. 14）。

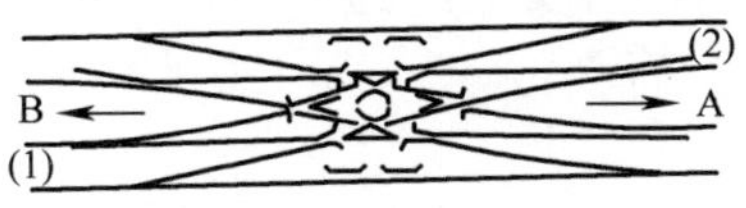

图 15. 13　双向复式交分道岔

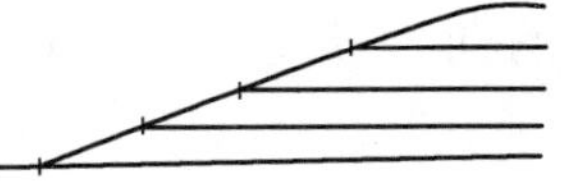

图 15. 14　连续单开道岔

⑪ 咽喉连续道岔组，这是在货场和调车场常用的一项技术（图 15. 15）。

图 15. 15　咽喉连续道岔组

15.4 道岔上的运行速度

道岔不同于通常的轨道，既没有超高，也没有过渡曲线。因此，道岔上的最大运行速度由非补偿离心加速度 b 的值和道岔曲线半径 R 确定。

超高最小值和非补偿离心加速度的关系是(见本书14.4节，方程式(14.22))

$$h_{min}(mm) = 11.8 \times \frac{v^2}{R} - 152b_{max} \tag{15.1}$$

为了乘客的舒适度和轨道设备的抗磨损性能，道岔上的侧面加速度 b 不能太高。b_{max}的极限值通常在 $0.6 \sim 0.7\ m/s^2$ 之间。因为道岔的超高为0($h_{min} = 0$)，从方程式(15.1)可以得出

$$11.8 \times \frac{v^2}{R} - 152b_{max} = 0 \Rightarrow v = 3.58\sqrt{b} \cdot \sqrt{R} \tag{15.2}$$

有些铁路计算道岔上的运行速度时使用超高不足 h_d。这时候，就不能使用方程式(15.2)，应该使用下面的方程式进行计算

$$v = 0.29\sqrt{h_d} \cdot \sqrt{R} \tag{15.3}$$

因此，当使用非补偿离心加速度 b_{max}或者超高不足 h_d时，能够算出道岔上曲线的最小半径。因为对于许多铁路 $b_{max} = 0.7\ m/s^2$，把这个值代入方程式(15.2)，得出道岔上的运行速度和道岔的半径为

$$当\ b_{max} = 0.7\ m/s 时, v(km/h) = 3\sqrt{R} \tag{15.4}$$

道岔设计成较短的三次抛物线时(见本书14.4节)，依照下列方程式

$$y = \frac{x^3}{(6R \cdot l)} \tag{15.5}$$

从方程式(15.4)可以推论出，如果列车要在岔线上达到 $v = 120$ km/h 的速度，道岔的曲线半径至少为 $R = 1\ 600$ m，而要达到 $v = 150$ km/h，半径 $R = 2\ 500$ m。

但是，这种布局显然对空间的要求很高，同时还要求道岔的舌轨能够与基本轨相切。鉴于以上这些原因，在实际道岔设计时，道岔长度要比理论要求的短很多。这是通过在某个有限角——道岔进入角——截断基本轨实现的[287]。

道岔的主要特征通常包括其曲线半径、辙叉角(角的正切 ω，见图15.3)和舌轨。

15.5 道岔的几何特征

铁路行业使用的道岔种类繁多，通常建设者都根据现场条件进行调整。表15.1列出了标轨轨道和米轨轨道使用的一些代表性的单开道岔的数据。可以看出，建设者所用道岔的几何特征之间存在细微差异。

表 15.2 列出了标轨轨道和米轨轨道使用的一些代表性的交分道岔的几何特征[281]。

表 15.1　一些代表性的单开道岔的几何特征

轨距	辙叉角	R(m)	L(mm)	L_1(mm)	L_2(mm)	L_3(mm)	L_4(mm)
标轨	1:5	100	19 804	9 902	9 902	9 902	0
	1:6	100	19 804	8 276	11 528	8 276	3 252
	1:6	140	23 174	11 587	11 587	11 587	0
	1:7	140	23 174	9 950	13 224	9 950	3 274
	1:7	190	27 006	13 503	13 503	13 503	0
	1:9	190	27 006	10 523	16 483	10 523	5 960
	1:9	300	33 230	16 615	16 615	16 615	0
	1:12	500	41 594	20 797	20 797	20 797	0
	1:14	760	54 216	27 108	27 108	27 108	0
	1:18.5	1 200	64 818	32 409	32 409	32 409	0
米轨	1:7	100	18 276	7 107	11 169	11 169	0

表 15.2　一些代表性的交分道岔的几何特征

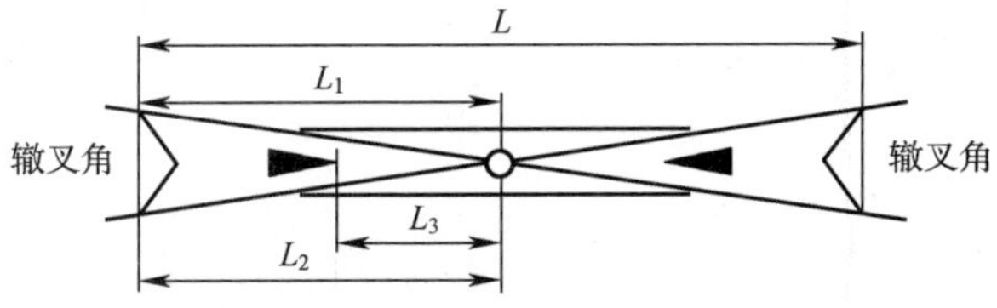

轨距	辙叉角	R(m)	L(mm)	L_1(mm)	L_2(mm)	L_3(mm)
标轨	1:9	190	33 230	16 615	16 615	12 955
	1:9	300	45 278	22 639	22 639	9 525
	1:9	500	55 386	27 693	27 693	12 955
米轨	1:7	50	22 339	11 169.5	11 169.5	7 035

15.6　单开道岔和交分道岔的脱轨标准

在单开道岔或者交分道岔上，车轮凸缘可能在钢轨上爬行，从而导致脱轨。为了防止这种情况发生，Y/Q 的比率（其中 Y 是车轮和钢轨之间的横向力，Q 是轴重）不应该超过本书 13.7.2 中的方程式(13.8)（即 Nadal 方程式，也以 Boedecher 和 Charter 的名字命名，他们和 Nadal 同时列出了相同的方程式）给出的值。

$$\frac{Y}{Q} < \frac{\tan\beta - f)}{(1 + f \cdot \tan\beta)} \tag{15.6}$$

式中　β——轮轨(凸缘)夹角;

f——轮轨摩擦系数。

按照经验得出的 Y/Q 最小值和 f 的标准值,可以算出防止脱轨的角 β 的值,因此也能算出车轮凸缘内表面的最大允许磨损。

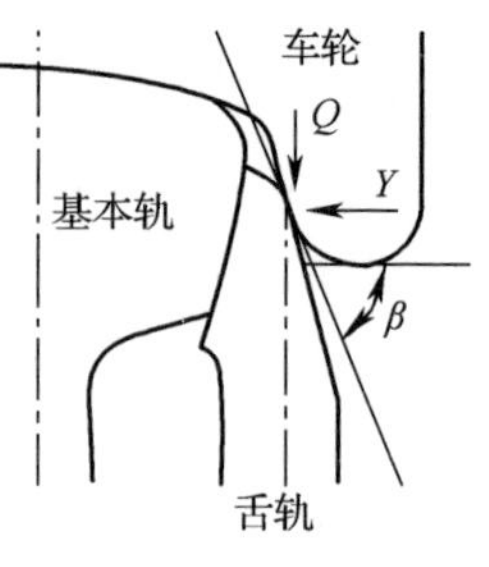

图　15.16

为了防止在单开道岔上发生脱轨,同时也是经过对多起脱轨事件的研究,发现脱轨的必要条件是[283、286]

$$\frac{Y}{Q} \leqslant 0.4 \sim 0.8 \tag{15.7}$$

制定单开道岔的布局和维护标准时,建议考虑标准条件$\frac{Y}{Q}$的值 0.8,这个值对于安全和脱轨的实际条件中较为具有代表性。

因此,对轴重 20 tn(美吨,1 美吨 = 907.19 kg),平均值 $f = 0.3$,标准值 $Y/Q = 0.8$,从方程式(15.6)可以计算出

$$\beta_{\text{critical}} = 40° \tag{15.8}$$

15.7　干线曲线上的单开道岔

目前为止都假设干线是直线轨道。但是,如果干线是曲线,单开道岔上的速度将发生改变,下面进行相关分析。设

R_o:直线干线外标准道岔的半径;

R_m:弯曲道岔的干线半径;

R_t:半径为 R_m 的弯曲干线上需要的单开道岔半径。

弯曲干线上的单开道岔可以是相反或者相同的挠曲。对相反挠曲,曲线曲度 R_t 为

$$\frac{1}{R_t} = \frac{1}{R_o} - \frac{1}{R_m} => R_t = \frac{R_o \cdot R_m}{R_o - R_m} \tag{15.9}$$

对相同挠曲则是:

$$\frac{1}{R_t} = \frac{1}{R_o} + \frac{1}{R_m} => R_t = \frac{R_o \cdot R_m}{R_o + R_m} \tag{15.10}$$

15.8　提速时的单开道岔

速度增加时,辙叉角随之减小。德国铁路使用的道岔的辙叉角为 1∶42,这样在发散轨道能达到 200 km/h 的速度(这种情况下侧面加速度为 0.5 m/s^2)。

根据 UIC 标准[280]，表 15.3 列出了速度增加时使用单开道岔的几何特征。注意表 15.3 的两种最新情况（$R=3\ 000$ m 和 $R=6\ 720$ m），曲线半径的值由 R（3 000 m或 6 720 m）变成 $R'(\infty)$ 时，辙叉角（交叉角）也由 1∶43.65 变成 1∶46（半径 $R=3\ 000$ m）和由 1∶61.68 变成 1∶65（半径 $R=6\ 720$ m）。

表 15.3 速度增加时能够使用的单开道岔的几何特征[280]

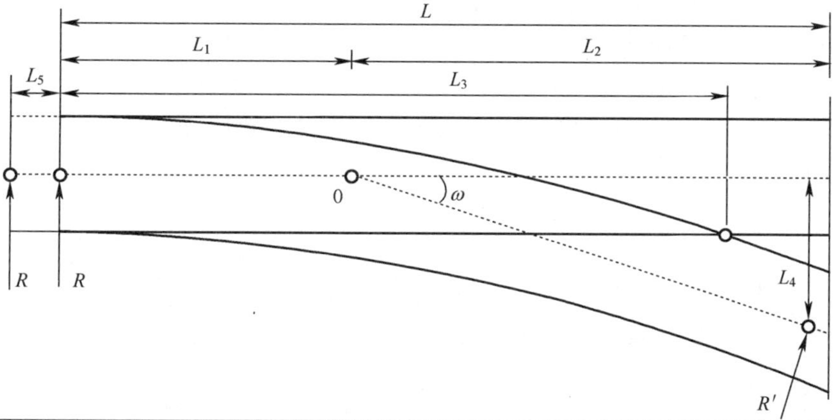

辙叉角	R(m)	R'(m)	L(mm)	L_1(mm)	L_2(mm)	L_3(mm)	L_4(mm)	L_5(mm)
1∶18.5	$R=R'=1\ 200$		64 818	32 409	32 409	58 686	1 749	
1∶21	$R=R'=1\ 540$		73 292	36 646	36 646	66 482	1 743	
1∶26.85	$R=R'=2\ 500$		93 078	46 539	46 539	84 705	1 732	
1∶26.5	$R=R'=2\ 500$		94 306	47 153	47 153	84 705	1 778	
1∶29.74	$R=R'=3\ 000$		100 846	50 423	50 423	92 790	1 694	
1∶43.65	3 000	∞	136 920	45 260	91 660	107 435	2 100	578
1∶61.68	6 720	∞	193 445	63 915	129 530	151 780	2 100	2 004

设表 15.3 中的各种道岔都可以在速度增加时使用。表 15.4 给出曲线半径、超高不足和非补偿离心加速度 b 时，相应道岔上的运行速度值[280]。

表 15.4 与曲线半径、超高不足和非补偿离心加速度相关的，速度增加时道岔上能运行的最高速度[283]

超高不足		80 mm	85 mm	90 mm	95 mm	100 mm
非补偿加速度		0.523 m/sec^2	0.556 m/sec^2	0.589 m/sec^2	0.621 m/sec^2	0.654 m/sec^2
曲线半径（R）	1 200 m	90 km/h	93 km/h	95 km/h	98 km/h	100 km/h
	1 540 m	102 km/h	105 km/h	108 km/h	110 km/h	114 km/h
	2 000 m	116 km/h	120 km/h	123 km/h	127 km/h	130 km/h
	2 500 m	130 km/h	134 km/h	138 km/h	142 km/h	145 km/h
	3 000 m	142 km/h	147 km/h	151 km/h	155 km/h	160 km/h

15.9　单开道岔和交分道岔处的轨枕和轨道布局

双块式轨枕轨道使用道岔的地方，铺设的是木制轨枕。而如果轨道铺设的其他类型轨枕（单块式、木制、钢制）时，单开道岔处铺设的轨枕和其他地方铺设的一样。

轨枕沿着干线的轴线垂直铺设，直到护轨边缘（图 15.17）。过了这个点，轨枕沿着单开道岔的等分线垂直铺设。

图 15.17 显示出 UIC 60（欧洲标准）单开道岔的轨道和轨枕布局，图 15.18 显示了根据美国标准的单开道岔的轨道和轨枕布局。

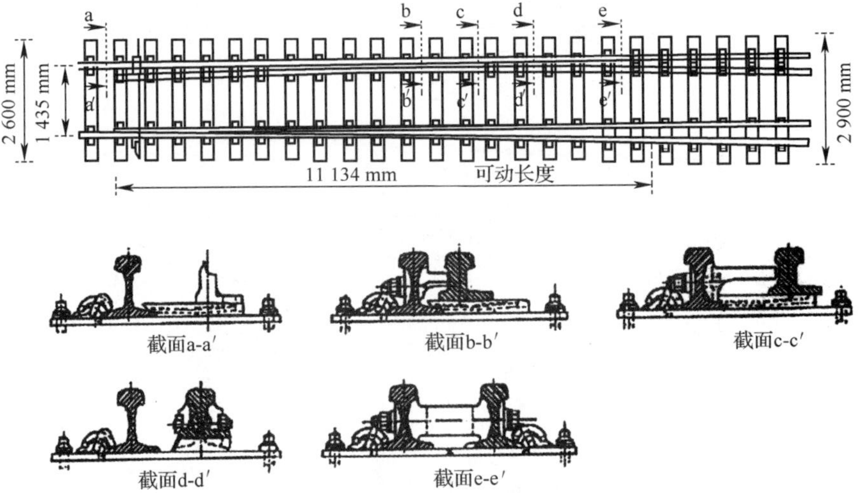

图 15.17　根据欧洲标准 UIC 60 型单开道岔的轨道和轨枕布局

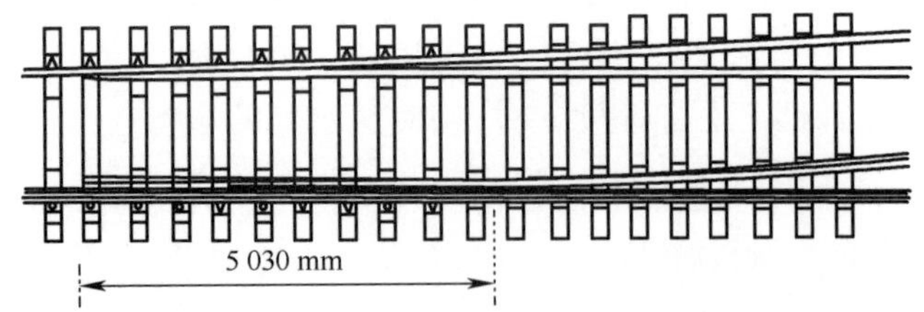

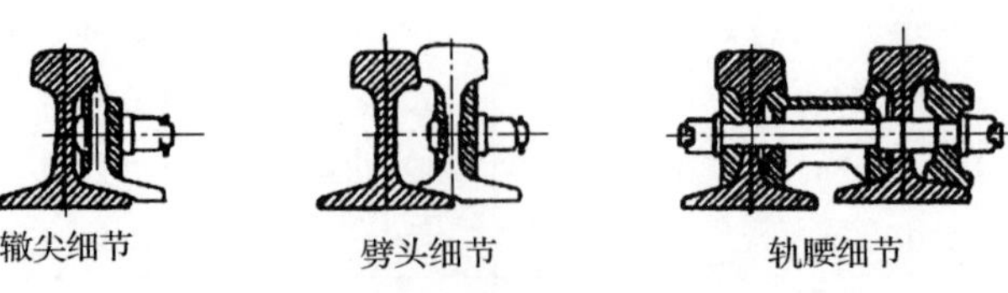

图 15.18　根据美国标准美制单开道岔的轨道和轨枕布局

15.10　单开道岔的手动和自动操作

单开道岔及可以手动操作(现场杠杆或者远程杠杆)(图 15.19)也可以自动操作(图 15.20)。自动控制由负责列车运营的车站人员在电控中心发出的指令启动电动装置进行操作[284]。

图 15.19　单开道岔的手动操作

图 15.20　单开道岔的自动操作

单开道岔的操作如下,两根道岔钢轨(图 15.3)的一根依然和接近它的钢轨相切,而另一根道岔钢轨离开和它相邻的那根钢轨一点点空隙,刚刚够车轮的凸缘通过(图 15.3、图 15.21),当两根道岔钢轨的设置操作后,无论是手动还是自动,上面的状态会互换,接触的尖轨打开一个空隙,而另外一根合拢空隙。

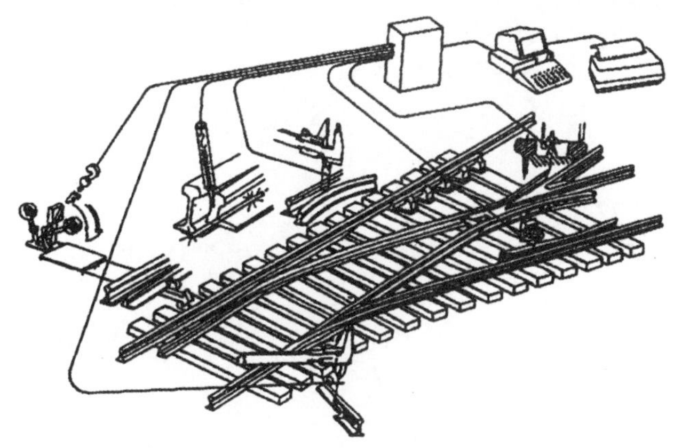

图 15.21　自动道岔操作

在自动道岔操作中,对下列内容实现自动控制(图 15.21)。

① 基本轨和尖轨之间的距离;

② 扩轨距和辙叉区域磨损。

15.11　单开道岔和交分道岔的设计原则

除上述分析方法和方程式外,设计单开道岔和交分道岔时也要考虑经验方面因素[281]。

① 道岔的钢轨、尖轨和护轨的抗拉强度至少为 8 800 kg/cm^2。所有的表面都必须经过专门热处理程序进行工业喷漆，以便把抗拉强度增加到 13 000 kg/cm^2。

② 转辙设备以弹性转辙器叶片或者机动舌的形式制作。岔线的运行轨迹是圆弧形的。为了固定基本轨需要使用弹性基本轨撑杆。

③ 特种钢制作的护轨进行固定，来支持轨道板，并且和运行轨相连。为了解决护轨磨损问题，插入隔板来纠正道岔开口和轨面之间的空隙。

16　轨道的铺设和维护

16.1　轨道的铺设

16.1.1　机械设备

当今,轨道铺设采用不同的机械设备。

在轨道铺设前,应该确认路基已经处理完毕(见本书第 9 章),且横向斜坡(3% ~5%)也做好了合理准备。

道砟使用专门车辆运到现场。道床应该完全平整并且已经加固。使用龙门吊或者轻型机械牵引翻松机,翻松顶层道砟,然后用路基平整机平整顶层道砟,之后用振荡板或者振荡压路机加固道床。

钢轨和轨枕的铺设使用更加先进的机械设备。现在铺设的钢轨均为焊接钢轨,需要对焊接过程进行严密控制。钢轨的另一个基本特征是纯净性,不含氧化物和氢[297]。

轨枕的间距应均匀合理。间距的一致性同样重要。

轨枕上的衬垫和扣件应该调试正确。理想的扣件不需要维护,但是如果需要,那么维护应该简单且成本低廉。

铺轨机的种类繁多。高速铺轨机(6 小时为一个工作位移)平均能铺设 1.3 km位移,最高能达到 500 m/h 和 1.5 ~2.0 km/h[250]。

图 16.1　钢轨定位机

轨道一旦铺好,需通过钢轨定位机铺设钢轨(图 16.1)。

类似的机械设备和方法可以用来更新旧轨道,操作办法和铺设新轨一样。但是,需要额外的设备来拆除旧轨道。

需要强调的是,所有的机械轨道更新和铺设方法必须适应各铁路网的具体的条件。

然而,发展中国家可能没有足够的资金来购买所有先进的机械化设备。这时,通过一些手动设备也可以来安装现代化的轨道部件和一些小型项目设备,这些设备包括轨枕和钢轨处理工具、手动钢轨转换器、钢轨滑动压路设备、钢轨滑车、小型液压扣件安装设备、手动道砟夯实机、切轨锯、钢轨钻、千斤顶和回转杆等[302]。

16.1.2 轨道工作施工顺序

为了节约劳动力和时间,同时最大程度的使用现有机械设备,必须对各项轨道工作进行合理安排。现在,可以使用专门软件,如 Primavera、Microsoft Project 等进行,优化安排。

在轨道铺设工作的安排中,一天中处操作故障都会给整个计划带来干扰。要避免这样的情况,一旦预料到某处会出现干扰,应该马上对流程进行调整。

16.2 轨道维护和维护任务影响的参数

前面章节中已经讨论轨道优化设计和施工的优化方法。但是,当各系统部件开始运行后,就会出现磨损了,经过一段时间,必须进行维护。轨道维护对安全性和乘客舒适度都有决定性的影响。轨道维护成本占整个铁路线路成本的重要比例。

因此,在全天候确保列车达到规定运行速度、安全和乘客舒适度的同时,要尽可能降低轨道维护成本。对于安全,应该进行预防性维护;对于舒适度,维护应该是纠正性的改善;经济方面,应该寻找最优化的方案,以便确保令人满意的安全边际,同时防止轨道质量快速退化。

以上目标由两个基本参数类型决定:一个是几何参数,轨道的退化通常是可视的;另一个是机械参数,大多数情况下除非进行替换(钢轨、扣件、轨枕、焊点等),否则是没法恢复的。

但是,几何参数的变化要快很多,大约是机械参数的 5 ~ 15 倍[303]。因此,平均运输载荷的线路(20 000 ~ 40 000 t/天,UIC 4 类)运量达到 4 000 万到 5 000 万 t[303]后要做系统地几何特征修复,当运量达到 5 亿 t ~ 6 亿 t 后钢轨需要更换。这意味着大约每 4 年要做一次规定的维护,而每 40 ~ 50 年要进行一次钢轨更换。

轨道几何特征的实际值和理论值之间的偏差叫做轨道缺陷,通过轨道维护可以恢复轨道缺陷。轨道缺陷不同于钢轨缺陷(见本书 10. 9. 1 节)。

16.3　和轨道缺陷相关的定义和参数

设 $z_i(T,x)$ 和 $z_e(T,x)$ 分别为内侧钢轨和外侧钢轨的超高，T 为运量(自从最近一次轨道维护以来)，x 为公里点。定义下列参数(图 16.2)：

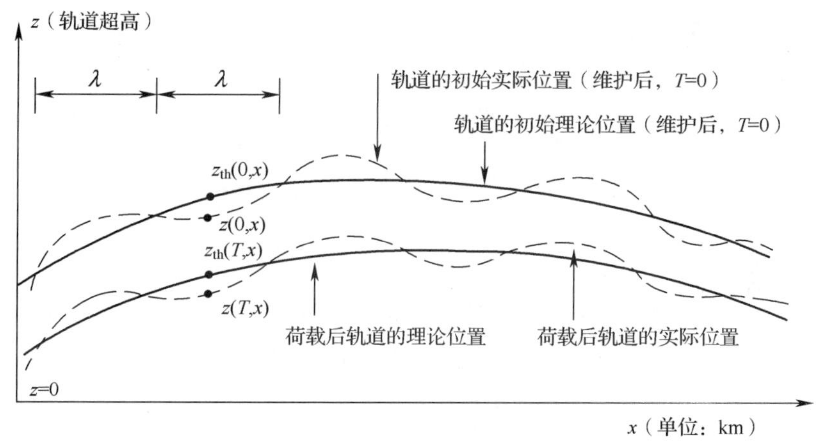

图 16.2　轨道维护基本参数的定义

轨道超高 $z(T,x)$

$$z(T,x)=\frac{[z_i(T,x)+z_e(T,x)]}{2}$$

轨道沉降 $e(T,x)$

$$e(T,x)=z(0,x)-z(T,x)$$

超过轨道长 L 后的平均沉降 $m_e(T)$

$$m_e(T)=\frac{1}{L}\cdot\int_{x=0}^{x=L}e(T,x)\mathrm{d}x$$

对于互不相连位置的测量

$$m_e(T)=\frac{1}{N}\cdot\sum_{i=1}^{N}e(T,x)\mathrm{d}x$$

沉降差 $\Delta e(T,x)$

$$\Delta e(T,x)=e(T,x)-m_e(T)$$

超过轨道长 L 后的标准沉降偏差 $\mathrm{sd}(T)$

$$\mathrm{sd}(T)=\sqrt{\frac{1}{L}\cdot\int_{x=0}^{x=L}[e(T,x_i)-m_e(T)]^2\mathrm{d}x}$$

非连续值为

$$\mathrm{sd}(T)=\sqrt{\frac{1}{N}\cdot\sum_{i=1}^{N}[e(T,x_i)-m_e(T)]^2}$$

轨道的理论超高 $z_{th}(T,x)$

轨道的实际位置 $z(T,x)$ 在理论位置 $z_{th}(T,x)$ 附近波动，在点 x 附近的长度大约为 2λ，下列方程式可以计算出 $z_{th}(T,x)$ 的值：

$$z_{th}(T,x) = \frac{1}{2\lambda} \cdot \int_{x-\lambda}^{x+\lambda} z(T,\xi)\,\mathrm{d}\xi$$

16.4 轨道缺陷

16.4.1 纵向缺陷

纵向缺陷是轨道超高 LD（图 16.3a）理论值和实际值之间的差，通过下列方程式得出

$$LD = z_{th}(T,x) - z(T,x) \tag{16.1}$$

纵向缺陷是描述轨道上垂直载荷影响的最可信的依据，是决定轨道维护成本大小的主要因素（与纵向缺陷一起还包括横向缺陷，见图 16.3）。

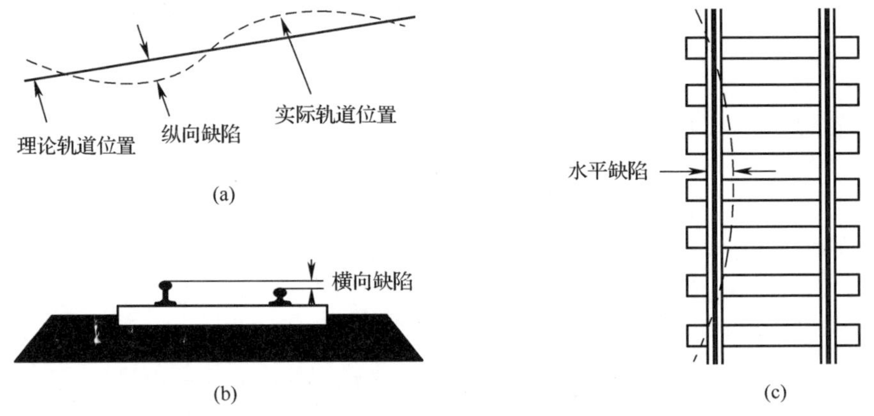

图 16.3 纵向、横向和水平轨道缺陷

16.4.2 横向缺陷

横向缺陷 TD（图 16.3b）是斜度理论值和实际值之间的差。公式如下

$$TD = (z_{int} - z_{ext})_{th} - (z_{int} - z_{ext}) \tag{16.2}$$

对于轨道布局的直线部分，曲率为 0，横向缺陷是内侧钢轨和外侧钢轨之间高程的差：$z_{int} - z_{ext}$。

16.4.3 水平缺陷

水平缺陷 HD（图 16.3c）是轨道的实际位置和理论位置的水平偏差。水平

缺陷由轨道横向缺陷(比前两类缺陷多)和车辆的特性决定。

16.4.4　轨距偏差

轨距偏差受轨道材料的机械属性和车辆特性的影响,一定的偏差是允许的,将在下文解释。本书7.4给出了标轨可接受的轨距值。

16.4.5　轨道扭曲

在直线和曲线(其超高不变)区间上,位于两个横截面(例如两根轨枕上,见图16.4)的轨道的四个点必须处于同一个平面。轨道扭曲是平面上一点与另外三个点构成的平面之间的偏差。

如果 i 和 $i+1$ 是轨道的两个连续横截面,它们之间的距离为 Δl(例如两根轨枕的位置),轨道扭曲是单位长度横向缺陷的变化

$$轨道扭曲=(TD_{i+1}-TD_i)/\Delta l$$

当扭曲的实际值小于引起脱轨的临界值——主要由车辆的速度和较差的轨道设备等级决定,没有脱轨的风险。

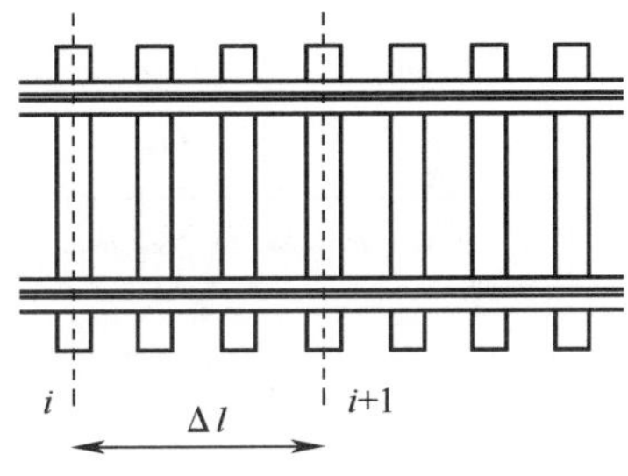

图16.4　轨道扭曲

由此,可以推论出轨道扭曲和轨道横向缺陷并不是两个独立的参数。但是,二者经常分开来考虑,因为轨道扭曲是导致脱轨,特别是速度低于140 km/h时的最常见的原因。在这样的速度条件下,主要的临界安全参数是轨道扭曲,而前面提到的轨道缺陷都相比不那么重要[300,305]。

16.5　轨道缺陷的记录方法

几十年前,一直由优秀的维护人员通过目测观察(这种方法只能用于探测大的缺陷,并不一定合理,而且无法避免主观评估)或者简单的仪器探测轨道缺陷。但是,近年来现代铁路技术使用记录车辆(图16.5),按照规定的间隔在轨道上行驶一遍(干线:3次/年;中等线:2次/年;支线:1次/年)。这些车辆装备记录设备,按照特定的测量依据(对纵向、横向和水平缺陷是10 m,对轨道扭曲是2.5~3 m)测量各种轨道缺陷的值。现存的各种检测车辆,所有的轨道缺陷值都必须使用相同的测量依据。图16.5所示的记录车辆为弦杆偏移型。也有基于类似测量高速公路和跑道不规则技术的内部测量型检测车辆。图16.6显示了一个纵向缺陷记录。

各种缺陷类型的分布是随机的,能够通过光谱分析得出近似值[151]。因此,各种类型的缺陷都可以计算出其发生频率、相应波长以及和速度的关系等。

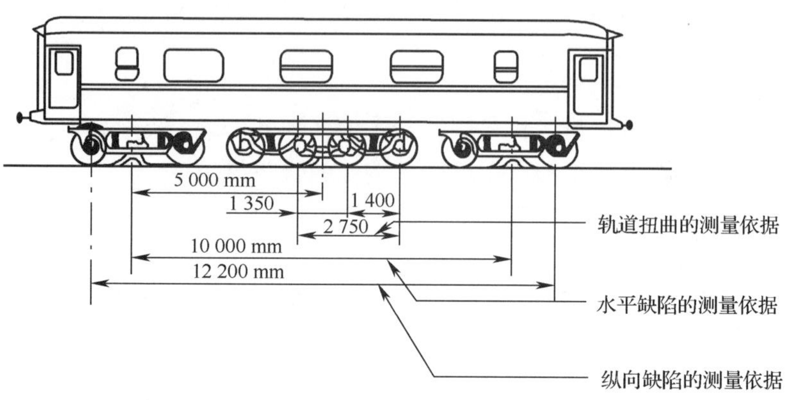

图 16.5　法国铁路轨道缺陷检测车

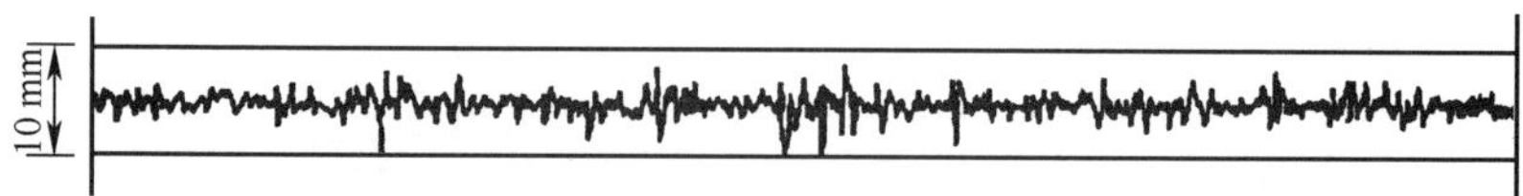

图 16.6　检测车辆记录的纵向缺陷

最简单的方法是计算缺陷的平均值(无符号)和过一个长度后的最大值。这两者都被指定为绝对缺陷值,被用在低速和中速线路上,作为安全的临界值和决定参数。

但是,对中速、快速和高速轨道,决定性参数是那些决定乘客舒适度的参数。在这些速度条件下保证乘客高舒适度的同时也要保证安全。因此,使用各种缺陷处理过的数值作为以上速度的轨道质量指数(记录车辆记录的值)。这些处理过的值的大部分特性是超过一个特定长度(通常 200 ~ 300 m)的某类缺陷类型的标准偏差,可以可靠地模拟有疑问的各种缺陷值[298,303]。

应该注意,在中速轨道上,绝对值和处理值都用作指数,而且前者更常用。

现在的检测车辆都配备了计算机软件,除了用来记录结果外,还能够根据严重程度排列数据,将记录结果和按标准制订的极限值进行比较(见本书 16.6 节)等。

如果铁路今后能够采用还可以检测钢轨特性,例如波纹严重程度、轨头损害、侧面磨损等测试的检测车辆,效果将更加显著。

16.6　轨道缺陷的极限值

16.6.1　高速、快速和中速轨道极限值

每种速度的轨道,都会指定两个极限值[292,293]:

① 轨道缺陷的警示值，达到时需要轨道维护团队进行干预。这些值被设计成 L_{inf}；

② 轨道缺陷的最高值，达到时轨道质量的损害将变得不可逆转。最高值被设计成 L_{sup}。

维护工作应该在极限 L_{inf} 和极限 L_{sup} 之间进行。

轨道通常根据列车速度分成四类：

Ⅰ. 高速轨道（$v>200$ km/h）；

Ⅱ. 快速轨道（140 km/h $<v<$ 200 km/h）；

Ⅲ. 中速轨道（100 km/h $<v<$ 140 km/h）；

Ⅳ. 低速轨道（$v<100$ km/h）。

按照法国铁路标准，Ⅰ、Ⅱ、Ⅲ类轨道的纵向和横向缺陷的标准偏差如表 16.1 所示。

表 16.1　根据法国铁路标准，各种类型轨道上 300 m 长度上纵向、横向和水平缺陷的标准偏差[303]（mm）

轨道分类	Ⅰ $v>200$ km/h		Ⅱ 140 km/h $<v<$ 200 km/h		Ⅲ 100 km/h $<v<$ 140 km/h	
	L_{inf}	L_{sup}	L_{inf}	L_{sup}	L_{inf}	L_{sup}
纵向缺陷	0.6	0.8	0.7	1.0	0.8	1.2
横向缺陷	0.4	0.6	0.5	0.7	0.6	0.8
水平缺陷	0.9	1.4	1.0	1.6	1.2	2.0

16.6.2　中速和低速轨道的极限值

如本书 16.5 中讨论的，中速和低速轨道的维护决定要考虑检测车辆记录的最大缺陷值。两个极限要进行以下两点区分。

① 干预极限，这是轨道缺陷值。达到这个值时，就必须进行干涉和维护，否则就会产生安全风险；

② 可接受值，这是轨道经过维护后的缺陷值，因为实际当中不可能（如果可能，也是要耗费巨大成本）使轨道的几何特征达到完美。

16.6.3　可接受值

轨道维护后，轨道缺陷会有一个较低的值，轨道的几何特征必须和表 16.3 列出的值保持一致。

16.6.4　紧 急 值

如果轨道缺陷超过表 16.4 所示的紧急值，必须立刻降低允许速度，直到维护团队进行干预，减小轨道缺陷值。

表 16.2 一些铁路公司干预和维护工作的各种轨道缺陷极限值*

（轨道扭曲是 3 m，其他轨道缺陷是 10 m）

线路速度(km/h)	纵向缺陷 LD(mm)				横向缺陷 TD(mm)		水平缺陷 HD(mm)			
	DB	SNCF	NS	UIC	DB	NS	DB	SNCF	NS	UIC
140～160	9	12	10	10	6	7	9	9	5	8
120～140	11	13	11	10	7	7	11	10	6	8
100～120	11	15	11	12	7	7	11	12	6	10
80～100	11	17	12	12	7	8	11	14	8	10
60～80	14	19	12	16	11	8	14	17	8	14
<60	14	21	12	16	11	8	14	20	8	14

线路速度(km/h)	轨道扭曲(mm/m)			轨距(mm)		
	SNCF	NS	BR	DB	NS	BR
140～160	3.0	3.3	3.3	-3/+20	-4/+6	-2/+4
120～140	3.0	3.3	3.3	-3/+20	-4/+9	-2/+4
100～120	3.3	3.3	3.3	-3/+20	-4/+9	-2/+4
80～100	4.0	3.3	3.3	-3/+20	-4/+9	-2/+4
60～80	5.0	3.3	3.3	-3/+20	-4/+12	-2/+4
<60	6.0	3.3	3.3	-3/+20	-4/+12	-2/+4

表 16.3 维护工作后轨道缺陷的可接受值

线路速度(km/h)	>250	200～250	120～200	>80	<80
纵向缺陷(mm)	2	3	3	4	5
水平缺陷(mm)	2	3	3	4	5
轨道扭曲(mm/m)	1	1	1	1.5	1.5
轨距(mm)	±2	±2	±2	±3	±3

表 16.4 轨道缺陷的紧急值和最大允许速度

轨道缺陷的紧急值		最大允许速度(km/h)
纵向缺陷 LD(mm)	水平缺陷 HD(mm)	
LD≥18	HD≥15	140 km/h
LD≥20	HD≥17	120 km/h
LD≥23	HD≥19	100 km/h
LD≥25	HD≥22	80 km/h
LD≥27	HD≥25	60 km/h
LD≥30	HD≥28	40 km/h

* DB：德国铁路；SNCF：法国铁路；NS：荷兰铁路；BR：（从前的）英国铁路；UIC：国际铁路联盟。

16.7　轨道缺陷的发展

现在，将考察作为运输载荷函数的初始轨道缺陷的发展。对轨道缺陷发展的了解能够使得缺陷在超过前面提到的极限值前，及时地安排轨道维护团队作出补救工作。

16.7.1　纵向缺陷

一系列测试和统计分析[300,305]显示轨道维护后的缺陷在达到 200 万 t 的运量前发展很快，超过这个点缺陷发展较慢。这意味着达到这个运输载荷前轨道没有完全稳定下来，显示出不稳定的迹象。维护后轨道的横向阻力只有其完全稳定后的 50% 。

16.7.1.1　轨道的平均沉降

轨道标准沉降发展由下列经验方程式计算

$$m_e = (T) = a_1 + a_0 \cdot \log(T/T_r) \tag{16.3}$$

式中　$T_r = 2 \times 10^6$ t；

a_1——运输载荷 T_r 的平均沉降（a_1 的值：5 ~ 15 mm）；

a_0——沉降增加比率（mm/10 年），主要由路基质量决定，平均值为 2 ~6 mm/10 年。

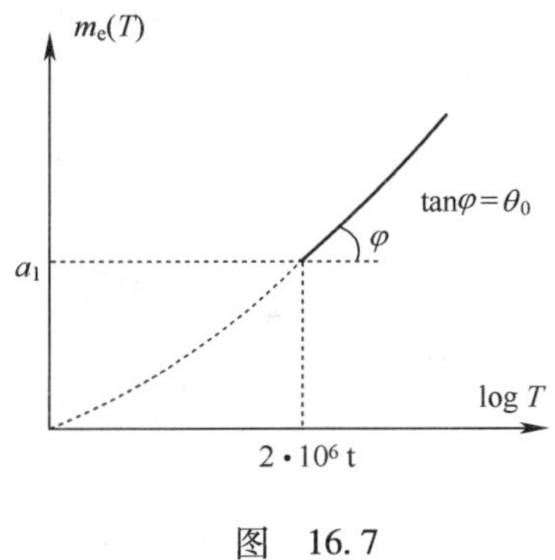

图　16.7

比率$\frac{a_0}{a_1}$说明达到 2×10^6 t 的运量后轨道缺陷发展缓慢，它的值为 0.25 ~0.70，

$$\frac{a_0}{a_1} = 0.25 \sim 0.70 \tag{16.4}$$

16.7.1.2　纵向缺陷的标准偏差

在中速和高速轨道，纵向缺陷 LD 的不同是研究的重点。因此，相应地使用标准偏差 $sd_{LD}(T)$。一系列统计研究显示下列经验公式式[305]（类似于方程式 16.3）

$$sd_{LD}(T) = c_1 + c_0 \cdot \log(T/T_r) \tag{16.5}$$

式中　c——运输载荷 $T_r = 2 \times 10^6$ 时的纵向缺陷标准偏差，其平均值为 1.0 ~ 1.35 mm；

c_2——作为运输载荷函数的横向缺陷的标准偏差的增加比率，其平均值为 0.1 ~0.2 mm/10 年。

16.7.1.3　维护间隔

设 sd_{LD}^{lim} 是纵向缺陷的极限值，由本书 16.6 中的极限设置制订。从方程式 16.5 中，可以推断出两次连续维护之间的极限运输载荷 T_{lim} 是：

$$sd_{LD}^{lim} = 2 \times 10^6 \times 10^{\left[\frac{sd_{LD}^{lim} - c_1}{c_0}\right]} \tag{16.6}$$

因为 c_0 几乎为常数，两次连续维护之间时间间隔的决定要素是 sd_{LD}^{lim} 和 c_1，后者由维护后的轨道条件决定。因此，时间 T_{lim} 的增加可能是由于维护轨道的初始条件决定的，例如，较好的轨道维护质量。

在中速和低速轨道上，纵向缺陷使用的是平均值，而不是标准偏差，以上方程式也同样适用。

16.7.2　横向缺陷

横向缺陷的发展模式与方程式(16.5)类似。因此，横向缺陷标准偏差的发展可以通过下列方程式计算

$$sd_{TD}(T) = u_1 + u_0 \cdot \log(T/T_r) \tag{16.7}$$

式中，系数 u_1 和 u_0 和方程式(16.5)中的 c_1，c_0 相似[305]。

16.7.3　水平缺陷

水平上的轨道载荷与垂直载荷有两方面的不同。

① 运输载荷影响更不规则、不连续；

② 出于安全考虑应力需保持在弹性极限内。

和其他类型的缺陷类似，水平缺陷在 2×10^6 t 的初始运量内发展相当快，之后很大程度地放慢。它们的发展规律可能也接近运输载荷的半对数方程式，但是，很多情况下显示出偏差和较大的离差。下列方程式可以用来表达水平缺陷标准值的发展[305]。

$$m_{HD}(T) = d_1 + d_0 \cdot \log(T/T_r) \tag{16.8}$$

式中，系数 d_1，d_0 由方程式(16.3)确定，标准值分别为 $d_1 = 0.6 \sim 1.0$ mm，$d_0 = 0.15 \sim 0.30$ mm/10 年。

比率 $d_0/d_1 = 0.2 \sim 0.3$ 说明超过 $T_r = 2 \times 10^6$ t 的运量后，水平缺陷发展较慢。

16.7.4　轨距缺陷

轨距偏差主要由路基和车辆类型决定，因此其变化很难通过参数确定。

16.7.5　轨道扭曲

轨道扭曲的变化规律也是半对数形式：

$$sd_{twist}(T) = g_1 + g_0 \cdot \log(T/T_r) \qquad (16.9)$$

式中,系数 g_0 和 g_1 有一个相当大的位差,由方程式(16.5)确定[305]。

16.8 维护需要的机械设备

现代铁路科技采用全套的维护机械,其主要包括以下种类[290,294,296]。

(1)重型平整机、垫衬机、捣固机(图 16.8)只能用在一般的维护操作中,平整机和垫衬机要系统使用。其使用的条件是道砟必须完整、未受污染,而且具备合适的粒度和足够的机械强度。此类设备平均每小时能处理 200 ~300 m 轨道,不过制造商给出的理论速度是每小时处理 800 ~ 1 000 m 轨道(捣固机 2 200m/h)[290]。

捣固操作用于矫正轨道缺陷,包括:

① 勘测团队初步决定轨道所需纠正的超高和水平尺寸。

② 捣固机在轨道进行首次作业。根据轨道缺陷,把需要矫正的轨道向左、右或者向上移动。放低夯实板,压实轨枕下的道砟(图 16.8);

图 16.8 轨道维护中的捣固机

③ 记录车辆通过,并记录残余缺陷(可接受的容忍限值),表 16.3。

除了捣固机外,轨道维护还需要其他一些机械设备,例如:

① 道砟压实和稳定机,在捣固机后工作,用来增加轨道的稳定性和横向阻力。

② 道砟剖面机,提供道砟合理的横截面(图 16.9)。

③ 清筛机,当道砟中小尺寸(<22 mm)道砟颗粒大于 30% 时需要用到。能筛掉轨枕以下 25 cm 深度内所有小于 35 mm 的道砟。道碴清筛机每小时能筛 400 m 轨道。

④ 结构修复机。如本书 9. 1 中所述,好的路基设计在道砟更新期间无需对路基进行干预。但是,有时候有必要提高路基的承载能力,使用结构修复机在路

图 16.9　道砟剖面机

基的顶层加入一个沙子和砾石混合的额外基床。

(2)轻型(便携)捣固机,用于道碴材料完好的地方。因为这种设备方便运输且高度灵活,可以用在:

① 在大约 300 m 长的非连续轨道上的部分操作,这种地方不适合使用重型机械;

② 在轨道特定区间进行的反复捣固;

③ 道岔和道口;

④ (只作为例外)在一些没有重型机械或者无法使用重型机械的特殊轨道上对轨道进行系统的维护。

(3)手动工具,如道砟叉、镐等,现在看来都已经非常陈旧,但是在下列情况下还是可以使用:

① 在道砟出现提前崩解的轨道区间,尚没有增加新的完好道砟,无法使用机械捣固设备;

② 在单独、局部和紧急反复捣固的轻型捣固设备也不适用的地方。

只能使用手工方式养护的轨道,其耗费的工时是全机械化养护的十倍甚至更多[290]。

安排养护工作的时候,也是对轨道设备进行检查的一个机会,如果发现缺陷损害要进行修正。为此,需要使用下列设备。

① 螺栓和螺钉(螺丝型和非螺丝型)机;

② 木制轨枕钻孔机;

③ 钢轨切割机;

④ 钢轨钻孔机;

⑤ 钢轨打磨机,用来打磨钢轨表面的不规则,这些不规则可能是轨道缺陷(短波波磨,见本书 10.9.4.4 节)或者列车行驶导致的。钢轨打磨可以借助于转石或者纵向振动石来实现[291]。在两次连续养护期间可能随时都需要进行钢轨打磨,西欧铁路的经验建议每 3 年进行一次钢轨打磨。

16.9 养护计划

铁路是由众多独立子系统组成的,这些子系统之间的关联既复杂,又难以预期。图 16.10 显示了整个维护过程和相关参数。在这个图中,可以看出两个明显对立的过程[296,304]。

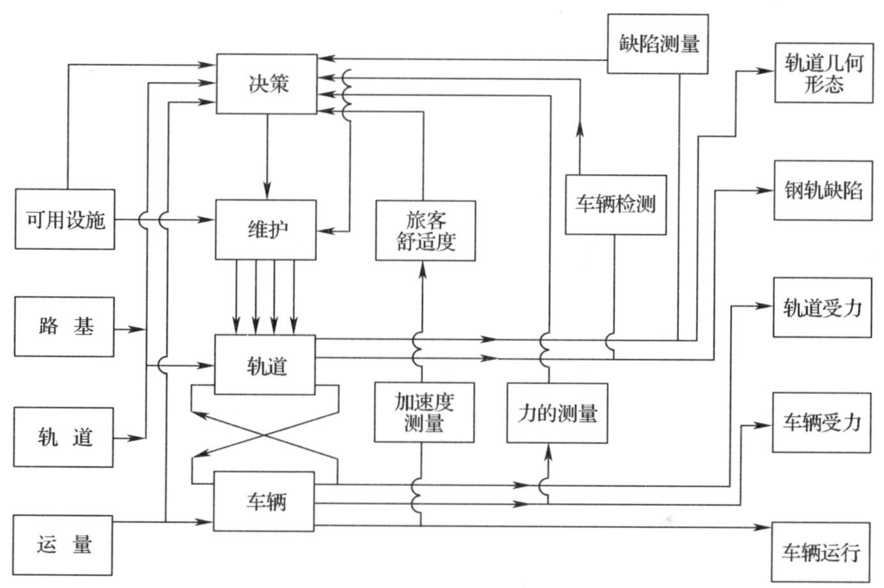

图 16.10 决定轨道养护操作的各种子系统和参数之间作用的关系

① 运输过程,通过轨道—车辆交互,增加轨道缺陷,使整个系统变得不稳定;

② 养护过程,努力减小缺陷,把轨道恢复到之前的良好状态。

以上提到的两个过程应该达到平衡,这也是养护工作的基本目的。这种平衡只能够通过及时合理的养护计划来实现。

① 基于过去养护操作的系统分类信息;

② 优化使用机械设备;

③ 从区域和地方的层面正确分配铁路基础设施的优先级别。

图 16.11 列出了轨道维护和更新的连续过程流程图。为了更好地使用人力和设备资源,有必要从战略管理层面和养护工作期间确定这样的关系流程[299]远程控制技术也能对合理地安排轨道养护有所帮助[289]。

在干线轨道上,每 3 ~ 5 年需要对道砟捣固一次;同时根据道砟的强度和力学性能每 15 ~ 30 年替换和更新一次道砟。

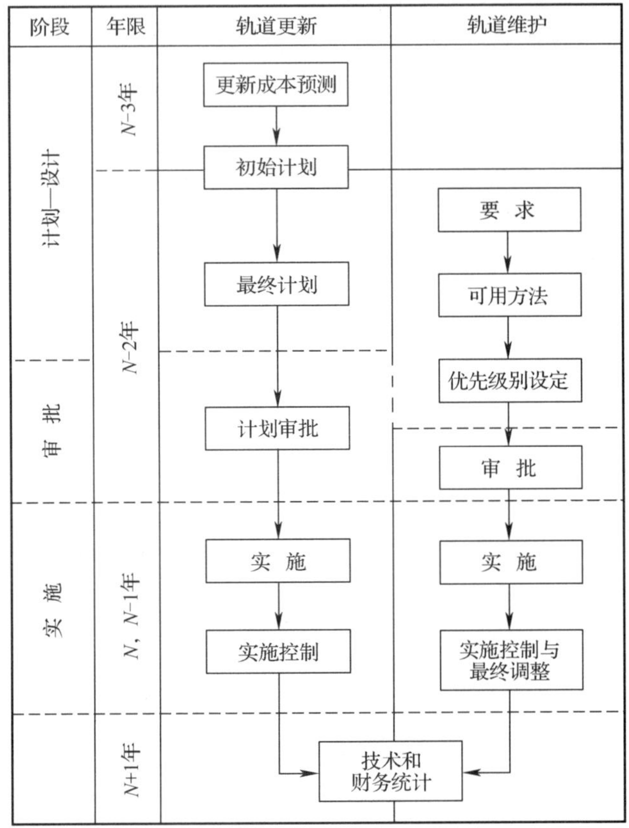

图 16.11　轨道更新和维护操作各种规划和执行阶段流程图

16.10　轨道养护工作的技术考量

进行养护操作时,应该记住下列事项:

① 矫平调整要和水平操作同时进行,不迟于第二天,任何时候都要在轨道稳定之前进行。

② 如果使用重型机械进行矫平调整,该机械也要同时做水平调整。

③ 如果使用重型机械进行矫平调整,在轨道稳定前不要做额外的超高调整,线路运输才能实现轨道稳定。

④ 如果稳定期过后,依然有没有完全修正的缺陷存在,应该使用轻型设备进行辅助调整,不必抬高任何轨道的高架结构。

前面,已经了解到养护后接下来是一段敏感期,在这期间缺陷会快速发展。但是,在运量中等线路(UIC 4 级)上,这个阶段大概持续 1 ~ 4 个月。在高级运输载荷较大的线路(UIC 1,2,3 级)上,这个阶段持续 15 ~ 40 天。在此期间,应该持续密切地关注轨道,监控各种缺陷的发展,一旦缺陷表现异常或者过度。要及时使用轻型设备(如果有必要也要使用重型设备)进行局部干预。因此,养护后的敏感期是决定轨道寿命和减少将来养护成本的关键时期。如果在这个时期没有采取以上措施,之后问题将会频繁出现,要恢复轨道的几何特性需要花费更多努力[295]。

16.11　轨道养护、植被和杂草控制

本书 9.16 中分析过轨道周边的植被问题。杂草会对道砟和路基产生以下严重的不利影响。

① 污垢和植被残渣会污染道砟,影响排水;

② 通过化学行为和根系在裂缝里的蔓延加速混凝土轨枕等部件的腐蚀;

③ 遮蔽轨道,妨碍日常的目测观察缺陷的工作。

19 世纪引进了砷基化学法(Arsenic-based)进行控制杂草,直到 20 世纪 30 年代在许多国家不同程度的使用。20 世纪 30 年代,引进的氯酸钠外加火抑制法(氯酸钙)被认为更加安全,而且没有毒性影响。1950 年以来,除草剂,特别是激素选择除草剂,得以广泛使用。

除草剂的用量为$(1\sim20)\times10^{-4}$ kg/m^2,平均为$(4\sim8)\times10^{-4}$ kg/m^2。除草剂必须在整个区域内使用,如果是液体形式,每公顷使用最低实用量,其效果最快也最安全,同时要采取各种措施避免危害环境。

也可以使用喷洒列车,每天能作业 300 km(为平均值,英国的效率是 130 km/天[301])。

17 板 式 轨 道

17.1 有砟轨道和无砟轨道的选择

17.1.1 有砟轨道的优点和缺点

直到40年前,全世界的铁路轨道都是有砟轨道,每15~30年要更换一次道砟,每3~5年进行一次轨道养护。道砟的养护和更新都在列车连续运行间隙的困难条件下进行,通常都是在晚上,维护和更新工作的可用时间通常都不到3~5 h。

当速度超过200 km/h时,养护成本将不成比例的增加,高速轨道的维护成本几乎是传统轨道($v<200$ km/h)维护成本的两倍。尽管有砟轨道有足够的力学特性(高横向阻力、低应力和沉降),但是基于寿命和维护成本的考虑铁路管理机构和工程师倾向于在某些地方使用板式轨道而非有砟轨道。

但是,有砟轨道也有其优点,具备较高的轨道灵活性、较低的建设成本、易于矫正轨道缺陷或者不同的沉降,吸收动力学影响和利于低水平噪声的扩散(与板式轨道相比)[314]。

17.1.2 无砟轨道

在无砟轨道中,混凝土板层(增强或者预应力)或者沥青层替代了道砟,钢轨能直接安放在轨道板或轨枕上,而轨道板或轨枕又安放在混凝土板上。在混凝土板下,设置了道砟混凝土层和一个防冻层[312]。

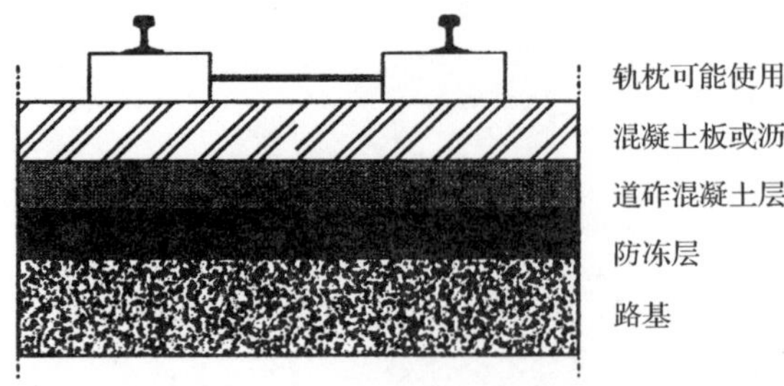

图 17.1 无砟轨道

因此,为了减小从钢轨到路基的应力,无砟轨道使用了一系列的连续层,以便使路基上的应力值低于其承载极限。

和有砟轨道相比,无砟轨道的基本优点是维护成本较低且操作条件出色、不受干扰。此外,和道砟相比混凝土板层的厚度较薄,这样无砟轨道能够减小隧道的必要横截面,这将有利于减小隧道的建设成本。无砟轨道的寿命(50~60年)是有砟轨道寿命(15~30年)的两倍多。板式轨道也有增加横向阻力和乘客舒适度的优点。

但是,无砟轨道也有不足,最重要的一点就是其建设成本较高。多年内,节约的养护成本能够弥补板式轨道的这部分额外成本,具体实施与否取决于各国的经济条件。

一旦板式轨道建好,其很难克服各种形式的沉降,因此,板式轨道的使用必须严格限制在良好稳定的路基上。使用板式轨道时,噪声水平比有砟轨道高。

目前尚未找到答案的问题是板式轨道达到使用寿命(50~60年)后,如何在不影响运输的情况下使用新的混凝土板进行更换。

17.1.3 初期试验和板式轨道技术的发展

在板式轨道方案的初期试验中,必须提到1959年西德的试验和20世纪60年代初日本的试验。1967年,UIC研究部门在英国建设了一条试验轨道,测试板式轨道方案。1972年西德在Rheda火车站铺设了第一条板式轨道。20世纪80年代和90年代,许多国家,如德国、日本、荷兰、意大利等,铺设了数千公里的板式轨道。

17.2 板式轨道的力学特性

17.2.1 板式轨道模拟

传统方法把板式轨道模拟为一个多层次系统。许多实验结果要求进行更精确的模拟。

有限元法能够用来精确地分析板式轨道的力学特性。图17.2显示出这种模拟的网络[312]。考虑动态影响——可能对板式轨道至关重要但对有砟轨道却可以忽略不计,动态方程式如下

$$M\ddot{U}_{t+\Delta t}^{(i)}+c\dot{U}_{t+\Delta t}^{(i)}+k_{(t)}\cdot U^{(i)}=R_{t+\Delta t}-F_{t+\Delta t}^{(i-1)} \tag{17.1}$$

式中 M——质量矩阵;

C——阻尼矩阵;

K——硬度矩阵;

U——位移矢量;

R——外部载荷矢量;

F——作用在系统节点上的矢量;

i——迭代数；

t——时间。

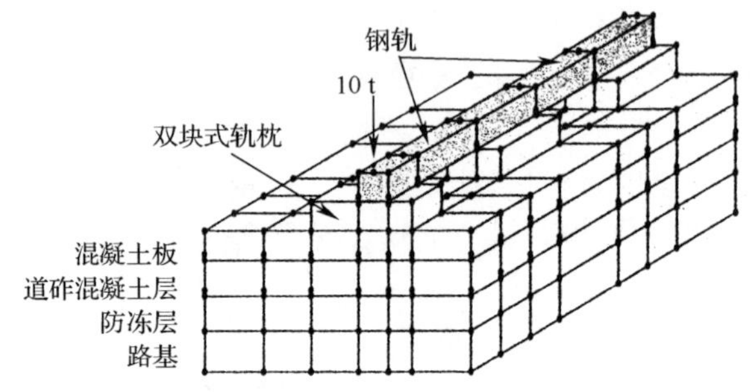

图 17.2　使用有限元法进行板式轨道模拟

这个模型已经应用在最大压强为 300 kPa/cm^2 的混凝土板层和质量较好的路基上。

17.2.2　板式轨道的应力和沉降

表 17.2 中的模型列出了轴重条件下垂直应力值如下[312]：

① 轨枕和混凝土板层之间：1.96 kg/cm^2；

② 路基顶部：0.6 kg/cm^2。

至于轴重条件下的垂直沉降，模型给出下列值：

① 混凝土板层顶部：0.34 mm；

② 路基顶部：0.30 mm。

图 17.3 显示出混凝土板层的弹性曲线

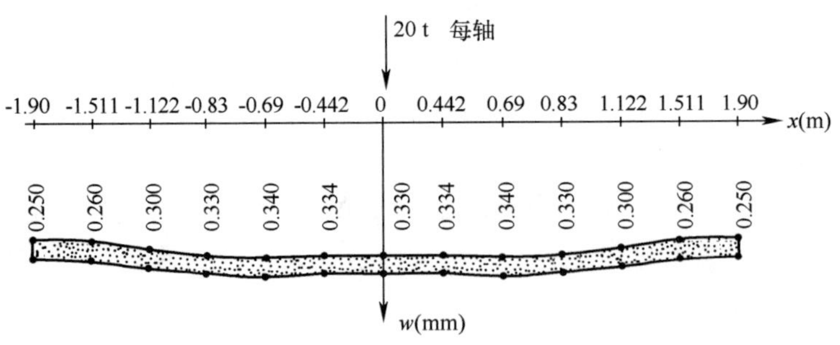

图 17.3　混凝土板层的弹性曲线

17.3　无砟轨道的各种形式

无砟轨道的各种形式可以归类为以下 4 类[308]。

① 使用轨枕的板式轨道，轨枕镶嵌在增加的混凝土板层（Rheda 技术）或者

单块式混凝土板层(Zublin 技术)上。这些技术以被首次应用的地方名称命名。

② 不使用轨枕的预制板式轨道,这种方案在日本广泛使用。

③ 沥青层上铺设轨枕。

④ 在混凝土板上直接镶嵌钢轨。

17.4 使用轨枕的板式轨道

17.4.1 Rheda 技术

在 Rheda 技术(图 17.4)中,路基顶部是一个 30 cm 厚的防冻层,防冻层上是 30 cm 厚的道砟混凝土层,再上面是一个 18 cm 厚的增强混凝土槽。通过在混凝土槽中填充混凝土每隔 65 cm 安放一根单块式或者双块式轨枕。

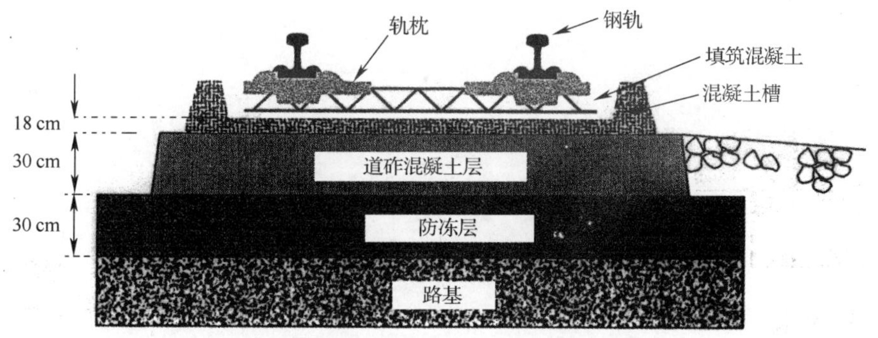

图 17.4 Rheda 技术

混凝土槽的力学抗压应力按圆柱测试为 300 kPa/cm^2(等于立方测试的 370 kPa/cm^2)。道砟混凝土层的标准抗压应力为 150 kPa/cm^2。其粒度组成为大于 2 mm 的颗粒占总重的 55% ~85% ,小于 0.063 mm 的占总重的比例不低于 15% 。

Rheda 技术近期发展是在轨枕上设置一个孔,在这个孔中纵向插入一根钢棒,防止松动。Rheda 技术已经在德国的开放式轨道、隧道内和桥梁上广泛使用。

Rheda 型板式轨道上轨道缺陷的记录显示的各种缺陷都小于有砟轨道的缺陷记录。特别是轨距依然保持不变,而在有砟轨道中,发现了较大的轨距变化[311]。

17.4.2 Zublin 技术

Zublin 技术(图 17.5)不同于 Rheda 技术,其单块式或者双块式是直接镶嵌在一个 20 cm 厚的整体混凝土板内的,这个板层的抗压应力按圆柱测试为 30 kPa/cm^2(等于立方测试的 370 kPa/cm^2)。在 Zublin 技术中,轨枕置于新混凝土中,而在 Rheda 技术中,混凝土板层是已经做好的,使用充填混凝土将轨枕定位在混凝土板层上。Zublin 技术在德国和荷兰已经被广泛使用。

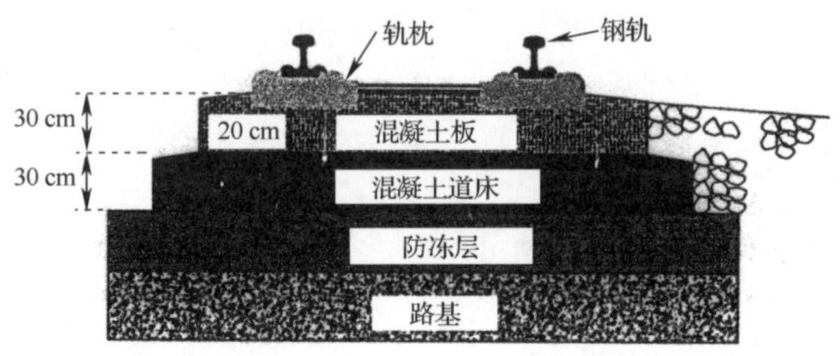

图 17.5　Zublin 技术

17.4.3　Stedef 技术

Stedef 技术(图 17.6)中,轨枕被安放在已经建好的混凝土板层上,之间有一个 4.5 cm 厚的橡胶层[314]。Stedef 技术已经在法国隧道和海底隧道中使用。

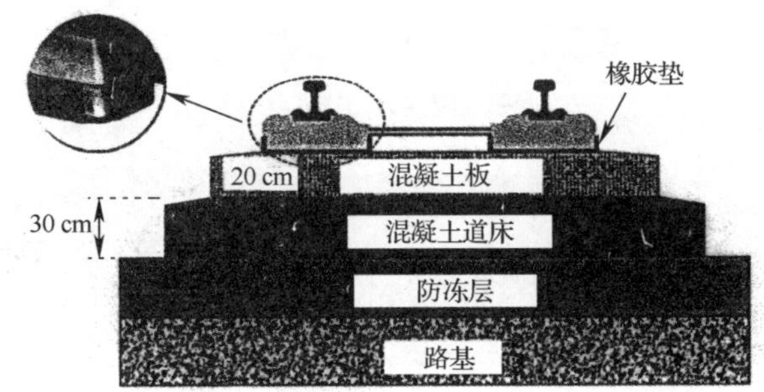

图 17.6　Stedef 技术

17.5　无轨枕的板式轨道

在未使用轨枕的板式轨道中,钢轨被直接安装在预制预应力混凝土板上(图 17.7)。为了吸收增加的动力影响,板式轨道和路基增加了一个 40 cm 厚的沥青路基。这个技术在日本得到广泛使用,板的水平尺寸为 4.95 m×2.34 m,隧道内的厚度为 16 cm,开路式轨道上的厚度为 19 cm。如图 17.7 所示,为了防止轨道侧向和纵向移动,使用了圆柱止动器。

日本技术的一种变形是 Bogl 技术(图 17.8),预制板的长宽为 6.45 m×(2.55~2.80)m,厚度为 20 cm,圆柱体测试的抗压应力为 450 kPa/cm^2(相当于立方体测试的 550 kPa/cm^2)。Bogl 技术中,板的纵向方向是加强的,侧向是预应力的[309]。

在不使用轨枕的板式轨道中,也考虑镶入式轨道技术(图 17.9),钢轨是放在弹性材料制成的弹性支撑物上[313]。

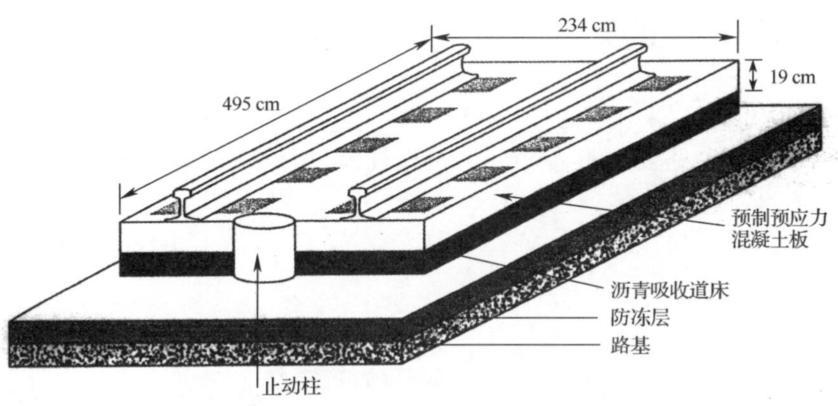

图 17.7 未使用轨枕的板式轨道(新干线技术)

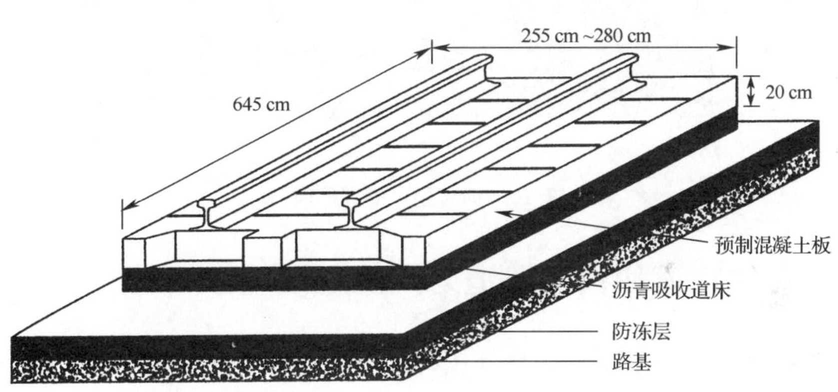

图 17.8 Bogl 技术

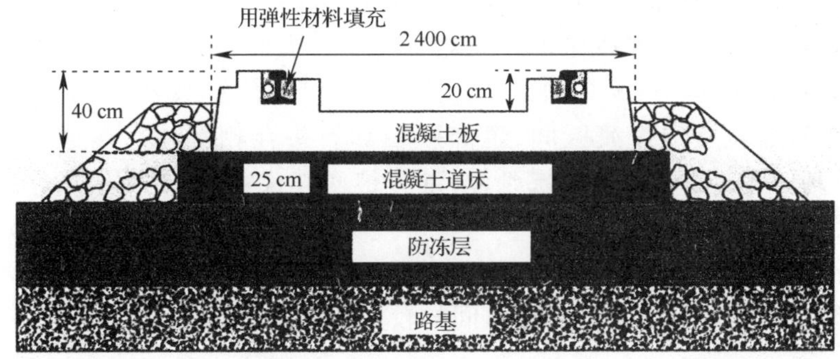

图 17.9 镶入式轨道技术

17.6　沥青层上的无砟轨道

可以使用沥青层来代替道砟(图 17.10),其厚度为 25 ~30 cm,沥青层上安放轨枕。沥青和公路沥青具备相同的机械性能,可以在现场使用相同的设备铺设。

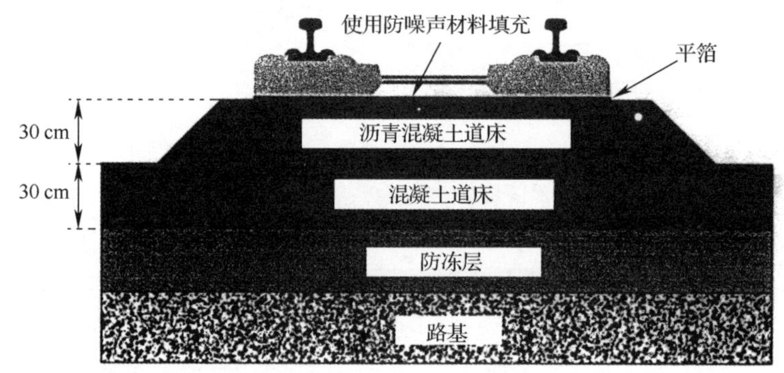

图 17.10　沥青层上的无砟轨道

17.7　有砟轨道和板式轨道之间的过渡

和有砟轨道相比,板式轨道硬度较高,灵活性较低。但是,整体轨道质量和乘客舒适度不可能从一个公里点到另一个公里点直接发生变化。因此,有砟轨道和板式轨道之间应该尽可能地设计一个过渡带。图 17.11 显示出为 Rheda 系统设计的过渡带。

① 过渡带分为有砟轨道区间和板式轨道区间;

② 在板式轨道的过渡区间,板式轨道下的道砟混凝土层从 30 cm 增加到50 cm;

③ 在有砟轨道的过渡区间,道砟颗粒和石头互相粘住。在这一段的 *AB* 部分(图 17.11),道砟混凝土层延伸,部分被底砟代替,而在 *BC* 部分,底砟层延伸;

④ 沿过渡段运行钢轨的内侧放置两根备用钢轨;

⑤ 防冻层也延伸至占据过渡区间的较大部分。

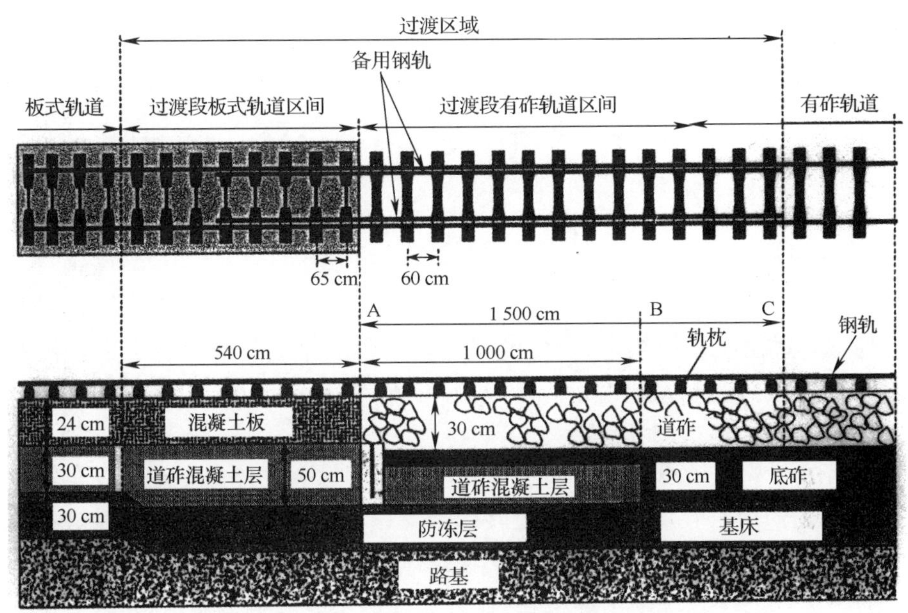

图 17.11 有砟轨道和板式轨道之间的过渡

17.8 板式轨道的成本

板式轨道为高速铁路设计的最高速度为 250 ~ 300 km/h,为地铁和郊区铁路系统设计的最高速度为 160 km/h,预计寿命为 50 ~ 60 年。在德国,Rheda 技术的板式轨道的建设成本为 650 欧元/m,Zublin 技术为 500 欧元/m,而有砟轨道的成本为 350 欧元/m(以上均是 2006 年数据。这些成本不包括使用板式轨道需要增加的土工和路基成本。沥青层上无砟轨道的成本大约为 600 欧元/m。在法国,板式轨道的建设成本是有砟轨道的两倍。

因为德国大量的使用板式轨道,其维护成本只相当于有砟轨道的 10%;而在日本,其维护成本相当于有砟轨道的 20% ~30% [307,310]。

2002 年,完全使用 Rheda 技术的混凝土板式轨道是科隆—法兰克福线,平均建设成本为 2 170 万欧元/km。

18 列车动力学

18.1 列车牵引

列车行进由机车提供牵引力，机车与其牵引的车辆具有明显区别。机车既可以通过内燃机驱动，既内燃牵引（见本书20.4节），也可以通过电力驱动，既电力牵引（见本书20.5节）。

牵引的车辆包括承载乘客或货物的车体和车轮。车体由车轮通过车轴直接支撑（见本书19.3节），也可以通过转向架支撑（见本书19.4节）。提供牵引的车轮叫做驱动轮，而不提供牵引力的车轮叫做从动轮。

为了保证列车按照某个速度运行，必须提供足够的牵引力，以克服阻止列车移动的各种力。

18.2 列车运行中的阻力

列车运行期间，牵引力必须克服阻力。这些阻力包括：

① 水平直线运行的运行阻力 R_L（机械和空气阻力）；

② 轨道曲线导致的阻力 R_c；

③ 上坡时重力导致的重力阻力 R_g，下坡时忽略不计；

④ 由于起动时加速和速度不稳定时惯性导致的惯性（加速度）阻力 R_{in}。

总阻力 R 是 R_L，R_c，R_g，R_{in}的和。单位车重的阻力叫做单位阻力 r。

下面将给出的很多公式都是经验式的或者半径验式，包括特定车辆类型（BR：英国铁路；DB：德国铁路；SNCF：法国铁路等）和运行条件的系数值。

18.3 运行阻力 R_L

18.3.1 运行阻力的常见方程式

运行阻力由下列方程式（18.1）得出[315,322,324]：

$$R_L = A + B \cdot v + C \cdot v^2 \tag{18.1}$$

在这个方程式中：

① $A + B \cdot v$ 包括了各种机械阻力。第一项 A（和速度无关，完全由车辆特性

决定)代表滚动阻力和曲线上车轮边缘和钢轨摩擦产生的力。第二项 $B \cdot v$ 代表各种和速度成比例的机械阻力(车轴的转动、机械传动、制动等)。

② 第三项 $C \cdot v^2$ 代表空气动力阻力。

参数 A,B,C 可以使用下列方程式表示为车辆特征的函数[324](R_L:kg;v:km/h):

$$A(\text{kg}) = \lambda \cdot M \cdot \sqrt{\frac{10}{m}} \tag{18.2}$$

式中 M——列车总重(t);

m——轴重(t);

λ——车辆型号决定的参数,如 SNCF 车辆的为 $0.9 < \lambda < 1.5$。

$$Bv(\text{kg}) = 0.01M \cdot v \tag{18.3}$$

适用良好质量轨道和安装转向架的车辆。

$$Cv^2(\text{kg}) = k_1 \cdot S \cdot v + k_2 \cdot p \cdot L \cdot v^2 \tag{18.4}$$

方程式(18.4)中第一项代表列车前的空气动力阻力,第二项代表沿 $p \cdot L$ 面产生的空气动力阻力。

式中 k_1——由列车前部和后部形状决定的参数。例如,传统的中速和低速 SNCF 车辆,$k_1 = 20 \times 10^{-4}$,而 TGV 车辆为 $k_1 = 9 \times 10^{-4}$[324];

S——前面的横截面积(m^2,通常为 10 m^2);

k_2——由表面 $p \cdot L$ 的条件决定的参数。例如,传统的 SNCF 车辆,$k_2 = 30 \times 10^{-6}$,而 TGV 车辆为 $k_2 = 20 \times 10^{-6}$;

p——车辆顶部至钢轨平面的距离(m),通常为 10 m;

L——列车长度(m)。

图 18.1 显示了作为速度函数的机械和空气动力阻力的增加情况。可以看出高速运行时,空气动力阻力很重要,为了减小这个阻力,列车必须设计一个合理的空气动力学外观[316]。

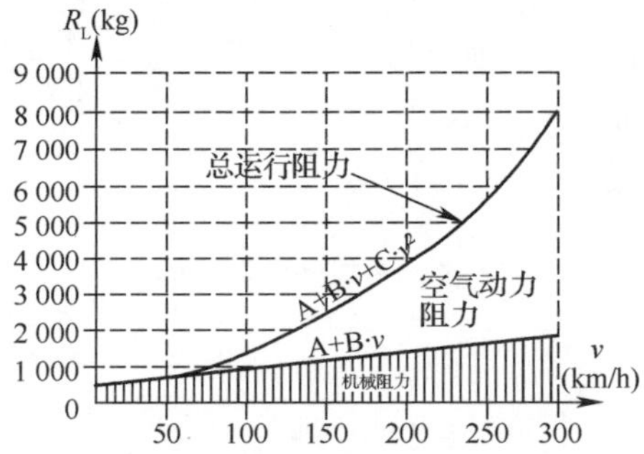

图 18.1 作为速度函数的机械和空气动力阻力(47)

图 18.2 显示了作为速度函数的运行阻力,以及克服这个阻力需要的动力。我们可以看出为了把速度从 200 km/h 增加到 300 km/h,机车动力必须增

加 200% 。

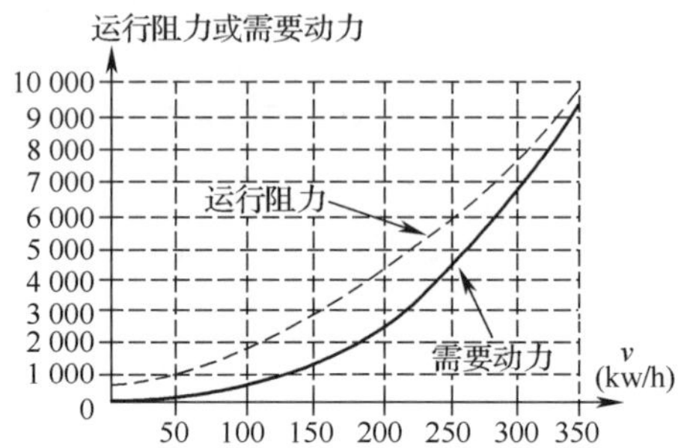

图 18.2　作为速度函数的运行阻力和需要的牵引动力[327]
（坡度为 0，以法国 TGV 为例）

18.3.2　一些铁路运行阻力的经验方程式

方程式(18.1)中的参数 A,B,C 由车辆的特征决定。各个车辆厂商和铁路网都针对这些参数建立了经验方程式。以下是世界范围内各铁路当局使用的方程式。

18.3.2.1　*法国铁路的方程式*

18.3.2.1.1　内燃机车和电力机车

经验方程式给出的运行阻力为[325,330]：

$$R_L(\text{kg}) = 0.65L + 13n + 0.01L \cdot v + 0.03v^2 \tag{18.5}$$

式中　L——机车重量(t)；

n——轴数量；

v——速度(km/h)。

18.3.2.1.2　牵引车辆

由于牵引车辆的种类各异，各方程式代表较大的范围，通过合并方程式(18.1)中的 $B \cdot v$ 项和 $C \cdot v^2$ 项可以将之简化。实际中一般是计算单位运行阻力 r。因此(v 为速度，km/h)[325]：

① 安装转向架的客车

$$r(\text{kg/t}) = 1.5 + \frac{v^2}{4\,500} \tag{18.6}$$

② 标准 UIC 型车辆

$$r(\text{kg/t}) = 1.25 + \frac{v^2}{6\,300} \tag{18.7}$$

③ 直接装在车轴上的客车和货车

$$r(\text{kg/t}) = 1.5 + \frac{v^2}{2\,000 \sim 2\,400} \tag{18.8}$$

④ 集装箱货车(Block freight vehicles)

$$r(\mathrm{kg/t}) = 1.2 + \frac{v^2}{4\ 000} \tag{18.9}$$

18.3.2.1.3 电力客车

电力客车(包括牵引车)通常用作高速列车和城市通勤服务。电力通勤列车的总运行阻力 R_L 通过下列公式计算[325]:

$$R_L(\mathrm{kg}) = \left[1.3\sqrt{\frac{10}{m}} + 0.01v\right] \cdot P + C \cdot v^2 \tag{18.10}$$

且 $C = 0.003\ 5S + 0.004\ 1 \cdot \frac{PL}{100} + 0.002N$ (18.11)

式中 P——电力客车的总重(t);

m——轴重(t);

v——速度(km/h);

S、p、L——和方程式(18.4)中的一样(见本书 18.3.1 节);

N——高架受电弓的数量(见本书 20.8 节)。

18.3.2.2 美国铁路的方程式

美国铁路使用下列公式来计算单位运行阻力[320]

$$r(\mathrm{lb}/t_s) = 0.6 + \frac{20}{M} + 0.01v + \frac{k}{mn} \cdot v^2 \tag{18.12}$$

式中 r——单位运行阻力,lb/t_s;

其中:1 lb = 0.454 kg;1 t_s = 2 000 lbs = 902.7 kg;

M——列车重量;

m——轴重;

n——列车轴数量;

v——速度,mph(mph 为英里每小时 = 1.6 km/h,以下同)

k——C · S;

C——空气阻力系数(来自表格);

S——车辆横截面积(平方英尺,1 英尺^2 = 0.092 9 m^2)。

图 18.3 给出了各种类型车辆的单位运行阻力。

(1)城际列车, v = 80 mph, m = 25 lb/轴,列车为 16 节车辆编组,总重为 1 600美吨(1 美吨 = 907.19 kg,以下同)

(2)混合货车,v = 60 mph, m = 15 lb/轴,平均每节车辆重 45 美吨,列车总重 3 000 美吨;

(3)集装箱货车,v = 60 mph, m = 60 lb/轴,列车为 21 节车辆编组,每节车辆重 240 美吨。

18.3.2.3 德国铁路方程式

德国铁路针对货车使用 Strahl 公式[320](图 18.4)。

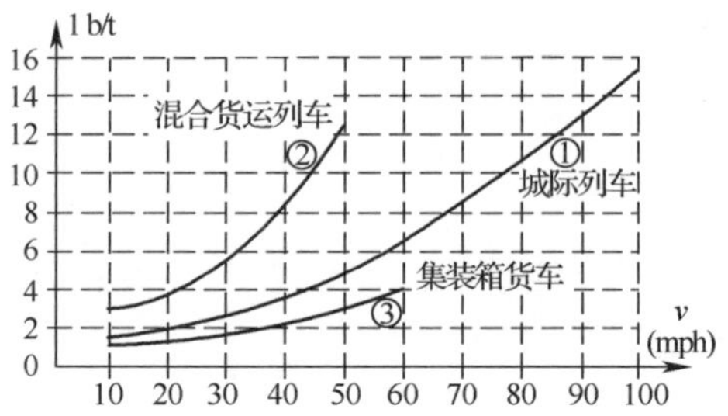

图 18.3　美国铁路的单位运行阻力

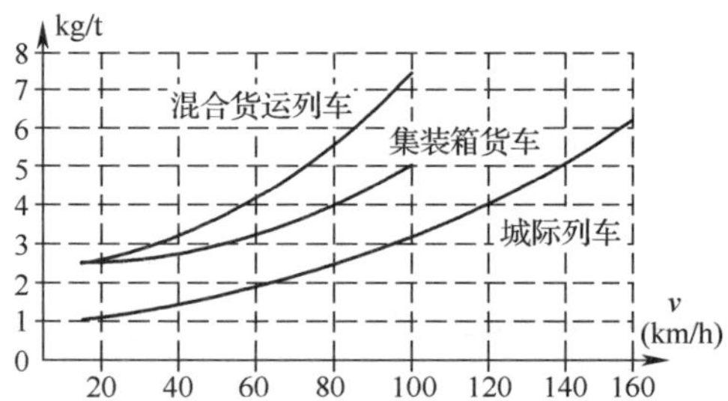

图 18.4　德国铁路单位运行阻力

Strahl 公式如下式如示

$$r(\text{kg/t}) = \frac{1}{10}\left[25 + k\left(\frac{v + \Delta v}{10}\right)^2\right] \tag{18.13}$$

针对城际列车使用 Sauthoff 公式

$$r(\text{kg/t}) = a + 0.0025v + 0.48F_e \cdot \frac{n_w + 2.7}{W} \cdot \left(\frac{v + 15}{10}\right)^2 \tag{18.14}$$

式中　k——混合列车为 0.5,集装箱列车为 0.25;

v——列车速度(km/h);

Δv——逆风速度(通常值为 15 km/h);

a——系数,滚运轴承的为 1.0,滑动轴承的为 1.9;

F_e——和列车前部面积特征相关的系数,通常值为 1.45;

n_w——车辆数量;

W——列车质量(t)。

图 18.4 给出了德国铁路各种车辆的单位运行阻力。

18.3.2.4　宽轨和米轨铁路的公式

针对宽轨(e = 1.676 m)铁路,建议使用下列公式[320](图 18.5):

① 客车

$$r(\text{kg/t}) = 0.6855 + 0.02112v + 0.000082v^2 \tag{18.15}$$

② 货车

$$r(\text{kg/t}) = 0.87 + 0.0103v + 0.000056v^2 \tag{18.16}$$

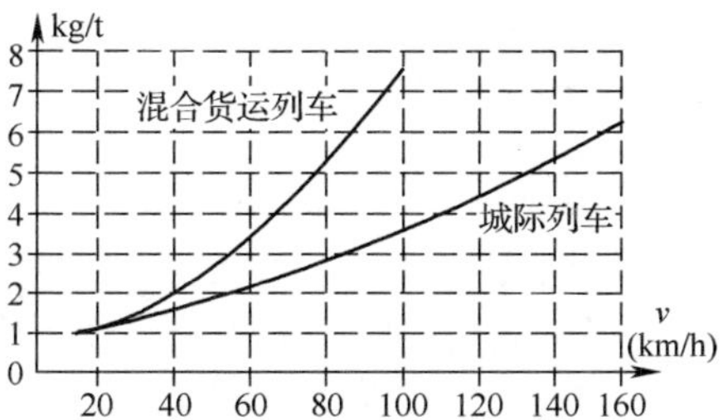

图 18.5　宽轨铁路单位运行阻力

针对米轨(e = 1.000 m)铁路,建议使用下列公式[320](图 18.6):

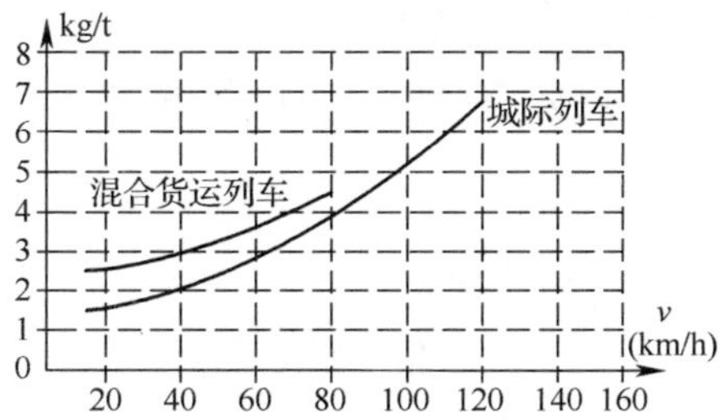

图 18.6　米轨(窄轨)铁路单位运行阻力

① 客车

$$r(\text{kg/t}) = 1.56 + 0.0075v + 0.0003v^2 \tag{18.17}$$

② 货车

$$r(\text{kg/t}) = 2.6 + 0.0003\,v^2 \tag{18.18}$$

18.3.3　隧道内运行时的阻力

和户外运行相比,隧道内运行会出现压力突然增加(会影响乘客的舒适度)的特殊情况,从而增加空气动力阻力,因此当列车穿越隧道时可能会出现很多问题,需要确保合理的通风环境。

18.3.3.1　压力问题

当列车进入隧道时,列车前部(车头)压缩入口处的空气,形成一个压缩波(图 18.7),它的幅值会随着列车的行进而增加,至列车的尾部(车尾)进入隧道时达到最大值。这时候,列车后的真空会形成一个稀散波。车头处的压缩波以声速沿着隧道传播,被隧道壁反射后以稀散波的形式返回。至于隧道内车尾形成的稀散波,会发生相反的变化,以压缩波的形式返回,当所有的这些波重叠时,会引起压力波动,幅值作为时间的函数会逐渐减小[47,317]。

但是,要注意的是,乘客舒适度并不怎么受压力变化的影响,而是更受压力变化速度的影响。天气突然改变时,压力可能改变 1 300 mm H_2O,而海拔增加 1 000 m则会导致压力下降 1 100 mmH_2O。相反,列车在隧道内运行时,压力变化并不大,但足够引起注意,原因是压力变化的速度。只要压力不是突然改变,人体就能够承受很大的压力变化[328]。

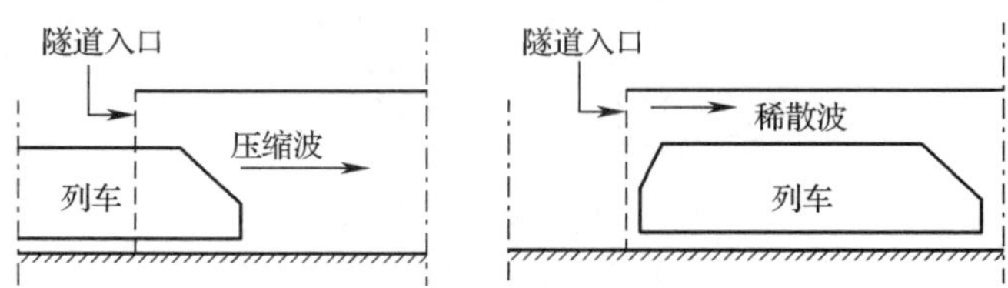

图 18.7　列车进入隧道时的压缩波和稀散波

因此,影响乘客舒适度的既包括压力变化 Δp,也包括压力变化速度 $\Delta p/\Delta t$。各种研究显示,乘客的舒适度并不会受到很大的影响,只要:

$$\Delta p \cdot \frac{\Delta p}{\Delta t} < c \tag{18.19}$$

式中,c 为常数,它的值针对各铁路不同。

图 18.8 给出了压力变化的纪录值,很大程度受车辆特征影响。

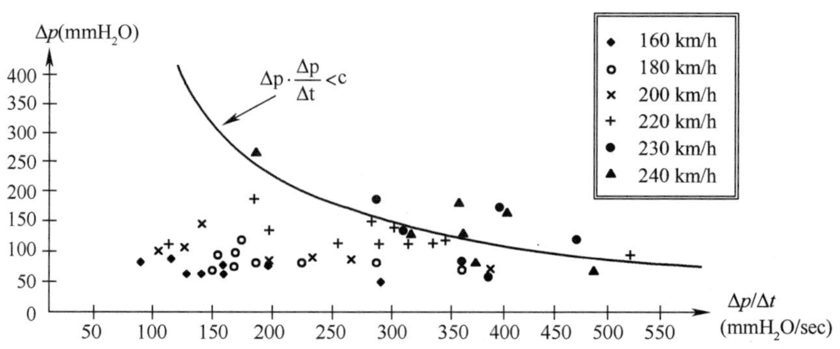

图 18.8　作为速度函数的压力变化和压力变化速度[328]

可以看出速度达到 220 ~ 240 km/h 以前乘客的舒适度并没有受到明显影响。但是,超过这个速度,压力变化量和变化的速度就变得至关重要。

18.3.3.2　隧道内增加的空气动力阻力

为了减小隧道内增加的空气动力阻力,沿着隧道需要开凿一些侧面通风口(表 18.1)。

表 18.1　开凿侧面通风口的隧道和未开凿侧面通风口的隧道内运行 705 t 重列车时的运行阻力比较

	开放户外	隧道内		
		每 250 m 开口	每 500 m 开口	无开口,隧道内运行一列列车
总运行阻力	6 480	8 170	8 830	14 930
需要动力	2 820	3 550	3 840	6 500

由两股单线轨道组成的海底隧道内，每隔 375 m 开凿一个侧面通风口能够减小克服空气动力阻力所需的动力，速度为 140 km/h 时，所需动力能够从 13.5 MW减少到 5.8 MW[47]（见本书 2.2 节）。

为了减小隧道内的空气动力阻力，可以尽量减小 S/Σ_l 的比率，其中 S 为列车前表面的横截面积，Σ_l 为有效隧道横截面积（图 18.9）。这样：

① 单线轨道隧道内，$S/\Sigma_l=0.30\sim0.50$；

② 复线轨道隧道内，$S/\Sigma_l\approx0.15$。

显然，大幅度地减小 S/Σ_l 的比率将导致隧道横截面过大，成本剧增。

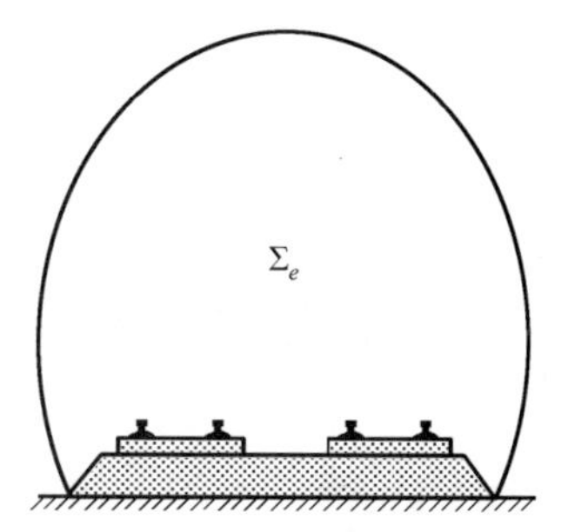

图 18.9　有效隧道横截面积Σ_l

18.3.3.3　列车交汇

当隧道内两列列车交汇时，第一列列车产生的压力波将撞击第二列列车，反之也一样。较快的列车会产生较强烈的压力波，较慢的那列显然受到更大的压力冲击。

意大利铁路的测试显示，隧道内两列列车交汇时空气动力作用并没有对乘客的舒适度造成很大的影响，这主要是因为交汇的时间较短[328]（也就 1/10 s 的样子）。只有当外部影响持续 0.5 s 以上时，人体的听力才受到干扰。至于对车辆（主要是车窗玻璃破裂）的损害，上面的测试显示高速时没有大的风险[328]。

18.3.3.4　高速条件下的隧道横截面需求

前面提到的所有原因都说明速度增加时，有必要增加隧道的横截面积。表 18.2 给出了各种速度条件下双线轨道隧道的有效横截面积 Σ_l，图 18.10 给出了运行速度为 300 km/h 的隧道的尺寸。但是，高速（$v>200$ km/h）隧道的设计中，不仅要重视轨道间的距离（4.20 ~ 4.70 m）和横截面积Σ_l，还要重视其性能和车辆（特别是玻璃部分）的机械阻力。

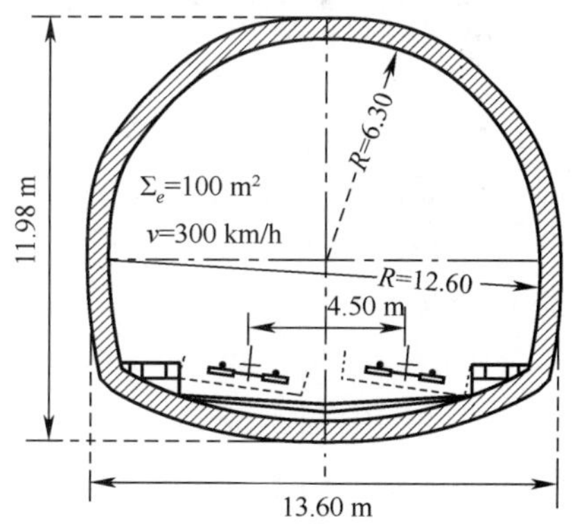

图 18.10　高速隧道的横截面

表 18.2　各种速度下双线轨道隧道的有效横截面职Σ_l

v_{max}(km/h)	160	200	240	300
Σ_l(m²)	40	55	71	100

18.3.4 铁路和公路车辆运行阻力比较

铁路车辆(客车或者货车)的运行阻力远低于公路车辆的运行阻力,铁路客车车辆的运行阻力不及公路车辆的1/5,货车车辆的不及公路车辆的1/4。铁路车辆之所以有较低的运行阻力,首先是因为金属钢轨上金属车轮的摩擦系数较小,其次是因为较长的车体导致空气动力阻力较小。

18.4 轨道曲线上的阻力 R_c

曲线上的额外阻力是由以下两方面引起的:

① 车轮边缘和钢轨之间的摩擦;

② 车轮在钢轨上打滑,因为转向架的轴或者双轴铁路车辆的轴总是平行的。

SNCF 使用下列公式计算曲线上产生的特定阻力 r_c

$$r_c(\text{kg/t}) = \frac{k}{R} \tag{18.20}$$

式中 k——值在500~1 200之间的参数,平均值为800;

R——水平面上的曲线半径(m)。

18.5 重力引起的阻力 R_g

当铁路车辆沿着直线平面轨道运行时,垂直于重力方向的分力为0。但是,当轨道平面倾斜(例如列车上山或者下山)的时候,就产生了一个平行于轨道平面的分力 R_g(图18.11),上山斜坡时,这个分力是车辆移动的额外阻力。

当轨道的纵向坡度很小,不到20‰时,角 ω 非常小,可以假设 $\sin\omega = \tan\omega$。因此

$$R_g = P \cdot \sin\omega = P \cdot \tan\omega = P \cdot i \tag{18.21}$$

式中,i 是纵向坡度。

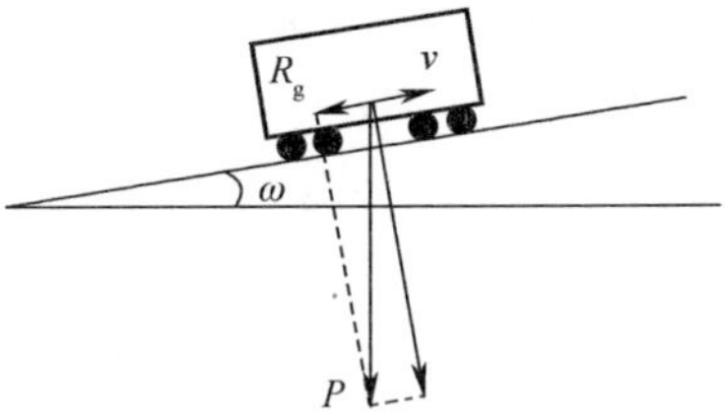

图 18.11

由曲线和重力产生的阻力通常都合并成一项。

18.6 惯性(加速度)阻力 R_{in}

列车加速度产生的阻力由动力学方程式得出,由车辆的几何形状和制造车辆的材料决定。惯性加速度和列车的重量及加速度成正比。

如 α 为加速度，单位惯性阻力 r_{in} 由下列公式得出

$$r_{in}(\mathrm{kg/t})=\frac{\alpha}{g}\cdot q \tag{18.22}$$

式中，α 是重量系数，既考虑车辆的固定重量，也考虑车辆的转动质量，如轴、电机等。因为要考虑转动部分的理想重量，要基于它们的惯性瞬间来计算。

如果 M_{rot} 是转动重量，M 是列车总重量，那么

$$Qq=1+\frac{M_{rot}}{M} \tag{18.23}$$

测试显示，1 $\mathrm{cm/s^2}$ 的加速度将导致产生 1 kg/t 的惯性阻力，这接近坡度为 1‰的上山坡道所产生的阻力。

18.7　列车的起动力和牵引力

起动力是让列车运动所必需的力，用 Z^* 表示。起动力要克服列车运行期间所有的阻力。如果所有的列车车辆同时开动，起动力会非常高。但实际上，这种情况任何时候都不会发生，因为列车并不是一个整体结构，连续的车辆之间都存在一个间隙。一旦列车发车，来继续它的移动所需的力叫做牵引力 Z，它比起动力小很多。如果 Z 表示每吨车辆所需的力，那么它就叫做单位牵引力 z。

使用内燃机车牵引时（图 18.12），牵引机车产生的力随着速度的增加而减小，最大牵引力是列车刚启动时所需的力。随着速度的增加，牵引力减小，形成一条直线（AB 段）；随着速度的进一步增加，阻力迅速下降（BC 段），达到最小值，相应牵引机车达到最高速度。

电力牵引列车（图 18.13）能够维持瞬间过载，这种情况下牵引力比连续运行时的大，因此能够输出较高的速度。

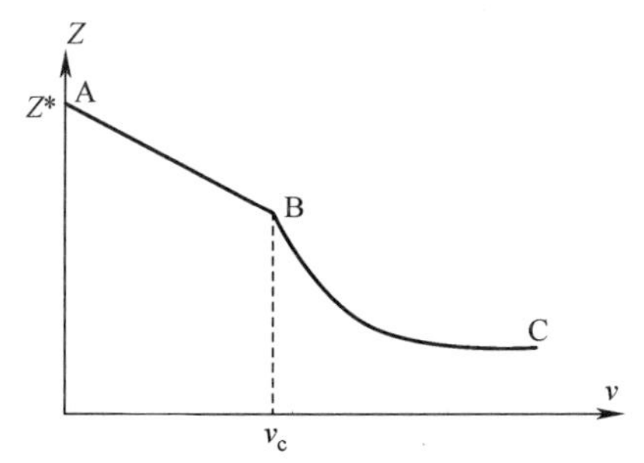

图 18.12　内燃牵引列车的牵引力 Z—运行速度 v 曲线

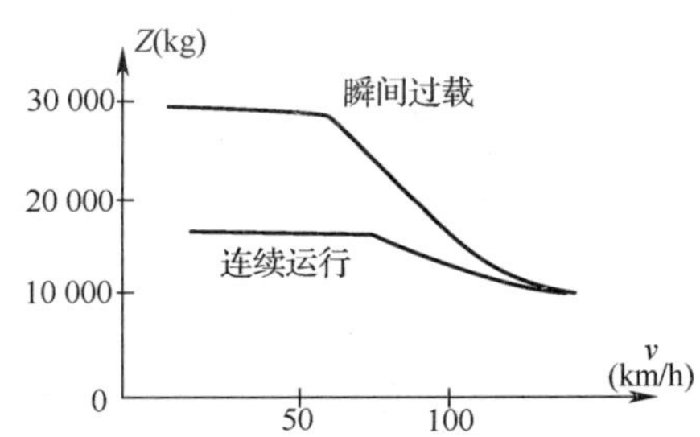

图 18.13　电力牵引列车的牵引力 Z—运行速度 v 曲线

图 18.14 显示了客车或货车上坡坡度和单位牵引力 Z 的关系图。客车通常的单位牵引力为 10～20 kg/t，货车的为 10～30 kg/t。

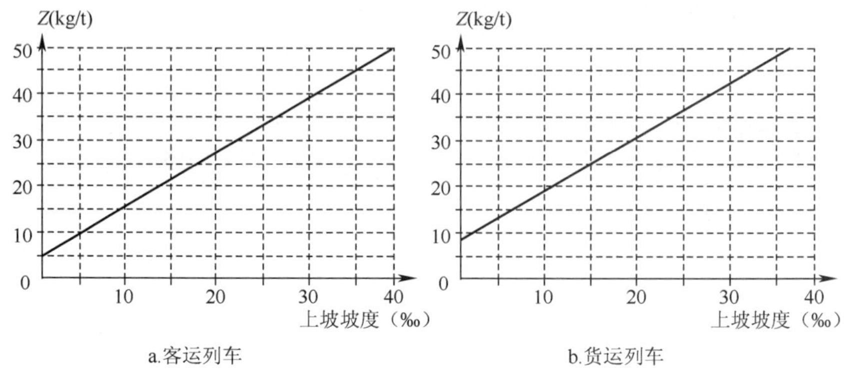

图 18. 14 列车单位牵引力 z 和上坡坡度的关系图

18.8 黏 着 力

轮轨沿着叫做 Hertz 椭圆的椭圆型表面运动产生接触（图 18. 15，见本书 7. 7 节和 10. 6. 1 节）。沿着 Hertz 椭圆，出现一个黏着力 F_{adh}，它是确保车轮连续滚动所必需的力。这要求黏着力等于或者大于牵引力 Z（图 18. 16）。

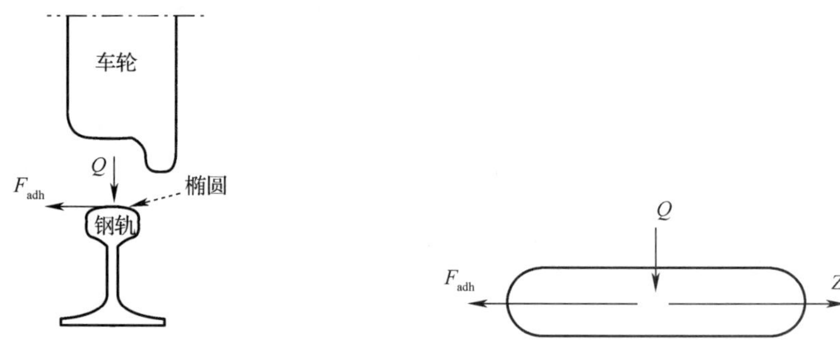

图 18. 15 黏着力 F_{adh}　　图 18. 16 牵引力 Z 和黏着力 F_{abh}

黏着系数 μ 是水平黏着力 F_{abh} 与垂直轴重 Q 的比率：

$$\mu = \frac{F_{adh}}{Q} \tag{18.24}$$

黏着系数 μ 主要由天气条件和列车速度决定[321]（图 18. 17）。理想的条件是 $F_{abh} \geqslant Z$，μ 的最小需求值已经进行了研究，列于表 18. 3 中[321]。

各种轨道和车辆特征对黏着系数的影响如下[323,331]：

① 车轮直径由 700 mm 增加到 920 mm 时，黏着力略微增加；

② 轨枕上钢轨的横向斜坡（见本书 7. 9 节，图 7. 13）由 1/40 变为 1/20 时，黏着力减小 17%；

③ 轮载荷从 8 t 增加到 12 t 时，黏着力减小 12% 。

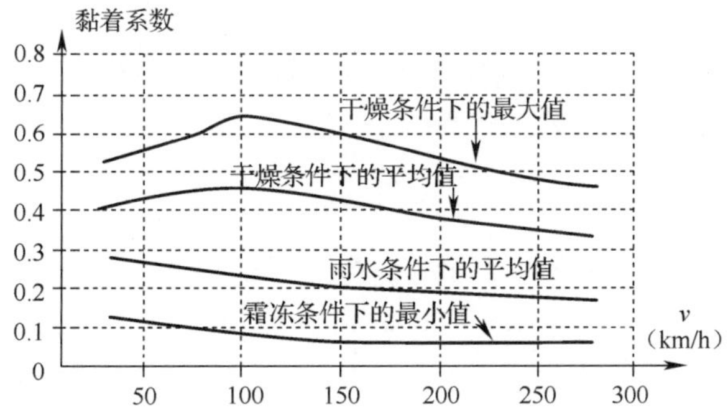

图 18.17　黏着系数和天气条件及列车速度的关系

表 18.3　黏着数 μ 的最小需求值[321]

牵引模式		制动模式（下坡，电力制动力）	
v(km/h)	μ_{min}	v(km/h)	μ_{min}
160	0.3	0～200	0.095
200	0.1	200～300	0.06
300	0.07		

μ 的中间值和速度的关系通过下列公式表示[320]

$$\mu = \frac{7.5}{v+44} + 0.161 \tag{18.25}$$

最后，对一个合理运动的动轮，其理论外围速度应该比实际的平移速度快（图 18.18）。

$$v_{rot} > v_{trans}, v_{rot} = 2\pi \cdot r_0 \cdot n \tag{18.26}$$

式中，r_0 为滚动半径，n 为回转次数。

否则，就会发生：

① 制动，如果 $v_{rot} < v_{trans}$；

② 车轮滑行，如果 $v_{trans} < v_{rot} \neq 0$；

③ 车轮锁定，如果，$v_{rot} = 0 > v_{trans} \neq 0$。

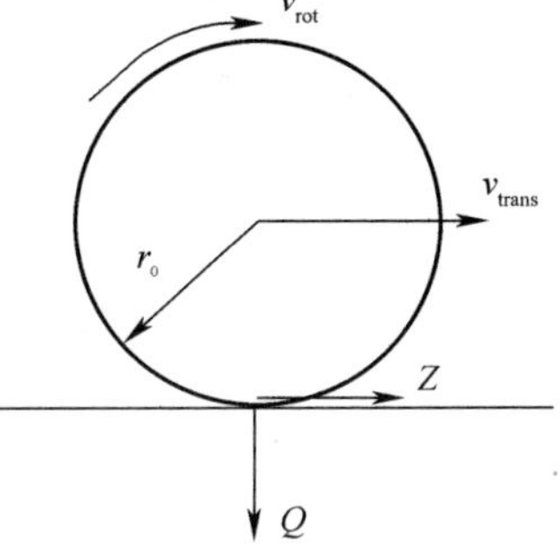

图 18.18　车轮上的速度和力

显然，速度不变或者加速中的列车要求其牵引力等于或者大于列车运行期间产生的全部阻力的和。

18.9　列车所需功率

发动机提供的功率是保证列车运行的必要牵引力，它分为标定功率和有效功率。标定功率是发动机厂商制定的。发动机的辅助设备吸收了一部分功率，另一部分功率在从传动轴传递到车轮时损失了，剩下的功率才是有效功率，可以用来驱动车轮和列车。

功率使用马力或者千瓦（kW）来衡量。发动机功率（以马力计，1 马力 = 735.499 W）可以使用下列公式计算：

$$N = \frac{Z \cdot v \cdot P}{270} \qquad (18.27)$$

式中，Z 是牵引力，kg/t；v 是速度，km/h；P 是列车重量，t。

显然，列车的功率由速度决定，每次得出的功率的值都不同。表 18.4 列出了各种列车运行所需的功率。

表 18.4　各种列车运行所需的功率

列车类型	重　量 （t）	速　度 （km/h）	功　率 5‰的坡度
客运列车	800	160	4 400
货车	1 800	100	6 350
效区铁路	190	140	1 050
高速列车	418	300	6 850

功率通常指车辆的单位重量，这时候它被叫做特定功率 N_e（kW/t 或者 P_s/t）。决定列车运行状态的参数之一是达到最终速度所需的距离（图 18.19）。

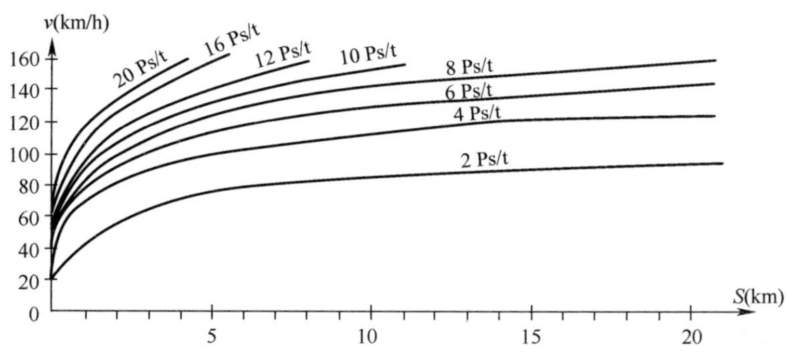

图 18.19　列车速度由 0 提高到最终值需要的距离 S

18.10　列车加速度和减速度的值

列车的加速度和减速度值由车辆类型（客车、货车）和其达到最大速度所需的距离决定。这个距离越短，加速度和减速度的值就越高。考虑到人体的生理机能，最大加速度不应该超过 1.2 m/s^2。

各种车辆类型的一般加速度为：

① 货车：0.2～0.4 m/s^2；

② 城际列车:0.4 ~ 0.6 m/s^2;

③ 郊区列车:0.6 ~ 0.8 m/s^2;

④ 地铁:0.8 ~ 1.0 m/s^2;

各种车辆类型的一般减速度为:

① 传统货车:0.10 m/s^2;

② 快速货车:0.25 m/s^2;

③ 客车:0.40 ~0.50 m/s^2;

④ 郊区铁路、地铁:0.60 m/s^2。

影响乘客舒适度的一个关键参数就是单位时间加速度的变化,即跃度。跃度不应该超过1.5 m/s^3。

18.11 列车制动

18.11.1 制动系统

目前采用的制动系统主要有两种[323,325]:

① 闸瓦制动。通过金属闸瓦或者合成闸瓦对车轮施加压力产生摩擦来实现制动。车轴的两个轮子都通过制动闸瓦来实现制动。

② 轴盘制动。通过摩擦固定在车轴上的钢制盘或者铸铁盘来实现制动。轴盘制动的一个基本缺点就是会产生高达500 ℃的高温[319]。

以下方法用来传递制动力:

① 空气制动,通过操作驾驶室里一个阀门,改变专门管道内的空气压力来实现。这个系统的缺点就是所有列车车辆的制动无法实现同步。

② 电动空气制动,于1960年开发,能减少对列车各车辆制动操作的传递延误。在这个系统中,通过各个制动器上的电气动阀门将所有车轮的空气压力调整为同步。系统由沿着列车的一根线路传递的电信号来操作。

③ 电磁制动,最近几十年为了适应高速列车而开发的。此种类型的制动器,制动操作直接作用于钢轨。制动时,由带有电磁的特制闸瓦实现制动。电磁制动器可以独立使用,也可以和其他系统配合使用。

④ 再生制动,不存在制动闸瓦磨损问题,因为是通过把牵引电机变成发电机来实现减速。制动产生的电力用来备用。对于电力机车,这部分电力也可以通过受电弓回收到电网上。在城际列车中,回收的电力占消耗的3% ~6%;对大运量客车和货车,占20%;对大坡度轨道上的列车,占40%[320]。

最后,轨道车辆也要安装防滑设备,用来监视车轮的转动,当探测到车轮抱死时,用于纠正制动力。列车制动特别需要注意的是某些天气条件,如雨、雪、落叶覆盖,会导致产生较差的黏着条件。

有限元分析使研究制动系统的机械性能和热机械性能成为可能(图18.20)。

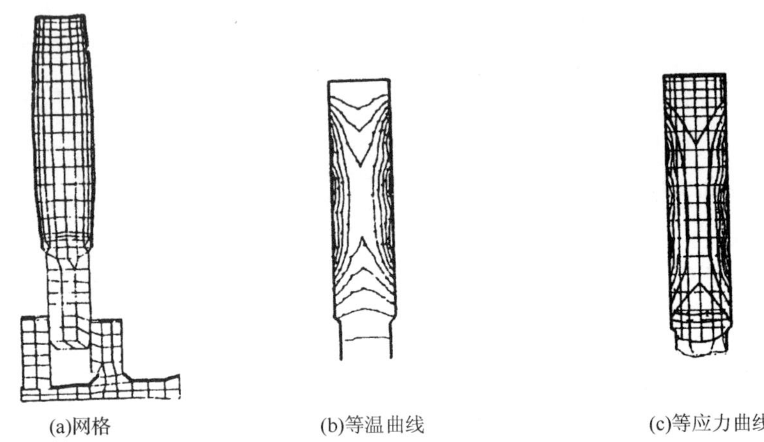

图 18.20　使用有限元法分析盘形制动

18.11.2　制动距离

建议使用经验公式计算各种列车的制动距离 L[325]。

(1)货车($v<70$ km/h)

使用 Maison 公式计算制动距离

$$L(\mathrm{m})=\frac{4.24v^2}{1\,000\varphi\cdot\lambda+0.000\,6v^2+3-i} \tag{18.28}$$

式中　i——轨道坡度(‰或者 mm/m)。轨道坡度分为积极下坡坡度和消极上坡坡度。

φ——坡度确定的摩擦系数。φ 的值为:

当 $i<15‰$时,$\varphi=0.10$

当 $i>15‰$时,$\varphi=0.10\sim0.001\,33(i-15)$

λ——制动百分比,即制动重量和列车总重的比率,表示制动 1 t 所需的制动力。

制动百分比 λ 对制动距离来说是一个关键因素。表 18.5 列出了各种车辆类型及制动类型的 λ 值。任何时候,公式(18.28)都可以用来计算制动百分比 λ 和制动距离 L、列车速度 v、坡度 i 及摩擦系数的关系。

(2)客车($v=70\sim140$ km/h)

使用 Pedeluck 经验公式计算制动距离

$$L(\mathrm{m})=\frac{\varphi\cdot v^2}{1.093\,75\lambda+0.127-0.235i\cdot\varphi} \tag{18.29}$$

式中,各参数和公式(18.28)中的一样。

表 18.5 各种车辆类型和制动类型的制动百分比 λ

制动类别	制动百分比
常规制动	
单轴重 $P=15\sim20$ t 时的牵引机车	80～95%
单轴重 $P=15\sim20$ t 时的被牵引车辆	65～90%
紧急制动	
牵引车辆	160～220%
被牵引车辆	130～220%

(3)内燃—电力客车

下列公式计算制动距离

$$L(\mathrm{m})=\frac{0.038\,6v^2}{\gamma-\dfrac{i}{100}} \tag{18.30}$$

式中,γ 为减速度($\mathrm{m/s^2}$)。

(4)其他经验公式

前面的公式是法国铁路公司提出的,UIC 也采用这个公式[329]。但是,德国铁路使用所谓的 Minden 公式计算制动距离。

① 客车制动:

$$L(\mathrm{m})=\frac{3.85v^2}{[6.1\psi(1+\lambda/10)]+i} \tag{18.31}$$

② 货车制动:

$$L(\mathrm{m})=\frac{3.85v^2}{5.14\sqrt{\lambda-5}+i} \tag{18.32}$$

列线图给出的参数 ψ 值为 0.5～1.25(关于制动类型特征)。

图 18.21 给出了低速、中速和各种车辆类型的制动距离。

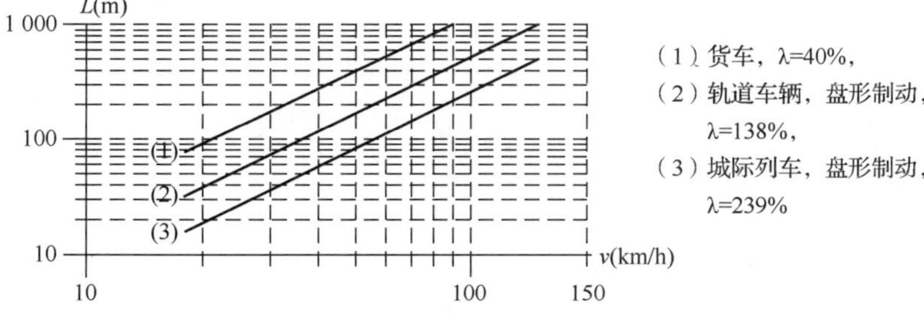

图 18.21 涉及低速、中速(坡度为 0)的制动距离 L

以上公式计算出来的制动距离至少要增加 10%,作为安全裕度(也由信号系统决定)。速度越高,制动距离越长(表 18.6)。图 18.22 给出了高速时的制动距离。

表　18.6

v(km/h)	制动距离
160	1 300 ~ 1 400
200	2 500 ~ 3 000
260	6 000 ~ 8 000
320	7 500 ~ 9 000

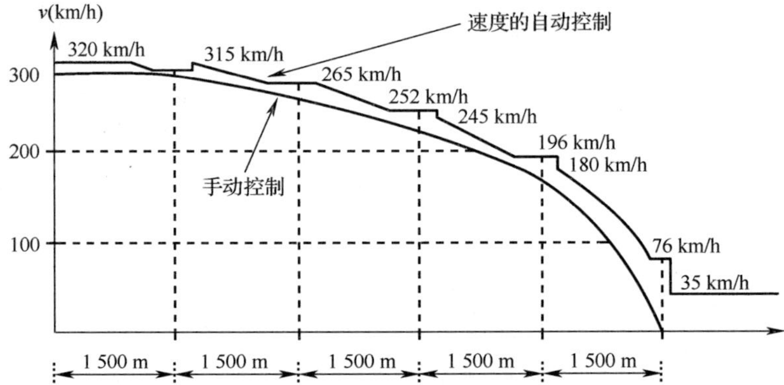

图 18.22　高速时的制动距离(坡度为 0)

19 机 车 车 辆

19.1 拖车部件

每辆客运拖车或者货运拖车需要一系列的移动部件和设备：车轮、车轴、转向架、弹簧、车钩和缓冲器。

19.2 车　　轮

19.2.1 几何特征和材料

在标准轨距轨道上，拖车的车轮半径范围在 0.84 m 到 0.92 m 之间。现在趋势是增加轴重，同时也要求增加车轮直径。但是，超过现在的车轮直径是不可行的，因为较大的车轮一方面会增加质量、制造和运营成本，另一方面会导致车辆地板离轨道平面更高。这对车辆的稳定性和可用空间都是不利的，因为轨距是固定的，不能改变。

对标轨轨道，机车的车轮直径范围在 0.85 m 到 1.10 m 之间，而对米轨轨道，其车轮直径平均为 0.75 m。标轨轨道上车辆的车轮直径平均值为 0.90 m。图 19.1 给出了 UIC 标准车轮的几何特征。

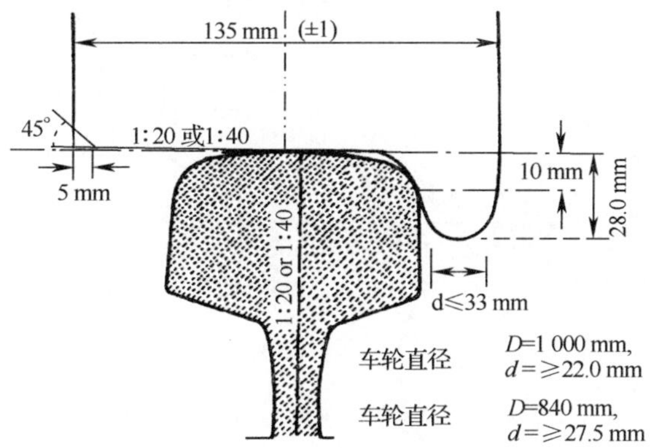

图 19.1　UIC 标准车轮的运行面

车轮上有两个主要部分(图 19.2)：

① 轮箍，它是车轮外面的部分，和钢轨接触。因为它要承受磨损，所以使用

高耐磨损的材料制造。轮箍的厚度在 65 ~ 75 mm 之间,当轮箍因磨损厚度减小到 30 mm 时,认定为报费。

② 车轮的内盘。轮箍里面盘称为轮毂,制造轮毂的材料是软铁,但用硬铁替代,硬铁的脆度很高。在地铁车辆中,越来越多地使用弹性车轮。

图 19.2 轨道车辆的轮箍和轮缘

19.2.2 车轮病害和打磨

由于热现象、车轮剖面形式、轮轨接触疲劳、脱壳(例如材料损耗),轮缘会出现一些病害[337]。比较欧美铁路,可以看出这些病害出现的频率在客运和货运上各不相同。

车轮应力分析显示其最大值在 2 ~3 t/cm^2 之间。因此,许多铁路网都把车轮应力最大值设在 4 t/cm^2[344]。

由于车轮磨损,所以必须对其外型进行车削,这由其磨损和运行情况来定,通常每运行 10 万 ~25 万 km 做一次车削[334]。

19.2.3 车轮寿命周期

有轨电车的车轮(运行 25 万 km)寿命可能较短,高速列车的车轮(运行 2 百万 km)寿命可能长些(图 19.3),它受运输性质(客运或者货运)和轴重影响较大。

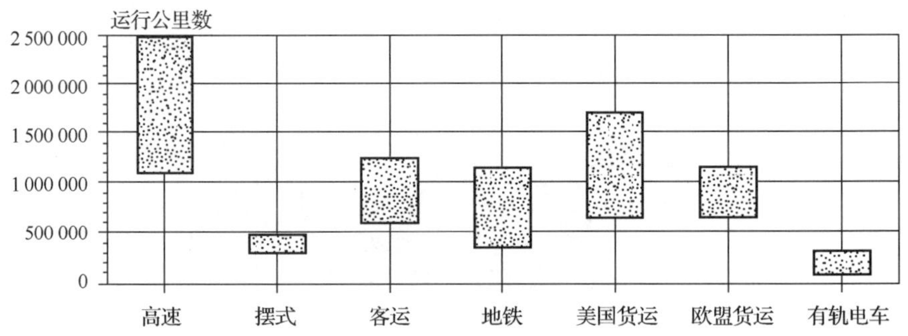

图 19.3 各种运输类型的车轮寿命

19.3 车　　轴

车轮在车轴上成对相连,每辆车至少有两根车轴。随着车辆质量的增加,为了把轨道应力保持在一个极限之内,需要增加第三根甚至第四根车轴。

车辆两根最远的固定轴之间的距离叫做车辆的轴距δ(图 19.4)。车辆轴距越大,它在直线上运行越稳定,但是在曲线上运行也越困难。最大轴距δ要保证车辆能在半径为R的曲线上运行,其最大值由下列公式得出:

$$\delta_{max} = 0.30 \cdot \sqrt{R} \tag{19.1}$$

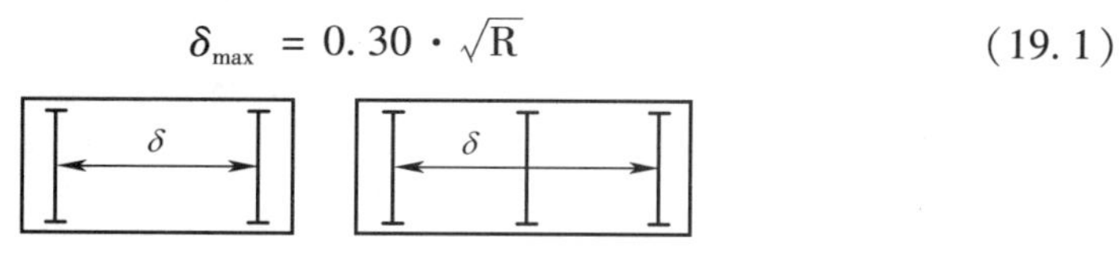

图 19.4 车辆轴距

车轴由下列几部分组成(19.5):

① 轴颈 J,由轴承支撑;

② 轮座 B,要楔入车轮内;

③ 轴体 A,位于两个车轮之间。

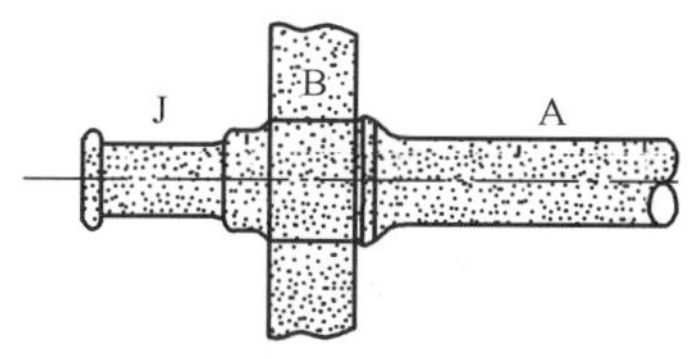

图 19.5 车轴部件

车辆载荷作用于轴承,然后传递到轴颈和车轮。有两种类型的轴承,即轴颈轴承和滚动接触轴承,滚动接触轴承又可以分作滚珠轴承和滚柱轴承[342]。

电动机轴内的应力是扭动弯曲的,而非电动机轴内的应力只是弯曲的。

19.4 转 向 架

19.4.1 转向架的定义及作用

随着车辆车轴的增加,必须对车轴进行分组。可以通过转向架来实现,它把两根或者更多车轴安装在一个框架结构上(图 19.6)。一般使用的转向架(图 19.7),车轴体和车轮是固定在一起的,它们以相同的角速度转动。通过弹簧和减震器提供主次悬挂,将转向架框与车体和车轴相连(图 19.8)。

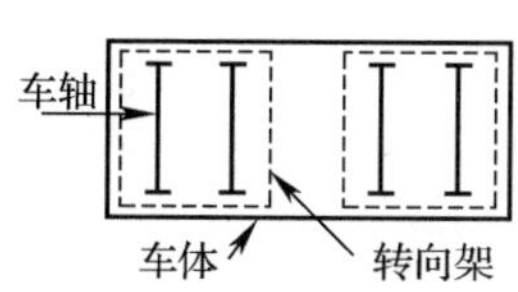

图 19.6 转向架

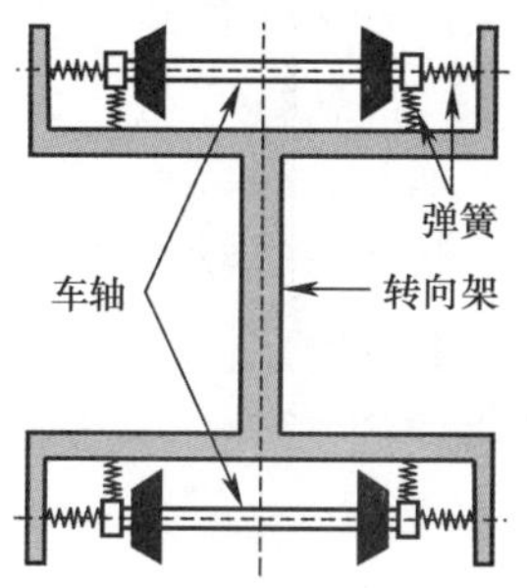

图 19.7 传统的转向架和弹簧位置

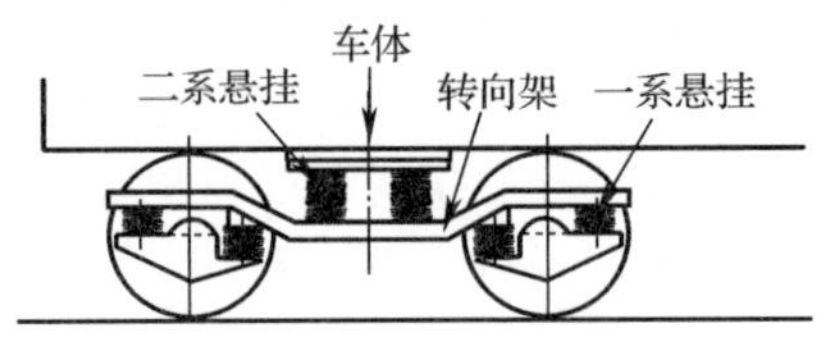

图 19.8　车辆的主次悬挂

转向架有下列功能[341]：

① 稳固地支撑车体；

② 在直线和曲线轨道上平稳运行；

③ 当列车在曲线上运行时，通过吸收轨道病害产生的振动和最小化离心力的影响，来确保乘坐的舒适度。

19.4.2　转向架的类型

转向架分为双轴或者三轴，以车轴的数量为依据。双轴转向架是最常见的。

转向架的另一种分类是链接式转向架和非链接式转向架（图 19.9）。通常，两个非链接转向架支撑一个车体，而一个链接转向架支撑前车的尾部和后车的头部。尽管链接式转向架有很多不足之处，比如结构复杂、增加轴重（因为车体由一个转向架支撑）和较难维护；它也有很多优点，包括重心较低、较高的乘坐舒适度（因为车辆两端没有悬挂转向架），而且于座位不在转向架上，所以运行噪声对乘客影响较小。

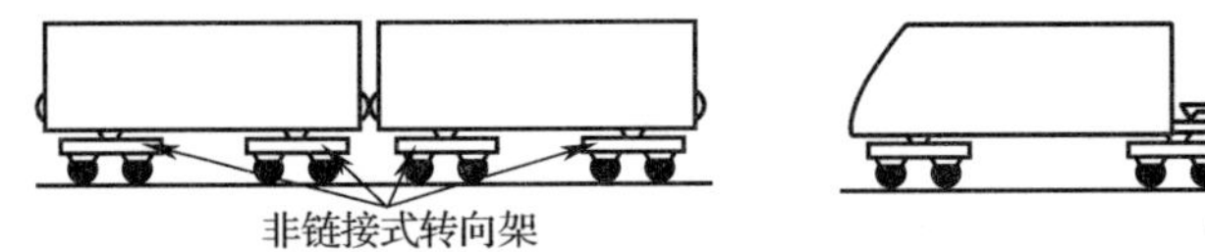

图 19.9　非链接式转向架和链接式转向架

19.4.3　转向架的部件

转向架的基本部件：

① 旋转销（又称心盘），当在曲线上时，其允许转向架相对车体旋转，将转向架产生的振动与车体隔离，由转向架向车体传递牵引力。

② 转向架框，它要适用各种转向架设备，一般是将两个侧架和两个交叉架焊接在一个 H 型的框架上构成。这个架的厚度最初为 6 mm，后来增加到 9 mm，再后来又增加到 12 mm，最后为了减轻重量，定在了 8 ~ 9 mm 之间[341]。

③ 悬挂设备，它影响转向架的性能和乘客的舒适度。

④ 传动设备，它由齿轮和弹性联轴节组成，将电动机或者发动机产生的动力传递给车轴。

19.4.4 自控转向架

当列车高速通过曲线时，车轮对钢轨产生较大的侧力，导致磨损车轮，轮缘撕裂。这个侧力可以通过使用自控转向架（图 19.10）减少 1/3 到 1/2。自控转向架允许车轮和车辆更加自由的移动，使车轴中线和曲线半径方向一致[343]。

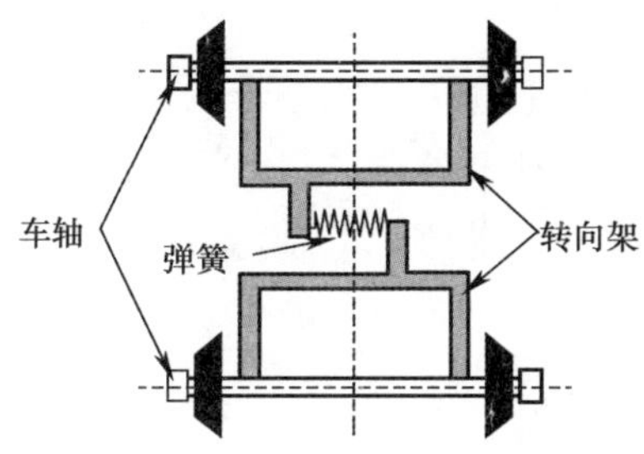

图 19.10 自控转向架

19.5 弹　　簧

弹簧用在车辆的各部分或者连续的车之间。根据目的不同，弹簧可以用来操作、压缩或者连接。

如果 P 是作用在弹簧上的载荷，Δl 为可变长度，其储存的工作能为：

$$W = \frac{1}{2} \cdot \Delta l \cdot P^2 \tag{19.2}$$

车辆类型不同，弹簧位置也不同，它 Δl 的最大值为：

① 机车，Δl：10 ~ 15 mm；

② 客车，Δl：50 ~ 70 mm；

③ 货车，Δl：15 ~ 25 mm。

19.6 车钩和缓冲器

车钩和缓冲器是把车厢连接起来形成列车的设备，其主要作用是从一个车辆向另一个车辆传递水平力。

出于乘客舒适度的考虑，客车车钩的弹簧可变长度 Δl 较小，在 12 ~ 20 mm 之间。反之，货车车钩的在 30 ~ 50 mm 之间。

对应车钩弹簧的，客车缓冲弹簧的 Δl 值就较高（50 ~ 70 mm），以使迅速彻底地吸收各种冲击和振动。而对于货车，则没有这方面的要求，Δl 的值就在 30 ~ 50 mm 之间。

以前使用挂钩把车辆连起来。但是，今天使用的都是自动车钩，将连续的车辆自动连接起来，特别是它也能连接制动气体管道和电路[340]。

缓冲器用来保持车辆之间的距离不变，同时吸收冲击。在标轨轨道上，缓冲器的高度在轨道平面以上 0. 90 ~ 1. 25 m 之间。

19. 7 车辆设计

车辆设计是人文科学和工程科学相结合的一个领域。乘客在列车上的时间应该作为他们生命的一个时刻来考虑，要让他们尽可能地享受旅行时间，不论是来休闲、工作，还是做任何其他事情。

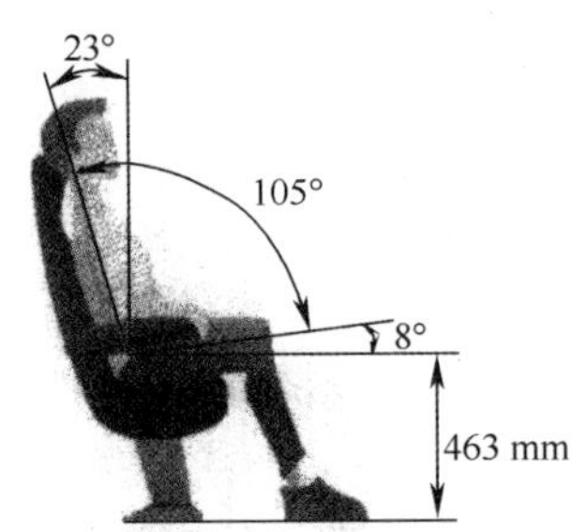

图 19. 11 巴黎—里昂高速列车二等座的人机工程学

每种车型的设计都应该分析其运输特征（城际、区域、郊区等）、旅行时间、技术水平、客户的文化背景（习惯）、购买成本和维护成本。一个好的设计应该确保各项指标达到最高水平，包括：安全、空间和舒适度、空间的模块化、安静和良好的声音水平、必要的照明水平、无障碍设施（特别是对残疾人和老人）、沟通以及观景效果状况[335]。

针对人类需求的必要空间和技术是一个良好设计的关键因素。图 19. 11 给出了为巴黎—里昂高速列车设计的座椅的几何特征。整个分析使用有限元法进行。

直到近些年前，技术和经济都是设计中优先考虑的。但是现在这些已经发生变化，美学装饰和更加人性化的环境成为良好设计的一部分，这要求重新审视人类价值观，要求创新，并缩短旅行时间。

现在客运和货运车辆类型发生了巨大的变化。表 19. 1 给出一些高速列车的特征。表 19. 2 描述了一个全图，给出世界各地运营车辆的数据。

读者可以在制造商的网站找到技术细节，西门子的网站是www. transportation. siemens. com，阿尔斯通（收购了 Fiat Ferroviaria 公司）的网站是www. transport. alstom. com 庞巴迪（收购了 ABB）的网站为www. bombardier. com。

表 19.1 部分高速车辆的技术运行特征(数据来自制造商)

列车类型	Thalys	AVE	欧洲之星	西班牙高速城际列车	韩国高速铁路	Velaro E	ICE3	
							单列	重联
运营线路	巴黎—布鲁塞尔—阿姆斯特丹—里昂	马德里—塞维利亚	伦敦—巴黎—布鲁塞尔		首尔—釜山	马德里—巴塞罗那	德国高速铁路	
最高速度(km/h)	300	300	300	250	300	350	330(直流为 220)	330
座位数	377	329	794	263	935	404	431	458
长度(m)	200	200	394	107	388	200	200	200
宽度(m)	2.90	2.90	2.80	2.92	2.90	2.95	2.95	2.95
车轮直径(m)	0.90	n. a.	0.90	n. a.	n. a.	n. a.	n. a.	n. a.
轴重(t)	17	17	17	n. a.	17	17	17	17
车重(空车/重车)	n. a./415 tn	392 tn/421 tn	n. a./815 tn	225 tn/248 tn	701 tn/771 tn	425 tn/n. a.	436tn/n. a.	410 tn/n. a.
电源/牵引功率	25 kV 50 Hz/ 8 800 kW 15 kV 16.66 Hz/ 3 689 kW 1.5 kV DC/ 3 680 kW 3.0 kV DC/ 5 120 kW	25 kV 50 Hz/ 8 800 kW 3.0 kV DC/ 7 000 kW	25 kV 50 Hz/ 12 200 kW 0.75 kV DC/ 3 400 kW 3.0 kV DC/ 5 700 kW	25 kV 50 Hz/ 4 000 kW	25 kV 60 Hz/ 1 130 kW	25 kV 50 Hz/ 8 800 kW	15 kV 16.7 Hz/ 8 000 kW 25 kV 50 Hz/ 8 000 kW 1.5 kV/ 4 300 kW 3.0 kV/ 4 300 kW	15 kV 16.7 Hz/ 8 000 kW
技术细节	信号设备 TBL 1,TBL 2, TVM,ATB,Induzi, PZB/LZB,KVB, ERTMS Level 2			信号设备 ERTMS Level 1, ERTMS Level 2, 通信系统		起动力量:28.3 t 加速, 0~320 km/h:380 s	起动力量:30 t	起动力量:30 t

表 19.2　国际铁路联盟成员的铁路运营商和铁路网络车辆[1]（2003 年）

国家和地区	内燃机车	电力机车	蒸汽机车	电力车辆	内燃车辆	电力或内燃车辆牵引的拖车	机车牵引的客车车辆	货车
欧盟	15 685	13 435	137	11 305	8 240	38 555	67 708	634 005
挪威和瑞士	714	1 203	1	446	32	573	4 413	22 294
中欧和东欧	6 569	3 587	244	7 780	390	18 102	45 720	944 221
北非和中东	2 413	100	0	101	36	941	6 050	62 904
撒哈拉以南的非洲	2 164	1 984	1	0	11	29	7 520	145 655
北美和南美	21 005	46	3	0	5	0	3 263	1 300 338
亚太地区（不含中国和日本）	8 013	4 451	162	3 779	770	8 592	42 927	380 024
日本	494	780	10	12 406	2 354	9 541	776	15 410
中国	10 752	4 298	109	0	0	0	37 942	446 707
总计	67 809	29 884	667	35 817	11 838	76 333	216 319	3 951 558

19.8　使用 GPS 对铁路车辆定位

如本书 1.14 中提到的，车辆任何时候（t）的精确位置（坐标 x，y）和速度（v）都可以使用 GPS（全球定位系统）和 GSM（全球移动通信系统）来定位。列车的位置及速度信息使用卫星传递给列车，然后再传递给调度中心（见本书 20.10.4 节），并自动和运行图进行对比。探测到任何异常都自动传输，列车区间将重新安排。这个系统不断使用在高速列车上（如 Thalys 列车使用的 Localys 系统），也用在低运量的线路上，例如欧洲的 Locoprol 系统（Low cost satellite signaling and train protection for low density traffic railway line，低密度铁路运输线路低成本卫星信号）。

19.9　摆式列车

19.9.1　需求摆式技术的原因

今天的许多铁路线都是 100 多年前建设的，那时候技术和运输需求的速度按照今天的标准来说都是相当低的。结果，许多铁路线曲线半径都很小，特别是在山区。

在过去的 50 年里，铁路都通过提升基本轨道组件（钢轨、轨枕和道砟）来适应市场需求，但一直没有解决小半径曲线问题，当然也有一些例外。例如，世界上一些新建的高速线的部分轨道就是改造现有轨道而成的。但是，尽管有这些努力,现在主要的铁路线路走向几乎还是和它们初次建成时一样。因此,大多数情况下,为了缩减旅行时间,铁路只好投巨资兴建新线,或者改造现有线路。

在这方面,摆式列车能够提供一个低成本的解决方案,它能在现有轨道上运行,并且达到一个较高的速度(相对传统列车来说)。当列车通过曲线时,摆式列车的机械装置能够倾斜车体,给列车一个额外的超高。在适当的环境下,摆式列车技术能够给高成本的轨道改造提供一个适当的选择。

不过,摆式列车方案应该每个环节都仔细审查,包括:

① 旅行时间是否得到足够缩减(要考虑运输模式如飞机、小汽车和公共汽车缩减的时间);

② 轨道、信号和电力供应系统是否需要改造;

③ 投资的回报是否令人满意;

④ 和其他运输模式相比,运营成本是否具有竞争性。

19.9.2 摆式技术

摆式列车通过沿着轴距倾斜车体,尽量减小(通常能够完全消除)曲线上的欠超高(见本书 14.2.2 节)。摆式技术有两种[339]:

① 被动法:当列车通过曲线时,车辆的悬浮增加,因此车辆的转向点依然位于重心中央之上。西班牙的 Talgo 使用这种方法,允许车体和车轴之间倾斜角度在 3°~5°之间。

② 主动法:当列车要达到一个较大的倾斜角度 8°时,得使用非补偿离心加速度功能。当列车进入过渡曲线,转向架产生的横向加速度被加速度计探测到。车体开始沿着车轴旋转的指令被位于列车前部的电气设备传递出来。这个方法用在意大利的 Pendolino 和 ETR 上,以及瑞典的 X2000 上和德国的 VT610 上。

开发了两种探测曲线的方法:

① 车载曲线探测系统:转向架架承式加速度计探测转向架的横向加速度。当列车进入过渡曲线时,位于列车前部的一个叫做 gyroscope 曲线探测系统开始探测。最后,它传送一个电信号,指示车体开始倾斜(依据探测到的加速度)。这个技术应用在欧洲摆式系统上。

② 电磁曲线探测系统:通过轨内设备将轨道布局特征数据传递给列车计算机,在合适的时间启动车体倾斜。日本使用此项技术,以前英国的 APT 列车也使用该技术。它比前面那种技术效率更高,但是也有其不足,需要轨内探测设备。

19.9.3 摆式列车技术和运行特征

摆式列车的主要技术特征如下[339]:

① 摆式角度

被动式摆式列车(Talgo)能达到3°~5°的倾斜角,主动式摆式列车能达到8°的倾斜角。

② 最高速度

电力摆式列车有较好的表现,速度在200~250 km/h之间。内燃摆式列车最高速度为160 km/h,主要用于郊区服务。

③ 最大速度v_{max}和曲线半径R

最高速度v_{max}和曲线半径R的关系由超高和超高不足决定。通常,传统车辆的v_{max}和R(m)的关系为

$$v_{\text{covent train}}^{\max}(\text{km/h}) \cong (4.7 \sim 5.0)\sqrt{R} \tag{19.3}$$

摆式列车的v_{max}和R(m)的关系为

$$v_{\text{tilting train}}^{\max}(\text{km/h}) \cong 6.0\sqrt{R} \tag{19.4}$$

和传统列车相比,摆式列车能够将曲线上的速度增加20%~25%。

④ 额外超高

速度增加导致摆式系统产生的额外超高,在150~200 mm之间。

⑤ 摆式机械装置

人们开发了三种摆式机械装置:气动式、液压式和电动式。为了减小对钢轨的压力,采用了自控辐板转向架[339]。

⑥ 轴　　重

和传统客车相比,所有的摆式列车的轴重都较轻,在13~17 t之间。

⑦ 轨距和车辆的几何特征

摆式列车能适应各种轨距(1.435 m、1.524 m、1.067 m、1.000 m)和车辆几何需求。

⑧ 信　　号

一般来说,使用摆式技术也会伴随着车辆在直线轨道上的最高速度增加(和传统车辆比较)。这导致制动距离增加,因此要在信号方面做一定的改变。

⑨ 电力供应

电力供应系统也要做适当的调整,这依据铁路公司和相关国家的特定需求。

⑩ 限　　界

摆式技术列车设计时就考虑限界能够允许的曲线上的额外超高。因此,隧道内运行摆式列车不会出现问题。

⑪ 轨道特征和病害

运行摆式列车需要高质量的轨道(UIC60钢轨、混凝土轨枕、最小厚度为35 cm的道砟和较高的硬度)。如果最高速度不超过160 km/h,木制轨枕轨道也可以。

轨道病害及养护频率和运行传统列车的轨道几乎一样。

19.9.4 摆式列车降低旅行时间

摆式列车能够减少 12% ~33% 的旅行时间。[338]。

但是,如果采用摆式列车时在直线轨道上并不增加速度(和传统列车比较)旅行时间减少的范围(只是在曲线上高速的结果)在 12% ~20% 之间,标准值为 15% ,这才是使用摆式列车的直接结果,因为传统列车也能在直线轨道上提速。

19.9.5 摆式列车的成本

意大利摆式列车的成本比传统列车高 3% ~5% 。法国的摆式 TGV 列车的成本比传统列车高 10% ~20% 。

根据法国铁路的研究,速度 160 km/h 的摆式列车每减少 1 min 旅行时间的成本为 150 万 ~450 万欧元,速度 160 km/h 以上的摆式列车每减少 1 min 旅行时间的成本为 900 万 ~1 800 万欧元,而摆式 TGV 列车每减小 1 min 旅行时间的成本为 3 500 万 ~4 000 万欧元。运行摆式列车的额外成本主要来自摆式列车本身的较高成本和轨道及信号的额外成本[332]。

20　内燃牵引和电力牵引

20.1　不同的牵引系统

牵引车用来牵引整个列车。当一个轨道车辆纯粹用来牵引时，它就叫做机车。牵引动力可以使用蒸汽、内燃和电力。

第一种用来牵引的动力生成系统为蒸汽。实际上，铁路的发展主要是由于蒸汽工业革命。第一个蒸汽车辆出现在 1804 年，1830 年用于铁路牵引。120 多年来，蒸汽发动机都是主要的列车牵引方式。

20.2　蒸汽牵引

20.2.1　蒸汽发动机的运行原理

蒸汽发动机的运行是基于以下原理（图 20.1），车轮 T 通过曲柄 TM 连接到连杆 MD。连杆 MD 与蒸汽气缸的活塞连杆 DE 相连。蒸汽动力使连杆 DE 作反复运动，从而使车轮旋转起来。连接着连杆（两边各一根）的动力轴车轮叫做主驱动轴。一根驱动轴难以提供足够的牵引力，必须有另外一根。但是，这第二根不能直接和连杆相连，它的车轮通过杆连接器与主驱动轮相连，依次与曲柄 TM、T_1M_1 相连。这些轴叫做组合轴。组合轴和主驱动轮的轴都是驱动轴。组合轴的数量很少超过 5 根，最多 6 根，但是绝不能少于 2 根。

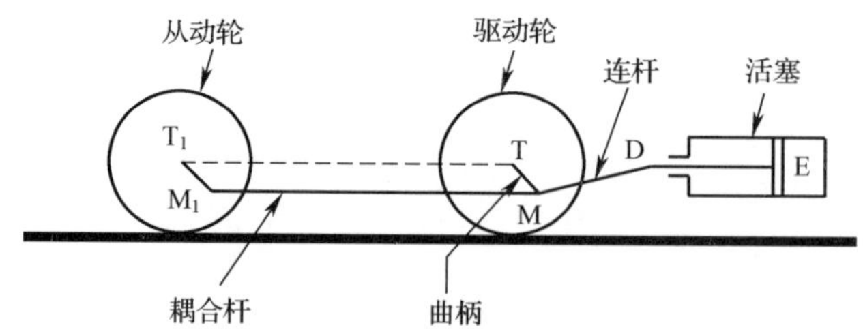

图 20.1　蒸汽发动机的运行原理

蒸汽机车可以使用煤或者石油作为燃料。根据前面提到到运行原理，煤或者石油生成的热能被作为蒸汽动压能储存起来，需要的时候，就转化成列车的动能。

20.2.2 蒸汽机车的主要部分

蒸汽机车的主要部分：

① 车辆，主要包括轮对、转向架、连接设备、缓冲器、悬挂装置等，也包括驾驶室，机车操作、控制和列车运行的所有设备作为整体位于驾驶室；

② 蒸汽发生设备，如锅炉和相关部件（如水泵）等；

③ 发动机，如蒸汽气缸、活塞、滑阀、分布设备；

④ 各种备用系统，如制动用空气压缩机、集中采暖、增加驱动轮和钢轨黏着力的砂箱、润滑和制动设备以及相关安全条系统等。

20.2.3 蒸汽机车的缺点以及最终淘汰

现在，商业上的蒸汽牵引只在非洲和亚洲的一些铁路线上还有，但是在欧洲和北美，很多年前就只能在博物馆里看到了。之所以不再使用蒸汽机车，有很多的原因[324]：

① 燃烧效率较低。煤炭燃烧释放出能的能量只有6%被用作列车牵引；

② 技术性能较差。蒸汽机车最高输出功率为3 000马力(1马力=735.499 W)，最大运营速度为120～140 km/h；

③ 需要维持供应大量的水；

④ 维护成本较高；

⑤ 燃烧补充过程耗时，蒸汽机车每天只能自主运行12～14 h；

⑥ 火灾风险大；

⑦ 危害环境（空气污染、噪声）。

20.3 从蒸汽牵引到内燃牵引和电力牵引

20.3.1 从蒸汽牵引到内燃牵引

20世纪30年代，引入内燃牵引，但直到20世纪40年代和50年代，它才系统地发展起来。内燃机车由柴油内燃发动机牵引。和蒸汽牵引相比，内燃牵引的效率高、运营成本低（不到蒸汽牵引的50%）、性能好（马力、速度）、操作环境清洁、乘客舒适度高，同时方便司机操作并大大地减小其劳动量。

20.3.2 从蒸汽牵引到电力牵引

电力铁路牵引的出现可以追溯到1879年。电力首先用在车辆上只局限于市区，随着1880～1914年电力轨道的发展，出现了首条地铁线。

1900年，伦敦和巴黎地铁线以及瑞士山区铁路线的开通，使电力牵引首次应用在传统铁路上。

1920 年以后,电力牵引开始广泛应用,特别是 1950 年以后。其运营成本几乎只相当于内燃牵引成本的一半,但是因为需要一些永久设备(见本书 20.5.1 节和 20.8.1 节),所以初始投资较高。

20.3.3　燃气涡轮机车

20 世纪 60 年代和 70 年代初期,开发出了燃气涡轮机车。它的基本原理就是燃气涡轮发动机,通过加热和压缩气态燃烧产品运行。1973 年能源危机之后,由于燃气涡轮的高能源消耗,它就不再具备成本—效率优势了,最终被淘汰。

20.4　内燃牵引

20.4.1　内燃发动机的运行原理

内燃发动机(图 20.2)的基本要素是气缸 C,气缸内是做反复式运动的活塞 P。通过连杆 PK 和曲柄 OK,活塞 P 的反复式运动转变成曲轴 O 的圆周运动。在气缸盖上有阀门 A 和 B,它们的作用是:

① 吸气;

② 压缩和喷射气态燃料;

③ 气态燃烧产品的燃烧和膨胀;

④ 排气。

这两个阀门附近还有第三个阀门,让压缩空气进入推动发动机。三个阀门都是弹簧加载式的,通过杠杆和凸轮轴在合适的时间打开和关闭。

上面说的是单动发动机,其吸气、喷射和排气都发生在气缸内活塞的同一侧,特别是在上侧。

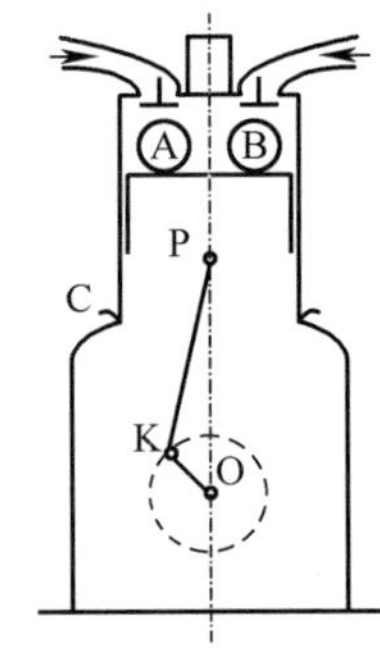

图 20.2　内燃发动机

内燃发动机在如下四个循环内执行:

(1)吸入冲程。这个阶段阀门 A 打开、B 关闭,活塞由上止点(UDP)下降到下止点(LDP),气缸 C 内充满新鲜空气。

(2)压缩冲程。此阶段阀门 A 和 B 均关闭,活塞由下止点上升到上止点。气缸内的空气压力由 1 个大气压增加到 30 ~ 40 个大气压,导致温度达到 400 ~ 500 ℃。在活塞马上到达上止点前,燃料在压力的作用下喷射进气缸。当活塞一到达上止点,燃料液滴即刻点燃。接着,气缸 C 内的压力达到 50 ~ 80 个大气压,温度达到 1 800 ~ 3 000 ℃。

(3)膨胀冲程。这个阶段阀门均关闭,在膨胀气体的作用下,活塞再度由上止点运动到下止点。在合适的时候,阀门 B 打开。

(4)排气冲程。这个阶段,阀门 B 打开了,活塞由下止点运动到上止点。在这个冲程一开始时,大部分燃烧气体排出气缸。剩下的部分当活塞 A 打开,阀门运动到上止点时被推出气缸。

完成以上循环,活塞回到初始位置,然后进程再次重复。但是,也可能在两个冲程内完成整个循环,这种叫做二冲程发动机。至于气缸的数量,有的内燃机直列布局 4 个、5 个或者 8 个,或者 V 型布局 8 ~ 12 个。内燃机速度从低(每分钟转速 750)到高(每分钟转速 1 200 ~ 1 500)。同样马力时,低速内燃机要重些。为了保持住高温,气缸有两层壁,两壁中间是供水循环的。

20.4.2 传动过程

在内燃机车中,驱动力通过下列方法从内燃机传动到车轮:

① 通过液压传动和液压速度移位(例如 Voith 型)。

② 通过液压传动和机械速度移位(例如 Mekydro 型)。

③ 通过电力传动,这种情况是内燃发动机驱动发电机,发电机再驱动一系列的电动机,这些电机通过齿轮箱将驱动轮连在一起。这个类型的内燃机车叫做内燃—电力机车。基本都是由发电设备供应驱动轴的电机。如果牵引要求很高时,几个内燃机车可以连起来牵引一列车。

④ 其他方式,例如液压静压传动,或者纯机械传动。

20.4.3 对内燃机车的要求

内燃机车应该满足下列要求[360]:

① 在水平、上坡或者下坡轨道上牵引中型和重型载荷的能力,在中速和高速时有较高的变速效率;

② 过载能力,一方面是低速范围,另一方面是满负荷上坡;

③ 高速时无滑行制动,同时在不使用机械制动下坡时能保持在某个速度极限内;

④ 在有利的操作区内运行电机;

⑤ 可靠性较高,维护成本较低。

20.4.4 内燃牵引的优点和不足

和电力牵引相比,内燃牵引不需要额外的轨道设备成本就能运行。

然而,和电力牵引相比内燃牵引有下列不足:

① 性能较低(动力、力量、速度);

② 能源消耗较高;

③ 空气污染和噪声更多;

④ 维护成本较高。

20.5 电力牵引及其子系统

内燃机驱动列车的能量来自内燃机车本身，而电力牵引的电力机车所需的能量来自外部子系统，即电力供应子系统。

20.5.1 电力供应子系统

电力供应子系统包括：

① 变电站，进行变压（在某些电力牵引系统中），转换交流电（AC）的频率，或者把交流电转换成直流电（DC）；

② 架空接触线或者导电轨，将电能由变电站传递到电力机车。

变电站的电力来源：

① 来自国家高压电网的高频电流，欧洲是 50 Hz，美国是 60 Hz。

② 来自独立的高压电网，频率为 $16\frac{2}{3}$ Hz，比国家电网的低很多。这个独立的网络可能和公共网络相连，也可能独立，比如可能有自己的发电厂。

因此，当规划铁路线电气化（现有的或者在建的）时，要考虑公共电网和铁路线的接近程度以及来自电网的可用电量。

在变电站中，来自电网的电能特征被改变（降低电压，或者转化频率，或者由交流电调整为直流电），然后通过传输线路传递给铁路车辆。一般每 15 ~ 70 km分布一个变电站，变电站之间的这个距离主要由电力牵引系统和线路运输载荷决定。

通常，从变电站到车辆的传输线都是单相配置的。电力牵引机车获得的电力可能来自：

① 架空接触线，一般铁路线采用，有些时候地铁也采用。

② 导电轨（一条或者两条），用在地铁和一些郊区铁路上。

如果只有一条架空接触网或者导电轨时，就得通过钢轨回流。任何一条钢轨都可以使用。

20.5.2 牵引子系统

牵引子系统包括带有所有设备的电力牵引机车。在这个子系统中，电能被转化成机械能，用来运行列车。

架空接触线时，通过触电弓把电传递给车辆。使用第三或者第四导电轨时，由车辆上的集电靴来采集电能（见本书 20.8.5 节）。

20.5.3 需求和优先

前面提到的两个子系统，电力供应子系统和牵引子系统，有不同的需求，这取决于电能优先分配给能量传输(电力供应子系统),还是能量使用(牵引子系统)以及衍生出来的各种电力系统。

20.6 电力牵引系统

20.6.1 直流牵引

作为牵引子系统,直流电比交流电性能更好。因此,很长一段时间里,从20世纪初一直到1950年,都优先使用直流电。几十年前,直流电机为铁路牵引提供最好的操作条件,铁路工程师一直都使用直流电力牵引。因此,早期的电力传输系统都在使用相同的电压驱动电机。主要的电压包括:

① 750 V,主要用在第三和第四钢轨系统上传输;

② 1 500 V,比其他电压用的更广泛;

③ 3 000 V。

上面的电压都远低于公共电网的电压(15万V、22万V、28万V),难以有效地传输。因此,直流铁路牵引要求接触线有较大的横截面(400 ~ 900 mm^2)和较近的变电站距离。使用1 500 V电压时,变电站之间的距离为15 ~ 20 km;使用3 000 V电压时,距离为35 ~ 40 km[351]。

根据UIC标准,直流牵引系统速度达到250 km/h时必须遵守下列要求:

① 接触线的标高:5.0 ~ 5.5 m(最小4.9 m,最多6.2 m),

② 最大允许平均接触力:26 kg(220 km/h $< v <$ 250 km/h)、22 kg(200 km/h $< v <$ 220 km/h)、18 kg(160 km/h $< v <$ 200 km/h);

③ 最大跨长65 m;

④ 接触线最大横向偏转不大于30 cm[351]。

因此,虽然在牵引子系统中直流铁路牵引更有效率,但是在电力供应系统中却很低效。现在世界上49%的电气化铁路使用直流牵引,主要是在法国、西班牙、意大利、日本、英国和俄罗斯的部分地区等。

20.6.2 交流牵引

和直流相比,交流在电子供应子系统中有较好的性能,但是在牵引子系统中就有较大的麻烦了。适合牵引发动机的是串激电机,它有一个集电极,但是涉及交流频率时就有问题了。因此,最初使用的交流电要求的频率比国家电网使用的50 Hz的低。

20.6.2.1 15 000 V,16 $\frac{2}{3}$ Hz的交流牵引

在这个系统中,变电站的电力可能来自:

① 国家电网(频率为 50 Hz 或者 60 Hz),这时候要在变电站进行降压和变频;

② 独立低频交流电网,这里只需要在变电站进行降压。

中欧(德国、奥地利、瑞士)使用 15 000 V、16 $\frac{2}{3}$ Hz 交流牵引,其变电站由专门的低频交流电厂供应;在北欧(瑞典、挪威),其变电站由 50 Hz 的国家电网供电。但是,1996 年以来,奥地利、瑞士和西德铁路将 16 $\frac{2}{3}$ Hz 的频率增加了 0. 2% ,达到 16. 7 Hz。世界上 18% 的电气化铁路使用 15 000 V、16 $\frac{2}{3}$ Hz 的交流牵引(图 20. 3),其变电站之间的距离为 20 ~ 50 km,架空接触线的横截面比直流牵引的小很多。但是,这种系统的不足就是和电机相连时,有较大磁化率。

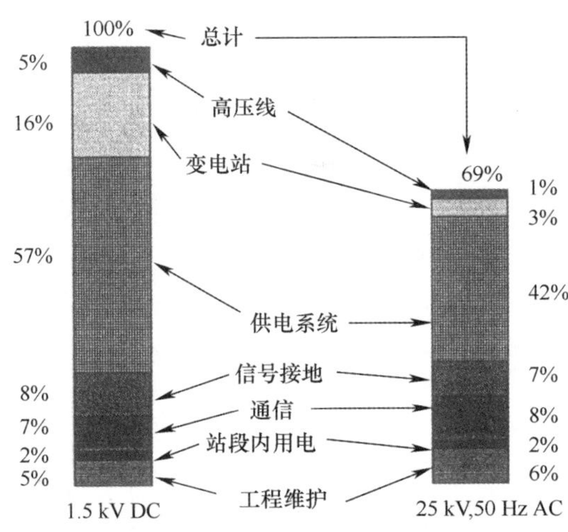

图 20. 3　欧洲各国的电力牵引系统

20. 6. 2. 2　25 000 V,50 Hz 的交流牵引

为了克服前面提到的两种系统的不足,需要寻找一种综合它们优点而又没有它们任何不足的牵引系统。这种系统出现在 1950 年后,因为开发了高效轻型引燃管整流器,但接着它就被半导体闸流机所取代,到 20 世纪 80 年代又被可以在车上直接操作的“可关断”技术所取代(见本书 20. 10. 3 节)。在这个系统中,变电站由国家电网直接供电,只需要简单地降压到 25 000 V,50 Hz,然后通过接触线传递给机车即可。在机车内,进一步降压、修正,最后用在串激直流电机上[358]。

世界上 33% 的电气化铁路线使用 25 000 V,50 Hz 的系统,几乎所有的新建铁路牵引设施都使用这个系统。其变电站间隔 50 ~ 70 km,接触线的横截面是直流系统的 1/3 到 1/5。此外,这个系统还能使用直流串激电机,它能更好地驱动列车[353]。

比较 1 500 V 直流牵引系统和 25 000 V,50 Hz 交流牵引系统的建设成本，后者比前者低 30% [356]（图 20.4）。

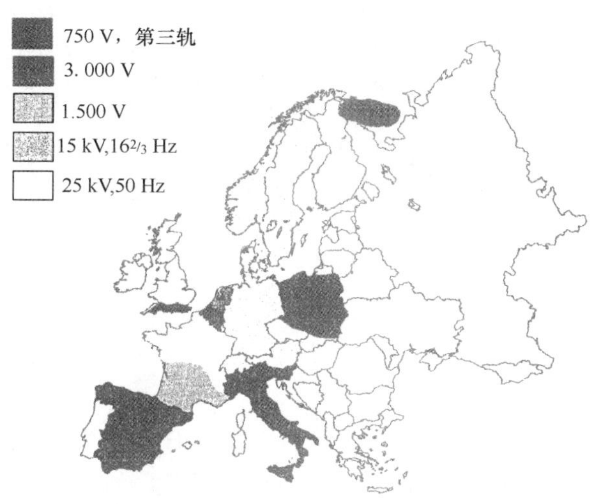

图 20.4　直流牵引系统和交流牵引系统的建设成本[356]（西欧的数据）

图 20.3 给出了欧洲各国的牵引系统，图 20.5 给出了这个系统的基本组件和特征。

2003 年，欧洲 11.5 万 km 的电气化铁路线中，39.6% 的使用直流（1 500 V 或者 3 000 V），31.5% 的使用 1 500 V，16 $\frac{2}{3}$ Hz 的交流，28.9% 的使用25 000 V，50 Hz 的交流[345]。

20.6.3　电力牵引相对内燃牵引的优点和不足

电力机车的一个基本优点就是它的单位功率（50 ~ 55 kW/t）几乎超过内燃机车单位功率（20 ~ 25 kW/t）的两倍[347]（图 20.6）。

电力机车能够维持瞬间过载（如启动时，或者在陡坡上时等），相比较内燃机车，其可接受寿命和养护成本限制也不错。

而且，当铁路穿过高纬度地区时，电力牵引发动机的功率不会有明显的下降。而内燃机车的功率却明显下降，因为进入发动机的空气明显减少。

在长隧道内时，由于空气供应有限，必须使用电力牵引。

最后，电力机车引起的空气污染很小；同时其维护也远比内燃机车简单容易。不过，值得注意的是，即使内燃机车，其污染也比汽车的小（每人公里的比率为1∶14）。

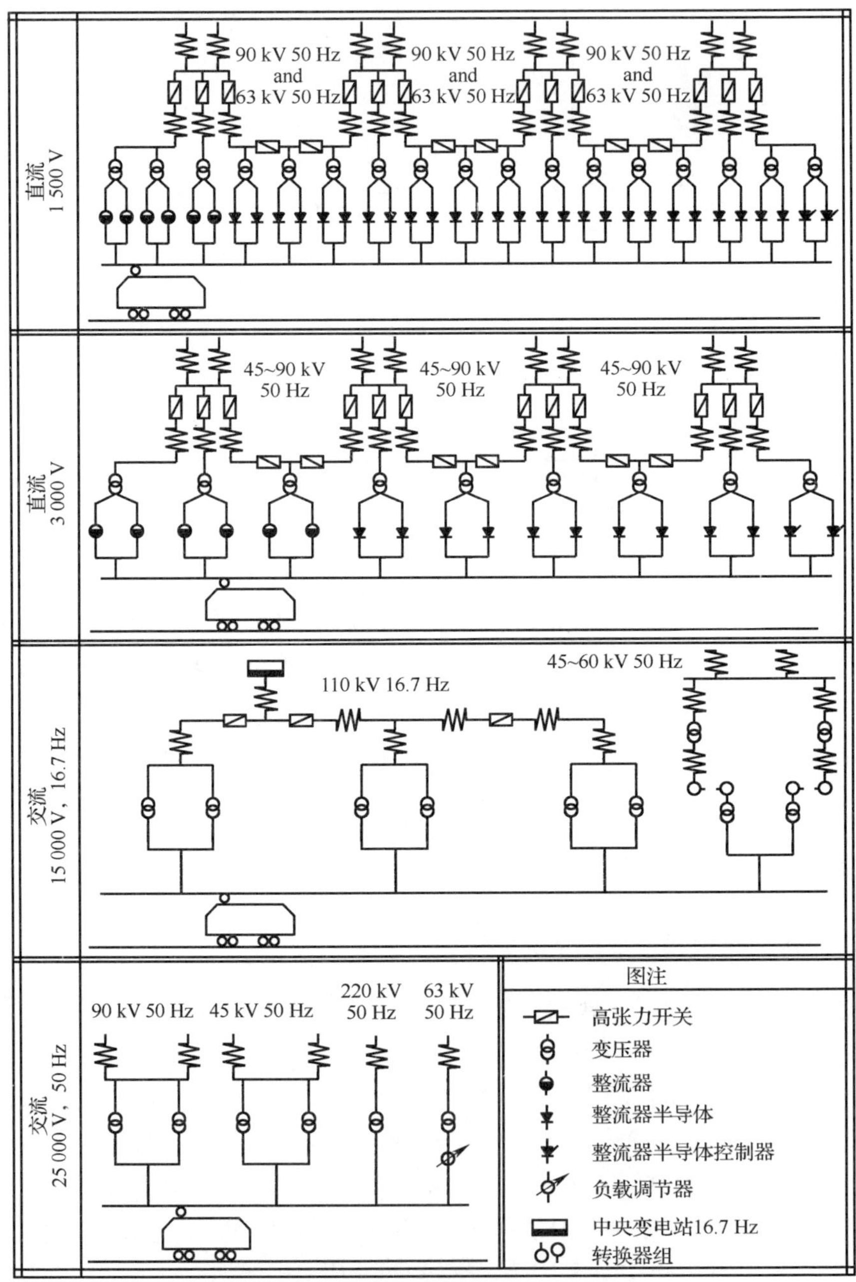

图 20.5　电力牵引系统的基本组件和特征[360]

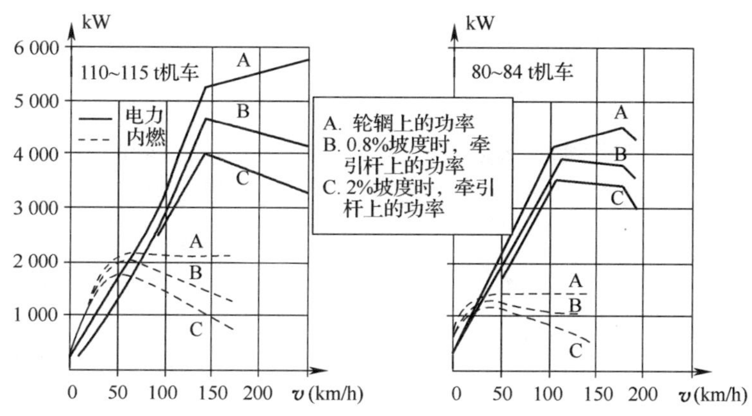

图 20.6　电力机车和内燃机车的功率比较[347]

20.7　电气化的可行性分析

20.7.1　可行性分析参数和程序

当执行可行性分析来判断是否要电气化一条铁路线的时候,要考虑下列两个成本因素:

① 建成成本,包括架空接触网系统和变电站,它们和运量无关;

② 运营和养护成本,由运量决定。

通常研究的量是作为线路运输的总年均成本,后者的指数是年均消耗在每公里线路上的能源。图 20.7 给出了内燃牵引和电力牵引的年均成本的比较说明。

我们可以看出,当运量较低时,电力牵引成本收益并不好。但是,当超过某个点时,电力牵引的成本收益就显现出来了,对这个问题需要进一步的调查。

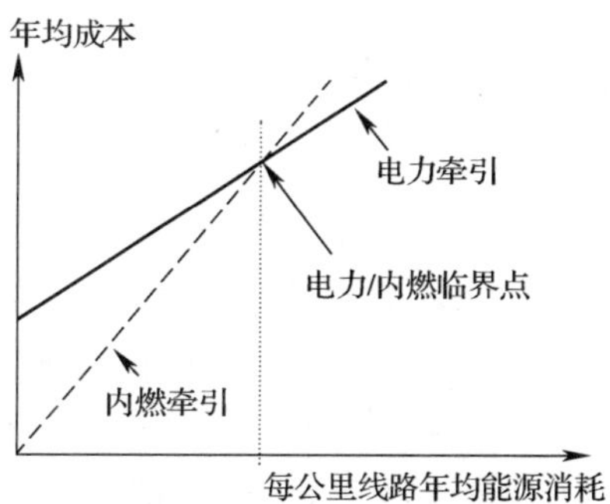

图 20.7　内燃牵引和电力牵引每公里能源消耗和年均成本

可行性分析的周期一般要覆盖 20 ~ 50 年,每个牵引系统的总体成本(最初的建设成本和年运营成本)都要使用现值法转变成同期价格。电力牵引的可行性分析包括很多不确定性,比较明显的是未来 20 ~ 50 年液体燃料的价格,实际利率和各种成本都要转换成同期价格、可行性分析的时长等。因此,也建议做一个敏感度分析[7](其目的是为了考察参数变化对可行性分析结果的影响）。

20.7.2 选择进行电气化的铁路线的标准

大多数时候，需要方便迅速地得到是否要电气化一条特定铁路线的建议，然后进行细致地可行性研究。因此，在 20 世纪 70 ~ 80 年代期间，各铁路网都为此采用简单的标准，最广泛使用的是线路上列车的数量，或者（更精确点）每公里的能源消耗量。

各铁路网的这个标准也不尽相同，因为各国都有自己的劳动力成本、能源成本、借贷成本等的特征。

但是，线路上运行的列车数量这个标准，这能用来做一个初步的大概评估。例如，直到 1973 年（那时候能源价格还很低），日均单向开行至少 30 趟列车的线路，才有资格考虑是否被电气化。1973 年和 1979 年能源危机后，标准变成日均单向 15 趟，这种变化是能源成本增加引起的。

但是，因为列车可以使用各种车辆运输乘客或者货物，出现了另一个标准，即每公里的能源消耗量，对于双线轨道，高速线的是 1.0 ~ 1.3 MW/km，重载线的是 1.7 ~ 2.5 MW/km。例如，法国铁路大体上把年均消耗 70 000 kW/km 作为电气化的成本—效益极限，而德国铁路评估这个极限为 150 000 kW/km[355]。因此，各铁路间的标准可能非常不同。

当某条铁路的运量或者能源消耗超过上面的极限时，就可以在决定是否电气化铁路前，做详细的可行性研究了，如本书 20.7.1 节中所说。

20.8 架空接触网系统

20.8.1 架空接触网系统的部件和组件

架空接触系统包括[354]：

① 馈电导线、接触导线（接触受电弓）、支柱、拉线。

② 导线支撑结构，由柱支撑（图 20.8）或者框架支撑（图 20.9）。

③ 绝缘子、柱座支架（图 20.10）、张拉设备（通常每 1 200 m 设置一个）、配重、各种安装硬件、连接柱和接触线及地面的线、连接变电站的导线。

如图 20.10 所示，架空接触系统悬挂在柱座支架上，离轨面 3.25 ~ 3.80 m高（这个高度在曲线上最多增加 40 cm）。柱座支架一般是镀锌钢管。

20.8.2 使用物理模型计算接触线

接触线横截面和其他特征的计算是基于从变电站输送到机车配电盘的允许

电降压,可以在一个围绕正常值不超过 10% 的波动。

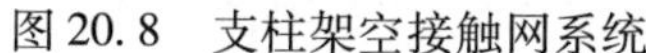

图 20.8　支柱架空接触网系统

图 20.9　支框架空接触网系统

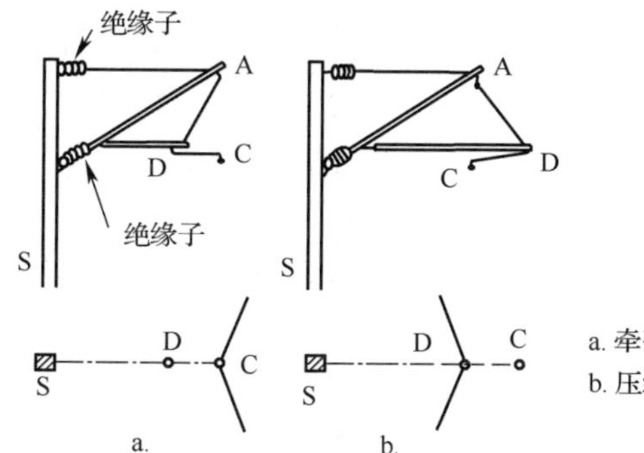

图 20.10　绝缘子和柱座支架(C 是支撑点)

电压降的理论计算是基于假设通过载荷不变的,但实际上运行列车数量、位置等都是可变的。接触线的计算既可以使用有限元法(见本书 20.8.3 节),也可以使用小规模物理模型。其中:

① 假设变电站是恒定电压源,使用合适的电阻模拟车站内部的电路;

② 使用适当的电阻模拟电流正线和负线;

③ 使用能够连在线路各个点的电阻模拟列车;

④ 使用适当的测量工具直接读出(作为变电站之间的距离和传输线横截面的函数)变电站的输出电压、总电流和发动机配电盘的电压等。

这个物理模型一直用到 20 世纪 80 年代,用来测试和确认各种传输导线组合、变电站之间的距离等,最终选出最优方案。

20.8.3　使用有限元法计算接触网

有限元法可以用来对接触网的性能进行精确、动态的分析,它将考虑:架空接触网系统的几何参数、导体的特征(横截面、材料和合适的组成规则等)、涉及受电弓的频谱、弹簧和减震的动态质谱、受电弓的数量和它们之间的距离、空气动力影响[351]。这种计算已经应用在巴黎—马赛的高速线路上,用来计算(图 20.11):

① 接触网与受电弓之间的接触力；

② 受电弓的波动；

③ 传输线的位置。

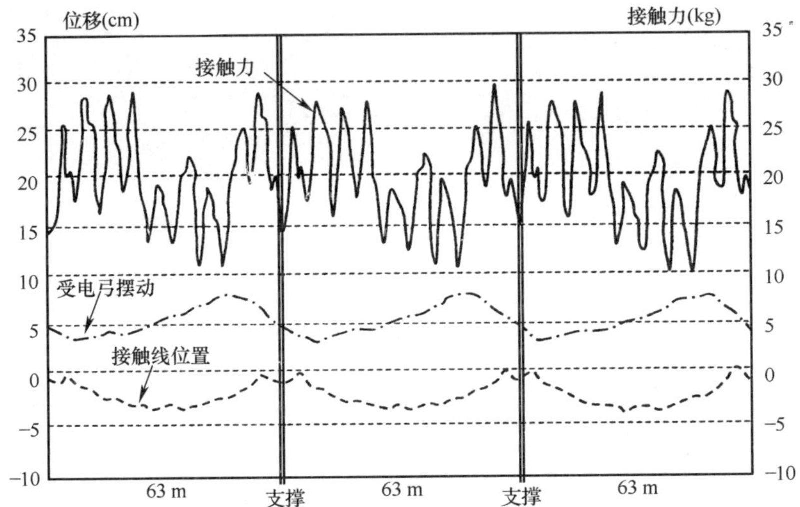

图 20.11　应用有限元法计算高速轨道架空接触系统的结果

有限元分析要求接触网(交流 25 000 V、50 Hz，速度为 350 km/h[350]：

① 150 mm^2 的横截面；

② 43 kg/cm^2 的最小机械阻力；

③ 20 ℃时 0.148 Ω/km 的最大直线电阻；

④ 80% 的传导率；

⑤ 速度 300 km/h 时接触线的适度沉降为 6 cm，350 km/h 时为 9 cm。

分析过程中，应该考虑下列架空接触系统和电力供应的欧洲标准(或者其他的，如果有的话)：

① EN 50119，架空接触网系统；

② EN 50149，铜和铜合金接触线；

③ EN 50163，铁路电力供应网的电压系统。

根据 UIC 规定，任何时候采用 25 000 V、50 Hz 牵引时，为了确保牵引电动机的正常电力供应，接触线的电压最高值为 27 500 V、标准值为 25 000 V、最小值为 19 000 V，只能瞬间降为 17 000 V[348,349]。

20.8.4　架空接触网系统的悬挂方法

主要根据列车的速度，也同时兼顾气体条件(风速和方向)和架线柱的间距来决定使用哪种架空接触系统悬挂方法(图 20.12)。如果是低速(最高 120 km/h)，简单的悬挂就可以了；而如果中速或者高速，得采用悬链式悬挂[357,358]。

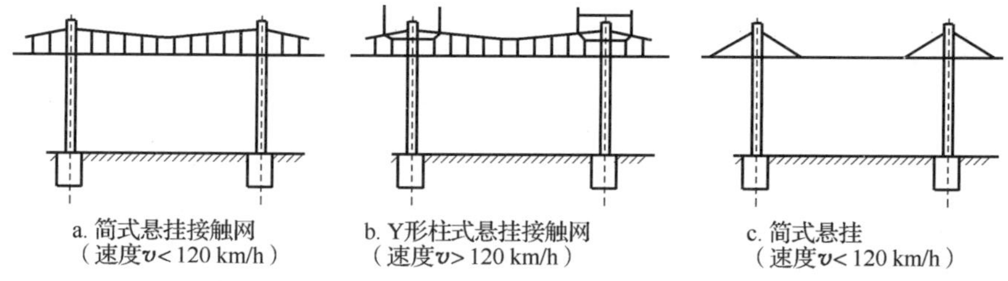

图 20.12 架空接触系统的悬挂方法

但是，接触线在横向水平面最大位移为 20 cm。因此，这样就避免了受电弓和接触线接触部分迅速磨损。

当几条轨道平行布局（车站、隧道的出入口、桥梁等）时，为了减少需要电气化的轨道总数，建议重新配置和拆除某些轨道[359]。

20.8.5 导电轨的电力传输

如本书 20.5.1 中提到的，机车需要的电能可以使用架空接触线系统，也可以使用导电轨（一条或者两条）。导电轨主要用在地铁和一些郊区铁路上。

需要增加运输载荷时，导电轨方案是比较不错的选择（图 20.13），否则就要用较大横截面的架空线。导电轨的横截面为 900 mm^2，和架空接触系统的相同。在隧道内时，导电轨要求的限界较小，因此能够节约很大的成本。

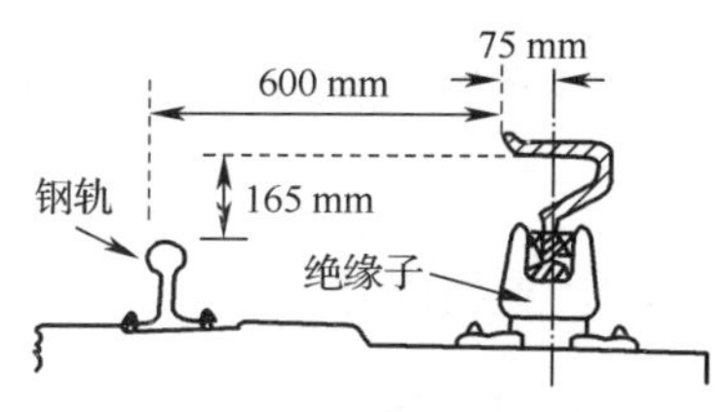

图 20.13 导电轨方案

在临近平交道口或者道岔的地方，不能使用第三轨，此时通过特制的绝缘电缆来保证电力的连续供应。特别是注意的是安全问题，在平交道口、通道和人员工作区域尽可能地使用绝缘板盖住导电轨。导电轨和架空系统相比，对雪和霜更加敏感。在一些地铁（例如伦敦地铁）中，使用两根导轨，避免了运行钢轨上形成回路。

直到 20 世纪 50 年代早期，一直广泛地使用钢制导电轨，后来也使用铁制导电轨，最近出现了铝—钢合成导电轨。铁制导电轨的强度为 2 800 A，铝—钢合成导电轨的强度为 4 700 A，最高温度为 85 ℃，环境临界温度为 40 ℃，横截面为 5 100 mm^2（柏林地铁规格）。

因为导电轨质量较大，所以在极端情况下（ −30 ℃ ~ +80 ℃）长度变化较大。为此，每隔 45 ~60 m 有一个接头。

导电轨可以位于钢轨平面，也可以位于轨道限界之外。

20.8.6 一些高速轨道的电力和功率特征

表20.1概括了一些高速轨道的主要电力和功率特征。

表 20.1 欧洲高速轨道电力特征[346]

	巴黎—里昂	巴黎—马赛	马德里—巴塞罗那	柏林—汉诺威	科降—法兰克福
新线长度(km)	394	206	450	189	135
最大坡度(‰)	35	20	25	12.5	40
每车最大总功率(kW)	14	18（重联列车）	12	19	19
牵引系统	25 kV，50 Hz	25 kV，50 Hz	25 kV，50 Hz	15 kV，16.7 Hz	15 kV，16.7 Hz
变电站间距(km)	52	51	50	38	19.6
变电站平均功率(MW)	40	60	30	30	30
每公里功率(MW/km)	0.8	1.2	0.6	0.8	1.5
每条线路最大强度	约1 000	1 000	1 000	1 000～1 500	1 500

20.9 架空线支柱

20.9.1 支柱的材料

支撑悬挂线路的支柱可以使用铸钢、锌板、预应力型混凝土或者增强型混凝土。

20.9.2 支柱间距

支柱间的间距在50～75 m之间，它由下列要素确定：受电弓波动、机车横向移动、气候条件。

图20.14给出了受电弓的横向位移D，这是下列因素导致的[348,359]：

① 水平缺陷HD；

② 横向缺陷TD，它乘以比较μ后得出受电弓的位移，其中：μ = 接触线的高度/轨道限界，也即 $TDP = TD \cdot \mu$；

③ 机车的横向位移L，它主要有列车的速度、架空线的高度、机车的悬挂弹簧等决定。

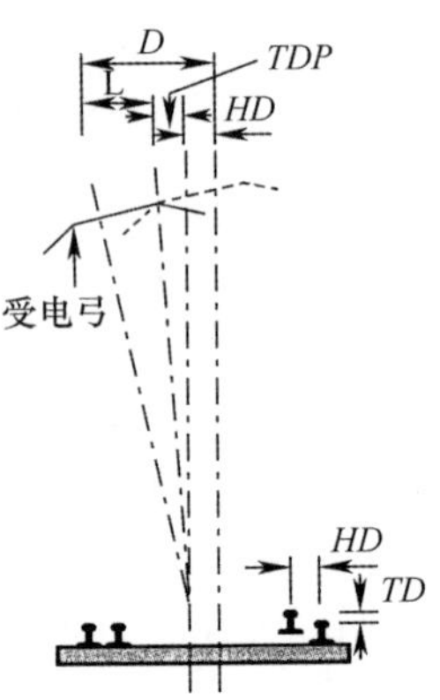

图20.14 受电弓波动

20.9.3　支柱基座

当竖立支柱进行电力牵引时，既要注意凹陷，又要注意回填（图 20.15），以便最小化地面的沉降。

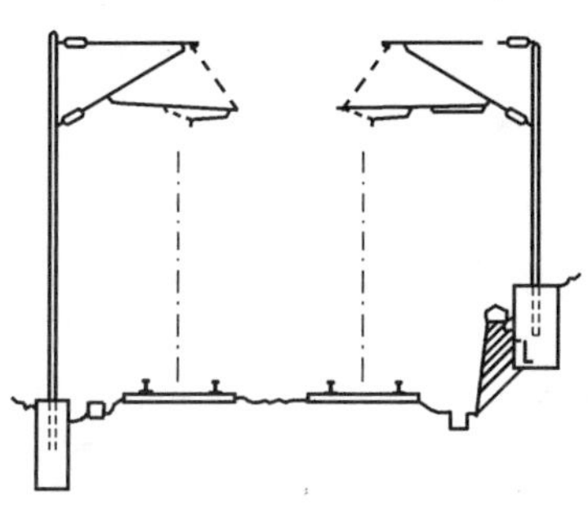

图 20.15　竖立电力牵引支柱

当路基质量较好时，支柱的基座有如图 20.16 所示的形式，其矩通过方程式 $M = c \cdot B \cdot L^3$ 来计算[359]。

路基质量较差时，支柱是竖立在混凝土板上的，板的长宽度分别为 3.5 m、2.0 m、1.1 ~ 1.2 m。

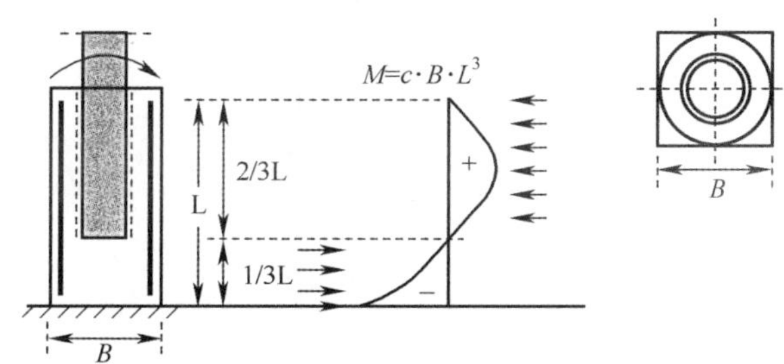

图 20.16　高质量路基的支柱基座计算

20.10　变 电 站

20.10.1　供应直流电系统的变电站

供应直流系统时，变电站除了对三相电压降压外，也将交流电调整为直流电。

最初，使用交流电机—直流发电机进行整流，后来使用汞弧整流管替换了，最近又用硅整流管替代。

现代化的变电站的变压器可以输出一或者两个电压以及一个整流机组（图 20.17）。硅二极管或者半导体晶闸管可以用来整流器，但是自 20 世纪 80 年代以来，它们已经被“闸控断开”技术所取代（见本书后 20.10.3）。

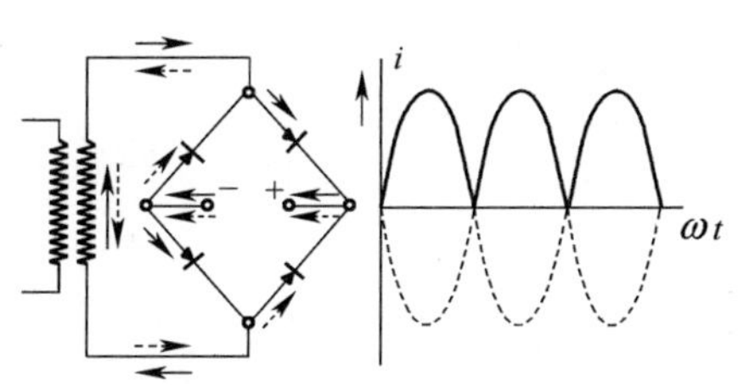

图 20.17　直流变电站功能

20.10.2　供应交流电系统的变电站

交流变电站(图 20.18)主要用来降压,因此这种变电站比直流变电站简单。交流变电站的设计特别要注意考虑短路的风险。这点可以通过限制短路风险的额外设备来防止。

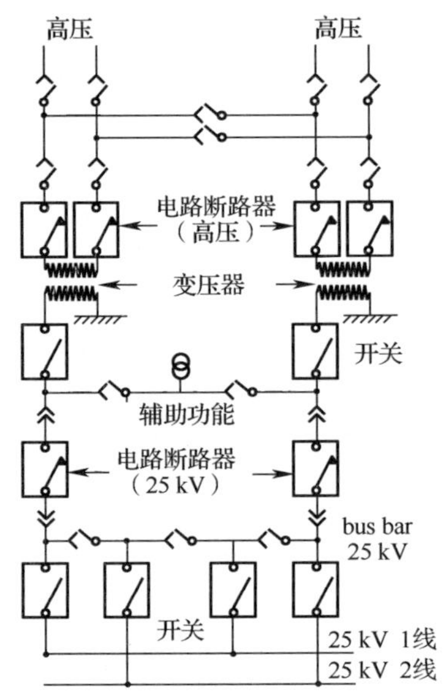

图 20.18　25 kV、50 Hz 的交流变电站

20.10.3　从半导体闸流管到“闸控断开”技术

直到 20 世纪 80 年代中期,广泛使用的都是半导体晶闸管。“闸控断开”技术(图 20.19)的引进,它允许去掉整流电路,因此能够明显地减少负载损耗(图 20.20)。

20.10.4　控制中心

现在,变电站和他们所支持的系统都是从控制中心进行远程控制和监视的,在一块可视面板上显示轨道、变电站和各变电站的供电(因此是可控的)区段。远程控制由不同频率的信号代码组成。最近一些年,电控电路已经可以达到 0.3 s 的执行时间。

20.10.5　电力牵引对远程通信及信号系统的干扰

沿着铁路轨道除了电力传输线路(进行电力牵引)外,也有远程通信和信号电缆(通常位于地下)。为了防止电力电缆和远程通信及信号电缆之间的干扰,

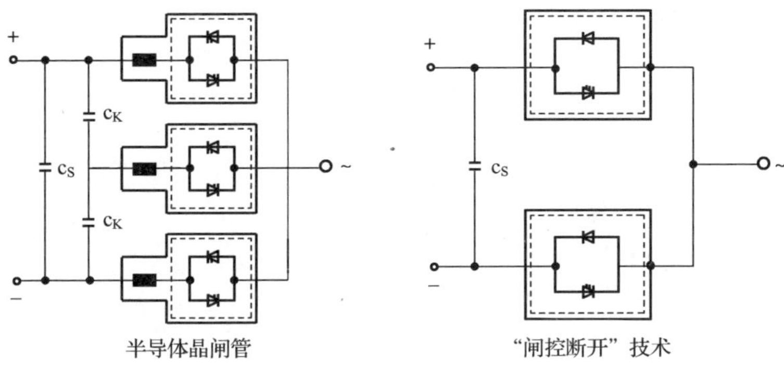

图 20.19 半导体晶闸管和"闸控断开"技术

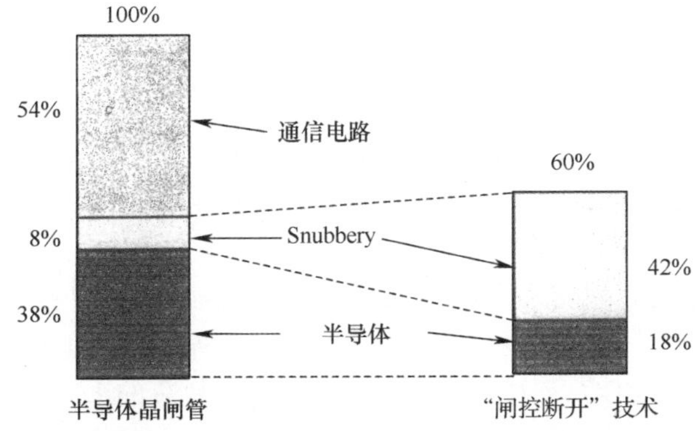

图 20.20 半导体晶闸管和"闸控断开"技术的负载损耗

要精确地计算远程通信和信号系统网中的电压。钢轨附近的设备也可能受到影响。使用电力的列车设备产生的磁场可能很强,它会影响邻近的电视、个人电脑和医院设备。这时候,要做一个风险分析。

在牵引电力电缆和公共电网交叉的地方,也可能出现问题。

20.11 同步电动机和异步电动机

电动机可以分为以下三种类型(图 20.21):

① 直流电动机。感应线圈是固定的(定子),使用直流电。感应产生在定子和可移动部分或者转子之间,它们通过电刷供应直流电,以便转子线圈带上交流电。电动机的速度调节通过改变其所受的电压和感应磁场来实现,其转动方向通过改变定子的连接(把正负极换过来)来实现。

② 同步电动机。感应线圈是转动的(转子),使用直流电。感应产生在转子和定子之间,定子上带三相交流电。通过改变三相交流电的频率来调节转速。颠倒交流电三相的顺序来改变转动的方向。

③ 异步电动机。感应线圈是固定的(定子),使用三相交流电。感应产生在定子和转子之间,转子带三相交流电。通过改变三相交流电的频率来调节转速。通过颠倒感应线圈的相序列改变转动的方向。

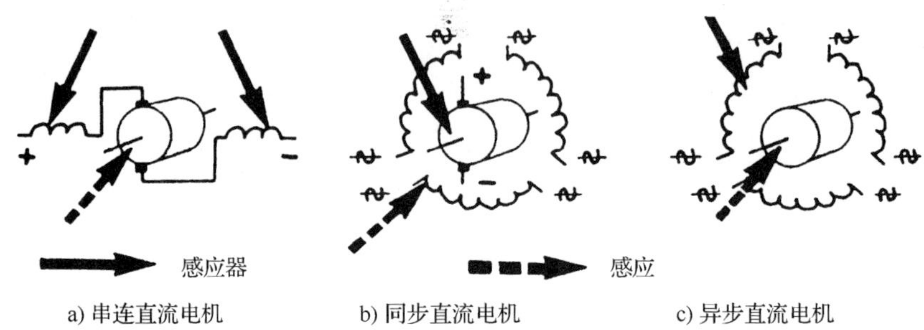

图 20.21　三类电力牵引电动机

异步电动机有以下优点:

① 质量较轻,只有相同功率同步电动机质量的一半左右;

② 效率较高、力矩较大、轨道载荷较小;

③ 容易制造、可靠且容易维护。

大部分电力机车都使用直流电动机。例如,法国铁路使用 BB 系列的电力机车,由阿尔斯通制造,重 90 t,功率 4 400 kW,最高速度 160 km/h;瑞典铁路使用前 ABB 制造的 R/C 系列机车;德国铁路 Krupp 制造的 E 181.2 系列机车,功率 3 300 kW,最高速度 160 km/h。使用异步电动机的有德国 ICE 高铁、欧洲之星伦敦—巴黎高铁,而法国 TGV 高铁使用同步电动机。

同步电动机和异步发动机的功率实际上差不多。因为它们转速较高,所以比直流电动机效率更高。异步电动技术发展较快,尽管它的电力系统很复杂。到底选择同步电动机还是异步电动机,根据它们各自的购买成本、操作成本和维护成本分析决定。

20.12　电力机车养护机务段

车辆能够保持一个良好状态的关键因素就是有效及时的养护。养护必须是预防性的,基于下列原则:

① 专业化的人员和设备;

② 及时安排养护工作;

③ 精确监视任何缺陷的适当机械和计算机设备;

④ 对结果的连续控制和评估;

⑤ 减少成本。

电力牵引机车必须进行各种常规的检查和养护:双日检查、周检查、月技术检查、双月养护、四月养护、年度养护、每 10 年常规检查、每 20 年常规检查。为了最优化车辆的使用,铁路要做所谓的 RAMS(可靠性、可用性、可维护性、安全性)研究。

21　信号、安全和互联互通

21.1　信号的作用

21.1.1　信号的演变

当火车首次出现时,(和它相适应的)交通规则和安全规则就是必须的。

铁路线路较少,支线和道口也不多时,主要注意的就是在列车发车前,确保从这一站到下一站之间的线路通畅。一系列的事故要求必须安排守卫人员通过手势信号或者旗帜信号,尽力提示司机在他的区段应该停止还是前进。

但是,人工操作不可避免地会发生人为错误,这样就要求安装日夜可视的信号,它比人工使用旗帜信号更能传递给司机清晰的信息。很长一段时间,信号都是铁路运输的依据,有着广泛地应用,这种信号在夜间通常需要发光。

随着电力技术的发展,大约在 19 世纪末,出现了灯光信号,它大量的取代了臂板信号。现在,灯光信号是保障铁路运输规则和安全的主要工具。

直到最近几年前,都是沿着轨道使用固定灯光信号来制定铁路运输规则的。但是,随着速度的增加,司机漏看信号的风险也增加了。高速时,需要在驾驶室内安装额外的信号设备,以提供运输和安全的连续信息[368,372,374]。今天,除了高速铁路运输外,驾驶室内信号设备已经广泛应用了。

最近 10 到 15 年里,出于安全考虑,要求向司机连续传递信息,自动控制允许速度和相关信号。移动电话和 GSM(全球移动通信系统)技术的使用对此功不可没。

21.1.2　制动距离和信号需求

由于是金属—金属接触,所以轨道运输运行阻力较小,这样使用同样的牵引力时,和公路车辆相比,铁路机车能以更高的速度牵引更大的载荷。

此外,轮轨之间的黏着力比橡胶轮胎公路车辆的低,这导致了一个严重的缺点:行驶中心列车制动难度较大。

速度为 160 km/h 时的制动距离为 1 300 ~ 1 400 m,200 km/h 时的为 2 500 ~ 3 000 m,320 km/h 时的为 7 500 ~ 9 000 m[374]。因此,由于较长的制动距离,要保护列车远离轨道上的障碍物不能仅仅靠司机的警惕性和快速反应能力。必须对司机做早期警告,这得通过合适的信号和警报来实现。

21.1.3　运输安全和规则

铁路是大运量运输方式，要最大限度地确保乘客的安全。在列车运行中有三个安全问题[368,372]：

① 保护同一条轨道上沿着同一方向，无论哪一列在前哪一列在后运行的列车安全。由于制动距离很长，连续列车之间应该保持最大安全距离，这个距离至少不小于制动距离。

② 单线轨道时，防止对开的两列列车迎头相撞。因此，不论轨道多长，只有确保轨道空闲或者即将空闲时，才能放行另一列列车。

③ 防止列车（通过道岔）运行到另一条轨道上。

信号的主要作用就是确保运输安全。但是，它同时也要保证运输规律性。例如，列车在什么地方、什么时间出现，是否有优先权。运输规律性如果出现问题，安全也会间接受其影响。

在一些接近轨道容量的高运输载荷的线路上（有饱和的风险），信号也致力于增加运输容量，例如最大化以特定速度在特定轨道上单位时间开列列车的数量。

21.1.4　监管框架

列车运输必须按照调度手册指定的详细规则运行，对于一般的运输规则，司机有义务一直遵守。除了一般的规则，司机也应该遵守车站高度员的指示。

在没有（或者出现问题）灯光信号的线路上，运输规则给出司机每一步要做的动作。但即使在有信号的线路上，运输规则对运输安全也很重要。

21.1.5　基本信号功能

信号用来实现下列功能：

① 隔开沿同一个方向运行的列车；

② 保护列车通过道岔，防止同一条轨道上运行的另一列列车通过；

③ 防止列车对开；

④ 保护平交道口的列车；

⑤ 确保司机不超过速度极限，防止脱轨；

⑥ 协助运输安全和规则性。

21.2　臂板信号

21.2.1　视觉信号和听觉信号

臂板信号主要是可视的。但也有声音信号，主要用在司机忽略信号或速度限制时。视觉信号可以是永久的，也可以是临时的（如施工现场或者事故现场），由机械激活。因此，臂板信号通常都是机械型的。

21.2.2　信号颜色

铁路信号和公路信号使用相同的颜色：

① 红色意味着列车应该马上停止；

② 绿色意味着线路空闲，列车可以安全运行；

③ 黄色意味着应该减速，前方就是禁行信号（红色）。

21.2.3　信号的类型

各类信号可以分作：

① 主信号。

a. 进站信号；

b. 出站信号；

c. 中间信号；

d. 闭塞信号；

e. 危险区的保护信号。

② 前置信号。

③ 辅助信号。

④ 信号板，如速度指示器、方向指示器等。

21.3　灯光信号的操作原则——轨道电路

21.3.1　灯光信号的定义

臂板信号不能最大限度地保证列车行车安全。在连续车站之间交换电缆信号的通信过程更可靠，但也耗时，大大限制了轨道的容量。因此，在干线铁路上，使用灯光信号来控制运输。

灯光信号制定特定线路的操作规则的电子表达方式，它考虑到各种强加的限制。和使用电缆信号交换的交通控制相比，灯光信号能够自动运行，因此可靠性高、速度快。当然，列车安全运行的所有特定功能和命令，无论来自哪种信号系统，列车人员都要严格地、无条件地执行。

21.3.2　轨道电路

21.3.2.1　定　　义

列车在轨道上运行的一个前提条件就是确定是否有其他列车正在轨道的某

个地方。这个监视通过轨道电路连续自动地执行，它是灯光信号的基础。

轨道电路是铁路的子系统，是一个简单的组成（图 21.1）[372]：

① 轨道 AB 段的两根钢轨；

② 入口 A 处的继电器和出口 B 处的电源；

③ 必要的绝缘接头 i（图 21.1），轨道 AB 段的两根钢轨与前后两段钢轨都是绝缘的；

④ 钢轨和轨枕（及其他钢轨）之间必要的绝缘材料。

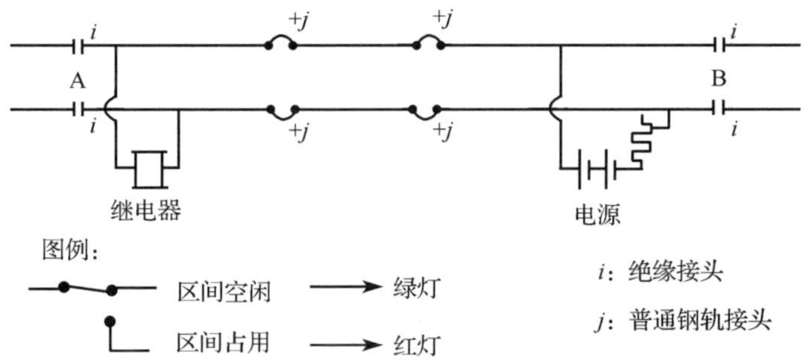

图 21.1 轨道电路部分

21.3.2.2 轨道电路的操作原理

轨道电路是一个使用两根钢轨作为传输线的电路，它通过一个电源供应低电流。当没有列车出现在轨道 AB 间时（图 21.2a），电流通过继电器，继电器吸起，电路闭合，引起 AB 间的信号设备显示“线路空闲”信号。

一旦有一对轮对进入 AB 段（图 21.2b），车轮和它们的轴导致两根钢轨短路，继电器不能吸起，电路断开，轨道 AB 间的电路显示“线路占用”信号。

但是，为了可靠的探测轨道车辆是否出现，至少要让 AB 段进入两根轴。

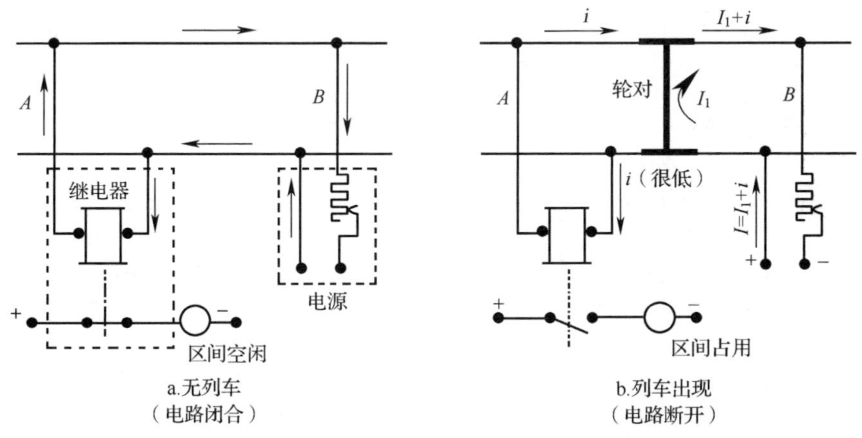

图 21.2 轨道 AB 段没有列车的轨道电路和有列车的轨道电路

21.3.2.3　闭塞区间

当许多列车在同一条轨沿同一个方向运行时,它们之间要分开一定的距离,这个距离就叫做闭塞区间,它至少等于特定速度时的制动距离 d,通常是 $1.5d$。在灯光信号系统中,一条线路被分成很多连续的轨道电路 AB,每一段组成一个闭塞区间。

两列连续列车之间至少应该有一个空闲轨道电路。让我们以图 21.3 所示的列车位置为例。在电路 3 处的灯光信号为绿色,在电路 2 处(靠近电路 3)的为红色,而在电路 1 处(靠近电路 2)的灯光信号为黄色(警告司机减速,因为接下来的是一个红灯)。如果列车 A 和 B 之间有两个空闲轨道电路,那么列车 A 前面的灯光信号为绿色。

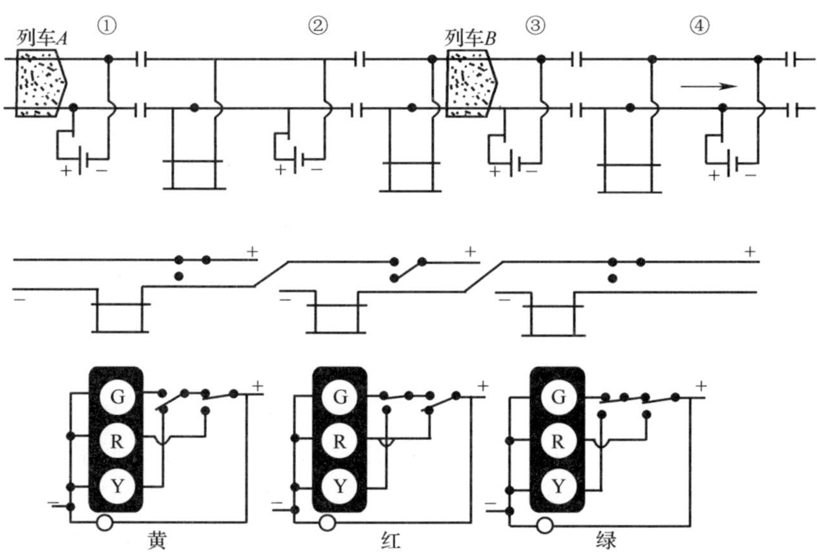

图 21.3　连续运行列车的灯光信号

21.3.2.4　轨道电路类型

两个连续车站之间的距离可能被划成一个或者几个轨道电路。我们将考察两个连续车站之间只有一个轨道电路和情况。

图 21.4 给出了车站地区的信号设备。车站的轨道电路分作:

① 车站入口处的轨道电路(01,04,见图 21.4)。

② 开关轨道电路。这个设计位于车站入口处一个接一个的轨道电路。它包含了车站入口两边所有的可控电开关(02,03)。

③ 停止轨道电路。这是列车到达车站后停止地区的轨道电路(Ⅰ,Ⅱ)。

21.3.2.5　轨道电路继电器

继电器由四部分组成:铁芯和线圈(图 21.5a)、衔铁(图 21.5b)、基座和盖子。

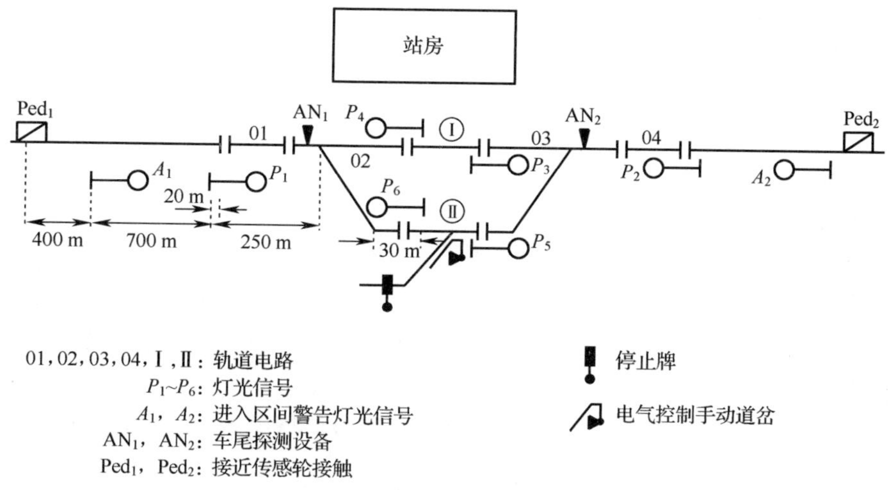

图 21.4　车站内的信号系统配置

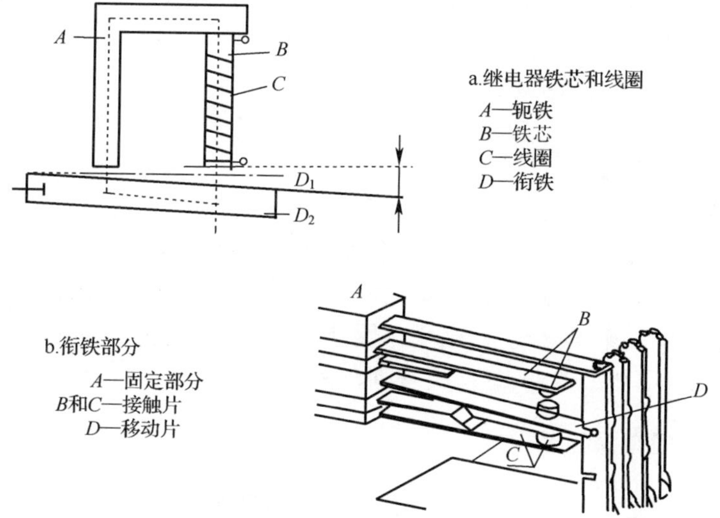

图 21.5　继电器的部件

21.4　灯光信号系统的设备和部件

灯光信号系统由下列部件组成：

① 列车探测设备（也包括制动踏板）；

② 灯光信号；

③ 喷投点机（包括点探测器、脱轨器、充填区间）；

④ 联锁设备；

⑤ 电力供应和馈电设备。

21.4.1 灯光信号

灯光信号由以下几项组成：

① 信号杆；

② 灯；

③ 标识板；

④ 电话设备，司机用来和车站调度员或者运输控制员联系，如果车站使用远程控制的话。

灯光信号位于车站的入口和出口处。前置信号是用来警告司机他即将看到信号了。

21.4.2 道岔控制设备

信号系统所使用的道岔一般都采用电力作动装置，少数采用液压或者气压，道岔位置进行自动监控。位于非关键位置的道岔可能采用手动作业，但是无论动作方式如何，道岔位置必须要进行自动监控。

21.4.3 列车完整性探测器

列车的第一根轴进入轨道电路并不能保证整个列车都已经进入电路，因为有可能摘掉了部分列车。列车作为一个整体的完整性通过下列过程确认。列车的尾部，固定着一个永磁体。在各车站的入口处，有一个所谓的尾探测器。这是固定在轨道上的一个电磁设备，当列车尾部的永磁体经过它上面的时候被激活。使用这个设备，虽然很古老，却能检查列车的完整性。

21.4.4 接近闭锁探测器

当同一条轨道上同向的两列连续列车之间的距离大于制动距离时，运输安全是有保证的。这个相关检查是由所谓的接近闭锁技术来做的。

21.4.5 本地操作和显示板

根据各车站轨道配置、重要性和预估动量不同，都有合适的本地操作和显示板。

在显示板上，使用合适的发光指示器，清晰地显示轨道和道岔的布局、灯光信号的状态，以及轨道或者轨道电路是空闲还是被占用。如果信号系统有什么缺陷或者故障，也通过发光指示器呈现在显示板上。

本地显示板的各种操作都通过操作特定键来实现，凭此车站操作员能够指定一条线路，分配一条轨道，锁定一个出口处的灯光信号等。本地显示板包括一些常规情况时密封的特定控制器。但是,在出现故障的紧急情况下,可以通过开封恢复常规系统,操作这些控制器。

21.4.6 远程监控

21.4.6.1 操作原理

远程监控系统用来更好的协调和监视轨道区间或者几个连续的列车,加强中央运输监督。这样,几个调度员就能管理最密集的运输。

被远程控制车站的所有信息都通过合适的设备传递并显示在中央控制板上。因此,中央操作员对他区域内所有车站及各轨道(列车位置、灯光信号状态、被占用轨道电路、道岔位置等)的状态有一个完整的图像。显示板通过专门的高可靠性编码信号自动连载的更新。

中央操作员有一个有很多键的控制板,他们通过高可靠性的编码信号向他监督的车站发送必要的指令。

21.4.6.2 设　　备

操控中心(或者远程监视和控制中心)有[373]:

① 向卫星设备传递指令的所有操作控制器和设备。这些设备包括车站、轨道道岔、区间、双线轨道跨接等。每个无人卫星都有远程控制型的不间断电力供应。

② 所有的监控设备,最初是一块使用彩色指示器的镶嵌型中央控制板,最近换成了计算机显示屏,最后又换成了大屏幕。

21.4.6.3 运输安全的远程监控

应该强调的是,中央操作员使用的远程监视和控制设备并不是运输安全设备,而是简单的传递指令和接收响应信息的。运输安全还是得确保:

① 卫星设备,通过本地安全设施,允许灯光信号对所有的安全条件做出反应;

② 在开放的线路上,通过自动区间系统,规范连续列车。

21.4.7 电力供应设备

信号系统运行所需的电能由国家电网供应,通过变压器、整流器和其他电力设备传递到各卫星设备上。

一旦出现电力故障,各车站的备用发电机(power generating couple)自动启动。最后,如果那个发电机也出现故障,信号系统的电力供应就自动转向蓄电池。

21.5 灯光信号系统中的列车运行过程

轨道电路的使用,使我们能够很容易地确定列车在轨道上的位置。在安排两个车站之间的线路时,自动信号系统通过合适的编码信号检查特定车站之间的轨道是空闲还是即将空闲。然后,使用任何可能性的同步排斥来尝试另外一个不兼容的安排。

信号系统的操作员通过自动电器设备确保列车安全运行这个先决条件。这个先决条件也叫做安全联锁,主要的几个联锁将在下文介绍。

21.5.1 进路联锁

一旦列车到达目的地(或者由起点发车),轨道开关就被锁定在预定进路的位置上,在预定列车运行前对这个位置任何修改都是禁止的。

21.5.2 单线联锁

当两个车站之间为单线线路时,在这条线路区间就只能运行一列列车。

21.5.3 接近联锁

这个问题已经在前面(见本书 21.4.4 节)谈过。

21.5.4 对开联锁

车站之间禁止对开列车。

21.5.5 自由通路联锁

在连续的到达和发车时间之间,到达时间必须优先于发车时间。

21.5.6 灯光信号联锁

各种连续的灯光信号指示器之间的顺序由下列联锁功能来保证:

① 只有线路联锁功能激活后,灯光信号才能打开;

② 时间制定后,灯光信号自动关闭;

③ 打开灯光信号时,对应轨道开关位置的指示器被选中;

④ 连续的灯光信号指示器应该和交通规则一致;

⑤ 故障指示器(例如由于灯出现故障)自动转接到更高安全级别的指示器上,例如,如果黄色进站信号出现故障,红色信号同步使用与绿灯向黄灯自动转接自动打开的技术。

21.5.7 兼容和非兼容的时间

基于以上联锁,可以作出各种情况下互相兼容和非兼容安排。

21.6 速度控制

21.6.1 各种速度控制系统

21.6.1.1 自动控制和司机的作用

几十年来,列车上都配置一个安全手柄(或者紧急制动开关)。这是一个比较传统的安全装置,用来在司机失去意识时停止列车的。但它并不是一个速度控制系统,只是一个安全装置,长远来说一定会被更先进的自动设备所取代,最后甚至可能被具有司机功能的自动列车操作系统所取代。

最近些年出现的一个问题就是:是否应该强调自动列车操作(司机只是一个配角);还是通过先进的自动系统辅助,维持司机的主角角色。第一种情况可以在地铁线路上使用,它有足够的保护,且运量均衡。但是,在传统铁路线上,有很多道岔,运量不均一,经常还插入未按时间表运行的列车,完全自动列车操作会导致不灵活性(在处理非预期事故时)和边缘化司机。如果没有明显的任务,后者将不能保持司机处理非预期事故的警惕性。

基于以上原因,完全自动列车控制主要应用在地铁系统上。其他情况下,司机的角色依然是基本的,不可缺的自动化系统作为辅助控制。

自动控制系统收集的列车速度数据和自己的速度控制既可以不连续间隔执行,也可以连续执行。

21.6.1.2 间歇速度控制

间歇速度控制在速度限制信号前,在轨道道岔、车站入口和出口处。相关数据既可以连续记录,又可以不连续间隔记录。

使用的方法可以是电机的(例如所谓的"Crocodile",法国铁路使用的一种技术),或者是控制板和列车之间的连续电子通信。其他方法还有英国、印度和德国使用的自动告警系统,法国铁路使用的"système à balises"系统。尽管叫法不同,但都遵循同样的操作原理[371]:如果限速开始的时候,列车速度超过限速 5 km/h,将通过明显的声音或者视觉信号提示司机;如果超过限速 10 km/h,自动制动机械装置将被激活,列车停止。

21.6.1.3 连续速度控制

连续速度控制依赖于轨道和列车之间的连续通信。这要求轨道和驾驶室都有合适的设备才能实现。

连续速度控制也通知司机各时刻的标定速度(在路线上各个点的)和实际速度。

连续速度控制是自动列车运行的第一步。1980 年初,挪威和瑞典铁路开发了相关的技术(见本书后 21.6.2.2 节),后来被其他许多铁路网采用[369]。

21.6.1.4 速度控制和交互操作

速度控制是交互操作系统的一个基本性能,将在本书后面作分析(见本书后21.9)。

21.6.2 列车速度控制系统的技术特征

21.6.2.1 电机控制

在电机控制中,有一个金属片集合,也叫做"crocodile",固定在轨道中央。固定在机车下的金属刷接触前面的金属片。

超过限制速度或者遇到停车信号时,金属片集合上会产生一个8 500 Hz的弱交流电压。这个电流被机车上特定的接收装置感应到,触发可视灯光信号警告司机。如果警告失败,5 s内没有反应,制动机械装置自动激活,停下列车[371]。

21.6.2.2 轨道—机车连续通信系统

相关设备可以分为固定的轨道上的,和固定在机车上的[371]。

固定在轨道上的有:

① 传输编码信息设备(包括坡度、允许速度、红灯信号等),

② 直接和编码信息传输设备相连的接收机(速度和其他操作参数)。

固定在机车上的有:

① 接收机,通过固定在轨道上的设备接收各种数据,以电磁感应模式传递。电子技术的发展,使传递大量数据成为可能。例如,法国的TGV能够以连续的形式传递2^{21}数据,断续形式传递2^{28}数据。

② 以接收机探测到的数据为根据,计算机决定各个时刻的最大允许速度、实际速度和各其他各种线路参数。

③ 显示计算机分析结果的发光板。

21.7 列车运行图安排

列车运行图规划由下列值决定:

① 经核准的最大载荷;

② 规划的停车位置;

③ 运行阻力和调整坡度;

④ 旋转组的惯性系数;

⑤ 根据轨道的限速;

⑥ 根据车辆的限速;

⑦ 启动加速度;

⑧ 制动减速度;

⑨ 制动距离。

操作特殊也应被考虑：

① 需要的旅行时间；

② 列车交汇；

③ 最好的使用车辆。

线路能力的最优化要求把列车分成两类：快速（客车）和慢速（货车）。在每一类中，列车间距和标定速度及制动距离相关；像前面分析的，速度越高，制动距离越长。

许多计算机程序已被开发出来，用于列车时序安排的粗确计算。图 21.6 给出了双线轨道的这种安排[370]。

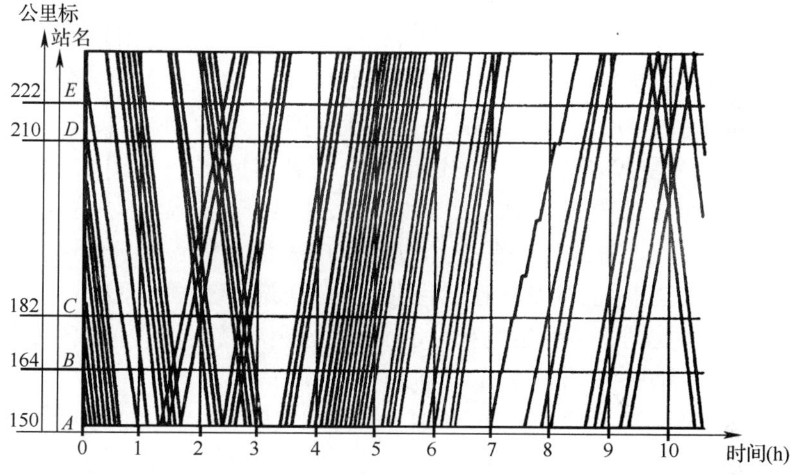

图 21.6　双线轨道上时序安排

21.8　线路能力计算轨道容量

线路能力就是每小时能在轨道区间内运行的列车的最大数量，它也得考虑轨道的特定条件、操作和服务水平。

在装有侧向灯光信号的繁忙轨道上，闭塞区间可能只有 2 km，甚至更短，每 3～4 min 发出一趟列车。假设运量均一（例如由相同速度、相同长度的列车组成，中间没有停留，以相同的间隔时间，比如最大 4 min，一列接一列的发出），这条轨道每个小时的容量为 60 min/4 min = 15 列。不幸的是，这种情况只发生在地铁上。如果一列列车耽搁，后面所有的列车都会耽搁。

当铁路运输是由快速列车和慢速列车组成时，它们可能停车很多次，车距也不规范，要想达到实际容量就需要减少延时，尽可能地接近最大理论值。这样有以下两种方法：

① 增加连续发车之间的时间间隔（例如由 4 min 增加到 5 min），

② 每发 5 列车留一个时间空隙(例如没有运输安排)。

通过这种方式,可以吸收许多短延时。要根据当地的条件选择合适的方法许多时候,实际容易只有理论容量的 60% ;而在一些密集均一的运输线上,实际容量能达到理论容量的 90% 。

如果一些车站能安排快车超过慢车,线路能力可能增加一些。这方法用在双向运行列车的单线轨道上非常有效。

21.9　互联互通

21.9.1　定　　义

大部分铁路都是按照国家需求和优先要求设备的。结果,各铁路网之间还是有很大的不同,如轨距、电力和信号。国际铁路服务(有时候甚至国内铁路也如此)要求在边界更换机车,有时候还要从一列列车向另一列转载货物和乘客。这种情况造成延时,降低运输质量,增加成本,这是难以接受的。

互联互通可以理解成铁路系统允许列车按照标定的性能安全连续地运行。互联互通既涉及技术,也涉及操控,特别是下列铁路系统的子系统:基础设备、能源、养护、信号和控制、车辆、运输操作和管理、远距离传送。他们之中,为了确保安全和不干涉铁路服务,最关键的是轨距、电力和信号。

欧盟 48/1996、16/2001 和 50/2004 号文件对互通性有详细的说明[363]。

21.9.2　轨距的互联互通

当车辆要在不同轨距的轨道上行驶时,最有效的保证互联互通的方法就是装配可变轨距的车轴,这样在两国的边界(或者任何有不同轨距的地方)就很容易地由一个轨距调整为另一个轨距[366]。

21.9.3　电力系统的互联互通

为了在更多的电子系统运行,电力机车需要特别的设计和制作以便允许多电流或者多系统运行。现在,机车(像 Thalys 高速列车)配备的系统允许在三种不同的电力系统(25 kV,50 Hz,1.5 kV,3 kV)下运行,有的机车甚至可以在四种电力系统下运行[367](见本书 19.7,表 19.1)[367]。

21.9.4　欧洲铁路运输管理系统(ERTMS)

表 21.1 给出了欧洲的各种信号系统,一共 13 种不同的信号和运输规范系统。解决这个问题的一个伟大成就就是创建了欧洲铁路运输管理系统(ERTMS)。我们可以把 ERTMS 的应用分为三个层次:

表 21.1　欧洲在用的各种信号和列车控制系统

国家	列控系统	国家	列控系统
奥地利	INDUSI/LZB	意大利	BACC/RSDD
比利时	TBL	波兰	KHP
芬兰	EBICAB 900	葡萄牙	EBICAB 700
法国	TVM/KVB	西班牙	ASFA/LZB
德国	INDUSI/LZB	瑞典	EBICAB 700/1000
英国	AWS	瑞士	SIGNUM/ZUB
匈牙利	EVM	荷兰	ATB/ATB - NG

(1)ERTMS 第一层(图 21.7)。轨基设备,通常是轨道电路或者车轴计数器,用来探测列车。通过轨旁信号或者驾驶室信号,信息被传递给司机。

数据传输既可以是间歇方式,如 Eurobalise 系统使用的,也可以是半连续方式(Euroloop 或者 radio in - fill)

Eurobalise 由下列部件组成(图 21.7):

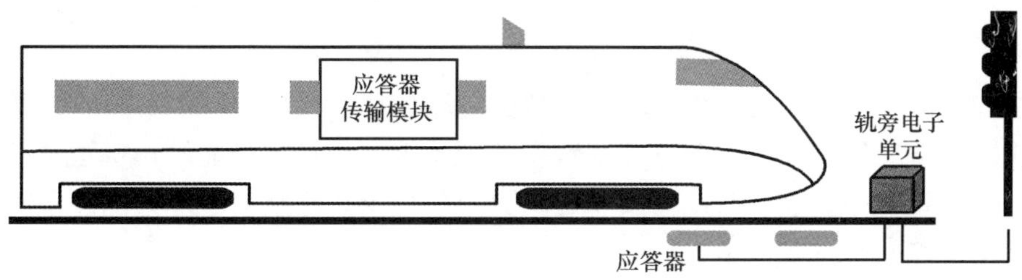

图 21.7　欧洲列车管理系统(ERTMS)第一层

① 轨旁电子单位(LEU),它是应答器和通常信号系统接口内的一个编译码器。

② 安装在轨道上的应答器,它用来确保信息从地面和列车之间的一边交换到另一边,从应答器和 LEU 的另一边。

③ 天线接收系统,叫做应答器传输模型,确保地面和车辆之间的信息交流。从 Eurobalise 发到应答器的信号使用 27.095 MHz(和 KVB 及 EBICAB 系统的 27.115 MHz 非常接近),而从应答器发到 Eurobalise 天线使用的是 4.234 MHz。

④ 车载计算机(Eurocab)和司机的常见接口,连续计算列车的位置,以及允许速度和实际速度之间的关系,最后紧急制动等。

如果我们想在半连续方式中运行 ERTMS 第一层,那么必须安装 EuroLoop 系统,包括一根沿着轨道的电缆和接收信息,它以 1.8 ~7.2 MHz 的频率发送。

ERTMS 第一层可以单独使用,也可以和通常的信号系统一起使用。

(2)ERTMS 第二层。除了具有 ERTMS 第一层的功能外,ERTMS 第二层中,沿着轨道的数据传输使用无线电(GSM - R 图 21.8)。列车探测是通过轨基设备实现的,即通常的轨道电路或者计轴器。通过驾驶室信号将信息传递给司机。在 ERTMS 第二层中,不再需要地面信号了,但是可以和驾驶室信号共存。然而,两种信号模式的共存可能导致司机混淆。列车的移动授权通过无线电—土壤—列车传递。除了确保互通性外,ERTMS 第二层在密集运输轨道中的执行能够增加轨道容量 10% ~15%[365]。

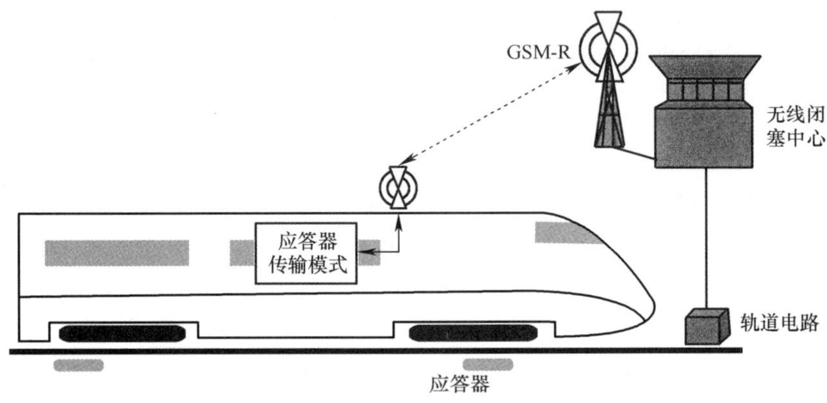

图 21.8　欧洲列车管理系统(ERTMS)第二层

(3)ERTMS 第三层。沿着轨道的数据传输使用无线电(GSM - R)。列车探测通过轨基设备报告到命令—控制数据处理系统。信息被传递给司机室里的司机。在 ERTMS 第三层中,不需要轨道电路(图 21.9),它被列车位置探测系统和列车完整性系统所取代[364]。

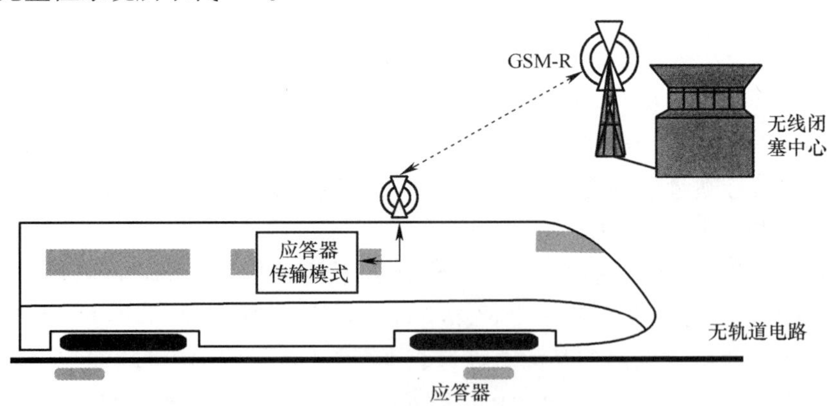

图 21.9　欧洲列车管理系统(ERTMS)第三层

直到 2006 年初,许多欧洲国家和非欧洲国家(包括美国、中国和印度)都在他们的轨道中采用了 ERTMS 第一层和第二层,但是都没有采用第三层(甚至只是试验阶段)。在一列新车安装 ERTMS 的成本为 50 万欧元,而在一列旧车上的成本为 150 万欧元。

21.10　平交道口安全措施

平交道口通常是发生事故最多的地方。没有技术保护的平交道口,不应该允许开行速度超过 120 km/h 的列车通过[361]。

平交道口应该避免下列情况:

① 和大流量或者慢速移动的路面交通相交;

② 和一个固定频率通过的重型车辆相交;

③ 私有或者很少使用的平交道口;

④ 为行人保留的道口。

平交道口的安全措施包括一个或者几个下列设备:信号灯、半路障、全路障。不能使用自动设备。采用警告设备的类型根据列车速度、通过车辆的类型(慢速、重载)等决定。

自动设备只有一个信号灯,不包括路障,只有例外时才使用,速度严格限制在 140 km/h 以下。

速度达到 160 km/h 时,可以综合使用关闭部分路面(开行方向)的半障碍和信号灯。

速度超过 160 km/h 时,推荐综合使用关闭全部路面的全障碍和路灯信号[361]。

21.11　管理铁路安全

轨道运输的安全水平远高于其他运输模式,但还是有进一步提高铁路安全的可能。根据国际标准组织(ISO),安全就是避免不可接受的风险,这个风险是伤害的可能性和比重[362]。在铁路方面,风险就是危害安全(灾害或者伤害乘客和员工)或者运输稳定(延时)的事件。

事故是各种因素的复杂组合,例如列车数量、乘客和货物的数量、安全设施(信号和速度控制)、周边环境和人为因素。轨道事故的常见形式有:运行期间的相撞、脱轨、失火,在站台上和行人等。

事故分析和模拟的目的是量化各种因素对发生某种特点类型事故的概率的影响程度。铁路事故分析要求在精确的可分析的数据基础上,进行随机分析。分析后,提出合理的改进措施。例如,为避免列车在站台发生冲突,或者撞上行人,可以在列车上安装行人或其他列车探测报警系统。

在欧洲国家中,铁路企业为了获得授权使用铁路设施必须有一个安全证书,这是成员国责任(见本书 3.6)。安全的一个基本方面就是职员的培训和相关证明,特别是司机的。培训包括操作规则、信号系统、线路和紧急处理知识。铁路企业也必须证明它的车辆得到了相应的检查和批准。

22　铁路的环境影响

22.1　地球环境恶化与铁路

人类的每一点活动都或多或少地影响着环境。工业化生产达到一定水平之前，环境可以吸收人类活动的影响。超过这个水平，之后的变化变得不可逆转。我们到达这个水平了吗？1995 年以来，联合国政府间小组关于气候变化的结论是人类对全球气候有一个明显的影响。世界气候数据分析显示[378,385]：

① 1990 年到 2000 年期间，全球平均气温增加了 0.7 ℃，如果这个趋势继续下去，到 2100 年，平均气温将增加(2.6～2.7)℃。

② 1990 年到 2000 年期间，全球海平面增高了大约 20 cm，如果没有什么改变，到 2100 年，将进一步增加 10～90 cm，这主要是由于极地冰盖融化导致的。

③ 在 600 种活体测试中，对外部温度的增加，450 种在明显地适应。

④ 世界植被带将有大的移动，沙漠变得更热，沙漠化将增加。

⑤ 已知的石油储量最迟在 2050～2060 年间消耗完。

运输部门和工业、牧业、第三产业一起对环境产生很多不好的影响，包括空气污染、噪声污染、能源消耗、事故和安全、土地使用[375]。但是，在运输部门，铁路是对环境伤害最小的运输模式，这是在遥远的将来铁路发展的一个关键因素[387,388]。

图 22.1 给出了到 2100 年，对人类活动的关键要素最终演变的预测。

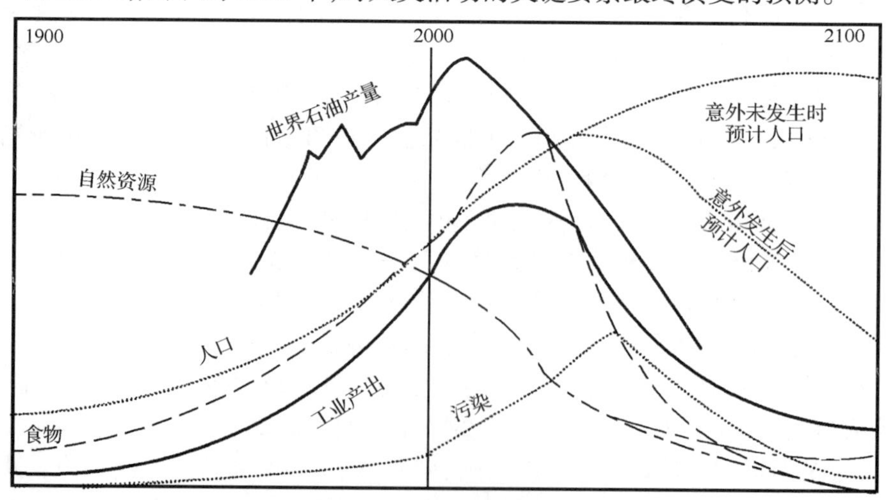

图 22.1　1900 年到 2100 年人类活动关键要素的演变(385)

至少只要有足够的自然资源和能源，经济活动就将继续扩张。但是，个体对运输的消费 C_{tr} 和 GDP（图 22.2）有因果关系，其为

$$C_{tr} = A \times \ln\text{GDP} + B \tag{22.1}$$

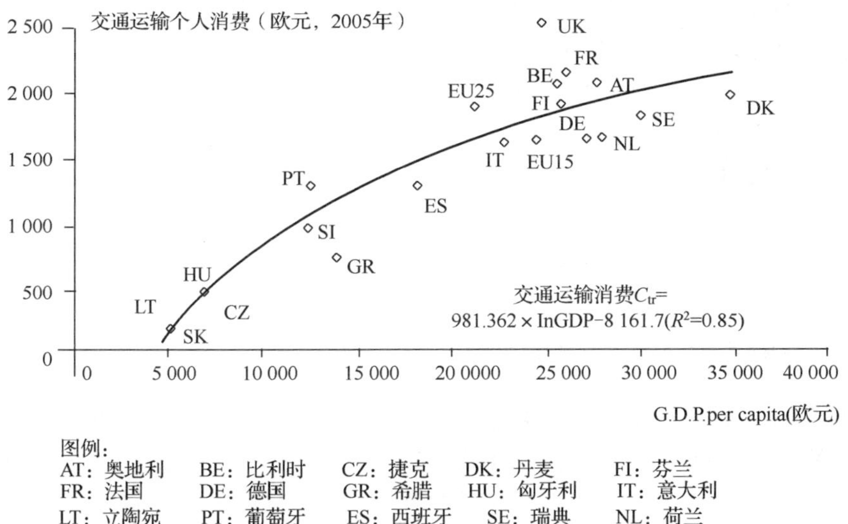

图 22.2　总 GDP 和个人交通运输消费之间的因果关系[377]

我们发现几十年来，全世界人们愿意花在旅行上的时间一直没变，大约为每天 1.1 h[385]。这意味着当人们收入增加时，他们使用更快的运输模式，而除了铁路，这些都会增加对环境的伤害。

22.2　空气污染和铁路

表 22.1 给出了个运输模式为客运和货运的污染情况。运输是许多城市地区重要的污染源，包括 90% ~95% 的铅和一氧化碳、60% ~70% 的碳氢化合物和氮氧化物以及超过 50% 的悬浮物[375,387]。但是，电气化铁路能够运输大量的乘客，其基本上没有污染；而内燃列车产生的污染也比其他模式少很多。

表 22.1　各种运输模式产生的污染物质[391]

污染物	客运					货运		
	单位	铁路	小汽车	飞机	巴士	单位	铁路	卡车
CO_2 排放	gr/p - km	60	12	300	60	gr/t - km	50	220
CO 排放	gr/p - km	0.05	1.3	8.1	0.15	gr/t - km	0.07	1.58
NO_x 排放	gr/p - km	0.08	0.34	6.4	0.2	gr/t - km	0.16	3.18
碳水化合物	gr/p - km	0.02	0.15	1.4	0.08	gr/t - km	n. a.	n. a.

为了减小温室影响,京都议定书要求(签字国)到2008～2012年使二氧化碳的排放比1992年减少5.2%。表22.1显示出了铁路明显的优势,它的二氧化碳排放量不到公路运输的1/4,不到飞机运输的1/10。1980～1990年期间,气体对温室的影响效果如下:二氧化碳50%、含氯氟烃22%、甲烷13%、对流带7%、氧化亚氮5%、平流水3%[381,391]。

一种应对温室效应的方式就是减少二氧化碳的排放,有人建议开征碳税(每排放1 t碳支付20美元)[384,387]。如果这只是主观想法,不大可能受欢迎,那么可以把运输方式转移到铁路[383]。

22.3 噪声污染和铁路

22.3.1 铁路运输噪声的起源和衰减

铁路运输噪声来自:车辆发动机、轮轨接触、受电弓和接触网的接触、列车运行中的空气动力影响。噪声水平随着距离而改变(尽管并非直线),它更受距离的影响,而不是速度的变化(见本书8.9.3节)。涉及距离的噪声水平测试、列车类型和速度都在本书8.9.5中讲到过。

22.3.2 减少来自轨道运输噪声的方法

减小钢轨噪声的最好阶段在决定布局过程中。实际上,路堤、高架桥和桥梁的布局设计导致噪声水平在75～105 dB(A),而路堑的布局设计导致噪声水平在50～75 dB(A)[161,380](见本书8.9.4节)。

其他在源头减少钢轨噪声的方式有[379]:

① 减少内燃发动机的噪声(欧洲26/2004号文件有更严格的规定);

② 合适的轨道打磨(见本书16.8);

③ 合成闸瓦,使用在货车上时,能够减少50%的钢轨噪声水平[382,386]。

如果不能在源头减小钢轨噪声,那么就得采取被动减少的方法了,其中最有效的是声障墙[376]。声障墙应该尽可能的靠近轨道,其高度应该保证噪声接收者看不到轨道车辆的车轮。2 m高的声障墙(未使用吸噪材料)在距离轨道3.50 m处能够减少大约10 dB(A)的噪声。如果声障墙使用的是吸噪材料,能够再减少2～5 dB(A)。使用声障墙减少噪声不受列车速度影响[168]。

22.4 能源消耗和铁路

运输部门每年消费世界总能源近1/3。2002年,运输部门消耗世界总能源的31.3%,工业消耗40.3%,农业和第三产业消耗28.4%。世界能源需求来自五个主要资源：石油 37%；天然气 22%；煤 26%；可再生能源 8%；核 7%。相比其他运输模式，铁路的单位能源消耗最低（图 22.3）。考虑到所有已知石油储量（2006 年数据）和中国、印度未来能源的适度消耗，所有的液体燃料最晚在 2050～2060 年间消耗完。

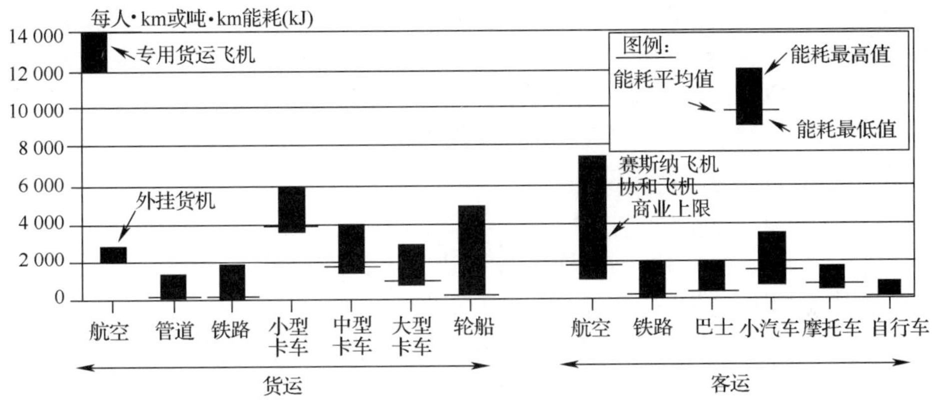

图 22.3　铁路和其他运输模式的单位能源消耗[387]

电气化铁路使用的是清洁能源（像水电、核电），而不是石油。政治家和老百姓还没能正确地评估电气化铁路的优势，而当石油即将耗尽时，这些优势将进一步显现。

由于中国和其他快速发展经济体对石油需求的增加以及稳定中东地区政治的需求，石油价格在 21 世纪头 10 年的后半期由每桶 45 美元增加到 70 美元，而在之前的 20 年里，价格只有现在的 1/2 到 1/3（见本书 1.2.2，图 1.3）。但是，这个增加对运输模式经济的影响不大。燃料只占铁路公司和汽运公司总运行成本的 6%～10%，占航空公司的 20%[388]。因此，即使燃料价格进一步提高，也不可能很大地影响运输模式现在的竞争性位置。

22.5　事故、安全和铁路

可以从以下两个方面考察安全：

① 事故导致的灾害、人员伤亡和物质损失；

② 运输危险货物时出现事故，会产生灾乱性的后果，不仅危及人员，而且影响环境。

和铁路相比，小汽车事故的死亡率是它的 7 倍多，公共汽车的是它的 2 倍多。尽管许多国家都采取了严格的公路安全措施，公路事故的死亡数字依然很高，看起来在将来也不可能明显的减少。

奇怪的是，在许多发达国家和大部分发展中国家，运输相关的伤亡总成本并没有受到重视，尽管公路事故以货币形式体现的经济后果是 GDP 中不可忽略的一部分,例如,它占欧盟 25 国 GDP 的 2% 。

危险物质(大部分危险物质包括:氰化氢、碳酰氯、无水氨、氯磺酸、过氧化氢、甲醇、二氧化钛、乙二醇)运输定量风险评估依然处在一个初级发展阶段,识别、精度和可信性问题导致的危害意识不足。影响可能指特定位置的个体(个体风险),或者一般社会(社会风险)。对使用铁路还是公路在某些特定路线运输危险物质的比较分析显示,铁路运输的风险是公路的 1/6[389]。问题的重心是致力于降低风险,而不是把问题推到分布系统的其他区域[390]。

22.6　土地使用和景观

城区和非城区运输基础设施所占用的土地,可以有其他用处。这点在人口密集的国家,例如日本、荷兰、比利时等,更为明显。

如果把所有运输模式所占有的土地换算成土地占用量,那么铁路有明显的优势(图 22.4)。

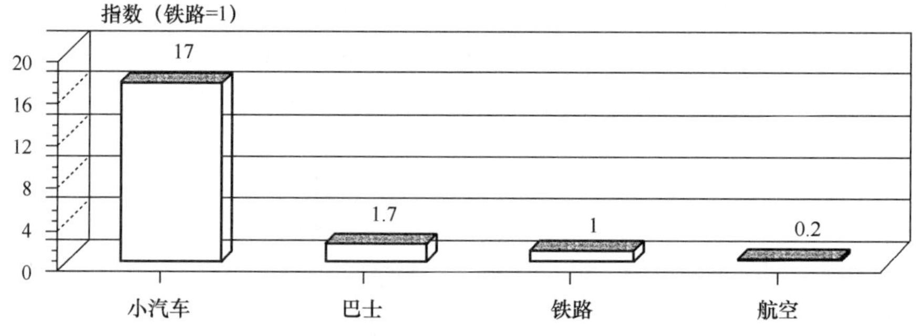

图 22.4　各种运输模式的人均土地占用[391]

在规划任何运输工程前,都要做环境研究,所有的运输基础设施都会对景观和环境美学产生或多或少的影响。铁路更容易融入环境,特别是如果布局设计尽可能的采用路堑而不是路堤时。许多时候,轨道建设之后都会沿着轨道种植树木。

物料回收是另外一个问题。许多铁路都采用最大化地让车辆使用回收物料的策略,以适应生态保护的需求,在不对环境产生伤害时控制轨道沿线的杂草。

22.7　拥　　堵

由于铁路的大运量,它能缓解交通拥堵。欧盟 15 国加上挪威和瑞士的总年度拥堵成本接近 630 亿欧元(2003 年的值[101])。拥堵成本是低速时,表现为乘客损失的时间总数和增加的运营成本。计算拥堵成本的一个关键假设就是每工时(乘客)或者每车或者吨时(货车)的时间。下列旅行时间值(按2006年的汇率兑换成欧元,基于最初值和通货膨胀率)在一些铁路研究中使用:

① 商务旅行,16.50~24.00欧元/工时;

② 通勤旅行,8.5欧元/工时;

③ 休闲旅行,5.80~6.70欧元/工时;

④ 货物运输,1.00~1.25欧元/吨时。

拥堵问题不仅受技术评估和用户的经济因素影响,而且受用户对所喜爱生活方式的选择的影响,在过去的30年里,用户更喜欢使用私家车和飞机。

参考文献

第1章

1. International Union of Railways(UIC),(2006),*Railway Statistics 1985-2005*,Paris.
2. European Union-Directorate General for Energy and Transport,(2006),*Energy and Transport in Figures*,Luxembourg.
3. The Economist,(2005),*Oil in Troubled Water*,Special Issue,April 2005.
4. European Conference of Ministers of Transport (ECMT),(2004),*Transport Evolution 1970-2002*,Paris.
5. UIC,(2005),*Annual Report 2004*,Paris.
6. Profillidis V.,(2005),Impact of High-Speed Rail Services on Airports,*International Conference*,University of Westminster,London,June 2005.
7. Profillidis V.,(2004),*Transport Economics-3rd Edition*,Papasotiriou Ed.,Athens.
8. Lin K.,(2004),'Making New Connections:Airport Rail Links in the United States',*Japan Railway & Transport Review*,No 39,July 2004.
9. Hirota R.,(2004),'Air-Rail Links in Japan:Present Situation and Future Trends',*Japan Railway & Transport Review*,No 39,July 2004.
10. European Union-Directorate General for Energy and Transport,(2003),*European Energy and Transport Trends to 2030*,Luxembourg.
11. Batisse E.,(2003),'Heavy Haul,a Challenge or an Opportunity for Europe's Railways',*Rail International*,Brussels,September 2003.
12. Profillidis V.,(2001),'Separation of Infrastructure from Operation and the New Organization of the Railways',*Japan Railway and Transport Review*,No 29.
13. Giannakos C.,Profillidis V.,(2001),'Technical Aspects of Railway Interoperability',*1st National Conference on Recent Advances in Mechanical Engineering*,American Society of Mechanical Engineers-Greek Section,Patras(Greece),September 2001.
14. Profillidis V.,Boilé M.,(2001),'Evolutions et Restructurations au Transport de Fret en Europe',*Transports*,No 405,Janv.-Févr. 2001.
15. Profillidis V.,Botzoris G.,(2001),'Assessment of the Evolution of Environmental Effects of Transport',*1st International Conference on Ecological Protection of the Planet Earth*,Xanthi (Greece),June 2001.
16. Profillidis V.,(1998),'Theoretical and Practical Aspects Concerning Land Access to Sea Ports',*European Conference of Ministers of Transport(ECMT)*,*Round Table 113*,Paris.
17. Roumeguère Ph. et al.,(1998),'Les Réseaux Ferroviaires Européens',*RGCF*,February 1998.

18. Plotkin D. ,(1997),'Carrying Freight on High-Speed Rail Lines',*American Society of Civil Engineers(ASCE)*,*Journ. of Transp. Eng.* ,Vol. 123,No. 3.

19. Ghobrial A. , Kanafani A. , (1995), 'Quality of Service Model of Intercity Air Travel Demand',*ASCE*,*Journ. of Transp. Eng.* ,Vol. 121,No. 2.

20. ECMT(1995),*New Problems-New Solutions*,13th International Symposium,Luxembourg.

21. ECMT,(1995),*Why do we Need the Railways*,International Seminar,Paris.

22. Profillidis V. , (1995), 'Light Rail Transit Systems: Present Trends and Future Prospects',*Journ. of Light Rail Transit Association*,January 1995,London.

23. Thompson L. ,(1994),'High-Speed Rail in the United States-Why isn't there more?',*Japan Railway & Transport Review*,No 9,October 1994.

24. Profillidis V. (editor),(1994),*Modernization of Railway and Airway Transport-The Impact of Liberalization*,International Conference,Democritus Thrace University,Xanthi,Greece.

25. ECMT,(1994),*Light Rail Transit Systems*,Paris.

26. UIC,(1993),*The Railways-An Indispensable Part of the European Transport System*,Paris.

27. ECMT,(1993),*Possibilities and Limitations of Combined Transport*,Round Table 91. Paris.

28. ECMT,(1992),*Transport Growth in Question*,12th International Symposium,Lisboa.

29. ECMT,(1992),*Guided Transport in 2040*,Paris.

30. Profillidis V. ,(1991),'Combined Transport between Greece, Europe and the Middle East-Present Trends and Future Prospects',*International Conference*,University of Trieste,September 1991.

31. UIC,(1991),*Pour une Transformation du Système Ferroviaire International dans le Cadre d'une Politique Nouvelle des Transports en Europe*,Paris.

32. Profillidis V. ,(1990),'Light Rail Technologies in the 1990s',*International Conference on Electric Transport*,November 1990,Basel.

33. Devaux P. ,(1989),*Les Chemins de Fer*,Presses Universitaires de France.

34. ECMT,(1986),*The Cost of Combined Transport*,Paris.

35. Estival J. -P. ,Profillidis V. ,(1985),'For a New Strategy of the European Rail Networks', *Rail International*,July 1985.

36. Alston L. ,(1984),*Railways and Energy*,World Bank Editions.

第2章

37. Pepy G. ,Leboeuf M. ,(2005),'Le TGV au XXI Siècle',*Revue Générale des Chemins de Fer (RGCF)*,No 7,Mai 2005.

38. Eurostar Group,(2005),'Eurostar-A Seamless Journey to the Continent',*Japan Railway & Transport Review*,No 40,March 2005.

39. Gonzales-Savignat M. ,(2004),'*Will the High-speed Train compete against the Private Vehicle?*',Transport Reviews,United Kingdom,May 2004.

40. Andersen S. ,(2004),'Überlegungen zur Anwendung der Magnetbahntechnik im spurgeführten

Hochgeschwindigkeitsverkehr' ,*ZEVrail Glasers Annalen*,Vol. 128,No. 3.

41. Siemens,(2001),'*Transrapid:The New Dimension in Travel*' ,Erlangen,Germany.
42. Noulton J. ,(2001),'The Channel Tunnel' ,*Japan Railway & Transport Review*,No 26,February 2001.
43. Najafi F. T. ,Nassar F. E. ,(1996),'Comparison of High-Speed Rail and Maglev Systems' ,*ASCE*,*Journ. of Transp. Eng.* ,Vol. 122,No. 4.
44. Arduin J. -P. ,(1994),'Development and Economic Evaluation of High Speed in France' ,*Japan Railway & Transport Review*,No 9,October 1994.
45. Raschbichler Hg. ,(1992),'Die Mangetschnellbau Transrapid-Ein Neues Verkehrsystem für des Personen-und Gütertransport' ,*Zeitschrift für Eisenbahnwesen und Verkehrestechnik*,No 8-9,Berlin.
46. Brand M. M. ,Lucas M. M. ,(1989),'Operating and Maintenance Costs of the TGV High-Speed Rail System' ,*ASCE*,*Journ. of Transp. Eng.* ,Vol. 115. No 1.
47. Profillidis V. ,(1985),'High-Speed Trains' ,*Technica Chronika*(*Scientific Journal of Greek Engineers*),Vol. 5,No 3,Athens.
48. Roumeguère Ph. ,(1985),'Les Installations Fixes du TGV Deux Ans après leur Mise en Service' ,*Rail International*,Vol. 8/9.

第3章

49. Profillidis V. ,(2006),'La Législation Ferroviaire Européenne' ,*Transports*,No 435,Janvier-Février 2006.
50. Crozet Y. ,(2004),*Les Réformes Ferroviaires Européennes:à la Recherche des Bonnes Pratiques*,Institut de l' Entreprise,Paris.
51. European Commission(2002),*White Paper*,Brussels.
52. Domergue P. ,Quinet E. ,(2001),'Situation and Problems of Railway Industry in Europe' ,*Japan Railway & Transport Review*,No 26.
53. Directive 2001/12/EC of the European Parliament and of the Council of 26 February 2001 amending Council Directive 91/440/EEC on the *Development of the Community' s Railways*,Official Journal L 075,15/03/2001.
54. Directive 2001/13/EC of the European Parliament and of the Council of 26 February 2001 amending Council Directive 95/18/EC on the *Licensing of Railway Undertakings*,Official Journal L 075,15/03/2001.
55. Directive 2001/14/EC of the European Parliament and of the Council of 26 February 2001 on the *Allocation of Railway Infrastructure Capacity and the Levying of Charges for the use of Railway Infrastructure and Safety Certification*,Official Journal L 075,15/03/2001.
56. Ponti M. ,(2001),European Conference of Ministers of Transport(ECMT),*Round Table 120:What Role for the Railways in the East*?
57. ECMT,(2001),*Railway Reform*,Paris.

58. UIC, (1999), *Shaping the Future of Rail*, Paris.

59. Smith L., (1997), '10 Years of JR Operation-The Explicit and Implicit Aims of JNR Privatization', *Japan Railway & Transport Review*, No 13.

60. Konno S., (1997), 'JNR, Privatization-The First 10 Years and Future Perspectives', *Japan Railway & Transport Review*, No 13.

61. ECMT, Round Table 103, (1996), *The Separation of Operations from Infrastructure in the Provision of Railway Services*, Paris.

62. Violland M., (1994), 'The Privatization of Railways', *International Conference: Modernization of Railway and Airway Transport-The Impact of Liberalization*, Democritus Thrace University, Xanthi, Greece.

63. Directive 1991/440 of the European Parliament and of the Council of 29 July 1991, on the *Development of the Community's Railways*, Official Journal L 237, 24/08/2001.

64. ECMT, (1990), *Prospects for East-West European Transport*, International Seminar, Paris.

65. Profillidis V., (1990), 'Present Status and Future Prospects of Greek Railways-An Analysis of a Railway Network in a Difficult Situation', *Journal of Transportation Planning and Technology*, Vol. 14.

66. Profillidis V., (1987), 'A Methodology of Quantification of the Public Benefit that the Railways offer to the Society and a New Approach for the Appreciation of the Management of the Railway Undertaking', *XVII Panamerican Railway Congress Association.*

67. ECMT, (1986), *European Dimension and Prospects of the Railways*, International Seminar, Paris.

68. World Bank, (1982), *The Railway Problem*, Washington.

69. UIC, (1980), *Le Chemin de Fer d'Aujourd'hui et de Demain*, Paris.

70. Regulation 2598/1970 of the European Community on the *Definition of Infrastructure of Railways and of other Systems of Transport.*

第4章

71. Profillidis V., Botzoris G., (2006), 'Econometric Models for the Forecast of Passenger Demand in Greece', *Journal of Statistics & Management Systems*, No. 1, Vol. 9.

72. Profillidis V., Botzoris G., (2005), 'A Comparative Analysis of the Forecasting Ability of Classical Econometric and Fuzzy Models', *Fuzzy Economic Review*, No1, Vol. 10.

73. Profillidis V., Botzoris G., (2004), 'A Time-series Model for the Forecast of Rail Passenger Demand with the use of the Least Median of Squares and the Singular Spectrum Analysis', *2nd International Conference on Research in Transportation*, Athens.

74. Profillidis V., Botzoris G., (2004), 'Econometric Models for the Forecast of Modal Split of Passenger Demand for Greece', *International Conference on Modelling & Simulation*, Valladolid, Spain.

75. Profillidis V., Botzoris G., (2003), 'The Market Survey: An Essential Tool for the Commercial

and Tariff Policy of a Public Transport Undertaking', 2nd *International Conference on Marketing*, Paris.

76. Stefanis V., Profillidis V., Papadopoulos B., Botzoris G., (2001), 'Analysis and Forecasting of Intercity Rail Passenger Demand by Econometric and Fuzzy Regression Models', 8th *SIGEF Congress*, Naples, Italy.
77. Simos, T., (2001), *Numerical Methods in Chemistry in Chemical Modelling: Applications and Theory*, Vol 2, (Editor: A. Hinchliffe), The Royal Society of Chemistry.
78. Varagouli E., Simos T., Gianopoulos G., Stefanis B, Xeidakis G., (2001), 'Regression Models for Intercity Auto Directional Travel Demand', *Journal of Statistics & Management Systems*, No. 1, Vol. 4.
79. Profillidis V., Papadopoulos B., Botzoris G., (1999), 'Similarities in Fuzzy Regression Models and Application on Transportation', *Fuzzy Economic Review*, No. 1, Vol. 4.
80. Franses Ph., (1998), *Time-Series Models for Business and Economic Forecasting*, Cambridge University Press.
81. Webster F., Bly H., Paulley J., (1998), *Urban Land Use and Transport Interaction: Policies and Models*, Avebury, London.
82. Stopher P., Lee-Gosselin M., (1996), *Understanding Travel Behaviour in an Area of Change*, Elsevier.
83. Elsner J., Tsonis A., (1996), *Singular Spectrum Analysis-A New Tool in Time-Series Analysis*, Plenum Press.
84. Cox E., (1995), *Fuzzy Logic for Business and Industry*, Charles River Media Inc., 1995.
85. Hawkins D., (1995), 'Convergence of the Feasible Solution Algorithm for Least Median of Squares Regression', *Computational Statistics and Data Analysis*, No 19.
86. Fleming M., Nellis J., (1994), *Principles of Applied Statistics*, Routledge.
87. Ortùzar J., Willumsen L., (1994), *Modelling Transport-2nd Edition*, Wiley.
88. Maddala G., (1992), *Introduction to Econometrics*, MacMillan.
89. Fowkes T., Nash C., (1991), *Analysing Demand for Rail Travel*, Avebury, London.
90. Wardman M., (1988), 'A Comparison of Revealed Preference and Stated Preference Models of Travel Behaviour', *Journal of Transport Economics and Policy*, Vol. 22.
91. Jarret J., (1987), *Business Forecasting Methods*, Blackwell.
92. Cahantone R., Di Benedetto C., Bojanic D., (1987), 'A Comprehensive Review of the Forecasting Literacy', *Journal of Travel Research*, Vol. 2.
93. Van Doorn, W., (1986), 'Scenario Writing : A Method for Long-term Forecasting?', *Tourism Management.*
94. Fowkes T., Nash C., Whiteing A., (1985), 'Understanding Trends in Intercity Rail Travel in Great Britain'. *Transp. Plan. and Techn*, Vol. 10, No1.

第5章

95. Kopp A., (2005), 'Transport et Commerce International', *Transports*, No 431, Mai-Juin 2005.

96. Richard J. -M. ,Bertrand A. ,Raffarin M. ,(2005),'La Tarification de 1' Infrastructure Ferroviaire',*RGCF*,No 27,Avril 2005.

97. Thompson L. ,(2005),'Rail Infrastructure Access Charge Issue',*World Bank Transport Forum*,Washington.

98. Chun-Hwan K. ,(2005),'Transportation Revolution:The Korean High-Speed Railway',*Japan Railway & Transport Review*,No 40. March 2005.

99. Quinet E. (2004),'A Meta-analysis of Western European External Costs Estimates',*Transportation Research part D:Transport and the Environment*,Vol. 9,No. 6.

100. Hatano L. (2004),'Complexity versus Choice:UK Rail Fares',*Japan Railway & Transport Review*,No 37,Jan. 2004.

101. INFRAS,IWW Universitaet Karlsruhe,(2004),*External Costs of Transport*,Zurich.

102. INFRAS,IWW Universitaet Karlsruhe,(2004),*Facts of Competition in the European Transport Market*,Zurich.

103. Standard & Poor's,(2004),*Infrastructure Finance*,McGraw-Hill.

104. Okabe M. ,(2004),'New Passenger Railway Fares',*Japan Railway & Transport Review*,No 37,Jan. 2004.

105. Crozet Y. ,(2004),'European Railway Infrastructure:towards a Convergence of Infrastructure Charging?',*International Journal of Transport Management*,Vol. 2,No. 1.

106. Link H. ,(2004),'Rail Infrastructure Charging and on-track Competition in Germany',*International Journal of Transport Management*,Vol. 2,No. 1.

107. Brambilla M. ,Erba S. ,Ponti M. ,(2003),'Costs,Competition and the Role of the State in Freight Transport',*Trasporti Europei*,No 23.

108. Baritaud M. ,(2001),*La Tarification des Infrastructures Ferroviaires*,Ph. D. Thesis,Ecole des Mines de Paris.

109. Johansen K. ,Larsen O. ,Norheim B. ,(2001),'Towards Achievement of both Allocative Efficiency and X-efficiency in Public Transport',*Journal of Transport Economics and Policy*,Vol. 35,No 3.

110. Nash C. ,Coulthard,S. ,Matthews,B. ,(2003),'Rail Track Charges in Great Britain-The Issue of Charging for Capacity',*8th International Conference on Competition and Ownership in Passenger Transport*,Rio de Janeiro,Brazil.

111. Powell T. ,(2001),*The Principles of Transport Economics*,PTRC Education and Research Services Ltd. ,London.

112. ECMT,Round Table 107,(1998),*User Charges for Railway Infrastructure*,Paris.

113. Profillidis V. ,(1996),'The Logistic Chain and Railway Transport',*12th International Logistics Congress*,Athens.

114. ECMT,(1994),*Internalizing the Social Cost of Transport*,Paris.

115. Baumgartner J. P. ,(1991),*Economie des Trasnports*,Lausanne.

116. UIC,(1998),*Railway Statistical and Costs Terminology*,Paris.

第6章

117. Profillidis V. ,Botzoris G. ,(2006),'Public-Private Partnerships for Transport Infrastructure Projects and Impact on Planning and Operation' ,*3rd International Conference on Transport Research in Greece*,Thessaloniki,2006.

118. Hatamura Y. ,(2005),'Things that Need to be Changed-Things that must not be Changed' *East Japan Railways-Technical Review*,No 5.

119. Profillidis V. ,Botzoris G. ,(2004),'Recent Changes in Technology and Electronics and Impact on the Management of the Railway Undertaking' ,*20th European Conference on Operational Research*,Rhodes,July 2004.

120. Fernández E. ,de Chea J. ,Giesen R. ,(2004),'A Strategic Model of Freight Operations for Rail Transportation Systems' ,*Journal of Transportation Planning and Technology*,Vol 27. No. 4.

121. Janic M. ,(2003),'Multicriteria Evaluation of High-speed,Tranrapid Maglev and Air Passenger Transport in Europe' ,*Journal of Transportation Planning and Technology*,Vol. 26,No. 6.

122. Powell T. ,(2001),*The Transport System:Markets,Modes and Policies*,PTRC Publ. ,London.

123. ENPC,(2001),*Manuel de Management de Projet*,Paris.

124. Doherty A. ,(1999),'The Railway Policy Debate in Japan and its Domination on old Debt' ,*Journ . of Trans. Econ. and Policy*,No1,Vol. 32.

125. Bollard A. ,Pickford M. ,(1999),'Deregulation and Competition Policy in the Transport Sector in New Zealand' ,*Journ. of Trans. Econ. and Policy*,No 2,Vol. 32.

126. European Union,DG VII,UIC and Community of European Railways,*Shaping the Future of Rail*,Paris,Febr. 1999.

127. Welsby J. , Nichols A. , (1999), ' The Privatization of British Railways ', *Journ. of Trans. Econ. and Policy*,No 1,Vol. 33.

128. Profillidis V. ,(1997),'Possibilities of Financing Transportation Projects through Private Capitals' *International Conference《Present and Future of Greek Economy》*,Economic University of Athens,Greece.

129. Adler H. (1987),*Economic Appraisal of Transport Projects*,The World Bank,Washington.

130. Roe M. (1987),*Evaluation Methodologies for Transport Investment*,Avebury,Aldershot.

131. Green T. J. ,(1983),*Long-term Planning*,Track Course,RIA,London.

132. McClintock A. G. ,Skinner R. N. ,(1983),*Project Management*,Track Course,RIA,London.

第7章

133. Ubalde L. ,López Pita A. ,Teixeira P. ,Saña A. ,(2005),'Track Deterioration in High-Speed Railways:Influence of Stochastic Parameters' ,*8th International Conference on Railway Engineering*,University of Westminster,London,June 2005.

134. UIC Code 505, (2003), '*Railway Transport Stock-Rolling Stock Construction-Gauge*', Paris.

135. Liolios A., Profillidis V. et al., (2002), 'A Nonconvex Numerical Approach to the Dynamic Soil-Pipeline Interaction Induced by High-Speed Railway Traffic', *International Conference: Nonsmooth/Nonconvex Mechanics with Application in Engineering*, Thessaloniki-Greece, July 2002.

136. Saito A., (2002), 'Why did Japan Choose the Narrow Gauge', *Japan Railway & Transport Review*, No 31, June 2002.

137. Kissel E., Missler M., (2001), 'The Use of Ballastless Track on the Lines of Deutsche Bahn AG: Interaction between Requirements, Operating Trials and further Development' *European Railway Review*, London, Vol. 7, No. 4.

138. UIC, (1999), *Common Recommended Practices for Metre Gauge Rolling Stock*, Paris, June 1999.

139. The Permanent Way Institution (1993), *British Railway Track*, 6th Edition, Echo Press Ltd, Loughborough.

140. H. M. Stationery Office, (1992), *Railway Construction and Operation Requirements-Structural and Electrical Clearances*, London,

141. Bonnett C. F., (1992), 'Trackwork for Lightweight Railways', *Proceedings of the Institution of Civil Engineers*, Part 1.

142. Ohyama T., (1992), 'Adhesion Characteristics of Wheel-Rail System and its Control at High Speeds', *RTRI*, Tokyo, Vol. 33. No 1.

143. Fiedler J. (1991), *Grundlagen der Bahntechnik*, Werner-Verlag, Düsseldorf.

144. UIC Code 714R, (1989) '*Classification of Lines for the Purpose of Trcak Maintenance-3rd edition*', Paris.

145. Semaly, (1988), '*Studies for the Metros of Lille and Strasbourg*', Lyon.

146. ORE, D 161, RP 4, (1987), *The Dynamic Effects due to Increasing Axle Loads from 20 to 22. 5 t*, Utrecht.

147. Profillidis, V. (1986), 'Applications of Finite Element Analysis in the Rational Design of Track Bed Structures', *International Journal of Computers and Structures*, Vol. 22, No. 3.

148. Alias J., (1984), *La Voie Ferrée-Tome I: Techniques de Construction et d'Entretien*, Eyrolles, Paris.

149. Profillidis V., (1983), *La Voie Ferrée et sa Fodation-Modélisation Mathématique*, Ph. D. Thesis, Ecole Nationale des Ponts et Chaussées, Paris.

150. ORE, C116, RP 10, (1981), *Study of Optimum Rail Inclination and Gauge related to Wheel Profiles adapted to Wear*, Utrecht.

151. Esveld C., (1978), *Spectral Analysis of Track Geometry for Assessing the Performance of Maintenance Machines*, ORE, DT 77, Utrecht.

152. Sauvage R., Richez G., (1978), 'Les Couches d'Assise de la Voie Ferrée', *RGCF*, December 1978.

153. Prud'homme A., (1970), 'La Voie', *RGCF*, Paris, January 1970.

154. Sauvage R. ,Errieau J. ,(1970),'Les Poses de Voie sans Ballast' ,*RGCF*,March 1970.

155. Kalker J. ,(1967),*On the Rolling Contact of Two Elastic Bodies in the Presence of Dry Friction*,Ph. D. Dissertation,Delft University.

第 8 章

156. Takemiya H. ,Bian X. ,(2005),'Substructure Simulation of Inhomogeneous Track and Layered Ground Dynamic Interaction under Train Passage', *ASCE*, *Journ. of Eng. Mechanics*, Vol. 131,No. 7.

157. Girardi L. ,(2003),'Fabrication,Maintenance et Développement du Rail' ,*RGCF*,Juin 2003.

158. Hawthorne K. ,Irani,F. ,(2003),'Reducing the Stress State of the Railway' ,*Intern. Railway Journal*,Vol. 43,No. 9.

159. Panagiotopoulos P. ,(1993),*Hemivariational Inequalities. Applications in Mechanics and Engineering*,Springer,Berlin.

160. Wayson R. L. ,Bowlby W. ,(1989),'Noise and Air Pollution of High-Speed Rail Systems', *ASCE*,*Journ. of Transp. Eng.* ,Vol. 115,No. 1.

161. Zicha J. H. ,(1989),'High-Speed Rail Track Design', *ASCE*, *Journ. of Transp. Eng.* , Vol. 115,No. 1.

162. Profillidis V. ,Humbert P. ,(1986),'Etude en Elastoplasticité par la Méthode des Eléments Finis du Comportement de la Voie Ferrée et de sa Fondation' ,*Bull. de Liaison des Laboratoires des Ponts et Chaus-sées*,Vol. 141.

163. Profillidis V. (1985),'Three-Dimensional Elastoplastic Finite Element Analysis for Track Bed Structures' ,*Civil Engineering for Practicing and Design Engineers*,Vol. 4,No. 9.

164. ORE,D 117,RP 18,RP 25,RP 27,RP 28,RP 29(1984),*Optimum Adaptation of the Conventional Track to Future Traffic*,Utrecht.

165. Salencon J. ,Halphen B. ,(1984),'*Elasto-plasticité*' ,ENPC.

166. Profillidis V. ,(1983),*La Méthode des Eléments Finis:Principes de Base et Techniques d' Application en Mécanique des Structures*,Textbook,French Railways,Paris.

167. Profillidis V. ,(1983). *Les Lois de Comportement Non-Linéaires en Mécanique-Traitement par la Méthode des Eléments Finis*,Textbook,French Railways,Paris.

168. ORE,C 137,RP 12(1981),'*Railway Noise:Measurements of the Running Noise caused by Trains on Different Types of Bridges*' ,Utrecht.

169. Girardi L. ,(1981),'Propagation des Vibrations dans les Sols Homogènes ou Stratifiés', *Inst. Techn. du Bat. et des Trav. Publ*,No 397.

170. Chang C. ,Adegoke C. ,Selling F. ,(1980),'Geotrack Model for Railroad Track Performance' ,*ASCE*,*J. G. E. D.* ,Vol. 106,No. GT 11.

171. Zienkieswicz O. ,(1980),*The Finite Element Method in Engineering Science*,McGraw-Hill.

172. López Pita A. ,Oteo Mazo C. ,(1978),'Análysis de la Deformabilidád de una Via Férrea Mediante el Método de Elementos Finitos' ,*AIT*,No. 15.

173. ORE, D 71, RP 9, RP 10(1978), *Stress in the Track, Ballast and the Subgrade under the Action of Repeated Loading*, Utrecht.

174. Eisenmann J., (1977), *Die Schiene als Träger und Fahrbahn*, Verlag Ernst, Berlin.

175. Wiley R., (1975), *Advanced Engineering Mathematics*, McGraw-Hill.

176. Zienkiewicz O., Valliapan S., King, I., (1969), 'Elastoplastic Solutions of Engineering Problems. Initial Stress-Finite Element Approach', *Int. Journ. of Num. Meth. in Engin.*, Vol. 1.

177. Drucker D., (1951), 'A More Fundamental Approach to Plastic Stress-Strain Relations', *Proceedings, 1st U. S. Nat. Congr. Appl. Mech.*

178. Hill R., (1950), *The Mathematical Theory of Plasticity*, Oxf. Univ. Press.

179. Zimmermann H., (1941), *Die Berechnung des Eisenbahnoberbaues*, Third Edition, Wilhelm Ernst und Sohn, Berlin.

第9章

180. Hillier R, Dunn M., (2005), 'Case Studies of Applications of Numerical Techniques for Design of Embankment Remedial Schemes', *8th International Conference on Railway Engineering*, University of Westminster, London, June 2005.

181. Quero D., Doan V.-T., (2002), 'Prise en Compte de l'Aléas Sismique de la Ligne du TGV Méditerranée', *RGCF*, Février 2002.

182. Perlet J., (2002), 'Les Aménagements Hydrauliques de la Ligne du TGV Méditerranée', *RGCF*, Février 2002.

183. Profillidis V., (2000), 'The Reinforcement Effect of Geotextiles in Railway Subgrades', *Rail International*, No 7.

184. Bowles J., (1997), *Foundation Analysis and Design-5th Edition*, McGraw-Hill, New York.

185. Caillou J., Vallet D., Cervi G., (1994), 'La Voie sans Ballast-Vers une Solution pour les Grandes Lignes', *RGCF*, June-July 1994.

186. UIC, Fiche 719R(1994), *Ouvrages en Terre et Couches d'Assise Ferroviaires*, Paris.

187. Carter M., Bentley S., (1993), *Correlations of Soil Properties*, Pentech Press, London.

188. UIC, Code 723R(1992), *Selection and Use of Weedkillers alongside Railway Tracks from the Standpoint of Environment Protection*, Paris.

189. UIC, Code 722R(1990), *Methods of Improving the Track Formation of Existing Lines*, Paris.

190. Profillidis V., (1985), *Geotextiles-Mechanical and Hydraulic Behaviour-Applications*, Textbook, Thessaloniki.

191. Profillidis V., Kouparoussos A., (1984), 'Mechanical Behaviour of the Railway Subgrade', *KEDE, Scient. Bulletin of the Ministry of Public Works of Greece*, Vol. 3-4, Athens.

192. Rowe K., (1984), 'Reinforced Embankments: Analysis and Design', ASCE, *Journ. of the Geotechnical Engineering Division*, Vol. 110. No. 2.

193. Société Nationale des Chemins de Fer Français, (1982), *Ouvrages en Terre Armée*, Paris.

194. Naylor D., Pande G., Simpson B., Tabb R., (1981), *Finite Elements in Geotechnical Engi-*

neering, Pineridge Press, United Kingdom.

195. ORE, D117, RP15, 16(1981), *Filtration et Drainage*, Utrecht.
196. Sauvage, R., Langlade, J. (1981), 'L'Utilisation des Géotextiles dans les Plates-formes Ferroviaires de la SNCF', *RGCF*, July-August 1981.
197. Rankilor D., (1981), *Membranes in Ground Engineering*, John Wiley.
198. Hartmark H., (1979), 'Frost Protection of Railway Lines', *Engin. Geology*, Vol. 13, Amsterdam.
199. UIC, Question 714 (1978), *Adaptation de la Plate-forme dans l'Optique des Circulations à Grande Vitesse et de l'Augmentation de la Charge Par Essieu*, Paris.
200. Deutsche Bundesbahn, (1974), *Vorläufige Richtlinien für Plannung und Herstellung der Erdbauwerke von Strecken mit hohen Geschwingdigkeit*, OS 836/2.
201. Tirant P., Sarda J., (1965), 'Chargements Répétés des Sols Fins Compactés et Non Saturés', *Bull. de Liais. des Labor. des Ponts et Chaussées*, (LCPC), July-August 1965.
202. Ayres D., (1961), 'The Treatment of Unstable Slopes and Railway Track Formations', *Journ. of the Soc. of Engineers*, Vol. 52, No. 4, London.

第10章

203. Ahlström J., Karlsson B., (2005), 'Fatigue Behaviour of Rail Steel-A Comparison between Strain and Stress Controlled Loading', *Wear*, Vol 258.
204. Thyssen, (2005), *Rail Sections.*
205. ORE, D185, RP3(1997), *Theoretical Modeling of Rail Corrugations and Validation by Measurement*, Utrecht.
206. Alfelor R, M., Mc Neil S., (1994), 'Heuristic Algorithms for Aggregating Rail Surface Defect Data', *ASCE, Journ. of Transp. Eng.*, Vol. 120, No. 2.
207. Profillidis V., (1991), 'Mechanical Behaviour of the Rail', *Professor G. Nitsiotas's Honorary Volume*, University of Thessaloniki.
208. Edel K., Ortmann R., (1990), 'Fracture-Mechanical Characteristics of Rail Materials', *Rail International*, August-September 1990.
209. Tassily E., (1987), 'Propagation des Ondes de Flexion dans la Voie Ferrée consideree comme un Milieu Périodique', *RGCF*, March 1987.
210. Profillidis V., (1986), 'Continuous Welded Rail', *Bulletin of Greek Civil Engineers*, No. 172, Athens.
211. UIC, 860(1979), *Technical Specification for the Supply of Rails*, Paris.
212. Orringer O., Morris J. M., Steele R. K., (1984), 'Applied Research on Rail Fatigue and Fracture in the United States', *Theoretical and Applied Fracture Mechanics*, Vol. 1.
213. Sperring D., Squiers J., (1983), 'Rail Wear and Associated Problems' *British Railway Track Course.*
214. Mair R., Groenhout P., (1981), 'Croissance des Defectuosités Transversales dues à la Fa-

tigue dans le Champignon des Rails de Chemin de Fer', *Rail International*, February 1981.

215. Tounend P., (1980), 'Analyse de la Probabilité et Coût des Défauts en Forme de Tache Ovale dus à la Fatigue des Voies en Alignement et en Courbe dans des Conditions de Fortes Charges par Essieu', *Rail International*, July-August 1980.

216. ORE, D 141, RP1 (1979), *Statistical Study of the Evolution of Rail Defects in Relation to the Medium Axle Mass*, Utrecht.

217. Zarembski A. M., (1979), 'Effect of Rail Section and Traffic on Rail Fatigue Life', *American Railway Engineering Association*, Bulletin 673, Vol. 80.

218. UIC (1979), *Catalogue of Rail Defects*, Paris.

219. Dang Van K., Gence P., (1978), 'Evolution des Critères de Fatigue-Application au cas des Rails' *RGCF*, December 1978.

220. Fowler G., (1976), *Fatigue Crack Initiation and Propagation in Pearlitic Rail Steels*, Ph. D. Thesis, Univ. of California.

221. ORE, D117, RP3 (1973), *Rail Behaviour in Relation to Operation Conditions*, Utrecht.

222. Eisenmann J., (1970), 'Stress Distribution in the Permanent Way due to Heavy Axle Loads and High Speeds', *AREA*, Vol. 71.

223. ORE, D71, RP2 (1966), *Stress Distribution in the Rails*, Utrecht.

224. Yasojima Y., Machii K., (1965), 'Residual Stresses in the Rail', *Permanent Way*, No. 26, Vol. 8, Society of Japan.

225. Timoshenko S., Langer B., (1932), 'Stress in Railroad Track', *ASME*, Vol. 54.

第11章

226. Technical Specifications of some Manufactures (e. g. Nabla, Vossloh, pandrol) of Fastenings, (2005).

227. Judge T. (2003), 'How Tie Types Stack up', *Railway Age*, Vol. 204, No. 8.

228. Profillidis V. (2001), 'The Mechanical Behaviour of the Railway Sleeper', *Rail International*, No. 1.

229. European Standard, (1994), 'Twin-Block Reinforced Concrete Sleepers', *European Committee for Standardization*, Brussels.

230. European Standard, (1994), 'Prestressed Monoblock Concrete Sleepers', *European Committee for Standardization*, Brussels.

231. Bonewitz, W., Fuhrer G., (1992), 'Einsatz von Elastomeren bei Schienen-befestigung bei Eisenbahnen und Nahverkehrsbahnen', *Die Bundesbahn*, No. 3, Barmstadt.

232. SATEBA (1992), *Twin-Block Railway Sleepers*, Paris.

233. FIP (Fédération Internationale de la précontrainte) (1987), *Concrete Pailway Sleepers*, Thomas Telfod Editions, London.

234. Profillidis V., Poniridis P., (1986), 'The Mechanical Behaviour of the Sleeper-Ballast Interface', *Intern. Journal of Computers and Structures*, Vol. 24, No. 3.

235. Lindsey D. ,(1983),'Rail Track Fastenings',*Track Course*,RIA,London.

236. Buekette J. ,(1983),'Concrete Sleepers',*Track Course*,RIA,London.

237. Squires,J. H. ,Sperring D. G. ,(1983),'Theory and Development of Resilient Pads',*Track Course*,RIA,London.

238. Hodgson W. H. ,(1983),'Steel Sleepers',*Track Course*,RIA,London.

239. UIC,863V(1981),*Technical Specification for the Supply of Nontreated Track Support(Wooden Sleepers for Standard and Broad Gauge Track and Crossing Timbers)*,Paris.

240. American Railway Engineering Association(1982),*Concrete Ties.*

241. ORE,D71,RP8(1973),*Load Distribution under the Sleeper*,Utrecht.

242. ORE,D71(1973),*Sollicitation de la Voie,du Ballast et de la Plateforme*,Utrecht.

第12章

243. Suiker A. ,M. ,Selig E. ,Frenkel R. ,(2005),'Static and Cyclic Triaxial Testing of Ballast and Subballast',*ASCE*,*Journal of Geotechnical and Geoenvironmental Engineering*,Vol,131,No. 6.

244. European Standard EN 13450,(2002),*Aggregates for Railway Ballast*,European Committee for Standardization,Brussels.

245. Riollet A. -M. ,Brunel Ph. ,(2000),'Ivoire:la Détection des Empreintes de Ballast sur Lignes à Grande Vitesse à 300 km/h',*RGCF*,Octobre 2000.

246. Schmutz G. ,(2000),'Ballast and Re-use of old Ballast',*Rail International*,July-August 2000.

247. Guerin N. ,Huille J. -P. ,(1999),'Recherche sur la Voie Ballastée',*RGCF*,Avril 1999.

248. ORE,D 182,RP4(1995),*Standardized Technical Specifications and Description of the Quality Assurance System for Railway Ballast*,Utrecht.

249. Profillidis V. ,(1988),'Mechanical Behaviour of the Railroad Ballast',*1st Congress of Geotechnical Mechanics*,Athens.

250. Gray,P. S. (1983),'Structural Requirements and Specifications of Ballast',*Track Course*,RIA,London.

251. Stewart H. ,Selig E. ,(1982),'Predictions of Track Settlement under Traffic Loading',*2nd International Heavy Haul Conference*,Colorado Springs,September 1982.

252. SNCF,(1979),*Constitution de la Voie Courante*,Paris.

253. Raymond G. ,Davies J. ,(1978),'Triaxal Tests on Dolomite Railroad Ballast',*ASCE*,*Journ. of the Geotechn. Engin. Div.* ,Vol. 104,No. GT6.

254. Brown,S. (1978),'Repeated Load Testing of a Granular Material',*ASCE*,*Journ. of the Geotechn. Engin. Div.* ,Vol. 104,No. GT6.

255. Lopez Pita A. ,(1977),'Analyse de la Déformabilité du Ballast au moyen d'Essais en Laboratoire',*Associación de Investigation del Transporte*,Madrid.

256. ORE,D 117,RP 5(1974),*Deformation of Track Ballast under Repeated Loading*,Utrecht.

257. Shenton M. J. , (1974) ,*Deformation of Railway Ballast under Repeated Loading Triaxial Test*, Soil Mech. Sec. ,British Railways Res. Dept.

第 13 章

258. Cléon L. -M. ,Parrot M. ,Tran-Ha S. , (2002) , ' Les Vents Traversiers sur la Ligne à Grande Vitesse Méditerranée' ,*RGCF*, Février 2002.

259. ORE, Committee B177. 5 , RP1 (1999) , *Derailment Risk from High Longitudinal Compressive Forces for Freight Trains with Screw Couplings and with Automatic Draw-Only Couplers*, Utrecht.

260. Moreau A. , (1987) , ' La Vérification de la Sécurité contre le Déraillement ' , *RGCF*, April 1987.

261. Profillidis V. , (1987) , ' Parametric Analysis of Transverse Track Resistance and Application to the Design of the Ballast Section' , *Scient. Bulletin of the Ministry of Public Works of Greece*, Vol. 1-2 , Athens.

262. UIC,720R, (1986) ,*Laying and Maintenance of Track made up of Continuous Welded Rails*, Paris.

263. ORE,C138,RP8 (1984) ,*Permissible Maximum Values for the Y-and Q-Forces and Derailment Criteria*, Utrecht.

264. ORE. B55,RP8, (1983) , *Prevention of Derailment of Goods Wagons on Distorted Tracks*, Utrecht.

265. ORE,C138,RP7 (1982) , *Influence des Variations Oscillatoires de la Charge d' Essieu sur la Valeur Maximale Admissible de l' Effort Transversale du Point de Vue de Déripage de la Voie*, Utrecht.

266. Erchkov O. P. , Kartzev V. J. , (1980) , ' Recherches Théoriques et Expérimentales sur les Mouvements des Véhicules Ferroviaires Circulant à une Vitesse de 200 km/h et Exigences Relatives à l' Entretien des Lignes à Grande Vitesse' ,*Rail International.*

267. ORE, C138 , RP5 (1980) , *Effect of Train Speed on the Permissible Maximum Value of Load* $\Sigma Y = S$ *from the Point of View of Track Displacement*, Utrecht.

268. ORE,D117,RP8 (1976) ,*Influence of Various Measures at the Lateral Resistance of an Unloaded Track*, Utrecht.

269. Sauvage R. ,Amans F. , (1969) , ' Railway Track Stability in Relation to Transverse Stresses exerted by Rolling Stock-A Theoretical Study of Track Behaviour' ,*Rail International*, November 1969.

第 14 章

270. Rabaseda S. , (2005) , ' L' Environnement Intégré au Coeur du Projet de la Ligne à Grande Vitesse Est Européenne' ,*RGCF*, No 141 , Juil. -Août 2002.

271. Claverie G. ,Crosaz Y. ,(2002),'L'Insertion paysagère de la Ligne Nouvelle Méditerranée', *RGCF*,Février 2002.

272. Profillidis V. ,(2001),'Tilting Trains-Operational Characteristics and Impace on Travel Times',*Public Transport International*,Vol. 1.

273. SNCF,(1978),'Voies Etroites-Particularités de Pose et d'Entretier',Paris.

274. Bourguet A. ,Joly R. ,(1993),'Rail Vehicle Operation on Cureves with Constant Radius and with Variable Radius',*Rail International*,Dec. 1993.

275. Taillé J. -Yv. ,(1990),'Naissance d'une Ligne Nouvelle-Les Etudes de Tracé',*RGCF*,Paris.

276. UIC,703R(1989),*Layout Characteristics for Lines Used by Fast Passenger Trains*,Paris.

277. ORE,D161,RP1,(1987),*General Conditions for the Study of the Evolution of Track Geometry Based on Historical Information*,Utrecht.

278. Busdy R. H. , Drake D. G. H. , (1983) 'Feasibility Studies and Outline Design', *Track Course*,RIA,London.

279. Hofer M. ,(1964),*Absteken von Kreisbogen*,Springer.

第 15 章

280. UIC,(2004),*Maximum Permissible Wear Profiles for Switches*,May 2004.

281. Butzbacher Weichenbau Gesellschaft(BWG),(2004),*Switches ,Crossings and Slip Points*, Berlin.

282. ORE,C 184,Rp 4,(1996),*Tests on Different Types of Crossings. Presentation of Results,Conclusions and Recommendations for Improving the Geometry of Crossings*,Utrecht.

283. UIC,711R,(1990),*Geometry of Points and Crossings with UIC Rails permitting Speeds of 100 km/h or more on the Diverging Track*,Paris.

284. Bourda A. ,(1991),'Un Système d'Information pour les Postes d'Aiguillage et de Circulation',*RGCF*,Jan. 1991.

285. Deutsche Bundesbahn(1988),*Merkblatt für den Entwurf von Gleisanschlüssen*,Frankfurt.

286. ORE,C138,RP8(1984),*Permissible Maximum Values for the Y-and Q-Forces and Derailment Criteria*,Utrecht.

287. Lugg P. ,(1983),'Crossings and Turnouts',*Track Course*,RIA,London.

288. Clark R. A. ,(1981),'Measurements of Wheel-Rail Contact Forces at a Selection of Switches and Crossings',*British Rail Research Department*,May 1981.

第 16 章

289. Vilette Fr. ,(2005),'Evolution de la Télésurveillance des Infrastructures Ferroviaires', *RGCF*,No135,Janvier 2005.

290. Plasser and Theurer,(2005),*Information Material for Laying,Tamping and Maintenance*

Equipment of the Track, Vienna.

291. Speno, (2005), *Technical Manuals for Grinding Machines*, Geneva.
292. Ono Sh., Namakura A., Odaka T., (2003), 'High-speed Track Inspection Technologies', *JP East, Technical Revue*, No2.
293. Dermenghem J.-P., Bimain A., Vilette Fr., (2002), 'La Maintenance de l' Infrastructure des Lignes à Grande Vitesse', *RGCF*, No108. Mars 2002.
294. Sasama H., (1994), 'Maintenance of Railway Facilities by Continuously Scanned Image Inspection', *Japan Rail. Eng.*, Vol. 33, No. 2. Tokyo.
295. UIC, (1992), *Factors affecting Track Maintenance Costs and their Relative Importance*, Paris.
296. Profillidis V., (1986), 'Basic Principles for the Track Maintenance Works', *Technika Chronika (Scient. Bullet. of Greek Engineers)*, Vol. 6, No. 3. Athens.
297. UIC, (1986), *Laying and Maintenance of Track made up of Continuous Welded Rails*, Paris.
298. Lewis R., (1983), 'Track Recording Machines', *Track Course*, RIA London.
299. Tardieu Gaspar J. E., (1983), 'Algunas Consideraciónes sobre la Renovación de Via', AIT, No. 53, Madrid.
300. ORE, C9, RP9, (1983), '*Tolérances en Service Admises dans la Superstructure de la Voie en Relation avec son Etat et la Marche des Véhicules*', Utrecht.
301. Waghorn D. W., (1983), 'Weed Control', *Track Course*, RIA, London.
302. Wilmott D. J., (1983), 'New Track Construction', *Track Course*, RIA, London.
303. Janin G., (1982), 'La Maintenance de la Géometrie de la Voie', *RGCF*, June 1982.
304. Nozawa D., (1980), 'Present Condition of Track Maintenance', *Japan. Rail. Eng.*, Vol. 20, No. 3, Tokyo.
305. ORE, D117, RP2, RP7 (1973), *Etude de l' Evolution du Nivellement en Fonction du Trafic et des Paramètres d' Armement*, Utrecht.

第17章

306. La Vie du Rail, (2006), *Voies Ferroviaires: après le Ballast, le Béton*, Janvier 2006.
307. Lay E., Ablinger P., (2002), 'Feste Fahrbahn Köln-Rhein/Main: Eine richtige Entscheidung', *Eisenbahningenieur*, Vol. 53, No. 12.
308. Tsoukantas et al., (1999), 'The Slab Track Technology', *13th Congress on Concrete Structures*, Crete, Greece.
309. Esveld C., (1997), 'Low-Maintenance Ballastless Track Structures', *Rail Engineering International*, No 3.
310. Darr E., Fierbig W., (1996), 'Stand der Entwicklung und des Einbahns der Festen Fahrbahn', *ZEV Glasers Annalen*, Vol. 120, No 4.
311. Henn W. D., (1992), 'System Comparison Ballasted Track-Slab Track', *Rail Engineering International*, No. 2.
312. Profillidis V., Poniridis P., (1990), 'Non-linear Analysis of a Slab Track run by Metro', *Sci-*

entific Journal of the Greek Laboratory of Public Works, Vol. 105-106.

313. Brown J. , (1983) , ‘Continuous Slab Track’ , *Track Course*, RIA, London.
314. Sauvage R. , Evieau J. , (1970) , ‘Les Poses de Voie sans Ballast’ , *RGCF*, Mars 1970.

第 18 章

315. Bied-Charreton D. , (2004) , ‘Introduction à la Cinématique Ferroviaire’ , *RGCF*, Juillet-Août 2004.
316. Paradot N. , Talotte C. , Willaime A. , Allain E. , (2002) , ‘La Résistance à l’Avancement d’un Train à Grande Vitesse’ , *RGCF*, Décembre 2002.
317. André D. , (2002) , ‘Aérodynamique dans les Tunnels du TGV Méditerranée’ , *RGCF*, Février 2002.
318. ORE, C218, RP 2, (1998) , *Draft UIC leaflet for Scaled Train Operations. Determination of Railway Tunnel Cross-sectional Areas for Scaled Trains on the basis of Aerodynamics Considerations*, Utrecht.
319. Tsujimura T. , Takao K. , Sato K. , (1993) , ‘Recent Trends of Brake Disc Materials’ , *Japan Rail. Eng.* , Vol. 32, No. 3, Tokyo.
320. ABB, (1992) , *Traction Vehicle Technic for All Applications*, Mannheim.
321. Lacôte F. , (1992) , ‘The Limits of the Wheel-Rail Contact System’ , *Rail International*, June-July 1992.
322. ORE, C179, RP 1, (1990) , *Applicability of Computational Fluid Dynamics to Railway Aerodynamic Problems*, Utrecht.
323. Boiteux M. , (1990) , ‘Influence de la Vitesse et des différents Paramètres Constructifs sur l’Adhérence en Freinage’ , *RGCF*, July-August 1990.
324. Metzler J. -M. , (1989) , ‘*Généralités sur la Traction*, ENPC’ , Paris.
325. SNCF, (1988) , ‘*La Dynamique du Mouvement des Trains*’ , Paris.
326. Wende D. , (1983) , *Fahrdynamik*, Transpress VEB Verlag Für Verkehrswesen.
327. Metzler J. -M. , (1983) , *Les Grandes Vitesses Ferroviaires*, ENPC, Paris.
328. Bianchi C. , (1980) , ‘Fenomeni Aerodinamici della Marchia Veloce in Galleria, *Tecnica Professionale*, February 1980, Roma.
329. UIC, (1979) , *Codes for Braking: 540 V, 544-1, 543 VE*, Paris.
330. Bernard M. , Guiheu C. , (1976) , *Mesures Récentes de la Résistance à l’avancement des Matériels Roulants*, SNCF Editions.
331. ORE, Question B44, (1966) , *Adhérence des Locomotives sous l’Angle de leur Construction et de leur Exploitation-Méthodes Statistiques employées pour l’Etude de l’Adhérence des Locomotives*, Utrecht.

第 19 章

332. Montagné S. , (2005) , ‘La Pendulation des Trains de Voyageurs-Les Aspects liés à la Sécurité

vis-à -vis de l' Infrastructure' ,*RGCF*,Mai 2005.

333. Vionnet R. ,Pouillart Th. , Viet J. , (2005) , ' Détermination des Contraintes Résiduelles par Ultrasons dans les Roues à la SNCF' ,*RGCF*,Mai 2005.
334. Ninos G. ,(2005),*Wheel and Rail*,Edition of the Greek Technical Chamber,Athens.
335. Engel E. ,(2004), ' Access to Stations and Trains for the Mobility-impaired' ,*Rail International*,Brussels,January 2004.
336. UIC Code 510-2,(2004),' *Trailing Stock-Conditions Concerning the Use of Wheels of various Diameters with Running Gear of Different Types*' ,Paris.
337. Stevenot G. ,Demilly F. ,(2002), ' Les Possibilités d' Amélioration de la Durée de Vie des Roues de Chemin de Fer' ,*RGCF*,Mai 2002.
338. Profillidis V. , (2001) , ' Tilting Trains-Operational Characteristics and Impact on Travel Time' ,*Public Transport International*,Vol. 1.
339. Profillidis V. ,(1998) , ' A Survey of Operational Technical,and Economic Characteristics of Tilting Trains,*Rail Engineering International*,Vol. 2.
340. Raison J. ,(1998),' Les Equipements de Frein des Rames TGV' ,*RGCF*,March 1998.
341. Okamoto I. ,(1998),' How Bogies Work' ,*Japan Railway and Transport Review*,Vol. 18,December 1998.
342. Yamanaka T. ,(1995),' Vehicle Design Concept Towards 21st Century' ,*Japan Rail Eng.* , Vol. 32. No. 4,Tokyo.
343. Joly R. ,(1988),' Circulation d' un Véhicule Ferroviaire en Alignement et en Courbe-Bogie à Essieux Auto-Orientés' ,*Rail International*,April 1988.
344. UIC Fiche 510-5,(1988),*Homologation Technique des Roues Monoblocs*,Paris.

第20章

345. Delaborde Fr. ,(2005),' Les 50 ans du 50 Hz' ,*RGCF*,Sept. 2005.
346. Pagès M. ,Courtois Ch. ,(2005), ' L' Alimentation Electrique de la LGV Est Européenne' , *RGCF*,Jul. -Août 2005.
347. RGCF,*Traction Electrique* Décembre 2004.
348. UIC,Code 600 OR,(2003),*Electric Traction with Aerial Contact Line*,Paris.
349. UIC,Leaflet 308,(2003),*Conditions to be Compiled with the Pantographs of Tractive Units used in International Services*,Paris.
350. Courtois Ch. ,Viviant G. ,Augros D. ,(2002),' Les Installations Fixes de Traction Electrique du TGV Méditerranée' ,*RGCF*,Févr. 2002.
351. UIC,Code 799-1,(2000),*Characteristics of Direct Current Overhead Contact Systems for Lines Worked at Speeds of over 160 km/h and up to 250 km/h*,Paris.
352. Lacôte F. ,(1998),' Les Mutations du Matériel et de la Traction au XX Siècle' ,*RGCF*,Juil. - Août 1998.
353. Gigch V. ,Duin V. ,Heijsker V. ,(1996),' Sizing the Traction Power Supply System with the

Aid of Probability Theory' ,*Rail International*,Jan. 1996.

354. Kobayaski T. ,Ikeda,K. , (1994) , 'Development of New Types of Contact Wire for High-Speed Train on Shinkansen' ,*Japan. Rail. Eng.* ,Vol. 34,Tokyo.
355. Köck F. ,(1990),'Fahrzeugdiagnose der ICE-Triebkopfe und anderer Hochgeschwindigkeits-fahrzeuge' ,*ETR*,No. 6.
356. Metzler J. -M. ,(1990) ,*La Traction Electrique*,ENPC.
357. Jutard M. ,Fitaire M. ,Le Duc E. ,(1989),'Moyens d'Etude des Arcs de Rupture du Contact Pantographe-Caténaire' ,*RGCF*,November 1989.
358. UIC,Leaflet 606-2,(1986),Installation of 25 kV and 50 Hz Overhead Contact Lines,Paris.
359. Suddards A. D. ,(1983),'Electrification,Construction and Installation' ,*Track Course*,RIA, London.
360. Oliveros Rives F. ,Rodriguez Mendez M. ,Megia Puente M. ,(1983),*Tratado de Explotación de Ferrocarriles*,Editorial Rueda,Madrid.

第21章

361. UIC,Code 762R,(2005),*Safety Measures to be taken at Level Crossings on Lines operated from 120 km/h to 200 km/h*,Paris.
362. Hadi-Mabrouk H. ,Triki I. ,(2005),'La Réglementation Européenne en Matière de Sécurité Européenne' ,*RGCF*,Avril 2003.
363. Vinois J. -A. ,(2004),'ERTMS, une Opportunité sans précédent pour Concrétiser l'Interopérabilité du Réseau Ferroviaire Communautaire' ,*RGCF*,Mai 2004.
364. Castan P. ,(2004),'Principes du Contrôle-Commande en Mode ERTMS-Aspects Techniques, Organisationnels et Humains' ,*RGCF*,Mai 2004.
365. Baba Y. et al, (2002), 'Radio Train Control Systems', *Japan Railways-Technical Review*,No. 2.
366. Giannakos K. ,Profillidis V. ,(2001),'Un Projet d'interopérabilité pour l'Europe de Sud-Est' *Rail International*,No. 6.
367. Giannalos K. ,Profillidis V. ,(2001),'Technical Aspects of Railway Interoperability' ,*1st National Conference on Recent Advances in Mechanical Engineering*,American Society of Mechanical Engineers,Patras-Greece.
368. Alias J. ,(1993),*La Voie Ferrée-Tome 2:Signalisation*,Ecole Natonale des Ponts et Chaussées (ENPC),Paris.
369. Joing M. ,Cozzi Br. ,(1993),'Gestion des Risques à la SNCF-Le Cas du Contrôle de Vitesse' ,*RGCF*,Mai. 1993.
370. Alias J. ,(1993),*La Voie Ferrée-Tome 3:Exploitation Technique et Commerciale*,ENPC,Paris.
371. Blanc A. ,(1990),'Le Contrôle de Vitesse' ,*RGCF*,Déc. 1990.
372. ENPC, (1988), *Signalisation Ferroviaire*, Presses de l'Ecole Nationale des Ponts et Chaussées,Paris.

373. Lusseau G. ,Péricart G. ,Pavillon J. -P. ,(1987),'La Commande Centralisée des Trains', *RGCF*,Déc. 1987.

374. UIC,Comité 7 A 14,(1983),*Systèmes de Signalisation*,Paris.

第22章

375. Symeonidis P. ,Ziomas I. ,Botzoris G. ,(2006),'Development and Parameterization of a Prototype Geographical Information System for the Evaluation of the Environmental Impact of Transport Sector in Greece',*3rd International Conference on Transport Research in Greece*,Thessaloniki,2006.

376. Galilea P. ,Ortúzar J. ,(2005),'Valuing Noise Level Reductions in a Residential Location Context',*Transportation Research Part D:Transport and the Environment*,Vol. 10,No. 4.

377. Botzoris G. ,(2005),'Internalization of External Costs of Transport and Transportation Planning',*3rd International Conference on Ecological Protection of the Planet Earth*,Istanbul,Turkey.

378. Nijkamp P. ,(2003),'Globalization,International Transport and the Global Environment:a Research and Policy Challenge',*Transportation Planning and Technology*,Vol. 26,No. 1.

379. Raison J. ,Viet J. -J. ,(2003),'Bruit et Matériel Roulant. Le Couple Roue-Semelles Composites. Réduction du Bruit de Roulement',*RGCF*,Octobre 2003.

380. Pandya G. H. ,(2003),'Assessment of Traffic Noise and its Impact on the Community',*Journal of Environmental Studies*,Vol. 60,No. 6.

381. Olsthoorn X. ,(2003),'Implications of Globalization for CO_2 Emissions from Transport', *Transportation Planning and Technology*,Vol. 26,No. 1.

382. Themelin L. ,(2003),'Bruit au Freinage. Point de vue du Fabricant de Produit de Friction', *RGCF*,Novembre 2003.

383. Profillidis V. ,Botzoris G. ,(2001),'Assessment of the Evolution of Environmental Effects of Transport',*1st International Conference on Ecological Protection of the Planet Earth*,Xanthi, Greece.

384. Criqui P. ,Viguier L. ,(2000),'Kyoto and Technology at World Level-Costs of CO_2 Reduction',*Intern. Journ. of Global Energy Issues*,Vol. 14.

385. Smith R. ,(1998),'Global Environmental Challenges and Railway Transport',*Japan Railway and Transport Review*,No 18.

386. Kettner J. ,Ostermayer U,(1998),'Rail Agenda 21-For Sustainable Development of Deutsche Bahn',*Japan Railway and Transport Review*,No 18.

387. Ackermann R. ,Gwilliam K. ,Thompson L. ,(1998),'The World Bank,Transport and the Environment',Japan Railway and Transport Review,No 18.

388. Gwilliam K. ,Shalizi Z. ,(1995),*Sustainable Transport:Priorities for Policy Reform*,The World Bank,Washington.

389. Koruhanser A. ,Parternal D. ,Sontay M. ,(1994),'Comparing Risks of Transporting Chemi-

cals by Highway and Rail: A Case Study', *Transportation Research Record*, No 1430, Washington.

390. Lemming D., Saccomanni F., (1994), 'Use of Quantified Risk Assesment in Evaluating the Risks of Transporting Chlorine by Road and Rail', *Transportation Research Record*, No 1430, Washington.

391. Banister D., Button K., (1993), *Transport, the Environment and Sustainable Development*, E-FN SPON, London, 1993.